高等教育学前教育专业实践应用型系列教材

学前儿童家庭教育

主　编：万慧颖

副主编：王　颖

参　编：陈　颂　李　宏　李　锋

　　　　毛巧利　王颖莉　胡连峰

东南大学出版社

·南京·

图书在版编目(CIP)数据

学前儿童家庭教育 / 万慧颖主编. —南京:东南
大学出版社,2016.1(2025.8重印)
高等教育学前教育专业实践应用型系列教材
ISBN 978-7-5641-6187-3

I.①学… II.①万… III.①学前儿童—家庭教育—
教材 IV.①G78

中国版本图书馆 CIP 数据核字(2015)第 294669 号

学前儿童家庭教育

出版发行	东南大学出版社	
社　　址	南京市四牌楼 2 号	**邮编**　210096
责任编辑	张丽萍	
网　　址	http://www.seupress.com	
电子邮箱	press@seupress.com	
经　　销	全国各地新华书店	
印　　刷	苏州市古得堡数码印刷有限公司	
开　　本	787mm×1092mm　1/16	
印　　张	17	
字　　数	392 千	
版　　次	2016 年 1 月第 1 版	
印　　次	2025 年 8 月第 6 次印刷	
书　　号	ISBN 978-7-5641-6187-3	
定　　价	49.00 元	

本社图书若有印装质量问题,请直接与营销部联系。电话(传真):025-83791830

前　言

《学前儿童家庭教育》这本教材是以学前儿童家庭教育的本体论概述、认识论阐述和关系分析三个维度为指导思想，以具体阐明学前儿童家庭教育的内涵为理解基点，从学前儿童家庭教育发展的历史溯源出发，以不同家庭结构的3～6岁儿童教育为主线，以关爱有特殊需要的学前儿童家庭教育为内容补充，明晰幼儿教师、幼儿园与社区对学前儿童家庭教育的指导与合作，阐释新时代我国学前儿童家庭教育面临的各种问题与挑战，建构科学合理的学前儿童家庭教育社会支持系统。

本教材主要体现以下特点：

1. 系统性。本教材着重强调学前儿童家庭教育的理论知识，在家庭教育的理论指导基础上，深入探讨学前儿童家庭教育的基本内容。重点介绍在当代中国新环境下，不同年龄与不同类型学前儿童家庭教育的特征，以充实系统的理论基础为本教材的主旨。为学前教育专业的学生在从事幼教工作的过程中，能够对幼儿家庭提供必要的教育指导，尝试为家园共育提供多种形式的参照或思考。

2. 实践性。本教材呈现学前儿童家庭教育基本理论与实践操作的紧密结合，体现目标明确、层次清晰、重点突出、案例鲜活、应用性较强的特点。学前儿童家庭教育是高等师范学院学前教育专业的基础课程之一，学习内容包含学习目标、本章导读、案例导入。教材主体内容中配有图片以及每章结束部分有思考练习与能力提升，教材最后部分附有《全国家庭教育指导大纲》《北京市学前儿童家庭教育大纲（试行）（3岁～6岁）》。与此同时，本教材选用大量网络与现实生活中家庭教育的热点问题作为案例评析，采用扩展阅读形式贴近现实生活与引发教育思考，选取模块式内容等多种形式实现多视野与多角度的反思，呈现出较强的实践性与应用性。

3. 融合性。本教材突出融合教育思想中随园就读的特殊儿童家庭教育内容,学前特殊儿童归属于学前儿童的概念范畴,是学前儿童中有特殊需要的儿童,故学前儿童家庭教育中必须包含特殊需要儿童的家庭教育内容。在学前儿童家庭教育中阐释特殊儿童学前阶段家庭教育的特点与内容,有利于学前教育专业学生进入融合幼儿园或面对有随园就读的幼儿时,能够对这些有特殊需要的学前儿童进行具有较强的针对性的指导,这也是融合教育以及全纳教育时代的诉求与幼儿教师专业成长的必然需要,是现阶段培养的学前教育专业学生应该具备的基本素养与能力。

本教材由北京城市学院万慧颖担任主编并进行全书的大纲制定与统稿工作。黑龙江省幼儿师范高等专科学校王颖担任副主编,其他参编人员有徐州幼儿师范高等专科学校陈颂、长春幼儿师范学校李宏、大庆师范学院李锋、黑龙江幼儿师范高等专科学校毛巧利、安庆师范学院王颖莉、合肥师范学院胡连峰。各章节编写分工如下:第一章与第二章由王颖、李宏、王颖莉负责编写,第三章与第四章由李宏、陈颂负责编写,第五章与第六章由陈颂、万慧颖负责编写,第七章与第八章由毛巧利、王颖、胡连峰负责编写,第九章与第十章由李锋负责编写。初稿由参编老师相互交换校稿,二稿到四稿由王颖负责统稿,五到七稿由万慧颖负责统稿。

本教材在具体写作过程中参考与选用了大量全国一线幼儿园教师的优秀案例,以及引用了国内外专家与学者们的研究成果。在此代表编写组的每位老师向各位专家学者和幼儿园教师表示诚挚的谢意!

由于此教材是由高校学前教育专业并讲授学前儿童家庭教育这门课程的年轻教师编写,出于时间与能力水平有限,不可避免地会在教材中出现一些有待斟酌之处。但此教材也体现出新学前教育专业年轻教师的智慧与真诚,包含对学前教育事业与家园共育问题的热爱之情。与此同时,真诚地希望同行专家学者以及各大高校的同学们批评指正,继而推进作为高校教师的我们,在不断专研学前儿童家庭教育的道路上继续努力,也期待今后在不断修改教材的过程中,使学前儿童家庭教育这本教材更加合理与完善。

万慧颖

2015 年 9 月 26 日

目　录

第一章

学前儿童家庭教育概述

学习目标

- 了解家庭的概念和演化过程、家庭教育的概念和性质。
- 掌握家庭和家庭教育的特点和功能。
- 明确学前儿童家庭教育的概念和特点，掌握学前儿童家庭教育的作用。
- 能联系实际运用学前儿童家庭教育的原则和方法进行分析。

本章导读

德国教育家福禄倍尔曾说："国家的命运与其说是掌握在当权者的手中，倒不如说是掌握在母亲的手中。"从这句话可以看出福禄倍尔直截了当地强调了家庭教育的重要性。但家庭为什么如此重要，应如何正确地看待家庭教育呢？通过本章的学习，我们一起来了解和掌握。

第一节　家庭概述

案例导入 >>>

家

家是心中欢畅常享的丰筵

家是良药美酒滋润百骨的舒坦

家是奋斗的泉源避风的港

家是蜂房

远也香甜近也香甜

丈夫是家的头他要担当

妻子是家的身体她要驯服

孩子这朵盛开的玫瑰滴着甘露

家的幸福便是春云时雨了①

思考：在这首小诗里,蕴含了家庭怎样的概念? 家庭有怎样的特点和功能?

一、家庭的概念

尽管这世界上的绝大多数人都有属于自己的家,过着正常的家庭生活,但是如果想给家庭下一个广泛而又具有适用性的定义却也十分困难。家庭的复杂性远远超过了大众的想象,甚至地道的家庭问题专家都对此犯难②。在不同历史时期的不同国家和民族中,人们对家庭的认识也是不同的,所以形成的家庭概念也不尽相同。

(一) 古代社会中家庭的概念

在东方社会,无论是中国还是日本,都把家庭看作是"同居亲属的生活共同体"。"家"甲骨文字形,上面是"宀"(mián),表示与室家有关,下面是"豕",即猪。古代生产力低下,人们多在屋子里养猪,所以房子里有猪就成了人家的标志,本义是屋内,住所。在古代中国的先秦文献中,"家""室""户""同居"都是表示家庭概念的名称。东汉许慎《说文解字》中对"家"的解释为"家,居也"。《康熙字典》所录《说文》将"家"解释为"豕居之圈曰家,故从宀从豕,后人借为室家之意"。"庭"则指"厅堂",为"正房前的空地"。《周礼》讲到"家"即"嫁",嫁是女子去男子家,女子无家,以男之家为家。故有"男以女为室,女以男为家"的古语。女子结婚就是归家。有夫有妇,然后有家,结婚以后就是家。

西方社会的家庭观念与东方有本质的差别,在古罗马家庭一词往往与奴隶有关。古罗马"家庭"一词源于拉丁文 familia,从 famulus(拉丁文,意思为"仆人")派生出来。现今英文中使用的 family 这个词是从拉丁文 familia 转借过来的,它至少从 12 世纪起就已出现在拉丁语系中。15 世纪时,英文中已存在该词,16 世纪时也在德文中出现。而其原始意义,则主要指奴隶。可见,古人在使用 familia 这个词时,首先不是指由婚姻、血缘关系而联系在一起的人们,而是指奴隶。对于这一点,恩格斯也说道:"Familia(家庭)这个词,起初并不是表示现代人的那种脉脉温情同家庭龃龉相结合的理想;在罗马人那里,它起初甚至不是指夫妻及其子女,而只是指奴隶。Famulus 的意思是指一个家庭奴隶,而familia 则是指属于一个人的全体奴隶。"③

(二) 近现代社会中家庭的概念

近代学者对家庭的理解多有不同。现代社会学认为,家庭是社会最微小的细胞。心

---

① http://wenwen.sogou.com/z/q1706108664.htm
② 威廉·J·古德.家庭[M].北京:社会科学文献出版社,1986 年版,第 11 页
③ 恩格斯.家庭、私有制和国家的起源[M].北京:人民出版社,1972 年版,第 54 页

理学家们强调家庭是人与人之间的生理结合。如奥地利心理学家弗洛伊德认为,家庭是肉体生活与社会机体生活之间的联系纽带。人类学家们从比较文化的意义上将家庭界定为共同使用火(厨房),也就是共同吃饭的共同体。社会学家更多地从家庭的社会属性方面来解析家庭。如美国社会学家伯吉斯和洛克在《家庭》(1953)一书中指出:"家庭是被婚姻、血缘或收养的纽带联合起来的人的群体,各人以其作为父母、夫妻或兄弟姐妹的社会身份相互作用和交往,创造一个共同的文化。"美国社会学家古德认为家庭包含了以下五种情况的大多数:第一,至少两个不同性别的成年人住在一起;第二,他们之间存在着某种分工;第三,他们进行许多经济与社会交换;第四,他们共享许多事物,如吃饭、性生活、居住等;第五,成年人与其子女之间有亲子关系,父母对孩子拥有某种权威,同时也对孩子负有保护、合作与抚育的义务,相互保护并相互帮助。近代英语中的"家庭"family 一词包含如下含义:指同居或者不同居的子女;指一个人或一对夫妇的所有子女;指由父母子女、伯父母以及堂表兄弟姊妹等构成的近亲团体;指同一祖先的全体子孙;指雇有佣人的户。

马克思和恩格斯从人类自身再生产的角度来理解家庭,他们认为每日都在重新生产自己生命的人们开始生产另外一些人,即增殖,这就是夫妻之间的关系,父母和子女之间的关系,也就是家庭。

《现代汉语词典》中将家庭解释为"以婚姻和血统关系为基础的社会单位,包括父母、子女和其他共同生活的亲属在内"。《中国大百科全书·社会学卷》对家庭的定义是:"家庭是由婚姻、血缘或收养关系所组成的社会生活的基本单位。"我国学者赵忠心认为家庭是一种特殊的社会生活组织形式。家庭之所以特殊是因为家庭作为社会组织形式之一,与其他社会组织形式一样,是一种自愿加入的、有一定共同目的的社会组织。家庭与其他社会组织的不同,首先在于家庭中爱的因素,天下之家皆为爱而聚,无爱而散;其次家庭中的各成员之间有血缘关系、亲情关系。

从历史的角度看,今天给出的任何一个比较完满的家庭定义都可能与历史上某个时代的家庭观念有本质的差别。但是现有的研究表明:家庭一般是由婚姻关系、血缘关系或收养关系而发生的亲属间的社会生活组织;家庭和婚姻有密切的关系,婚姻构成最初的家庭关系,由此又产生出父母子女等各种家庭成员之间的关系;家庭不是从来就有的,而是人类社会发展到一定阶段时才产生的。基于现有的研究,我们可以将家庭定义为以婚姻为基础、以血缘为纽带而形成的社会生活的基本单位,是社会最微小的细胞。

二、家庭的演化

家庭并不是人类一出现就随机产生的,在人类社会早期是没有"家庭"存在的。当时的社会,只有氏族部落的人们在一起共同生活,呈现的是一种原始共产主义模式,即部落的全部人、物、财产等归全体部落人群所有。原始人类以群居方式生活,男女繁衍的后代也全部属于部落,孩子不属于某一个人或者某一对"夫妇"。所以,当时绝大多数孩子只知道母亲是谁,并不知道父亲是谁。因此古书中有"只知其母不知其父"的记载。当时两性关系主要属于杂乱性交,两性结合并没有受到规范和约束,是完全自由的。这一时期代表的是家庭发展阶梯的最底层"杂交而居",处于这种状况中的人类对于婚姻一无所知。从严格意义上讲,这一时期尚未出现家庭,但它是家庭诞生的直接原因。

进入原始社会中后期,特别是原始社会的后期,随着生产水平的逐渐提高,原始人类开始使用一些简单的工具进行围捕活动,有了最初的耕养种植活动。其劳动能力有了较大的提高,劳动成果也比原来多了,部落中开始有了剩余产品。如此便逐渐产生了私有意识,配偶、子女也成了自己的私有财产,有相对稳定的配偶,家庭才逐渐出现。[①]

可见,家庭是人类姻缘和血缘关系长期演化的产物,随着社会的逐渐进步和发展,家庭也在不断地发展变化。著名人类学家摩尔根指出,家庭是一个能动的因素,它从来不是静止不动的,而是随着社会从低级阶段向较高级阶段的发展。人类家庭演化史极其复杂,本书以家庭的起源和历史发展为脉络选取最有代表性的优化家庭形态进行介绍。

(一)血缘家庭

大约在170万年前,也就是人类由原始群向氏族公社过渡的时期,血缘家庭出现了,这是人类社会上出现的第一种家庭形态,也是群婚制的初级形式。血缘家庭的特征是:由嫡亲的和旁系的兄弟姊妹集体互相婚配而建立起来;两性关系出现了简单的、不严格的禁例,这种禁例就是不准许父母与子女发生两性关系;在这种家庭形式内,一对配偶的子女中每一代都互为兄弟姊妹,并互为夫妻。[②]

出现血缘家庭的原因首先是自然选择的推动。通过血亲杂交生育的后代体力和智力都不健康,不利于群团的发展和壮大,因此出现了不许父母与子女发生两性关系的禁例。其次是社会生产的推动。在生产中不仅出现按性别的男女分工,还出现按辈分的长幼分工,人们开始出现长幼有别意识,排除了杂乱性交的行为。血缘家庭是美国民族学家亨利·摩尔根推论出来的,不过世界上许多民族中都有兄妹通婚的古老传说,我国就有伏羲和女娲原来是兄妹后来结为夫妻的传说。

(二)亲族家庭

亲族家庭是人类的第二种家庭形式,又称为普那路亚[③]家庭、伙伴制家庭。亲族家庭

---

① 王乃正,王冬兰,张小永.学前儿童家庭教育[M].北京:北京师范大学出版社,2013:15

② http://www.doc88.com/p-2347390318098.html

③ "普那路亚"一词来源于夏威夷群岛的土著语。丈夫把妻子的姊妹亦作为妻子,并称其妻子姊妹的丈夫为"普那路亚",意为亲密的伙伴

是群婚制的高级形式,出现于血缘制家庭后期(蒙昧时代的中、高级阶段),亲族家庭是氏族之间通婚,两性关系建立在两个氏族之间,即兄弟共妻或姐妹共夫。这些女子之间不再互称姐妹,男子之间不再互称兄弟,而是"普那路亚"。这种家庭对应的是新的禁例,即不准兄弟姊妹之间发生婚姻关系,比血缘家庭又进了一步。

从血缘家庭发展到亲族家庭的原因主要是自然选择的结果和生产的发展:人们经过长期的实践慢慢意识到血缘家庭的后代体力智力仍存在严重问题;生产的发展要求人们具有更强的征服自然的能力,这就要求群团氏族之间发生一定的联系。

(三)对偶家庭

对偶家庭又称偶婚制家庭,是原始社会母系氏族公社晚期的一种家庭形式,是人类最早的完整家庭,对偶家庭是一个男子与一个女子相对稳定地互为性伴侣的婚姻形态,属于个体婚制。对偶家庭形成的原因,一方面是氏族制度的推动作用,氏族本身有禁止血亲通婚的倾向,随着氏族在发展中不断分化,群婚范围不断缩小,最后必然造成一男一女的配偶同居;另一方面是氏族经济的发展,由于原始农业和畜牧业的发展,人们过着稳定的定居生活,社会产品日益丰富,除共同消费之外已有少量剩余,剩余产品的出现是对偶家庭产生的必要条件。

对偶家庭虽然具有相对稳定的性质,但并不是男女双方的牢固结合,很容易为男女双方或一方所破坏。对偶婚和对偶家庭仍以女子为中心,不仅限于和固定的配偶同居。这种婚姻关系不是以感情为基础,而是以方便和需要为基础,婚姻关系是两厢情愿的,只要任何一方意愿改变,婚姻关系就中止。起初,男女双方都住在自己母亲的氏族中,通常由丈夫到女家拜访妻子,或双方到专门为他们建筑的公房中去过夫妻生活,即"望门居";随着母系氏族的发展,氏族分裂为母系大家庭,丈夫便迁到妻子家中居住,即"从妻居";至父系氏族初期,在妻方居住的制度改为在夫方居住的制度,即"从夫居"。

(四)一夫一妻制家庭

一夫一妻制家庭又叫专偶家庭,是以一男一女结为夫妻的婚姻形式,出现在原始公有制社会向私有制、阶级社会过渡期。原始社会后期,随着私有财产的出现和男子经济地位的增强,男子掌握了私有财产权,男子已经不满足于传统的母系继承制,他要让自己的子女能够继承自己的财产,这最终导致了父权制的确立、氏族公社的解体和一夫一妻制家庭的出现。一夫一妻制家庭的特征是:它有着比以往家庭更坚固、更稳定的婚姻关系,能够确保财产沿着父系传递和继承。这一方面适应了个体家庭作为生产单位的社会要求,另一方面也推动了私有制的发展,推动了家庭从一个单纯的自然的繁殖机构变为一个社会生产单位、经济单位和宗教集团。[①]

---

① http://wenku. baidu. com/view/76ec1e0b581b6bd97f19ea0c. html

一夫一妻制家庭的出现是家庭发展史上的一次质变,恩格斯曾说其是"文明时代开始的标志之一"。在历史上,以一夫一妻为代表的个体婚大致存在过以下几种结合形式,即掠夺婚、买卖婚、聘娶婚、交换婚、服役婚。另外还有其他一些特殊的结合形式,如强制婚、赠与婚、赘婚、招夫、养媳、典妻、押妻等等。

三、家庭的特点

家庭作为一种特殊的社会组织形式,具有与其他社会群体不同的特点,概括起来主要有以下几点:

(一) 普遍性

从古至今,世界各国各地都存在着不同形式不同性质的家庭。每一个个体与家庭都有割舍不了的血脉关系,每个人的出生及其一生都会与家庭有着千丝万缕的关系。所以,家庭是社会上所有社会群体中最普遍的群体。

(二) 微小性

家庭在组成规模上与其他社会团体相比,具有微小性的特点。虽然有些大家庭由三代人或四代人组成,家庭成员可达几十人,但与学校、工厂等其他社会团体比,仍是小规模社会组织团体。尤其在我国,实行独生子女政策以来,家庭规模有越来越小的趋势。

(三) 关系性

家庭成员间拥有共同的过去和多种关系,如夫妻关系、父子关系、母子关系、兄妹关系等。它包括了至少整整三代人的情感关系,代与代之间由血缘、法律或是历史机缘的纽带联系在一起。家庭是个体和社会力量的双重产物,它最主要的价值是关系,关系是无法被替代的,家庭关系是最重要的情感关系。[1]

(四) 亲密性

从家庭的性质看,成员之间的关系主要以爱情、亲情为基础和纽带,由具有血缘关系、亲属关系的成员组成。由于家庭成员在经济、情感方面利益一致,虽然有时家庭成员间也会有矛盾,但当面临有损家庭利益的外力时通常会一致对外。家庭成员间带有强烈的感情色彩,受道德的制约胜于法律。

(五) 更替性

家庭是一个随着时间不断变化的系统,从纵向看,家庭是长久的,但从横向看,每一代人的家庭又是短暂的,最长不过几十年,然后就被下一代的家庭所替代。

(六) 迫切性

任何的社会组织都对自己的成员有一定的要求,然而家庭对其成员的要求比其他任

---

① http://wenku.baidu.com/view/2445c918fad6195f312ba6bd.html

何团体要迫切,"望子成龙,望女成凤"的想法在我国比比皆是。这是因为在家庭里,一个成员发展的成败与每个家庭成员都有着直接的关系,上一代人未达成的愿望通常希望下一代人能够实现。

四、家庭的功能

家庭功能是指家庭对个人生活和社会发展方面的作用和效能。家庭的功能受社会性质的制约,不同的社会形态、不同的国家和民族构成了不同的家庭功能。一般说来,家庭的基本功能主要包括生产、生活、养育、赡养、经济、宗教、教育、娱乐等功能。近半个世纪以来,经济变革和社会发展带来了家庭功能的重大变化,有的功能逐渐消失或削弱,有的功能则呈现强化或换位,有的功能社会化程度加大。

(一)生育功能

这是家庭最重要的功能之一,满足人类子孙繁衍的需要。社会要存在和发展,必须不断补充人口,而家庭作为主流的繁育后代形式,理所当然地承担着人口繁衍的功能。虽然从古至今每个时期都会有私生子女的出生,但由一夫一妻组成的家庭仍是繁衍后代的主流,试管婴儿、精子银行等只是个别的现象,不能取代家庭,也永远不能取代家庭的这一功能。

家庭生育功能是家庭的最基本的功能,但其功能性质与以前迥然不同了。因人的生产已被纳入到社会发展的整体规划之中,生育子女不再是个人的事,而变成了一种社会责任。这样在国家计划生育政策干预下,人们的生育观念也发生了转变——从早生、多生已转向晚生、少生或不生。生育子女目的也有变化,主要是为了增强夫妻感情,享受天伦之乐,而不纯粹为了"传宗接代""养儿防老"。由此导致人口出生率迅速下降,这极大地削弱了家庭的生育功能。[①]

(二)经济功能

家庭在历史上曾经承担过全部经济职能,在自然经济时代家庭曾经是生产、分配、交换、消费的经济单位。家庭首先负担着生产的职能,通过家庭形式的生产(主要指从事农耕和家庭手工业),为家庭成员提供生活资料,满足家庭成员基本的生活需要,它是家庭发挥其他功能的物质基础。到了工业社会,实现了生产社会化,过去以家庭为单位的生产日渐为工厂、农场的社会化生产所取代。到了现代社会,社会分工逐步细化,家庭的生产功能正逐步转移,但家庭的生产功能并未消失,尤其是在经济落后的国家和地区。有研究表明,家庭生产功能逐渐复归且扩大化。在农村,自从农村经济体制改革后,整个农村的经济就是以农户家庭经济为主,还包括农村承包经营户和农村个体工商经营户。在城市,由于高速发展的网络信息技术以一种核心科技的形式向各个传统行业渗透,只要

---

① 孙丽燕. 20 世纪末中国家庭结构及其社会功能的变迁[J]. 西北人口,2004(5):13-16

购买了电脑,在家里也能够营造出与办公室不相上下的工作环境,这样很多的从业者或自由职业者选择了在家里工作。城市家庭的生产功能开始复归且扩大到很多行业。① 可见,家庭的经济职能在扩大。

(三)教育功能

家庭的教育功能既包括父母教育子女,也包括家庭成员之间的相互教育,其中父母教育子女在家庭教育中占有重要的地位。传统家庭教育主要依靠家庭和家族的力量来完成未成年人的教育任务,教育内容主要与谋生的技术有关,如婴儿从出生起就进行着学习吃饭、走路、说话、交往到成长为一个独立合格的社会成员。同时,家庭教育也是双向的,也存在着晚辈对家庭中长辈的影响甚至是教育,比如在使用现代化家用电器、现代化设备以及学习外语和新技能方面,在变革陈旧落后的各种观念方面,年长者可能都得向晚辈甚至是向儿童学习。②

20 世纪 80 年代以来,由于市场经济体制的确立和家庭规模小型化,我国独生子女逐渐普遍化,造成了家庭重心下移到第三代身上。子女"优生优育"的观念开始蔓延,家长对子女的成长倾注了全部心血,从胎教开始到家教的出现,无不体现家长对子女教育的关心和重视。③ 家庭的教育内容包括教导孩子基本的生活技能、社会行为规范、指导生活目标、培养社会角色、形成个人性格等。这些都表明了家庭教育功能地位提高已是不争的事实。

(四)抚养与赡养功能

抚养和赡养功能具体表现为家庭代际关系中双向义务与责任,抚养是上一代对下一代的抚育培养,赡养是下一代对上一代的供养和照顾。由于人类个体的成长发育有着较长的依赖期,在此期内生活不能独立,必须由双亲抚养,同时生理上、感情上也需要双亲的照顾,因此抚养子女就是家庭的一个重要功能④,许多国家通过法律的形式对其给予明确规定。

父母有抚育子女的责任,子女也有赡养父母的义务。人都要走向衰老,在丧失劳动能力、身体各种机能失调后,需要子女的照顾。值得提出的是,在传统社会中养老责任是由家庭来承担的,当年老的父母不能以自己的劳动来养活自己时,子女就承担起赡养老人的义务,赡养老人历来是传统中国重要的伦理道德。在现代社会中,由于家庭结构和家庭规模的变化、社会福利制度的发展和完善,家庭的赡养功能出现弱化趋势。但作为社会福利机构的养老院在精神上对老人的慰藉功能永远无法跟家庭等同,所以,家庭的赡养功能是其他社会机构不能取代的。

---

① 高清.改革开放以来我国家庭的变迁与发展[J].攀登(双月刊),2005(6):138-139
② 王乃正,王冬兰,张小永.学前儿童家庭教育[M].北京:北京师范大学出版社,2013:15
③ 孙丽燕.20 世纪末中国家庭结构及其社会功能的变迁[J].西北人口,2004(5):13-16
④ 丁连信主编.学前儿童家庭教育[M].北京:科学出版社,2011:8

(五) 休闲与交流功能

自古以来,家庭就是人生最好的休息、娱乐场所之一。在家庭中人们不仅可以进行工作、劳动之后的一般体力休息和娱乐,还可以享受到在其他场所不能享受的天伦之乐、人伦之乐。[①] 随着经济的发展、科技的进步、闲暇时间的增加,人们休息、娱乐等精神生活方面的需求越来越多,现代社会的文化娱乐设施如电影院、练歌房、健身房、美容院等为满足人们这方面的需求提供了条件。但家庭中以爱和血缘为基础的和谐的人际关系,以及温馨的感情气氛是任何社会文化场所都不能完全替代的。[②]

与家庭的休闲功能一样,家庭的情感交流功能也是无可替代的。不管是在古代社会还是现代社会,家都是心灵的港湾,家庭成员之间的亲密交往和情感,建立在亲缘关系的基石上,具有牢靠的基础。一个人风尘仆仆地在社会上生活奋斗,遇有身心疲惫、紧张焦虑的时刻,都希望从家庭得到安慰、鼓励和帮助,良好的家庭交流能够给人舒适安全的感觉。

第二节 家庭教育概述

案例导入 》》》

优劣家庭教育

在英国有一个爱德华家族,是真正的书香门第,现已传到第八代。老爱德华是个博学多才的哲学家,为人严谨勤勉,他的子孙有 13 位当过大学校长,100 多位教授,80 多位文学家,60 多位医生,1 人当过大使,20 多人当过议员。同样在英国,还有一个珠克家族,到现在也已传了八代了。老珠克是远近闻名的酒鬼和赌徒,混了一辈子,他的子孙后代中,300 多人要过饭,400 多人因酗酒致残或死亡,60 多人犯过诈骗或盗窃罪,还有 7 个杀人犯。

思考:让我们设想,假如珠克家族中的一个孩子很小就被爱德华家族抱养,他将来会怎么样呢? 反之,爱德华家族的一个孩子被珠克家族抱养,又会怎么样?[③]

一、家庭教育的涵义

关于家庭教育这一概念,我国家庭教育工作者提出了不同的看法,做出了不同的

---

① 陈太忠,夏如波主编. 学前儿童家庭教育[M]. 南京:南京大学出版社,2014:4
② 成洁萍,张爱玲编著. 学前儿童家庭教育[M]. 沈阳:辽宁大学出版社,2013:13
③ 约翰·洛克著,海鸣译. 约翰洛克的家庭教育[M]. 福州:海峡文艺出版社,2005:3

解释。

顾明远在《教育大辞典》中这样界定家庭教育：家庭成员之间的相互教育，通常多指父母或其他年长者对儿女辈进行的教育。

赵忠心在《家庭教育学》中对家庭教育进行了广义和狭义两个层面的界定。广义的家庭教育是家庭成员之间的相互实施的教育。在家庭里，不论是父母对子女，子女对父母，长者对幼者，幼者对长者，同辈人对同辈人，一切有目的、有意识施加的影响，都是家庭教育。狭义的家庭教育是指在家庭生活中，由家长，即家庭里的长者（主要是父母）对子女及其他年幼者进行的教育和施加的影响。赵雨林对家庭教育的定义是"三道教育"，即为生之道，为人之道，为学之道，简称为"3M"，即"为生之道"以生命健康为核心，由生理保健（健）、心理健康（乐）、安全适应（安）等三大方面组成；"为人之道"以生命价值为核心，由生命角色（本）、人格人生（志）、处世修养（交）等三大方面组成；"为学之道"以生命智慧为核心，由学习策略（学）、思维能力（思）、科学素养（理）、人文素养（文）等四方面组成。[①]

基于以上研究，本书中使用狭义的家庭教育，将家庭教育定义为：家庭教育是在家庭环境中父母及其成年人对未成年人所实施的影响和教育，是学校教育与社会教育的基础。

二、家庭教育的性质

家庭教育的性质就是家庭教育区别于其他形式教育的根本属性，主要是与学校教育、社会教育等比较而得出。

（一）家庭教育是一种私人教育

私人教育与公共教育相对，是按教育者和受教育者之间的关系这一标准划分所得。私人教育指教育者和受教育者之间有血缘、收养或隶属关系，受教育者的发展由教育者个人意愿决定。从施教人员来看，家庭教育的实施者主要是家长及长辈，他们无需获得上岗资格证书，孩子从孕育到呱呱坠地，父母的工作就已经开始。施教者和受教育者之间有血缘关系或收养关系，属于私人关系的范畴。从管理体制来看，家庭是私人空间，社会和他人不能或不容易对家庭教育进行直接的行政干预，更多通过多种方式进行宣传、渗透和引导来施加影响，使之适应社会需要。[②]

强调家庭教育是私人教育，并不是说家庭教育孤立于社会之外，跟社会生活相隔绝。恰恰相反，家庭是社会的细胞，是社会的缩影，社会政治、经济的变革肯定要通过种种渠道渗透到家庭生活中来，影响家庭教育的实施。任何社会，任何时代的家庭教育都带有那个社会和那个时代的鲜明烙印，反映当时的社会生活，适应时代的需要。

---

① http://wenku.baidu.com/view/86b76d1dff00bed5b9f31d76.html
② 成洁萍，张爱玲编著.学前儿童家庭教育[M].沈阳：辽宁大学出版社，2013：17

（二）家庭教育是非正规教育

从教育活动实施的组织形态看，教育有两大类，一类是有严密组织的正规教育，一类是没有严密组织的非正规教育。正规教育以学校和幼儿园的教育最为典型，它有专门的组织机构、有受过训练的专门的教育者，是一种有组织、有目的、有计划、有系统、有考核要求、有统一标准的教育。家庭教育则不同。

家庭不是专门的教育机构，家庭教育不是有组织、有领导、有严密计划的教育；家长一般未经过教育方面的专业训练，也不是专职的教育者，只要生育了孩子，家长自然就成了教育者；家庭教育的目的、内容没有统一的要求，政府和其他社会组织只能进行指导而无权进行直接的干预；家庭教育没有固定的模式、固定的时间和地点，一般是寓于日常生活之中，随时随地实施的。特别对学前儿童而言，他们主要是通过模仿进行学习的，家庭教育更多的是通过家长在家庭生活中的言行和表率作用来实现的，即使父母本身并没有意识到，那种潜移默化的影响也是客观存在的，而且这种影响是深刻的、广泛的、全方位的。[①]

（三）家庭教育是终身教育

家庭教育是一种稳定的持久性教育，与阶段性的学校教育有所不同。系统的学校教育虽然连续实施多年，但学校教育仍是个体整个人生中的一个阶段，幼儿园、小学、初中、高中和大学都是短暂的教育阶段。即使在当今的学习型社会，人们所谓"终身教育"也是阶段性地陆续进行学习。家庭教育则大不相同，它开始于孩子出生之日，甚至可上溯到胎儿期，直到孩子长大成人，可以说人们在一生中始终都是在直接或间接地接受着家长，特别是父母的教育和影响。在我国，即使子女已经成家立业，父母仍对孩子进行着教育，父母亲临终留下的遗嘱，也是家庭教育。因此，家庭教育是一种终身教育，在人的一生中起着不可替代的作用。

三、家庭教育的特点

家庭教育是教育人的起点和基点。家庭教育由于发生在家庭之中，与学校教育和社会教育相比较，既有优势特点也有局限性特点。

（一）家庭教育的优势特点

1. 家庭教育的早期性

家庭是儿童生命的摇篮，是人出生后接受教育的第一个场所，即人生的第一个课堂。家长是儿童的第一任教师，即启蒙之师。所以家长对儿童所施的教育最具有早期性。一般来说，孩子出生后经过三年的发育，进入幼儿时期，从 3 岁到 6 岁是学龄前期，也就是人们常说的早期教育阶段，这是人的身心发展的重要时期。幼儿期是人生熏陶渐染化的

---

① 丁连信主编. 学前儿童家庭教育［M］.北京：科学出版社，2011：10

开始,人的许多基本能力是在这个年龄阶段形成的,如语言表达、基本动作以及某些生活习惯等,性格在这个阶段也在逐步形成。美国心理学家布鲁姆认为,一个人的智力发展如果把他本人 17 岁达到的水平算作 100%,那么 4 岁时就达到了 50%。4~8 岁又增加了 30%,8~17 岁又获得了 20%。[①]

2. 家庭教育的感染性

墨子在其"素丝说"中提到"染于苍则苍,染于黄则黄,所入者变,其色亦变"[②]。充分说明了环境对人的重要影响。父母与孩子之间的血缘关系和亲缘关系的天然性和密切性,父母的喜怒哀乐对孩子就是一种环境影响,有强烈的感染作用。孩子对父母的言行举止往往能心领神会,以情通情。在处理发生在周围身边的人与事的关系和问题时,孩子对家长所持的态度很容易引起共鸣。在家长高兴时,孩子也会参与欢乐,在家长表现出烦躁不安和闷闷不乐时,孩子的情绪也容易受影响,即使是幼儿也是如此。如果父母亲缺乏理智而感情用事,脾气暴躁,都会使孩子盲目地吸收其弱点。家长在处理一些突发事件时,表现出惊恐不安、措手不及,对子女的影响也不好;如果家长处变不惊、沉稳坚定,也会使子女遇事沉着冷静[③],这样对孩子心理品质的培养起到积极的作用。所以,在家庭教育过程中,环境的感染性发挥着非常重要的作用。

3. 家庭教育的权威性

家庭教育的权威性是指父母长辈在孩子身上所体现出的权力和威力。家长的权威性,主要体现在:家长的教诲,子女能够听从;家长的批评,子女能够接受;家长的意图,子女能够心领神会;家长所希望的,子女能够努力做到、做好;家长所反对的,子女能自觉地不去做,或是能克制自己的欲望。家庭的存在,确定了父母子女间的血缘关系、抚养关系、情感关系,子女在伦理道德和物质生活的需求方面对父母长辈有很大的依赖性,家庭成员的根本利益的一致性,都决定了父母对子女有较大的制约作用。总之,家长的意志对于子女的言行有较大的权威性,这种权威性,要比其他人对孩子的制约更大。

4. 家庭教育的针对性

针对性是指从实际出发,有的放矢,而不是凭想当然,不是一般化的说教。针对性的前提条件是充分了解教育对象。人们常说:"知子莫若父。"最了解自己孩子的是家长,是父母。这种说法不无道理。父母之所以能如此了解子女,并不仅仅是由于长期共同生活,更重要的是由于父母和子女有特殊的关系——血缘关系和根本利益一致的关系。

5. 家庭教育的及时性

家庭教育的过程,是父母长辈在家庭中对孩子进行的个别教育行为,比幼儿园、学校

① http://eblog.cersp.com/userlog4/75303/archives/2010/1356819.shtml
② 墨子.墨子·所染[M].北京:中华书局,2007 年版
③ http://www.xxjxsj.cn/article/6975.html

教育要及时。常言道：知子莫若父，知女莫若母。家长与孩子朝夕相处，对他们的情况可以说是了如指掌，孩子身上的细微变化，即使是一个眼神、一个微笑都能使父母心领神会。父母通过对孩子言行举止的及时掌握，发现他们身上存在的问题，以做到及时教育、及时纠偏，不让问题过夜，使不良行为习惯消灭在萌芽状态之中。

6. 家庭教育的传承性

孩子出生后，从小到大，几乎 2/3 时间生活在家庭之中，都在接受着家长的教育。这种教育是在有意和无意、计划和无计划、自觉和不自觉之中进行的。家长以其自身的言行随时随地地教育影响着子女，对孩子的生活习惯、道德品行、谈吐举止不停地给予影响和示范，潜移默化地塑造着孩子，所以有些教育家又把家长称为终身教师。一个家庭的成员有时会有相似的生活风气，如勤俭节约、热情好客，或懒惰邋遢、自私自利等。有些家庭成员工作中屡屡出现成绩、受表彰，而有的家庭中成员屡屡违法犯罪，这都与家庭教育传承性有着很大的关系。

（二）家庭教育的局限性特点

1. 家庭教育条件的不平衡

家庭教育对孩子的成长有着十分重要的作用，但并不是所有的家庭都具备教育子女的有利条件。有的家庭有良好的家庭生活气氛和生活方式，家庭成员关系融洽、和谐。家长文化素养高，有教育能力，并且重视子女教育，也有充裕的时间。有的家庭则关系紧张，经济贫穷，父母文化素养不高，对子女教育不重视、不负责任，缺乏教育子女的能力和时间等。

2. 家庭教育易感情用事

在教育孩子时，家长往往缺乏应有的理智，遇事感情用事。这是家庭教育最容易也是最经常发生的偏向，是家庭教育最不容易突破的难点。大部分家庭教育的失败，都是由于这一原因。父母感情用事主要表现为行为易走极端，或者娇惯溺爱，或者简单粗暴。

3. 家庭教育比较封闭

家庭是一个相对封闭的社会单元。家庭教育是由家长对自己的子女在家庭范围内进行的教育。教什么、如何教、用什么思想作指导，主要取决于家长的意志、兴趣、爱好、思想水平、教育能力等。而一个家庭的生活方式、生活习惯，家长的素质和能力，总是有局限性的，这势必会影响到家庭教育的成效。

4. 家庭教育无监督

家庭是私生活的据点，也是最私密的场所，这样的特点决定了家庭成员在家庭内的言行举止，不可能像其他场合那样受太多的约束。因此，父母的有些言行举止对儿童、青少年的影响可能是积极有益的，有些言行举止对儿童、青少年的影响可能是消极的。比如，家庭成员之间的矛盾与争吵、父母在言行举止上违背教育原则等。这些往往无法回避负面影响,会给子女的发展带来障碍。①

四、家庭教育的功能

家庭教育是教育活动的重要组成部分,同样发挥着多方面的功能,具有社会功能和个体功能。只是家庭教育在社会功能方面表现得没有那么突出,被很多人忽略。

(一)家庭教育的社会功能

联合国前秘书长加利曾经说:"家庭作为最活跃的社会细胞,把个人与社会联系在一起,它必须适应全球性的变化,这些变化是深远的,它不仅影响人类的物质生活,还将影响人类的价值观念和信仰。"②我们可以用西方流行的一首民谣对此进行形象的说明:

丢失一个钉子,坏了一只铁蹄;坏了一只铁蹄,折了一批战马;折了一批战马,伤了一位骑士;伤了一位骑士,输了一场战斗;输了一场战斗,亡了一个帝国。③

可见,良好的家庭教育能够促进社会的和谐进步和安定团结;能够为社会未来的发展和建设输送合格的各类人才;能够使国家和民族的优良传统通过家庭生活的方式一代一代地传承下去。不好的、失败的家庭教育会影响社会的和谐发展,影响安定团结;由于家庭教育不正确,会使儿童形成不良行为习气,长大后可能成为社会不安定的因素,甚至是危险分子;不良的家庭教育培养出来的青少年,有可能成为社会秩序、社会良俗的破坏者。

(二)家庭教育的个体功能

良好的家庭教育首先能够很好地促进个体的社会性发展,使儿童能够很快地适应社会,成为社会优秀成员,促进社会和谐、稳定地发展;良好的家庭教育也能够使每一个儿童的个性得到充分展示,使他们个人的能力、魅力得到充分地表现;良好的家庭教育也能够使个体获得最初的谋生意识和职业意向,在家长的正确引导下树立自己的理想;良好的家庭教育还能够使儿童充分地享受教育过程,乐意接受家长的教诲,主动接受家长的指导,体验到家庭教育的快乐。

不良的家庭教育恰恰相反,它较难使个体充分地完成社会化,使得儿童走出家庭后不能适应社会,不能适应环境的变化,不能适应人际关系,无法成为社会的合格成员;不良的家庭教育会压抑儿童的个性发展,使他们失去自我,失去独立思考的意识和能力;不良的家庭教育会使儿童成为家长的"傀儡",没有独立的人格、个性,也难以离开家长去独立谋生。当然,不良的家庭教育也不会使儿童感觉到教育的快乐。④

① 黄河清.家庭教育学[M].上海:华东师范大学出版社,2014:13
② Families: first victims of poverty and homelessness. http//www. un. org/esa/socdev/family/idf/1996/sgm96%20.html
③ 黄河清.家庭教育学[M].上海:华东师范大学出版社,2014 年 5 月第一版,第 10 页
④ 王乃正,王冬兰,张小永.学前儿童家庭教育[M].北京:北京师范大学出版社,2013:25

第三节　学前儿童家庭教育概述

案例导入 >>>

烨烨打架

烨烨的奶奶正在准备晚饭,当她听到孙子在楼下的哭声时,急忙喊烨烨的爸爸妈妈:"你们儿子在楼下哭了,他肯定被别的孩子打了,你们快去把孩子拉回来。"烨烨的妈妈朝窗外望去,果然看到邻居小哥哥正在打烨烨,于是朝楼下大声喊道:"儿子,你也打他!"烨烨听见了妈妈的喊声,开始挥舞着小拳头猛打同伴。此时爸爸飞奔到楼下,对烨烨说:"不要打了! 不许打人! 不要听你妈妈的话! 跟我回家!"

思考:烨烨家人的做法对吗? 你赞同谁的做法? 父母应该如何教育自己的孩子? 引申思考学前儿童的家庭教育的内涵和特点是什么。

一、学前儿童家庭教育的涵义

什么是学前儿童家庭教育? 中外学前教育工作者对这个概念做出了不同的界定,提出了不同的观点,主要有以下几种:(1)"学前儿童家庭教育是实施学前教育的重要组成部分,主要是指在家庭中对学前儿童实施的非正规教育。学前家庭教育一般由儿童的家长,如法定监护人、养护人或其亲属承担。"[①](2)"父母或家庭里的其他年长者自觉或不自觉地、有意或无意地对儿童施行的教育和影响。"[②](3)"虽称之为'教育',但并不是要'教'什么之类的特地有所准备的教育。而是亲子、兄弟姐妹之间在感情的'自然流露'中所进行的教育。"[③]学前儿童的家庭教育有广义和狭义之分。广义的学前儿童的家庭教育,主要是指家庭成员之间的相互影响和教育。在家庭生活中,实际上不仅父母或其他年长者要对学前儿童实施教育、施加影响,而且他们还会受到学前儿童的教育和影响。狭义的学前儿童的家庭教育,则指的是在家庭生活中,由家长(主要是父母或其他长辈)对学前儿童进行的教育和施加的影响。不论这种教育是有意识的、自觉的,还是无意识的、不自觉的,但都发生在家庭生活之中,并以亲子关系为中心,从体、智、德、美诸方面积极地影响儿童,把儿童培养成为社会所需要的人。[④]

---

① 卢乐山,林崇德,王德胜主编.中国学前教育百科全书(教育理论卷)[M].沈阳:沈阳出版社,1995:7
② 祝士媛,唐淑主编.幼儿教育百科辞典[M].上海:上海教育出版社,1989:26
③ [日]中野佐三著,愚心译,张玺恩校.孩子和家庭成员的关系[M].北京:人民教育出版社,1985:1
④ 李生兰.学前儿童家庭教育[M].上海:华东师范大学出版社,2006:3

扩展阅读1-1 >>>

请不要去触碰孩子的五大"底线"

就像成年人都有自己的底线,孩子也有自己的底线。如果父母挑战了他们的底线,就会让他们产生逆反心理,从而故意和大人对着干。那么,孩子们都有哪些"事"是家长不能触及的底线?

底线1 隐私的"事"

家长不要公开暴露孩子的隐私,不能当众说宝宝尿床,也不能把宝宝和你说的私密话抖出去,孩子可能说不喜欢某个人,也可能说长大后与某某结婚等。家长不要以为孩子小,说给别人听也无妨。当众暴露孩子的隐私,既伤了其自尊,又会让他缺乏安全感,也不再信任你,融洽的亲子关系被扭曲,不利于以后的家教。

底线2 被愚弄的"事"

孩子在成长的过程中会遭到成人或大孩子的欺骗,比如,大孩子把洗衣粉用彩纸包好骗小孩子说"好吃",小孩子真吃了,大孩子哈哈大笑,小孩子方知上当受骗。家长如果在小孩子面前提起这件事,既让孩子感到难堪、后悔,又让他感到人心复杂,不敢与人交往。被愚弄的事,家长不能拿出来嘲笑孩子,否则会让孩子憎恨那个骗他的人,并对家长产生不满。

底线3 被打骂的"事"

以前孩子犯了错,家长打骂了他,如今又在别人面前提起,甚至把打骂的情形逼真地描述出来,无形中造成了对孩子的"二次伤害"。被打被骂,对孩子来说是不堪回首的"屈辱史"。往事再提,伤害了孩子的自尊心,会增加孩子对家长的反感,孩子可能会故意和家长对着干。

底线4 出糗的"事"

在成长的过程中,孩子肯定有不少出糗的事,比如,穿衣分不清正反面,说话口齿不清,总分不清"灰"和"飞",登台唱歌忘词,等等。出洋相的事家长不应再提,否则会让孩子感到尴尬,也会打击孩子的自信心。千万不要把孩子的糗事当笑料,家长一笑了之,孩子却可能耿耿于怀。

底线5 干不好的事

有些平常小事,一般孩子都能干好而自家孩子却干不好,比如2岁了还不会走路,3岁不会开童车,5岁不会搭积木,6岁不会吃鱼,等等。这些事孩子没干好,可能是因为自家孩子发育比同龄人慢半拍,这是正常现象。如果过分渲染就会让孩子产生自卑心理,对自己进行消极的暗示,给自己贴上"低能儿"的标签,从而影响今后的成长。

二、学前儿童家庭教育的特点

(一)全面性和早期性

对于儿童的学前教育来说其本身是完全融入到整个家庭生活中的。其中所呈现出的相关内容极为丰富,不仅仅涉及人和人之间的一切知识,还包含了幼儿成长过程中的伦理规范、文明习惯、自然知识、生产技能、社会知识等,而这些有相当一部分都是直接通过家庭教育、家庭生活所获得。家庭教育所包含的内容远远超出了社会教育、幼儿园教育的多方面范围。除此之外家庭教育工作本身也极为普通,能够全员参与其中。和其他教育模式相比较而言,学前儿童家庭教育本身有着极为明显的前期优势性。从孩子出生的第一天开始,实际上家庭教育就对于一个人的智力发展、道德观念形成、性格养成等方面起到了至关重要的作用。

(二) 自然性和随机性

家庭本身作为儿童生活过程中的一个天然学校,家长也就是儿童天然的启蒙老师。家庭教育的自然性导致了它的随机性。父母究竟应该对孩子进行哪些方面的教育,如何进行这些教育,并没有固定的模式和程序,都是由父母自己决定,自行解决的。其中父母的价值观、职业观、文化观、儿童观和教育观等因素起着关键性作用。家庭教育的随机性还体现在不受时间和空间的限制,可随时随地对孩子进行教育。

(三) 权威性和专制性

在儿童心目中家长有着崇高的地位,其本身愿意得到家长的表扬和管教,这直接促使家长本身的教育工作具有更好的号召力、感染力。家长是家庭生活的领导者和组织者,处于学前阶段的孩子,身心方面各种需求的满足都不得不依附于家长,家长在家庭中的这种独特地位和作用,决定了他在孩子心目中享有崇高的威望和威信,使孩子能够做到"有令则行,有禁则止",这是家庭教育的一大优势。家长是否能维护自己的权威,与其是否能严格要求自己,爱岗敬业,时时处处为孩子作表率有关。例如,儿子把邻居小伙伴的脸抓破了,父亲不仅要批评儿子,而且还应带着儿子到邻居家去赔礼道歉,使儿子对自己的过失行为产生内疚感。此外,家长还要注意不通过"家长制"统治孩子,不滥用"权威"吓唬孩子,不动用"家法"体罚孩子,以免形成对立关系,阻碍孩子的发展。例如,家里来了客人,父母不能不管孩子是否愿意,就命令孩子为客人露几手,背了唐诗以后,还要唱英文歌曲等。[①]

(四) 持久性和连续性

和其他传统教育形式相比较来说,家庭教育是最为稳定的。孩子从托儿所到幼儿园,不论是生活环境、教育内容,还是教师、同伴等都发生了很大的变化,但家庭的生存空间、教养条件、家长等情况,一般来说不会有什么变化或基本上没有变化。家庭生活的稳定性和连续性本身就是在对孩子进行一致性和一贯性的教育,这种持续不断的、反复进行的教育,有利于孩子形成良好的行为习惯。例如,在对孩子进行理财教育的整个过程中,美国父母为 3 岁孩子制定的目标是"能够辨认硬币";为 4 岁孩子制定的目标是"知道

---

① 李生兰.学前儿童家庭教育[M].上海:华东师范大学出版社,2006:7

每枚硬币是多少美分,认识到他们无法把商品买光,因此必须作出选择";为 5 岁孩子设立的目标是"知道硬币的等价物,知道钱是怎么来的";为 6 岁孩子设立的目标是"能够找数目不大的钱,能够数大量硬币";为 7 岁孩子制定的目标是"能看价格标签"。[①] 从大多数人的成长过程便可以看出从小所受到的一些教育,已经成为了如今日常生活中的习惯并且在成年后依然保留。

(五)时代性和社会性

家庭是社会的细胞,它随着时代和社会的发展而不断变化,作为家庭主要功能之一的教育也是如此。

首先,在不同的历史时期,由于国家政策、经济水平、家庭结构等因素的不同,学前儿童的家庭教育呈现出了不同的特点。例如,在 20 世纪 50—70 年代,我国家庭教育的对象是多子女,家庭教育的内容以文明礼貌、艰苦朴素为主;而到了 80—90 年代,则发生了许多变化,独生子女成为家庭教育的主要对象,创造教育、情感教育成了家庭教育的重要内容。

其次,在不同的国度,由于政治制度、文化观念、教育体制等因素的不同,学前儿童的家庭教育也会表现不同的特征。[②] 例如,同样是面对学步的孩子,当其走路不小心跌倒时,澳大利亚的家长往往是"视而不见",继续做自己的事情,而我国的家长大都是赶紧放下手中的事情,快步跑过去,把孩子扶起来,左哄右哄。家长的这种不同的教养方式与其国家的教养传统、价值观念不无关系。

再次,在同一国家的不同区域,由于开放程度、生活水平的不同,学前儿童的家庭教育也展现出不同的特点。例如,在我国沿海经济发达地区,许多家长都非常重视对孩子的教育投资,不惜一切代价让孩子学习英语、弹奏钢琴,但在经济较为落后的地区,众多家长,却更为关注对孩子的保育投资,只求孩子能吃得好、穿得好。[③]

三、学前儿童家庭教育的作用

学前儿童家庭教育的作用是至关重要的,说其至关重要是因为它一方面对儿童本身有着不可替代的作用,另一方面对社会和国家有着不可忽视的作用。

(一)对幼儿的作用

1. 保证了儿童机体的正常生长发育

(1)胎儿教育为孩子的健康出生提供了保障

学前儿童的家庭教育的作用体现在胎儿的保健和教养上。首先,孕妇注意避免对人体有害的因素,可以控制不健康胚胎的产生。世界卫生组织 1998 年在有关电脑屏幕与工人健康问题的最新修正意见中指出,在电脑屏幕工作环境中,有些因素可能影响妊娠

---

① 李生兰. 学前儿童家庭教育[M]. 上海:华东师范大学出版社,2006:7

② http://wenku.baidu.com/view/86b76d1dff00bed5b9f31d76.html

③ 李生兰. 学前儿童家庭教育[M]. 上海:华东师范大学出版社,2006:5

结局。研究表明,孕妇每周在电脑前工作 20 小时以上,流产率增加 80%,畸形儿出生率也会增加。其次,孕妇注意摄取各种营养,能够保证胎儿正常的生长。许多营养专家要求孕妇做到:饮食简单而又合理,在一日三餐中,多吃水果(如香蕉、草莓、葡萄)、蔬菜(如西红柿、豌豆、花菜、胡萝卜)、果仁、鱼和瘦肉等,以免妨碍胎儿的发育。再次,孕妇注意进行适宜的运动,能够促进胎儿更好地发育。

(2) 婴儿教育为孩子身体的健康成长提供了保障

学前儿童家庭教育的作用表现在婴儿的养育和训练上。一方面,母乳为婴儿提供了最好的营养品,保证了儿童的健康生长。另一方面,肌体的接触和轻微的运动,提高了婴儿感官的灵敏度和动作的协调性。

2. 促进了智力的发展

儿童智能的发展具有关键期,在不同的年龄阶段,各种智力因素成长的速度不同,对儿童的影响也不同。研究表明,“6～9 个月左右是形状和大小辨别能力发展的关键期;1～3 岁是计数能力发展的关键期,也是口头语言发展的关键期;4～5 岁是发展阅读能力的关键期”。① 因此,适宜的早期家庭教育能促进幼儿智力的最大开发,取得事半功倍的教育效果。此外,家庭教育能预防儿童潜能递减现象出现。日本儿童教育专家木村久一认为儿童的潜能是按照递减的法则运行的,教育开始得越晚,儿童潜在的能力发挥出来的比例就越少。

3. 促进了儿童社会化的进程

社会化是个体学习生活技能和行为规范获得社会生活适应能力与创造力的过程,贯穿于人的一生,儿童社会化过程中家庭是第一个教育场,父母是第一任教师。儿童在成为社会人的过程中,社会准则、行为规范和道德意识通过家庭中父母的言行折射进入儿童的内心世界。良好的家庭教育有助于幼儿形成健全的人格,养成顽强的意志、获得幸福快乐的童年,为后继学习和终身发展奠定坚实的基础。

(二) 对社会的作用

良好的儿童家庭教育关系到社会的进步和国家的可持续发展。学前儿童家庭教育的效果关系到我国社会主义建设人才培养的起步是否坚实,对儿童早期在健康和关爱教育方面进行投入是提高人口素质、减少社会差距、能够产生最高回报率的社会投入,这已经为多个国家的实践所证实。我国社会主义发展和建设所需要的各类人才应该是身心两方面都健康的人才。人才的培养应始于胎儿时期。

四、学前儿童家庭教育的任务②

学前儿童家庭健康教育的主要任务是教给孩子一些简单的生活常识和卫生常识,培

---

① 施建农等. 发现天才儿童[M]. 北京:中国世界语出版社,1999:180
② 本书第二章会详细阐述这一内容,这里不过多介绍

养孩子良好的生活习惯和卫生习惯,激发孩子参加户外锻炼的兴趣和愿望,培养孩子独立生活的能力和自我保护的能力,促进孩子身心的健康发展。

学前儿童家庭认知教育的主要任务是丰富孩子的知识经验,激发孩子的学习兴趣,培养孩子的动手、动口、动脑习惯,促进孩子智力、能力的发展。

学前儿童家庭品行教育的主要任务是培养孩子良好的品德,塑造孩子文明的行为,陶冶孩子积极的情感,提高孩子社会交往的能力,形成孩子活泼开朗的性格。

学前儿童家庭审美教育的主要任务是引导孩子感受美,启发孩子表现美,鼓励孩子创造美,塑造孩子美的心灵。

五、学前儿童家庭教育的原则

学前儿童家庭教育的原则是指家长在实施家庭教育时必须遵循的基本要求和基本准则。该原则是根据教育目的、孩子身心发展特点、家庭教育优良传统以及国外家庭教育经验提炼出来的,是处理问题与矛盾的依据,对家庭制定教育计划和选择内容及教育方法都具有指导作用,是提高家庭教育质量的重要保证。

(一)教育一致、协调统一的原则

家教一致的基本含义是家庭内部教育观念的统一。当孩子有了缺点错误,需要批评教育时,家庭成员在认识和要求上的不一致,必然会以不同的情绪、不同的态度、不同的做法暴露在孩子面前,作为孩子,当然会喜欢袒护自己的一方,会记恨批评自己的一方。这种场面不仅会影响家庭和睦,而且不利于孩子的教育,以致使孩子养成任性、是非不清、听不进正确批评、常常无理取闹等不良品德和行为。因此,在对孩子进行教育时,家庭成员要心往一处想,劲往一处使,形成一股强大的教育合力。反之,父母如果"一人一把号,各吹各的调",那孩子就会手足无措,抵消对孩子的教育。在矫正孩子学习或生活方面的某些问题时,父母或其他家庭成员之间应事先商量,取得基本一致的理念,采取步调一致的方法,就某一个问题,以一个人为主和孩子交流。孩子的思想品德和行为习惯的形成既是一个长期发展的过程,又是一个连续完整的过程,要经过多次练习不断强化和巩固而逐渐形成。家庭成员对孩子教育的态度以及要求一致,就会促使孩子按照成人所要求的进行多次练习,不断强化和巩固,习惯成自然。因此,在早期教育中,应遵循教育统一的原则。

(二)因材施教,全面发展的原则

家长对孩子进行教育时,要注意孩子的兴趣和爱好,善于发现和发展孩子的特长,根据孩子的年龄特征、个性差异及身心发展水平确定教育内容和要求。家长要了解儿童的气质类型,从而根据孩子的气质特点来因人施教,充分发挥其潜在能力。

易养型的孩子,通常充满自信,不妨给他较有难度的任务,他做完后,如果成功,可进行表扬肯定,如果失败,可适当地指出他的不足之处,使他体会到自己还有些事情做得不好,逐步培养孩子愿意努力克服困难的美德。相反,对于困难型和缓慢型的孩子可以给一些简单的事让他做,在做的过程中给予指导帮助,完成后做对了要给予充分肯定,让他认识到通过自己的努力是可以做些事情的,逐渐建立起自信心。

表 1-1　儿童气质类型表

类型	所占群体孩子比例	特　点
困难型	10%	难成规律,适应慢
易养型	40%	形成规律,接受事物快,主动大方
缓慢型	15%	躲避、适应慢、反应强度低
中间型	35%	困难与易养之间

(三)严慈相济、张弛有度的原则

父母亲爱孩子是人之天性。这种爱是培养孩子良好品德和行为的感情基础,没有这种爱,就谈不上教育,就难以达到好的教育效果,但爱而不教,管而不严,自然也达不到教育的目的。南北朝北齐著名教育家颜之推认为,"父子之严,不可以狎,骨肉之爱,不可以简。简则慈教不接,狎则怠慢生焉"。在现实生活中,不少父母或祖父母把对孩子的关心爱护变成了溺爱,对孩子的不良行为和习惯不批评,不教育,往往包庇护短;吃饭穿衣一切事务都由父母包办代替,孩子让父母干什么,父母就干什么,一切以孩子为中心,使孩子过着饭来张口、衣来伸手、好逸恶劳的懒惰生活;逐渐养成自私、任性专横的坏脾气。如任其发展下去,错过教育的最佳时机,一旦养成习惯,再去纠正就难了。也有很多父母把孩子管得很严,却吃力不讨好。

家长应相信孩子的能力,给孩子一个自由发展的空间。严格要求和尊重爱护相结合,没有严格要求的爱,不是真爱,而是溺爱。严宽有度,不迁就、不溺爱、不放任,对孩子实施正确、适当、明确的教育。对孩子的关爱,应以有利于孩子身心健康为前提,离开这个前提就容易与望子成才的愿望背道而驰,就会成为孩子身心畸形发展的祸根。因此,家长在教育孩子时,要注意把关心爱护和严格要求结合起来,做到爱而不溺,严而不厉。

[案例 1-1]　　　　　　　　　　**对小小宠爱的爸爸**①

小小是个有些任性的孩子。她的爸爸很宠爱她,什么事都听凭她做主。比如很冷的天她想穿裙子,爸爸会答应。小小要自己选择衣服,不答应就发脾气。为了让她心情愉快,爸爸会依着她在早晨去幼儿园前在家玩上半小时,因此她经常迟到。

思考:爸爸的做法对吗? 如果不正确,应该如何调整父亲的教养方式?

---

① 周艳霞.今天这样做幼儿园教师——如何做好家长工作[M].北京:北京少年儿童出版社,2013:6

（四）平等相处，互相尊重的原则

许多专家曾分析，给孩子最好的礼品是"自尊"。父母与孩子之间默契的、平等的、民主的关系，必然对教育起着积极作用。因为它否定了父母与子女之间对立的、矛盾的、专制的家长式的关系。与孩子平等相处，像尊重朋友一样尊重孩子，这不仅可以体现父母与子女之间的爱是平等的，而且能够通过这种直接的交往，帮助孩子树立信心，明辨是非，丰富想象力和创造力。有些父母觉得孩子小，不懂事，没有交流的必要，还有的父母受传统家庭教育方式的影响，认为孩子生来就是要服从父母，把和孩子发生争执认为是非常没有面子的事情。其实，在社会交往中，朋友之所以知心，是由于密切来往的结果。孩子的成长不仅仅有物质，也有精神、情感的需要。父母忽略孩子的精神、情感需要，孩子和父母就没有话说，父母与子女之间的交流沟通就会困难重重。家长只有尊重孩子，孩子才会尊重家长，才能感受到父母是自己最有力的支持者。

（五）寓教于实践活动的原则

孩子有很强的好奇心，总想向大人学习他想做的事，因此，通过实践活动教育孩子是取得良好教育效果的重要途径。比如，通过教育孩子穿衣、吃饭，培养孩子的独立生活能力，要求孩子爱护花木，不浪费食物，学着做些简单的家务劳动等，培养孩子珍惜劳动成果，增强劳动观念的优良品质。通过实践活动教育孩子，能有效地达到家庭教育的目的。孩子在家庭生活中的重要实践活动是游戏、玩耍和娱乐。孩子在游戏、玩耍和娱乐中认识环境，适应生活，学习知识，增长才干。家长在条件允许的情况下，应尽量给孩子创造开展游戏和娱乐活动的环境。

（六）身教与言教统一的原则

身教重于言教。父母是孩子最早的模仿对象，孩子不仅听父母的说理教育，而更注意父母的一言一行，一举一动。如果父母给孩子讲得头头是道，而实际行动却是另一回事，孩子自然就不会信服。孩子在未成年时期，缺乏实际生活经验和社会常识，不会辨明是非，时刻都需要父母的指点。所谓其身正，不令而行，其身不正，虽令不从。父母要求孩子做的，自己应该首先做到。若父母待人接物讲究文明礼貌，为他人着想，维护公众利益，孩子就自然会对父母产生敬意，并以父母为榜样模仿效法。

（七）共同成长，适时调整的原则

家长要随着孩子年龄的增长，适时改变教育的态度与方法。在孩子小的时候，父母及家人会因孩子小不懂事，采取哄的办法，孩子哭了，哄；孩子闹了，哄；孩子不听话了，哄。我们知道，哄的教育方法，除了具有明显的娇惯意味外，还有为人们所忽视的善意的欺骗成分。久而久之，孩子被哄大了。有的孩子还会沉溺于哄的意识氛围之中，受不得委屈吃不得苦，经不起困难，容易受挫折；多数孩子随着年龄的增长，已具有自己对是非的判断能力，对于这种哄小孩的教育不仅不能接受，而且会认为这是大人们对他的不尊重，会产生严重的排斥心理。所以，父母对孩子的教育意识及教育方法,一定要根据孩子年龄增长的实际情况,适时地调整思路,采取适合孩子生理年龄和心理年龄的教育方法,孩子长大了,就应当和他们平等交流,建立理性的,充分信任的亲子关系。

（八）不急不躁,循序渐进原则

一首孩子中流传的《厌学歌》,"书包最重的人是我,作业最多的人是我,起得最早的人是我,睡得最晚的人是我,最辛苦的人是我,是我是我,还是我……"望子成龙,望女成凤,是天下父母的共同心愿。很多家长都有一种观念:不要让孩子输在起跑线上。让孩子长时间、超负荷学习,但不顾孩子的年龄、接受能力等情况采取填鸭式的教育方式,不但收不到应有的效果,还会造成孩子对学习的厌倦情绪。[1]

幼儿正处于长身体阶段,机体和神经系统都还比较弱。幼儿如果长时间地集中注意力,大脑容易疲劳,会造成神经系统的伤害,并引起心理上变化,如表情呆板等。过早、过多的规范性学习还能导致幼儿近视、驼背、消瘦等身体不良症状产生。过早地对幼儿实施小学教育超越了幼儿心理发展水平。幼儿心理发展还不完善,还不具备系统学习的能力,如果此时强迫幼儿向小学生那样学习和做许多功课,他们的智力水平是跟不上的,如果学习过于吃力,幼儿会对学习产生厌倦、畏惧情绪,从而会扼杀幼儿的学习积极性。[2]家长要循序渐进地启发教育孩子,才能达到教育目的。

六、学前儿童家庭教育的方法

要求孩子学什么,是教育的内容;告诉孩子怎么学,是教育的方法。法国教育学家爱尔维修认为即使是普通的孩子,只要教育得法,也会成为不平凡的人。家庭教育方法是家长在对孩子进行教育时所选择和运用的策略及措施,直接关系到家庭教育的成功与失败。父母在坚持正确教育内容的前提下,要达到预想的效果,就必须选择科学的教育方法。

（一）亲情感染法

裴斯泰洛齐曾说过:"孩子受到母亲的照顾,感觉到愉快。爱的种子就在孩子心里发展起来了。"亲情是最能打动孩子心灵的一剂良药,在教育孩子的过程中,爱心和理解要比其他任何技巧、理论和科学方法都重要。亲情感染法的运用,是每一个家庭教育孩子成长的必备手段。父母的和睦,本身就是对孩子的教育,家庭的和谐气氛,将使孩子的性情得到陶冶。如果父母离异或者父母双方经常为一点点小事而争吵,会给孩子精神上带来巨大的痛苦,心灵上造成巨大的创伤。情感的陶冶,体现在对孩子生活、学习和活动的一切过程中。

---

① http://wenku.baidu.com/view/06bb65619b6648d7c1c74675.html
② 程士星.幼儿教育小学化倾向急需遏制 http://www.paxwzxedu.net/List2/ShowArticle.asp? ArticleID＝608

[案例 1-2] 一个孩子的日记

我特别喜欢吃鸡腿。平时家里煮了鸡,两只鸡腿都是我吃。我还问爸爸:"为什么鸡不长四只八只腿呢?"现在我长大了,懂事了。今天我家又买了一只烧鸡,本来我想两只鸡腿都是我的。可是我又想:爸爸妈妈关心我,我也应该关心爸爸妈妈。再说他们每天上班下班多辛苦啊! 于是我把两只鸡腿分给了爸爸妈妈。妈妈表扬了我。①

思考:孩子的变化在哪里? 为什么会产生这样的变化? 教育的方式方法又是怎样的?

(二) 独立探索法

独立探索法是指在家庭教育中让孩子通过丰富多彩的活动,自己独立实践,经受磨难,掌握多种技能,培养顽强意志的一种方法。父母应该做到孩子自己能做的事情一定要让孩子自己去做,做的过程,也就是实践的过程,长知识的过程。因此,家长要给孩子提供进行多种多样活动的机会,如开展体育活动,组织游戏活动,多与孩子一起进行劳动活动等,以保障孩子的各种权利,促进孩子的身心发展。

(三) 榜样示范法

榜样示范法是指在家庭教育中,家长以自己和别人的好思想、好言语、好行为,形象生动地长期影响孩子的一种方法,包括有意识和无意识的。孩子往往崇拜父亲或母亲,父亲或者母亲怎么做,孩子就怎么学。孩子的模仿性很强,而这种模仿是缺少鉴别能力的,只要是感兴趣的,他们就模仿。父母的每一个行为动作,对孩子都有示范作用。这就是父母对孩子的榜样力量。如果父母做法是正确的,长期影响下去孩子就会习得良好的个性品质和行为习惯;反之则养成不良的行为和习惯。

[案例 1-3] 爱打人的多多

多多今年 4 岁,却有个爱打人的坏习惯,不管是在幼儿园还是平时和小伙伴玩儿,一有不开心的感觉,他就会动手打人,导致小朋友都不喜欢和他玩儿。幼儿园老师找家长沟通这一情况,家长当即表示回家一定"好好收拾他"。老师很诧异,询问如何收拾。家长的回答是,不行就打一顿,说了不好使就得打。老师后来得知多多的爸爸经常以打骂来"管"孩子。

思考:家长的教育方式方法是否正确? 为什么? 应该采用什么方法更为合适与正确?

家长是孩子最重要的榜样。孩子来到人间以后,最早接触的对象就是父母,父母是

---

① 孙晓云.有自由才有成长[M].北京:作家出版社,2012:60

孩子最直接、最经常的模仿对象。父母要发挥自身榜样的示范作用,就应严格要求自己,希望孩子做到的,自己首先要做到。例如,要求孩子不急躁,自己就要遇事冷静沉着;要求孩子爱学习,自己就要经常看书、天天读报,而不能日日与麻将、纸牌为伍。多多之所以爱打人,其重要原因就是爸爸没有提供良好的榜样示范作用。

(四) 因材施教法

家庭教育应该讲究因材施教,也就是说要根据自己孩子的不同情况,施行不同的教育。据《论语》记载,孔子的学生子路和冉有性格不同。子路为人直率,性格耿直,近于鲁莽;冉有为人胆小而谨慎。有一次,子路问老师,我听到一个道理就马上去做吗?孔子说,有父亲和哥哥在,你要先征求他们的意见后再做。后来,冉有也问老师,我听到一个道理能马上去做吗?孔子说,听到了就去做吧。孔子的学生公西华问老师,为什么同是一件事,对子路和冉有的要求不一样?孔子解释说,冉有胆小谨慎,我就鼓励他放开胆子去做;子路平日总想胜人,好争强逞能,所以让他多想一想再去做。[1] 各家的孩子有各自不同的特点,即使是同胞兄弟也是不同的,这就要求做父母的要根据孩子实际情况进行教育,切不可照搬教条,看书本上怎么说,或看人家怎么做就怎么做。

(五) 启发引导法

孩子从父母那里学到的,包括从其他人那里学到的,以及自己独立学习所获得的知识,都是孩子将来通过自己努力后能够得到验证和提高的。这些知识在孩子的幼小记忆中,是粗浅的、不连贯的,甚至是正确的和不正确的混合在一起。启发引导法,要求家长在孩子已有的知识和经验基础上,进行启发、引导和综合,使这些知识相互融通,促进孩子知识水平提高和经验丰富。孩子在具备了一些知识后,随着年龄的增长和对新知识的渴求,就会对父母有更高的要求。比如,小孩子总愿意向父母提出一些问题,有的问题在父母看来是不是问题的问题,还有的是父母无法回答的,这就是孩子在探求知识。[2] 作为父母启发孩子,应该对孩子进行有计划、有目的的教育,但最好是通过仔细观察,让孩子自己做出或者提出决定,父母进行适当的点拨和启发,让孩子自己进一步做或重新认识问题,而重新做的和说的,必然是提高后反映出的效果。家长这样做的最终目的是让孩子自己更好地学习。父母启发孩子就是帮助孩子自己提高,最后让孩子自己学习。[3]

[案例 1-4]　　　　　　　　　　　　　**歌德的故事**

诗人歌德的母亲,为了培养歌德的想象力,每天都给歌德讲故事,但常常讲到某个段落就停下来,把以后的故事情节留给歌德去想象。幼年的歌德为此做了种种猜想,有时

---

① http://blog.sina.com.cn/s/blog_5f7e1c250100hbgi.html
② http://blog.sina.com.cn/s/blog_9569ae0e0100yhbi.html
③ http://lejiaying54.blog.sohu.com/155922993.html

还同他的奶奶商量,等待着第二天故事情节的发展。第二天,母亲先让歌德说,他是怎样想的,然后母亲再讲。当歌德猜中了的时候,他就高兴得跳起来。这种活动丰富了歌德的想象力,给他以后的写作带来了极大的好处。①

思考:为什么歌德的母亲会在讲故事时突然停下来?这种教育方法对歌德产生了什么作用?

(六) 环境熏陶法

环境熏陶法是指在家庭教育中,家长有意识地创设一个和谐的家庭生活环境,使孩子受到潜移默化的影响,以培养孩子良好的道德品质的一种方法。许多教育家都很重视这种方法在孩子成长中的作用。朱庆澜先生把家庭的生活环境比喻为"家庭的气象",认为"家庭的气象教育"十分重要,他指出:"气象就是这个样子,家里是个什么样子,小孩子一定变成那个样子。"②家庭是孩子最早的课堂,参与家庭生活是孩子最早的实践活动。因此,对孩子的教育,要贯穿于家庭生活之中,家庭成员之间互相关心、和睦协调、文明礼貌有利于养成孩子尊重别人、关心别人、助人为乐的良好品德。家庭环境对孩子品德和行为习惯的形成有着不可估量的作用,父母应该为孩子创造一个良好的家庭教育环境,让孩子在和睦、文明的家庭环境中接受教育,健康成长。

扩展阅读1-2 >>>

孩子们从生活中学习

教育家多罗茜·洛·诺尔特认为"孩子们从生活中学习"。他指出:"如果一个孩子生活在批评之中,他就学会了谴责。如果一个孩子生活在敌意之中,他就学会了争斗。如果一个孩子生活在恐惧之中,他就学会了忧虑。如果一个孩子生活在怜悯之中,他就学会了自责。如果一个孩子生活在讽刺之中,他就学会了害羞。如果一个孩子生活在嫉妒之中,他就学会了嫉妒。如果一个孩子生活在耻辱当中,他就学会了负罪感。如果一个孩子生活在鼓励之中,他就学会了自信。如果一个孩子生活在忍耐之中,他就学会了耐心。如果一个孩子生活在表扬之中,他就学会了感激。如果一个孩子生活在接受之中,他就学会了爱。如果一个孩子生活在认可之中,他就学会了自爱。如果一个孩子生活在承认之中,他就学会了要有一个目标。如果一个孩子生活在分享之中,他就学会了慷慨。如果一个孩子生活在诚实和正直之中,他就学会了什么是真理和公正。如果一个孩子生活在安全之中,他就学会了相信自己和周围的人。如果一个孩子生活在友爱之中,他就学会了认可这世界是好地方。如果一个孩子生活在真诚之中,

① 北京市家庭教育研究会,北京市妇联宣传部编.家庭教育讲话[M].北京:科学普及出版社,1982:70
② 育宝网:打造和谐宝宝——学前儿童家庭教育环境熏陶. http://baike.baby868.com/lilun/201007/06-92566.html

他就会头脑平静地生活。"①

【检测】

一、思考练习题

1. 什么是家庭教育？你是如何理解这一概念的？

2. 家庭教育的特点与学前儿童家庭教育的特点是否有相同之处？试联系实际加以阐述。

3. 联系实际阐述学前儿童家庭教育的基本原则。

4. 学前儿童家庭教育的主要方法有哪些？家长应怎样加以运用？

5. 与孩子平等相处应当注意些什么？

6. 联系具体实例，分析学前儿童家庭教育的优势和局限性。

二、实践分析题

马上到暑假了，兰兰即将从幼儿园毕业。一天爸爸对兰兰说："宝贝，你马上就是小学生了！要学着多做些事情，自己照顾自己。"兰兰高兴地说："好呀！可是我做些什么呢？"还没等爸爸开口，妈妈抢着说："你可以自己洗袜子，帮忙洗碗、擦地板，还可以帮忙浇花。"这时，奶奶在旁插话了："干什么干啊！让她干活还不够添乱的！再说，我们的小公主就应该享受大家对她的服务！"

请结合学前儿童家庭教育的原则对材料加以分析，并提出合理化建议。

---

① ［新西兰］戈登·德莱顿，［美国］珍妮特·沃斯著，顾瑞荣等译.学习的革命——通向21世纪的个人护照 [M].北京：生活·读书·新知三联书店，1997：76

第二章

学前儿童家庭教育的发展

学习目标

- 了解古代社会学前儿童家庭教育的发展阶段。
- 掌握古代社会学前儿童家庭教育的内容与方法。
- 明确现代社会学前儿童家庭教育的内容、优势和局限。
- 理清学前儿童家庭教育的学科发展脉络。

本章导读

中国古代家庭教育思想源远流长,家庭教育的书籍在我国也不乏善本,从颜之推《颜氏家训》到陈鹤琴的《家庭教育》皆是名扬海外的家庭教育名著,对我国的家庭教育的发展产生了重要的影响。随着历史的发展,我国现代社会家庭教育逐渐走向了科学化和系统化,家庭教育日益被赋予更多责任,但同时面临了前所未有的挑战和矛盾。

第一节　古代社会学前儿童家庭教育

案例导入 >>>

宽仁不肯穿鞋子

宽仁有一天早晨起来,不要穿鞋子,他母亲再三诱导他,他总是不依。他母亲恨极了,不管他肯不肯,一只手拿着鞋,一只手拉他脚,硬要他穿,他就两脚前后踢着,两手上下敲着,闭着眼,张着嘴,大哭起来了。那时候,他祖母正在门外,听见他哭,就快步地回来,她一路走一路问道:"好好儿为什么哭的?"他母亲就告诉她宽仁不肯穿鞋子,而且说他撒蛮无理。他祖母听到这些话,非但没有骂宽仁而且假惺惺地骂她儿媳妇说:"都是你不好,他是很好的,他是要穿鞋子的,都是你不好,走开!"她一面说,一面走到宽仁的面前,把她儿媳妇一推,而且轻轻打她几下。

宽仁听见他祖母骂他母亲就一点不哭了。他祖母拿着鞋子替他穿上,而且又骂她儿媳妇说:"有你这个呆婆,吃米一升,吃肉一斤,连穿鞋子还不能,我们穿好以后,来打你一顿。"她替宽仁穿好鞋子以后,又轻轻地去打她儿媳妇几下,而她儿媳妇又故意放声哭起来,而且嘴里"阿唷,阿唷"地喊着。宽仁在这个时候,一点也不哭不吵,很高兴地让他祖母替他穿鞋子了。①

思考:宽仁的祖母处理这件事情的态度与做法是否正确? 为什么? 宽仁的母亲的做法是否正确? 应该怎样做更为合适? 作为家长应该如何教育宽仁?

一、古代社会学前儿童家庭教育的发展阶段

中国古代家庭教育思想源远流长,是世界家庭教育史上一颗璀璨的明星。中国古代家庭教育,是指中国古代自从有家庭以来,迄至清朝末年封建社会结束这一漫长历史时期的家庭教育。我国是四大文明古国之一,早在奴隶社会,我国就有了科学家庭教育的萌芽。古代宫廷和奴隶主贵族子弟在进行学校教育之前就必须先接受家庭教育。同时,在男尊女卑思想的影响下,我国古代要求从七岁开始进行男女有别的教育。中国古代的家庭教育思想给后人提供了宝贵的经验,但其仅分散在其他的教育著作中,没有形成系统的教育理论②。

(一)奴隶社会前长老亲传期

原始社会时期,家庭教育处在不知而行的自发状态,对家庭教育问题的有意识思考,应该是在文字出现、人类迈入阶级社会以后。所谓长老亲传,又称长老训教,就是富有经验的长者对晚辈所进行的有关生产方式、生活经验等方面的教育训导。

在我国历史上最早的、正规的、有文字记载的家训是西周的《姬旦家训》。《姬旦家训》一共包括两部,即《戒侄成王》和《戒子伯禽》传世。在《姬旦家训》里,周公殷殷告诫代其治理封地鲁国的儿子伯禽:我是文王之子,武王之弟,成王的叔父。我的身份、地位是很高的,可是为了求得贤才我朝思暮想,以至于到了洗头的时候都几次停下的地步,吃饭时如有士人来访要几次吐出口中的饭,起来接待他们,唯恐失去贤才。你到鲁国后,一定不能因为自己是国君了,就怠慢了士人和民众。要礼待贤才,勤政爱民,把鲁国治理好,做诸侯国的榜样。③《姬旦家训》对后世有着深远的影响。多见于《尚书》的《君》《无逸》《多士》等诸篇中,它是中国第一本成文家训,首开中国古代家训之先河。

---

① 陈鹤琴. 家庭教育[M].武汉:长江文艺出版社,2013:129
② 谷忠玉. 我国古代家庭教育思想论要[J].辽宁师范大学学报,2001(9)
③ http://news.k618.cn/special_37073/etj/xdc/201405/t20140528_5277214.html

（二）奴隶社会孝悌观

奴隶社会末期，孔子主张以教育的手段建立以"孝"为根本、以家庭伦理为基础的"仁礼"。他强调把"孝悌"作为家庭教育的核心内容，提倡孝道家教和社会教化，目的在于"移孝作忠"，使伦理道德直接转化为政治道德。他还认为，在家教过程中作为父亲对待妻子和小孩的情感，也是很难把握的，"远则怨"，"近则无礼"。总之，孔子主张家教以孝悌为本，使国在家的基础上建立统治秩序。

（三）封建社会异彩纷呈期

中国古代封建社会家庭教育思想发展中的代表人物有颜之推、司马光和张履祥。他们在各自的家庭教育专著中全面地阐述了家庭教育的内容、方法及原则，推动了我国家庭教育思想的发展。

1. 颜之推的家庭教育思想

颜之推重视早期教育，并认为对儿童应首先进行语言教育。教给幼童的语言、词汇及发音必须准确无误；要重视通用语言，以减少语言在交往中出现如"指马之谕，未知孰是"的状况。同时，颜之推还主张以孔孟孝悌仁义等道德规范为主要内容对子女进行道德教育。另外，他还非常注重技艺教育，强调要学习一技之长，以自立为本。颜之推还详细地论述了家庭教育的原则。他提出，家庭教育应该"固需早教"，认为有条件的家庭甚至可以实施胎教[①]。同时，颜之推也认识到大多数家庭没有条件实施胎教，因此，他又指出："凡庶纵不能尔，当及婴稚，识人颜色，知人喜怒，便加教诲，使为则为，使止则止。"颜之推认为父母必须"威严有慈"，并做到"均爱勿偏"。另外，颜之推还十分重视环境的熏陶。他认为父母必须加强自我的修养以树立好的榜样。除父母外，还必须注重幼儿所结交的朋友，他指出"是以与善人居，如入芝兰之室，久而自芳也。与恶人居，如入鲍鱼之肆，久而自臭也"[②]。

2. 司马光的家庭教育主张

司马光强调家庭教育应以德教为先。他认为应教育子女孝顺，并把"孝"作为根本的责任，并且，其最基本的要求是让父母获得物质生活上的幸福，做到"老有所养"。同时，司马光强调要教育子女讲究"兄弟之爱"。此外，司马光还重视对女子的教育，并提出了封建家庭女子教育的目标，即对妇德、妇言、妇容、妇功的具体要求。另外，司马光也提出了家庭教育的方法和原则。首先，他也认为应及早施教。其次，在教育过程中，要求爱严结合，平等教育。同时，司马光还指出教育要根据子女不同的年龄特征，进行不同内容和形式的教育。此外，他还强调家长在对子女进行教育的过程中要诚信，以免无意的欺骗给子女造成不良的影响。

---

① 颜之推.颜氏家训·教子[M]//颜氏家训集解.上海：上海古籍出版社，1980：25
② 余双好.我国古代家庭教育优良传统和方法探析——从家训看我国古代家庭教育传统和方法[J].武汉大学学报（社会科学版），2001

3. 张履祥的家庭教育思想

张履祥把道德教育放在家庭教育的首位[①]。向幼儿灌输道德观念,是其强调家庭教育的出发点。张履祥认为幼年是个体道德形成的关键期,此时家长若不良好地引导,那即使"有定形良工,只可就其坏处修改几分。不能全然做过也"。所以,在家庭教育中,为父母的"严君之职,不可一日虚矣"。张履祥提倡耕读相兼。他认为耕则力耕,学则力学,须知"读而废耕,饥寒交至,耕而废读,礼仪遂亡"。张履祥还对为人父母者提出了要求。他认为父母自身的素质是家庭教育成功的保障。父母不但要注意自己在道德、知识方面素质的提高,还应重视运用正确的教育方法。他认为"子弟教不率从,必是教之不尽其道,为父兄师长者,但当反己自求,未可全责子弟也"。

封建社会的我国家庭教育思想,代表了我国古代家庭教育思想的演进过程。总的来说,中国古代的家庭教育思想虽然大多是基于自己的经验体会所著而成,但也包含了一些合理的因素,在当时和现在都有一定的借鉴意义。

(四)民国时期的科学化期

我国家庭教育的近代转型是和我国近代社会向西方学习的轨迹相一致的。近代以来,西方国家在文艺复兴运动的大潮中涌现出一批人文主义教育学家,他们高举人性解放的大旗,追求"民主""科学"。在这样的价值观视野下,家庭教育的研究立足于人,立足于对儿童的认识和理解,并日趋专门化和科学化。20世纪初,中国的家庭教育研究有过短暂的辉煌,开始迈向理性、科学的道路。进入民国时期,陈鹤琴的家庭教育思想推进了中国家庭教育的中国化、科学化、民主化进程。其代表作《家庭教育与父母教育》一书,对后世影响深远。

陈鹤琴认为:儿童是民族振兴的希望,是社会文化的传承者和创造者。因此,"对于如花含苞、如草初萌的小孩子,我们应当用很好的教育方法去教育他"。陈鹤琴视家庭为造就儿童健全人格最基础、最重要的场所,并视父母教育为抚育身心健康儿童的关键所在。他以"心理学具体化,教学法大众化"的全新形式,精心论述了儿童心理的基本特点、儿童学习的性质和原则,实证呈现了家庭教育的101条原则,"供负教育子女之责者之参考",为中国父母们提供了第一部现代的家庭教育通俗读本。陈鹤琴通过《以现代人的眼光谈谈家庭教育》一文,传递"有了良好的父母教育,然后才有良好的儿童教育"的理念。他剖析中国当父母的,素来在对于儿童教育观念和行动上存在的错误,提倡我们应先去宣传普及父母教育,"使得个个当父母的,知道怎样去尽他父母的责任","当父母是世界上最大的事,也需要一种艺术"。因此,陈鹤琴前瞻性地倡议:"在今后的学校教育中,我们也应该列入父母教育一项才对。"虽然陈鹤琴已在创办的工部局女子中学,先行迈出了这一步并曾亲自上课,但他还主张:家庭教育的成功,有赖于父母的协力合作,所以男女学生都应该接受这种特殊教育的训练。[②] 陈鹤琴认为中国父亲往往失之过严,母亲往往

---

① 张履祥. 愿学记二[M]//杨园先生全集. 苏州:江苏书局刊本,同治十年:卷27
② http://wenku. baidu. com/view/ea09624eb307e87101f69631. html

失之过宽。父母所用的方法是不一致的。虽然有时相成,但流弊未免太大。因为父母所施方法之宽严不同,子女竟至无所适从,不能了解事理之当然。并且方法过严,易失子女之爱心;过宽则易失子女之敬意。这都是父母主张不一致的弊病。陈先生此书所述各种教育方法,或宽或严,都以事体的性质为根据,不以施教的人为转移。他和他的夫人对于一鸣的教育就是往这条路去走的。

1925 年 12 月,《新教育评论》上发表陶行知撰写的书评,赞誉《家庭教育》"是儿童幸福的源泉,也是父母幸福的源泉","愿与天下父母共读之",成为两位同时代的教育家为改造中国落后的教育现状,共同推进家庭教育与父母教育普及的印证。此后数十年,《家庭教育》再版十余次,受到教育界和民众的普遍欢迎,成为中国现代教育史上的经典著作之一,陈鹤琴也被公认为"五四"新教育运动之后,我国现代家庭教育的开拓者和奠基人。值得特别关注的是:在 1920 年代至 1940 年代的长期教育实践中,陈鹤琴持续不断地丰富和宣传家庭教育之内涵,普及为人父母之道理,积极提供推进父母教育和改进家庭教育之良策。由此,我们不仅可以从他的著书立说中,还可以从他的过往足迹里,了解他在家庭教育与父母教育方面的理论和实践,感受他对儿童教育事业的赤诚情怀。[①]

二、古代社会学前儿童家庭教育的内容与方法

我国自古以来就有重视家庭教育的传统,并在长期的历史发展进程中形成了完整的家庭教育思想体系。回顾、研究我国古代家庭教育思想,探索其有价值的内容,对开展我们今天的家庭教育具有十分重要的意义和作用[②]。

(一)齐家与治国相联的家庭教育目的

我国古代社会非常重视家庭教育,其原因是多方面的。在古代社会,生产力水平比较低下,其经济特点是一家一户的小农经济。这种经济特点决定了家庭成员之间在物质生活方面的依赖性较大。一般衣食等物质生活资料主要在家庭中生产,由家庭成员共同享用。这一方面导致了家庭成员之间很强的依赖性、关系的密切性,另一方面也导致了家庭教育的受关注性。因为家庭成员接受家庭教育的程度与其家庭生活质量是密切相关的,我国古代很早就有"克绍箕裘"的说法,这是说,有许多"家业""家传""家学"都是通过家庭教育代代相传的。

另外,我国古代社会是很重视血缘宗法关系的,这便决定了家庭成员之间有着密切的政治关系。"一人得道,鸡犬升天","一人获罪,株连九族",可以说是中国古代社会家庭成员之间荣辱与共的密切关系的生动写照。正是由于家庭某一成员的发展对家庭其他成员、对整个家庭都会产生很大影响,为了家庭的管理,为了家族的命运,家庭教育便受到古人的特别关注与重视,将教育子女视为父母的天职。颜之推的《颜氏家训》、司马

---

① http://wenku.baidu.com/view/ea09624eb307e87101f69631.html
② 弓松涛.对中国传统家庭教育思想的思考[D].北京:中国石油大学,2007

光的《温公家范》等诸多颇有影响的家教方面的著作相继问世,便是最好的证明。

然而,古人进行家庭教育的目的并不仅仅停留并局限于此,他们将家庭教育与治国相联系,将家庭教育的目的提高到了治国的高度。他们认为理想的社会是建立在血缘宗法关系基础之上的。《孟子·离娄上》有:"天下之本在国,国之本在家。"《大学》中也提出:"物有本末,事有终始,知所先后,则近道矣。古之欲明明德于天下者,先治其国;欲治其国者,先齐其家;欲齐其家者,先修其身;欲修其身者,先正其心;欲正其心者,先诚其意;欲诚其意者,先致其知;致知在格物。物格而后知致,知致而后意诚,意诚而后心正,心正而后身修,身修而后家齐,家齐而后国治,国治而后天下平。自天子以至于庶人,壹是皆以修身为本。"

由此可见,古人将齐家看做是治国的基础,将家与国统一起来,认为在家维护父父子子的家庭秩序与在国维护君君臣臣的政治秩序是一致的;认为在家若能事亲,在国则必能事君;在家若能尽孝,在国则必能尽忠。孔子说:"其为人也孝弟,而好犯上者,鲜矣。"

(二)以修身为根本的家庭教育内容

我国传统的教育理论十分重视人的培养,将培养完美人格作为教育的重要目标。古代家庭教育思想受其影响,也非常重视教育子女如何做人,重视子女人格的完善。在进行家庭教育时强调品学兼求,但把人格的培养放在第一位。认为学高不是真正的目的,学高是为了品高。学会做人,以修养德行为求学目的,应该说是我国传统家庭教育的一大优良传统。为了培养后代完美的人格,伦理道德教育便成为我国古代家庭教育的重要内容。

1. 志向教育

立志是修身之基,因为志向是人行为的强大动力,只有确立志向,才会明确努力的方向,才会克服各种艰难险阻向着目标前行。一个人如果没有志向,就会随波逐流,虚度年华,一事无成。古人在这方面有许多论述。如诸葛亮在其《诫子书》中写道:"夫学,欲静也;才,须学也。非学无以广才,非志无以成学。"王阳明在《教条示龙场诸生·立志》中也提到:"志不立,天下无可成之事,虽百工技艺,未有不本于志者。"既然志向如此重要,那么应教育子女树立什么样的志向呢?古人要求子女要立圣贤之志,要立志以报其国。中国历史上广为流传的"岳母刺字"的故事,是中国古代家庭教育中教子立大志,教子与治国相联系的一个典型例证。重爱国大节,小家与大家相联;重民族气节,个人与民族一体,是我国古代家庭教育的优良传统,这一优良传统曾对中华民族的发展产生了巨大的影响。

2. 待人教育

如何待人,是古代家庭教育的一项重要内容。待人教育的基础是教育子女如何对待父母。孝是中国传统伦理道德的核心,是一切道德的出发点。我国古代对如何为孝有着非常详尽的阐述,如《孝经》中曾经提到"居则致其敬,养则致其乐,病则致其忧,哀则致其丧,祭则致其严"。这是对如何侍奉父母所进行的理论上的阐述,而古代的《二十四孝图》则用具体的实例更加生动地展现了孝的内涵。在对待他人方面,古人重视教育后代谨慎做人,谦让待人,与人为善。《周易》中说:"善不积不足以成名,恶不积不足以灭身。""积善之家,必有余庆;积不善之家,必有余殃。"《周易》教育子女在处理人我关系时要严格要求自己,善待别人。诚实守信是古人所强调的一个重要内容。《礼记·曲礼》中曾提到"幼子常视(示)勿诳",《礼记·曲礼》强调应该将诚信植根于孩子的心中。古人将诚信作为"正性""养心""成德"的基础。"曾子杀猪"的故事是信而勿欺的典范,曾子为了给儿子树立诚实守信的榜样,不顾妻子的阻拦,为兑现诺言而不惜杀猪,成为流传千古的教子佳话。

3. 勤奋好学教育

古人认为学习不仅能够增长知识,而且可以使人明白事理,提高人的道德修养和改变人的精神气质。然而学习必须从点滴学起,由渐次积累而成,必须经历一个由量到质,由感性到理性的艰难过程。为了早日成才,学习必须强调一个"勤"字。勤奋好学是获得成就的重要原因。即使是迟钝的人,只要勤学不倦,也能达到精通和熟练的程度。古人在家庭教育方面特别重视对子女的勤学教育。如颜之推在其《颜氏家训》中就列举了许多古人勤学的例子,"古人勤学,有握锥投斧,照雪聚萤,锄则带经,牧则编简,亦为勤驾"。以此来教育其后人勤学、惜时,不虚度时光,以求有所成就。曾国藩在咸丰四年七月二十一日《致澄弟温弟沅弟季弟》中写道:"家中兄弟子侄,总宜以勤敬二字为法。一家能勤能敬,虽乱世亦有兴旺气象;一身能勤能敬,虽愚人亦有贤智风味。吾生平于此二字少工夫。今谆谆以训吾昆弟子侄,务宜刻刻遵守。至要至要。"

4. 勤俭教育

我国古代家庭教育中非常重视对后代进行勤俭教育,希望通过这种教育培养后代居安思危的意识和自立的能力,以求更好地立足于社会。司马光曾专门写有《训俭示康》,从正反两方面阐述成由俭、败由奢的道理。朱柏庐在其《治家格言》中也教导后代"一粥一饭,当思来之不易,半丝半缕,恒念物力维艰"。曾国藩非常崇尚节俭,他不仅在日常生活中常以"勤俭"二字约束自己,而且还经常对其家人进行这方面的教育。他在《书赠仲弟六则》中写道:"凡多欲者不能俭,好动者不能俭。多欲如好衣、好食、好声色、好书画古玩之类,皆可浪费破家。弟向无癖嗜之好,而颇有好动之弊。今日思作某事,明日思访某客,所费日增而不觉。此后讲求俭约,首戒好动。不轻出门,不轻举事。不特不作无益之事,即修理桥梁、道路、寺观、善堂,亦不可轻作。举动多则私费大矣。其次,则仆从宜少,所谓食之者寡也。再次,则送情宜减,所谓用之者舒也。否则今日不俭,异日必多欠债。既负累于亲友,亦贻累于子孙。"这种勤俭持家的教育思想是我国古代家庭教育思想的一大特色。

5. 重视行为习惯的培养教育

古人除了重视对子女进行道德观念的灌输外,还非常重视对子女进行行为习惯的培养。《礼记·内则》中就提出了按儿童的年龄有计划地进行行为习惯的培养的思想。"子能食食,教以右手。能言,男唯女俞。男鞶革,女鞶丝。六年,教之数与方名。七年,男女不同席,不共食。八年,出入门户及即席饮食,必后长者,始教之让。"后人继承这一思想,并不断丰富和发展,在举止、言谈、饮食、起居等诸多方面都提出了详尽的要求。古人之所以重视对子女的行为习惯的培养,主要出发点还是着眼于根据子女的认识水平,进行养正教育。宋代朱熹主张从学习眼前之事开始,通过学习洒扫、应对、进退的礼节,进而为学其理打下基础。由此可见,我国古代家庭教育是以修身为根本目的,在修身方面论述的内容也是十分丰富的。

(三) 深入实践的家庭教育方法

中国传统家庭教化在教育内容上重视亲情伦理之孝悌为先、生活习惯之克勤克俭、个体人格养成之重志尚谦,在教育方式上强调总体原则之严慈相加、具体方法上之深入实践与率先垂范。

1. 突出慈严相济的方法

宽与严是家庭教育中的一对矛盾,由于父母与子女的血缘关系,父母在子女教育方面比学校和社会教育更为有效和直接,同时也正是这种关系,往往使父母爱子过度,造成放任和溺爱,结果反而害了孩子。这就是家庭教育中爱与教的矛盾,也是家庭教育中的难点。在处理爱与教的矛盾方面,我国古代家庭教育中形成了慈严相济的教育方法。中国家庭教育慈严相济的传统,主要源于儒家,孔子曾提出"为人父,止于慈"的观点,有"严父莫大于配天"之语。

可见,儒家既讲慈,亦讲严,讲究"慈严相济"。颜之推明确把"慈"与"严"结合起来,提出"父母威严而有慈,则子女畏慎而生孝矣",还说"父子之严,不可以狎,骨肉之爱,不可以简,简则慈孝不接,狎则怠慢生矣"。司马光更进一步地发展了这方面思想,在爱与教的矛盾上,提倡慈训并重,爱教结合。他说"慈而不训,失尊之义,训而不慈,害亲之理,慈训曲全,尊亲斯备",即父母只讲慈爱而不严加训教,便失去作为尊长的大义,只严加训教而不慈善,则伤害了骨肉相亲相爱之理,只有慈严结合,才具备了大义和亲情,是完整的家教。

清代学者在处理家庭教育中宽与严的关系上,更强调"教子宜严",但"严"不是动辄打骂,而是严格要求,"严"不仅包括对子女的严,也包括对家长的严,为父要严于律己,以身作则,这就更全面地阐述了慈严相济的教育思想。因此,慈严相济的教育方法在我国家庭教育中已成为优良传统。

2. 重视以身示范的教育方法

由于家庭成员长期生活在一起,所以家长对子女的教育有着特殊的作用。正如颜之推所说,"夫同言而信,信其所亲,同命而行,行其所服",也就是说,同样的一句话,人们总是相信亲近的人,同样一个命令,人们总听从所敬佩的人,家长的一言一行,对子女起着至关重要的作用。

在儒家修身、齐家、治国、平天下的理论中,修身是基础,因此,儒家十分重视个人人格的培养塑造,并通过个人人格来影响他人。孔子就主张"正人先正己","其身正,不令而行,其身不正,虽令不从"。孟子继续发展这种思想,他说"吾未闻枉己而正人者也",在家庭教育中,他更是提出了易子而教的主张,君子之不教子,何也? 孟子曰:"势不行也,教者必以正,以正不行,继之以怒,继之以怒则反夷矣。'夫子教我以正,夫子未出于正也。'则是父子相夷也,父子相夷,则恶矣。"即君子之所以不教子,是因势所不行,教者必以正道,如果儿子不肯听从,为父的必然发怒,伤害儿子的感情,儿子感情受到伤害,又会责怪父亲,你要我走正道,你自己却不如此,这样儿子又伤害父亲的感情,造成父子相伤,感情恶化,这就从反面说明了父亲的言行对儿女教育的重要性。

3. 崇尚因材施教的教育方法

因材施教就是根据孩子性格和能力发展的不同特点实施教育。孔子十分注意因材施教,据《论语》记载,孔子的学生冉有做事胆小畏缩,而子路胆大冒进、好胜,针对他们两人不同性格特点,孔子采取不同教育方法;对冉有,孔子鼓励他要敢于前进;对子路,孔子教育他要先退一步,不要冒失行事。这两个学生向孔子请教同样的问题,孔子作不同的回答,有弟子不明白为什么,孔子说:"求也退,故进之,由也兼人,故退之。"

因材施教的方法在家庭教育中也备受推崇,宋代袁采提出"性不可以强合"的思想,他认为世间最亲密的关系莫过于父子兄弟了,但为什么还会造成家庭不合呢? 有一个重要原因就是没有重视对方个性。其性不可得而合,则其言行亦不可得而合,此父子兄弟不合之根源也。既然父子兄弟个性各不相同,不可强求,就应求同存异,因材施教。为父兄者通情于子弟,而不责子弟之同于己,为子弟者仰承于父兄,而不望父兄惟己之听,则处事之际必相和协,无乖争之患。教育是一种个体化的实践活动,因为任何一种教育活动都必须通过受教育者自身而发生作用,从这个意义上说,任何教育活动都需要自我教育这个环节才能完成,都应根据受教育者本身的特点实施教育。

4. 运用循序渐进的教育方法

循序渐进是指根据子女不同时期发展特点进行教育,同我国重视早期教育的优良传统相一致,我国在很早就发现儿童在不同阶段具有不同的发展特点,并根据这些发展特点实施不同的教育。如早在西周时期,周代贵族家庭就有一套按儿童年龄安排教育的程序,《礼记》对这一程序作了介绍:"子能食食,教以右手,能言,男唯女俞。男鞶革,女鞶丝。六年,教之数与方名。七年,男女不同席,不共食。八年,出入门户及即席饮食,必后长者,始教之让。九年,教之数日。十年,出就外傅,居宿于外,学书记。"宋代司马光根据《礼记》的记载,还制定了幼儿教育的十年教学安排,如一至三岁学习数与方名,研练书法,七岁读《孝经》《论语》,八岁诵《尚书》,九岁诵《春秋》及诸史,十岁就读《诗》《礼》《传》,略通大意,逐步通晓经史之学。《三字经》中教育子女的程序为"为学者,必有初。小学终,至四书。孝经通,四书熟,如六经,始可读。经既明,方读子,撮其要,记其事。经子通,读诸史,考世系,知始终"。正是通过这样由浅入深,由经到子再到史的学习过程,为子女打下良好的学习基础。

尽管我国古代在实施循序渐进的教育方法时有过于僵硬的倾向,但总的来说,根据儿童不同发展时期身心发展的情况实施教育,是符合教育规律的。现代心理学已证明,人的思维发展有一定的层次性和阶段性,应依据不同层次和阶段特点实施教育,因而循序渐进的教育方法在我国现代仍有广泛的借鉴意义。

5. 注重环境塑造的教育方法

我国古代家庭教育中非常重视环境在儿童成长过程中的作用,广为流传的"孟母三迁"的故事就是生动的例证。据司马光《温公家范》记载,孟子家曾住在靠坟墓附近,孟子常嬉戏为墓间之事,踊跃筑埋。孟母曰,此非所以居之也,乃去。舍市傍,其嬉戏为炫卖之事。孟母又曰,此非所以居之也,乃徙。舍学宫之傍,其嬉戏乃设俎豆,揖让进退。孟母曰,此真可以居子矣,遂居之。这充分说明孟母重视选择优越的环境教育儿子。家庭整体环境对子女的成长也非常重要。我国古代家庭教育中非常注重家庭传统家风的培养,所谓国有国法,家有家规,就是注重家庭整体环境建设的表现。颜之推就强调"是以与善人居,如入芝兰之室,久而自芳。与恶人居,如入鲍鱼之肆,久而自臭也。墨子悲于染丝,是之谓也",司马光在《温公家范》中提出:"夫习与正人居之,不能毋正。犹生长于齐,不能不齐言也。习与不正人居之,不能毋不正。犹生长楚,不能不楚言也。"

(四) 家庭教育方法的现实意义

我国家庭教育中注重环境塑造的教育方法,在当今仍不失其现实价值。我国家庭教育优良传统和方法是我国传统教育中最有特色的一部分内容,也是中国传统文化的瑰宝,它直接陶冶着我们民族精神,锻造着我们民族性格,成为我们建设社会主义精神文明的重要的历史文化渊源和动力源泉,对于我国当前进行社会主义精神文明建设,开展家庭美德教育,具有深远的借鉴意义[①]。

1. 充实了古代中国学前教育思想体系

在古代社会,虽然家庭会对幼童进行教育,但学前教育作为教育的第一阶段,远未受到足够的重视,其发展也相对缓慢。而就在古代这一漫长的时期里,家庭教育思想充实了古代中国学前教育的思想体系,同时也为学前教育领域注入了独具特色的鲜活血液。

2. 为我国家庭教育提供了理论基础和经验参考

古人仅仅是凭借经验教训对子女进行家庭教育,仅存的较少理论也是散见在其他著作中。而我国古代有关家庭教育的思想及专著,使中国古代的家庭教育思想理论化、系统化,为我国的家庭教育提供了一定的理论基础和经验参考,推动了我国家庭教育进一步科学化的进程。

---

① 周莹,牟映雪. 中国古代家庭教育思想的发展及其影响[J]. 时代教育(教育教学版),2010(2)

3. 为进一步研究家庭教育乃至学前教育提供了理论铺垫

中国古代的家庭教育思想虽然具有局限性,但它毕竟在一定程度上形成了教育思想的系统化。它的形成和发展为后人进一步研究家庭教育乃至学前教育提供了理论铺垫,使其能够在一定的基础上对家庭教育进行更科学、更系统的研究。

著名教育实践家皇甫军伟指出,家庭文化是我们几千年传统文化沉淀下来的一种潜规则,是一种民族意识。家庭教育的根本,就是家庭文化的传承,家庭文化决定了家庭教育的模式,家长的教育意识、教育观念以及教育孩子的方法和内容。家庭文化是家庭教育的灵魂,所以表征层面的东西都来自家庭文化在人们内心作用的结果。当下中国家庭教育缺乏的就是对灵魂的管理,以及对文化的探寻和回归。正是因为我们内心的经是乱经,所以导致孩子内心秩序的混乱。因此他认为,当今家庭教育的出路在于回归,从历史和文化的空间,去发现面对未来的方向和出路。中国的家庭教育不是更加西方化,而是去西方化,回归优秀传统。

第二节　现代社会学前儿童家庭教育

案例导入 >>>

星星是从哪儿来的?

妈妈正在做包子,5岁的小女儿坐在小凳子上看着。女儿忽然提了一个问题:"星星是从哪儿来的?"妈妈没有急于回答,而是说:"你想想看。"女儿出神地注视着母亲揉面的动作。母亲揉面,揪面团,擀面饼,包包子……看了好一阵子,女儿突然说:"我知道星星是怎么做出来的了,是用做月亮剩下的东西做的。"妈妈听了先是愣了一下,然后特别激动地亲吻了自己的女儿:"宝贝,你的想象真奇特。"

爸爸听了这件事以后也非常高兴,拉过女儿给她讲女娲造人的传说……①

思考:爸爸妈妈的做法是否正确? 为什么?

一、现代社会学前儿童家庭教育的基本内容

现代社会学前儿童家庭教育的内容与方法原则上讲,家庭教育与学校教育的目标是一致的,因此在教育内容上也是与学校教育内容相配合的。归纳起来,家庭教育的基本内容主要有以下几点。②

---

① 蒙台梭利.蒙台梭利家庭教育全书[M].北京:中国商业出版社,2013:222
② 郁琴芳,林存华.家庭教育研究近三十年的发展特点与趋势[J].上海教育科研,2008(10)

（一）家庭品德教育

一个孩子拥有良好的道德品质,才能拥有积极向上的精神面貌,才能为将来的人生发展打下良好的基础。家长对孩子既要注重其在校的学习成绩,也要关注其思想品德方面的修养,时刻防止他们在社会上可能受到的不良影响,否则好孩子也有可能变坏,有的甚至可能走上违法犯罪的道路。有的家长成天把孩子禁锢在家里学习,不注意开拓孩子视野,增长社会实践经验等,不利于学生的健康成长。古人云:"人之初,性本善"①。品德的发展像涓涓细流,需要日积月累。成长中的孩子道德品质还没定型,需要家庭、学校乃至整个社会营造良好的教育环境,这个过程是由浅入深的。孩子们是通过模仿来学习各种不同的行为方式的,模仿是没有道德判断的,但通过模仿学到的不同行为方式,就是别人评价个体道德品质的依据。孩子们模仿最多的就是父母,因此对于家长来说,在孩子面前要做到慎言、慎行,家长一句随便说出的话,对于一件小事的处理,都能潜移默化地影响着孩子良好品德的培养。

（二）家庭智能教育

在孩子的学习中最强大的动力就是来自孩子自身的学习动机,如果孩子自己有着强烈的学习动机,那么他的自觉性、刻苦努力的程度都会很鲜明地表现出来。在学业上,子女是否有强烈的学习动机所得出的结果是大不相同的。有关研究表明:孩子的学习动机,在很大程度上体现了父母的要求。家庭长者对孩子学习的看法和学业的要求,对孩子的学习动机的形成起着巨大作用。而对于缺乏明确学习动机的孩子,也可以巧妙运用奖励的策略,对于孩子在学习上付出的努力,取得的成绩,不管是多么微小,家长都应及时给予肯定的评价,还可以给予一定的物质奖励,不断地进行正面强化,这可以极大地增强他们的自信心和成功感,促进良好学习动机的形成。但要注意,对孩子的奖励一定要适度,过分的奖励反而会使孩子依赖于父母的表扬,或产生骄傲情绪,削弱良好学习动机形成的力度。

作为家长,应善于发现孩子的优势与弱项,注意发展孩子的智力优势,这样做的意义不仅在于促进孩子的某一方面智力潜能最优化发展,而且更在于提高孩子的自信心、自尊心。发挥智力优势并不是对弱项不管不顾,而是帮助孩子把在优势领域获得的自尊心、自信心迁移到弱势智力领域中去。如家长可以这样试着引导幼儿:"如果你在学儿歌时能够像绘画那样,不走神,积极地动脑筋,不怕困难,你唱的儿歌一定会和你画的画一样好,来咱们试试。"②

一般来说,一旦孩子的好奇心受到家长的重视,孩子就能进行更多的思考和大胆的提问。这种问题是大胆的、自由的、无拘无束的,所以可能会经常出现错误。碰到这种情况,家长应该抛开平日里习惯于纠正孩子错误的意识,注意给孩子留有余地,启发其自己

---

① 良好的品行从我做。青岛福林学校 2011 年公民教育特色家校课优秀教案. http://blog. sina. com. cn/s/blog_621411ea0100q9mw. html

② 马霞. 全国家长学校教案. http://www. docin. com/p-360989281. html

发现问题并加以改正,珍惜和保持孩子不断探索的好奇心和创新的兴趣。如果纠正过多,管理过严,孩子在考虑问题时就会怕犯错误,久而久之,就会感到自己啥也不行,只敢从成人那里接受现成的结论,长期这样会使孩子丧失信心、自尊心和创新精神,从而阻碍儿童创造能力的发展。正确的做法是家长以积极肯定的态度鼓励孩子大胆思考、勤于提问、勇于探索。如果是新奇的问题,即使是错的,也要给予鼓励,因为关键是孩子在思考。

(三)家庭健康教育

家庭健康教育是对家庭成员进行有计划、有组织、有系统的教育活动。家庭健康教育有利于家庭成员形成良好的行为习惯和生活方式,降低和消除影响健康的危险因素,提高生活质量。心理学家认为2～12岁是孩子心理素质和性格形成的关键时期,孩子的胆量、自信、人际态度、心理素质、性格特点以及对善恶的区分等均在这一时期形成基本格局,就像美术图画的雏形一样,之后的教育只是在这一基础上的修改并且美化。而教育学家认为家庭健康教育是我国教育体系中不可缺少的重要组成部分,是育人成才的重要环节,当今社会人不可能离开教育而生存,家庭教育和学校教育、社会教育是教育系统的重要组成部分,而家庭健康教育是整个教育体系中的基础教育。

家庭健康教育在教育系统中,有其特殊的地位和作用。同时家庭健康教育也为儿童青少年的成长发展奠定良好的基础,对家庭的美满、幸福,社会的稳定、进步,也具有深远的影响。有很多人会对家庭健康教育存在这样的误区,认为健康教育就是指身体方面的健康教育,包括饮食、营养、保健等,认为家庭健康教育只需注重孩子的卫生习惯、饮食习惯等。其实不然,联合国世界卫生组织曾经指出"健康是生理、心理和社会适应的健全状态,而不是没有疾病"。

健康包括躯体健康、心理健康、社会适应良好、道德健康等几个方面。俗话说"身体是革命的本钱",躯体健康固然重要,但是心理健康、社会适应程度、道德健康却更为重要。儿童的心理影响着他以后为人处世的方式和行为习惯。

在开展家庭健康教育活动时,着重可从家庭环境卫生、生活方式、心理健康、疾病防治、防病知识、安全教育、生殖与性教育等方面加以考虑。家庭环境的好坏,对家庭成员的健康有着重要的影响。怎样创造一个美好的家庭环境,是家庭健康教育的重要内容。

家庭健康教育应格外重视生活方式教育,人们的日常生活活动,大多数是在家庭中进行的。另外,一个人比较稳定的生活方式的形成,往往需要较长的时间。通过家庭成员之间的相互教育、相互影响和相互监督,尤其是家长对子女的言传身教,比之于其他形式的健康教育,更有利于建立良好的生活方式。

(四)家庭情感教育

《幼儿园教育指导纲要(试行)》在教育内容与要求中指出:"幼儿园的教育内容是全面的、启蒙性的,各领域的内容相互渗透,从不同的角度促进幼儿情感、态度、能力、知识、技能等方面的发展。"从而可以看出,情感教育是首位的。教育部在世纪之交启动的基础教育课程改革工程,也将学生的情感目标放在了综合评价的第一位,从此更不难看出情感培养在学生的全面发展中占据的主导地位。情感教育主要是育人之情的教育。

情感经验对人的一生具有恒久的影响。幼儿到四五岁时,脑会长至成人的2/3,其精密的演化是一生中最快的阶段,最重要的学习能力,尤其是情感学习能力,也在这个时期得到最大发展。如果一个儿童此时无法集中注意力,性格易怒、悲观,具有破坏性,孤独、焦虑,有各种恐惧的幻想,对自己不满意等,教育者在充分理解了情感教育的意义以后,要改变目前情感教育中出现的种种现状,最根本的解决途径就是通过家庭和幼儿园的共同努力,形成教育合力,共同促进幼儿的情感发展。

我们不是生活在真空里,儿童的世界也不完全是一片净土,因此,从某种程度上说,心理压力不可避免。但是,我们可以尽量减少孩子所面临的心理压力,提早察觉孩子是否正承受着心理压力;一旦孩子已经处于压力之中,我们可以尽量帮助他们摆脱心理压力。为了幼儿心理的健康发展,我们必须规范教育行为,为幼儿创设一个良好的心理环境,这不仅有利于激发幼儿参加活动的积极性和创造性,而且有助于孩子良好性格的形成。相反则有可能给孩子留下心理阴影,使孩子向着不正确的方向发展。教师在日常活动中,应该从以下几方面去努力给孩子创设一个良好的心理环境,使幼儿健康快乐地成长。①

第一,提倡新理念,实现家庭教育观念现代化。家庭教育观念的核心是为什么生儿育女,把子女培养成什么样的人。我国传统的家庭教育观念,就是"光宗耀祖""望子成龙""考状元做官"。受这种观念的影响,有些家长重智育,轻德育、劳动教育,只知道给孩子增加营养和开发智力,别的不过问或很少过问。而现代家庭教育提倡的新理念最核心的应该是为民族未来生儿育女,为国家的富强教育子女。家庭教育不仅是为了给孩子获得谋生的技能,开发他们的智力,更重要的是使他们的个性获得和谐、健全的发展,成为"幸福的人",成为愿意并且有能力为谋求社会的进步和人类的幸福作出贡献的人。这种人智力健全,有毅力,不怕艰难困苦,奋发有为,既能适应紧张而复杂的现代生活,又能创造美好的现代社会。提倡现代家庭教育新理念还包括:学会向孩子学习;孩子不是你的私有财产;教育要先从改造母亲开始;父亲的人格魅力在于责任心;教育孩子首先不要输在家庭教育上;解决孩子问题首先要解决家长问题;树立终身学习现代家庭教育知识等。

第二,学习新知识,实现家庭教育内容现代化。相当一部分家长教育子女的知识陈旧,这是造成家庭不良育人环境的主要根源。不断学习和掌握现代家庭教育新知识,不断接受现代家庭教育新信息,这是做一名合格家长的基本要求。试想一个教育孩子知识和方法都落伍的家长怎能培养出优秀合格的孩子? 因此,只有我们不断学习现代家庭教育知识,家庭教育的内容才有可能与时俱进,才能顺应孩子成长的基本需要,才能实现家庭教育内容的现代化。

---

① http://wenku.baidu.com/view/3d26ae14cc7931b765ce1561.html

第三,讲求新科学,实现家庭教育方法现代化。针对孩子出现问题,作为家长教育和指导孩子的方法是否科学,直接决定着家长教育和指导孩子的效果。大到孩子走上了不归之路,小到孩子产生逆反心理,绝大部分都是源自于我们的家长在教育和指导孩子过程中使用了错误的方法。只有不懂教的家长,没有教不好的孩子。作为新时代的家长应该铭记这一点。家庭教育方法的现代化主要包括:亲子交流与沟通的方法是科学的;家庭教育语言是科学的;家庭教育的行为是科学的等。总之,家长在面对孩子在成长过程中出现的种种问题是有智慧的,是尊重孩子身心健康成长规律的,是站在孩子角度上和孩子一起成长。

第四,应用新技术,实现家庭教育手段现代化。现代教育技术的应用给家庭教育手段现代化提供了广阔的空间。特别是网络技术普及到千家万户,给广大家长提供了一个24 小时不间断学习现代家庭教育知识的可能。上网学习也成为新时代家长的新时尚。学习(智力)玩具、参考书、语言学习机、计算机、计算器、电子图书馆、电话、电子邮件、网上传输等都是实现家庭教育手段现代化的有效途径。

第五,亲子要平等,实现家庭教育环境民主化。在家庭教育中提倡民主、科学,仍然是现代家庭教育面临解决的大问题。你的家庭是现代的吗? 你的家庭教育紧紧地跟上了时代还是远远地落后于时代,其中一个重要的标准是你的家庭教育民主化程度如何。在家庭教育中家长不能一意孤行,要多听家庭其他成员的意见,尤其是要平等地听取孩子的意见。如有的孩子对音乐没有兴趣,也没有这方面的天赋,而家长却硬要孩子成为一个钢琴家,请家庭教师教钢琴,结果花了钱,花了精力,钢琴没有学好,反而影响孩子其他方面的发展。家长要学会在平等相处的原则下,尊重孩子的自尊心,尊重孩子的兴趣,激发孩子的自觉性和主动性。对孩子严格要求必须合情合理,体现平等相处的原则。

二、现代社会学前儿童家庭教育的优势和局限

家庭教育问题自古以来就受到人们的关注,尤其近年来,它被作为一个学科进行研究。

(一) 现代社会学前儿童家庭教育的优势[①]

1. 家庭教育的重视度增加,普遍受到认同

随着现代社会独生子女家庭的增多,家庭教育成为全社会关注的焦点,不再是贵族和社会地位较高的知识分子家庭的专属教育。家庭教育在现代社会普及性大大加强,即使是文化层次较低的家庭,也注意到了家庭教育对孩子成长所起的重要作用。只不过他们主要不是凭借科学的育儿知识来进行家庭教育,而是通过经验来对自己的孩子进行家庭教育。

2. 教育内容突破传统的单一模式,走向多样化阶段

现代家庭教育由于父母文化层次的提高,显示了教育内容的多样性。中国封建社会

① 邹强. 中国当代家庭教育变迁研究[D]. 武汉:华中师范大学,2008

的家庭教育注重伦理道德和识文断字等基本知识方面的教育;而现在家庭教育的内容更广泛,注重德、智、体、美各个方面的发展,尤其注意孩子艺术方面能力的培养。舞蹈、音乐、跆拳道等各种兴趣班和辅导班是家长的关注点。家庭教育开始为孩子的成长提供了丰富的空间。

3. 家庭教育方式的科学性提高

随着社会生产力的发展和心理学与教育学的普遍发展,家庭教育的理论基础和实践基础已经初具规模。家庭教育要遵从儿童发展的自然规律,按照儿童身心发展的规律进行教育已经成为家庭教育的普遍共识。同时随着信息技术的发展,电脑和互联网的普及使家庭教育开始进入信息化、网络化时期,家庭教育突破家庭这个地理空间,开始依靠网络这个虚拟空间走向家庭、社会和学校的协调合作和一体化发展道路。家长可以利用网络获得大量科学的家庭教育思想和方法,并得到社区和学校的广泛支持。

4. 教育意识的超前性

随着社会的发展和科技的进步,为了应对现代科学技术飞速发展带来的知识大爆炸,人们在强调培养学生能力和创造性的同时,开始重视早期的智力开发和社会性培养。家庭教育的范围扩展到了胎教,家长不愿意让孩子输在起跑线上。事实上,我国古代西汉时期就有关于胎教的记载,"席不正不坐,割不开不食"说明了胎教在我国家庭教育中经历了漫长的历史,现代社会随着生理学和解剖学的发展,胎教的科学性也日益受到家长的认可。

(二) 现代社会学前儿童家庭教育的局限

家庭教育的过程,是父母在家庭中对孩子进行的个别教育行为,比幼儿园教育要及时。然而当下家庭教育中还存有很多问题。

1. 忽视孩子的特点,限制孩子的自由

很多时候,家长们认为孩子的好习惯要从小培养,给孩子处处立规矩,对孩子提诸多要求,担心孩子不从小规范长大会无法无天。比如说,在公共场合不要大声喧哗,外出吃饭不允许孩子说话。家长常常把自己的意志过多地强加到孩子身上,总觉得"我希望你这么做,你没有这么做""你怎么变成这样子"……蒙台梭利教育提倡把幼儿作为一个独立的"人"看待,鼓励他们的自主和独立,尊重幼儿独立的个性、自己的想法、自己的观念、自己的创造性、自己的想象力。儿童的天性是好玩、好动、好奇,他们感兴趣的事情才会用心去做。

扩展阅读2-1 >>>

从小活得自由自在的孩子,长大后才会讲规矩[①]

关于自由和规矩,其实是大家感到最迷惑的一个问题。之所以迷惑,是不理解教育

---

① 引自尹建莉,《中国教育报》2015-9-11

中的自由是什么。很多人认为自由是放任自由，什么也不管，干坏事也不管，但这是对自由的误解。真正的自由是解开拴住孩子的绳索，让孩子自由发展，在安全、道德的底线上，允许孩子做一些事情，甚至使一些小坏都没问题。

不要担心孩子变坏，恰恰是那些从小获得真正自由的孩子，生活得自由自在的孩子，长大了才会讲规矩、有规则。因为他们在自由中获得自信，也获得自由的力量。那些从小被管束过多的孩子也会很讲规矩，但他们蓬勃的生命力在规矩中被框住了。这样的孩子很老实、没有创造力，甚至萎靡消沉。如果要付出这样的代价，讲规则有什么用？一定要相信人的向心力，就像向日葵向着太阳一样，一个孩子在自由中成长，自然会成长得自由、美好。

的确，难以界定规矩和宽松的尺度，就像无法轻易界定好与坏一样，只能放在具体案例、事件当中去分析。总的原则是，不出危险，也不妨碍他人，就交给孩子自己处理。

2. 长辈教育观点存在分歧

随着多长辈、少后辈现象的凸显，家庭教育中出现分歧的现象越来越严重。由于家长个人经历、生活年代、成长环境、所受教育、思想观念、素养等方面的差异，这些长辈们的意见首先出现了分歧。这种不一致大致可以分为三个方面：父母不一致、父母与祖辈不一致和祖辈们不一致。在这种时候，孩子是最高兴的，他们往往会旁观这一切，并暗自高兴，最后倾向利于自己的一方。家长在对峙中，以教育失败而告终。时间久了，孩子学会了把利于自己的一方作为避难的港湾。

[案例]　　　　　　　　　　　孙子想要买个变形金刚

奶奶："家里玩具堆成山了，还买？"

妈妈："这是现在最流行的，别人孩子都有，我儿子也得有。"

奶奶："赚钱容易吗？这样乱花钱养成了大手大脚的习惯怎么办？"

妈妈："一家只有这么一个孩子，六个人赚钱一个人花，总不至于过得像你们那么辛苦。"①

思考：经过这次争论，孩子是否会认为妈妈是大方的，花钱的事只要找妈妈一定没问题？如果妈妈不在，只要跟奶奶说"六个人赚钱一个人花，总不至于过得像你们那么辛苦"，奶奶一定无话可说会答应孩子的请求吗？这种教育方式对孩子的影响是怎样的？

在这场争论中，孩子不知道谁对谁错，感觉妈妈更疼自己。家庭教育中长辈们的不一致，不但不能起到应有的作用，往往还会适得其反，所以统一教育观点是十分重要的。

3. 忽视对孩子的劳动教育

我们的孩子唱的是《劳动最光荣》的歌，却从没有机会体验劳动的乐趣。在成人的意

---

① 崔淑杰. 浅析现代家庭教育中存在的问题及对策. 中国学前教育研究会网站. 百度文库互联网文档资源 (http://wenku. baidu. com/view/4ba0228d680203d8ce2f244e. html)—2012

识里劳动是辛苦的,孩子太小,不应该受这种苦。某幼儿园曾对大班 77 名幼儿做了一项调查,结果显示:想要自己动手剥煮鸡蛋的幼儿是 62 人,知道怎样剥煮鸡蛋的幼儿有 57 人,而真正自己剥过煮鸡蛋的幼儿只有 11 人[1]。不仅如此,我们在对家长的调查中也发现 397 人中仅仅四五十人回答"希望孩子能主动帮家长做家务"。多数还是认为"家务活儿父母做就行了"。要知道孩子是家庭的成员,应该尽一份义务。家庭教育的最终目标是帮助孩子树立正确的劳动意识,并在成长中去实践。

4. 只重言传,忽视身教和环境影响

家长往往会觉得,只有说透了,讲通了,孩子才会懂,懂了才会理解。所以家长习惯把"说"作为教育的唯一方式,感觉这是最便捷、最奏效的教育方式。这种说教中表扬太少、批评太多,甚至有些家长会说"看看某某小朋友,比你强多了",渐渐地孩子越来越厌烦家长的唠叨,轻者充耳不闻,甚者将耳朵掩起,家长生气却束手无策。

5. 忽视孩子心理健康教育

当今社会需要人才,而人才首先要有健全人格,所以家庭教育中,心理健康同样重要。家长要不断学习心理教育知识,用敏锐的洞察力了解自己的孩子。要知道,孩子并不是缩小了的成人,孩子有孩子的心理世界。他们的感知和注意、记忆、思维、想象等心理过程,都有自己的特点,有自己的发展规律。天下雨时,大人总是往屋里走,孩子却喜爱往雨里跑,淋个痛快;听见别的小朋友说到北京去了,没去过北京的孩子也会说自己去过,还看到了天安门,做父母的常常责怪孩子"不听话",也会以为自己的孩子爱说谎,实际上,诸如此类的事情,家长难以理解往往是因为家长不了解孩子的心理,一味用成人的生活方式和心理状态来要求孩子所造成的。因此要引导和教育孩子健康成长,才能使家庭和谐、幸福。

第三节　学前儿童家庭教育的学科发展

案例导入 >>>

小孩子实在难养

小孩子实在难养得很! 有时候,你不晓得他应当穿什么衣服,吃什么食物。有时候你不晓得他为什么哭,为什么不肯吃。有时候,你不晓得他为什么生病,为什么变得这样瘦弱。有时候,你不晓得为什么一个活泼的小孩子竟变为暮气沉沉的老少年。有时候,他非常倔强,你不晓得是骂他好呢,还是打他好;让他去坚持好呢,还是去抑制他

---

[1]　崔淑杰. 浅析现代家庭教育中存在的问题及对策. 中国学前教育研究会网站. 百度文库互联网文档资源 (http://wenku. baidu. com/view/4ba0228d680203d8ce2f244e. html)—2012

好。有时候,他睡在床上哭喊,你不晓得是去抱他起来摇摇他好呢,还是让他大哭大喊好。有时候,他要出去玩玩,你不晓得是给他去玩好呢,还是禁止他好。有时候,他要吃东西,你不晓得是给他吃好呢,还是不给他好。有时候,他要唱唱歌,你不晓得怎样教他唱,怎样教他学。有时候,他要认识字,画画图,你不晓得怎样教他识字,怎样教他画图。像以上这些问题,父母大概都曾遇到过。小孩子实在是难教难养得很。但是我们做父母的是不是因小孩子难以教养就不去教养他呢?我们知道幼稚期(自出生至7岁)是人生最重要的一个时期,习惯、言语、技能、思想、态度、情绪,都要在此时期打一个基础,若基础打得不稳固,那健全的人格就不容易形成。所以我们还是要去教养我们小孩子。①

思考:学前儿童家庭教育研究的具体问题是什么? 学前儿童家庭教育又是如何发展的?

一、学前儿童家庭教育学的萌芽

家庭教育学是通过对家庭教育现象和问题的研究,去揭示家庭教育的规律,以指导人们更有效地进行家庭教育活动的一门学科。家庭教育学作为一门交叉学科,涉及范围与内容都很广,应运用各种相关学科的研究成果,从多个角度进行观察、思考。

学前儿童家庭教育学萌芽阶段的突出表现是家庭教育思想涌现于中外思想著作,论及家庭教育中的现象与问题,其著作主要有柏拉图的《理想国》、亚里士多德的《政治论》以及中国古代《管子》《论语》。我国最早的家庭教育专著是北齐颜之推的《颜氏家训》、北宋司马光的《温公家范》,以及《弟子规》《女儿经》等一系列的家训、家诫、家教、家范类论述家庭教育的读本。

西欧在文艺复兴以后,出现了家庭教育专著。例如威尼斯的《儿童教育论》、伊拉斯谟的《幼儿教育论》以及裴斯泰洛奇的《葛笃德怎样教育她的子女》。20世纪初,有关家庭教育的大批论著的出现,推动了家庭教育理论和实践的发展,使家庭教育学从教育学中逐渐分化出来,代表作品是陈鹤琴的《家庭教育——怎样教小孩》和苏霍姆林斯基的《家长教育学》。

二、学前儿童家庭教育学的初步发展

新中国建立的前30年,由于种种原因家庭教育研究基本中断;改革开放30年来,我国在家庭教育研究方面取得了不少成绩。然而所取得的成绩由于急剧的社会变迁所导致的家庭教育问题与所带来的挑战相比,是不相匹配的,当前我国的家庭教育学学科依

① 陈鹤琴.家庭教育[M].上海:华东师范大学出版社,2006:7

然处于初级阶段。

1984年郑其龙编著的《家庭教育学》是学科早期著作之一。[①] 全书的行文逻辑与架构显然深受马克思主义影响。马克思主义关于人的全面发展学说的理论是其核心章节的划分依据。从第三章开始,分别讨论了遗传、环境、教育、生理、心理对儿童发展的影响,而后便从德、智、体、美四方面论述了家庭教育的内容。倒数第二章和第三章主要论述了家庭教育和社会教育、学校教育的相互关系,末章展望了家庭教育的研究趋势与方法。家庭教育的内容是家庭教育学研究的主要问题。把家庭教育的内容划分为德、智、体、美等方面,在研究史上有着长期的影响。

赵忠心是家庭教育学研究队伍中的代表人物。1988年他撰写出版的《家庭教育学》,从体例和内容上都对后继者产生了很大的影响。全书在开篇时,与早期著作类似,从遗传、环境和教育角度出发论述了家庭教育的特点,而后将家庭教育和社会教育、学校教育做了对比分析。在这三个章节中,章节标题也很有特点,基本以成对的四字短语或俗语出现。然而全书的重点不再是遵循全面发展理论,而是结合中国传统文化和现代生活的特点,着重描述家庭教育的方法。另外,赵忠心用最后一章专门论述了独生子女的家庭教育。在当时,独生子女是刚刚出现的一代人。同时,书中还专门论述了家长的自身素养。在他之后,几乎所有撰写家庭教育学论著的研究者都会用专门的章节讨论独生子女的家庭教育与家长素养对家庭教育的影响,可见其学术敏感性之高。

进入上世纪90年代以后,学者的视野逐渐开阔,书写的角度和内容也日益丰富。在"家庭教育学"的母题之下,学术著作渐渐分为两类。一类以传统的研究框架为纲,以儿童身心发展自然过程为线索,从家庭教育的地位、作用、内容、原则、类型、亲子关系等出发,辅以时代的新动向,包括独生子女教育、青少年心理问题、欧美国家家庭教育、特殊儿童教育等内容。

1995年出版的由邓佐君主编、中国教学学会教育学研究会编的《家庭教育学》将中国沿海地区的家庭教育与中国农村地区的家庭教育做了区分论证,但仍不够深入。2003年出版的由杨宝忠所著的《大教育视野中的家庭教育》从大教育视角出发探讨了家庭教育学,其内容乍一眼很新,但实则还是沿用了传统的内容。2007年李天燕所著《家庭教育学》则是分三个篇章论述:首先是对家庭教育学的学科性质、研究对象、研究内容和家庭教育的特点、地位和作用等基本问题进行介绍;继而对家庭教育的目标和任务、家庭教育的原则、内容和方法等方面进行阐述;较有新意的是第三部分,在框架结构上清晰而有所创新,在论述人生的不同发展时期时,根据人的生理和心理特点对各种特殊人群和结构特殊的家庭进行了有效的区分对待。

学科专著可谓是集学科阶段发展之大成者,或承前,或启后,其中所蕴含的理论框

---

① 邹强. 中国当代家庭教育变迁研究[D]. 武汉:华中师范大学. 2008

架,既体现了作者对学科的独特理解,往往也昭示着该学科在某一阶段已较为成熟。

三、学前儿童家庭教育学的发展趋势

1. 家庭教育的基础研究

家庭教育的基础研究包括家庭教育的性质(含特点)与功能、亲子关系、家长教育观念(含目标)、家庭教育投入、家庭教育研究方法。

2. 家庭教育的应用研究

家庭教育的应用研究包括家庭教育内容、家庭教育方法、家庭素质、家庭教育环境、家庭早期教育、家庭教育评价标准、家庭与学校合作、家长学校管理。

3. 家庭教育的专题研究

家庭教育的专题研究包括单亲家庭子女教育、独生子女教育、家庭教育误区、海外家庭教育的评价。研究涉及的领域不断扩展。从教育科学的角度讲,家庭教育是教育学的一个分支。从教育学的学术知识宝库,运用相关概念和技术方法来研究分析家庭教育现象,探寻家庭教育规律,在过去的 30 年中占了相当大的比例。但我们不要忘记,家庭教育是在年长者和年幼者之间进行的一种教育,这种教育又是一种特殊的社会行为,因此家庭教育研究可以运用社会学的理论开展研究。家庭教育实施的过程是教育者和受教育者身心变化的过程,心理学、生理学的理论也可以用于家庭教育研究……正是由于看到了家庭教育作为一门交叉学科的特点,研究者们在后期越来越多地学会多学科多视角审视家庭教育,涉及心理学、社会学、文化学、经济学等领域知识比重不断增加。

4. 研究内容时代性强,与社会发展密切相关

近 30 年的家庭教育研究,显现出研究内容时代性强的特点。随着改革开放的不断深入、独生子女的大批出现,社会上对家庭教育理论的需求也越来越强烈。在家庭教育研究的恢复期,我们明显可以看出,"独生子女教育"这一研究内容成为研究的重点内容,所占比重很大。恢复期有关家庭教育共有 27 篇文章,属于"独生子女教育"内容的文章有 4 篇,占 15%[①]。随着社会的不断发展,伴随着其他社会问题的产生,独生子女教育问题已经没有那么突出和紧迫,研究者将研究的目光也就更多集中在其他的研究内容上,比如离异或单亲家庭子女的家庭教育、流动人口子女家庭教育、特殊儿童家庭教育、留守儿童家庭教育等等。特别是当全社会提倡终身教育、全民学习、亲子平等共学的大背景下,学习型家庭作为一种新的家庭形态出现时,研究者迅速捕捉这一时代内容,开展理论和实践的研究,以此来推动学习型家庭的创建。

5. 研究方法的使用日趋多样,不断成熟

家庭教育研究是多学科、多视野的,也注定了它的研究方法也应该是多样化的。在

---

① 郁琴芳,林存华.家庭教育研究近三十年的发展特点与趋势[J].上海教育科研,2008(10)

研究方法上,30 年的研究历程可以看出两点:其一,家庭教育研究方法随着时间的推移越来越丰富;其二,与西方教育研究接轨的实证研究论文比重有所增加。

四、当前家庭教育学的学科发展面临的问题和挑战

1. 家庭教育研究的学科视角应拓展。[①] 当前我国家庭教育研究的主要学科为教育学、心理学和社会科学。家庭教育几乎和所有家庭问题有密切关系,因而要深入研究家庭教育现象,揭示家庭教育规律就必须借助其他各门学科的理论视角和解释框架,需要哲学、人类学、历史学、生态学、生物学、宗教学、伦理学、经济学等各种学科的理论视角。

2. 家庭教育研究方法需规范。我国自 20 世纪 90 年代以来教育学、心理学和社会学三大学科的家庭教育研究方法,总的来说比较规范,在心理学家庭教育研究成果中,文献检索、研究设计、测试工具与方法、研究过程和研究结论及其讨论的叙述比较规范,基本上实现了和国际学术界接轨。

3. 理论研究和应用研究应结合。理论研究以思辨研究和经验性总结为主,缺少对现状的调查分析,所产生的研究结果既不能很好地解释家庭教育现象,揭示家庭教育的本质和规律,也不能成为实践决策的依据。缺乏基础理论指导的应用研究,只能照搬学校教育学、教育社会学、儿童发展心理学等科学体系,家庭教育基础理论研究和应用研究脱节使家庭教育的应用研究陷入一种狭隘的实用主义和庸俗化境地。

扩展阅读2-2 >>>

致我们终将远离的子女[②]

当那天我在医院里听到第一声啼哭,我感觉自己的世界从此打开一扇窗户。从此,我变得不再赖床,每晚都睡得很轻,我学会不再笨手笨脚地为你换尿布,我开始决心要为你撑起一片天。

3 岁的时候,你背起小书包开始上幼儿园,那一天我心里一直盼望着早点下班,早点见到你。老师说你很听话,不哭不闹,我心中不免有些喜悦,却又莫名地有点心酸。

6 岁的时候,你开始上小学,你也已经结识了很多小朋友,你开始一点点长大。我也习惯每天和你分别,再等待你投入怀抱。你对事物有了自己的看法,你正在打开这个世界的大门。

12 岁,你要到更远的地方去上中学,开始住在学校,一个周才回家一次。我开始想念你,我开始盼望着周末的到来。而十几岁的你,开始了青春的叛逆,我能感觉到你开始不再依赖我,不再崇拜我,甚至和我对着干。

18 岁的时候,你考上大学,我突然发现,原来你再也不是小孩子了,你已经长大了,你

---

① 傅琳.大陆家庭教育学之学科发展分析:1980—2007[D].上海:华东师范大学,2009
② 引自微信公共号:幼儿园园长联盟

要去更遥远的天空飞翔。你的离开，也将我的心带到了另一个城市：我时刻牵挂着你那天的天气如何，我总担心你照顾不好自己的生活起居。每次你要回家的时候，冰箱里就提前堆满你爱吃的东西，可是，我却最怕你的一句：我要同学聚会，不在家里吃了。

大学毕业，你留在了远方，很多时候一年才能回来一次，却待不了几天就又急匆匆走了，家里突然就想抽空了一样。我越来越盼望你的电话，我仍然关注着你所在的城市的方方面面，我也开始一遍一遍翻看你小时候的照片。

再然后，你也结了婚，有了自己的孩子，你变得更加忙碌了。不再赖床，变得温柔，似乎就成了曾经的我。终于，又一次，你回家的时候抱着我哭了，你说：原来当妈妈是这么不容易的一件事。

看着你的孩子也越来越大，我发现自己真的越来越老了，每次打电话，你都要询问我身体怎么样。你也开始牵挂着我所在的城市，提醒我天气的变化，就像当初我提醒你那样。

亲爱的孩子，无论你长多大，无论你在哪儿，你一直是我心头的肉，指尖的花。当你累了，总有一条路指引着你回家，别忘了，那里有等待你的爸妈。

我想起龙应台的一段话：

所谓父母子女一场，只不过意味着，你和他的缘分就是今生今世不断地在目送他的背影渐行渐远。你站在小路的这一端，看着他逐渐消失在小路拐弯的地方。而且，他用背影默默地告诉你，不必追。

【检测】

一、思考练习题

1. 结合社会现状，谈谈我国当前家庭教育存在的问题。
2. 从科学研究的角度，从宏观方面谈谈如何促进我国家庭教育学的发展。
3. 我国古代家庭教育中哪些有益的思想仍对现代家庭教育有指导意义？
4. 谈谈我国学前家庭教育学的发展趋势。

二、实践分析题

月月两岁了，小家伙胃口特别好，月月的姥姥认为小孩子不能吃太饱，尤其是女孩子更要从小保持苗条身材，所以姥姥严格控制月月的饮食分量。月月的妈妈则认为，小孩子一定要吃饱，所以常常偷偷给月月吃很多。月月每次吃饭都很着急，大口大口地吞咽，好像什么都吃不够的样子，有时候还会大哭大闹，吵着还要吃。

请综合本章内容对月月的家庭教育进行分析，并给出建议。

第三章
家长与学前儿童家庭教育

学习目标

- 了解学前儿童家庭教育中家长所扮演的角色及其作用。
- 掌握在学前儿童家庭教育中家长应具备的四种基本素养。
- 了解在学前儿童家庭教育中家长教育能力的分类及具体内容。

本章导读

　　家长是儿童的启蒙之师,家长在学前儿童家庭教育中的作用不可忽视。本章首先从家庭中家长扮演的角色出发,揭示了家长在家庭教育中发挥的作用;其次从家长的文化素质、身体素质、道德素质、心理素质四个方面论述了家长的教育素养在学前儿童家庭教育中的重要性;最后从家长的教育观念、教育态度、教育知识、教育能力等方面介绍了家长在施教过程中应具备的基本知识与技能。

第一节　学前儿童家长的角色与作用

案例导入 >>>

一位身患多发性硬化症的母亲的故事①

　　谢莉·彼得曼·施瓦兹和她的丈夫大卫结婚4年后有了第一个孩子杰米,两年后第二个孩子安德鲁也出生了。当杰米5岁、安德鲁3岁的时候,他们的妈妈谢莉被诊断为患上多发性硬化症。两年以后,谢莉由于病情的恶化,辞掉了儿童听力矫正教师的工作。两个孩子7岁和9岁的时候,谢莉的病情进一步恶化,她已经无法单独为丈夫和孩子们

---

① 约翰·W·桑特洛克.儿童发展[M].上海:上海人民出版社,2009:387

准备晚饭。她的丈夫大卫开始承担起主要的家务,孩子们也开始帮爸爸的忙。

虽然患多发性硬化症,谢莉还是坚持参加了安德鲁和杰米学校组织的父母教养方式培训班以及工作坊。她还主动发起了"10 岁孩子母亲支持小组"的活动。但是疾病给谢莉带来的不便和痛苦影响了她对孩子的教养行为,她对此感到沮丧。她写道:"参加学校典礼、教师会议以及运动会常常对我提出很大的挑战,因为自己行动不便,只能靠轮椅行走。当我尽力争取还是无法参加时,我感到很内疚。我担心孩子们会认为我对他们关心不够。"

谢莉后来写道:"当杰米 19 岁,安德鲁 17 岁时,我才开始感到了一丝轻松。我开始看到孩子们慢慢变得独立和有能力。我的疾病并没有毁坏他们的生活。事实上,我的疾病对他们成长的某些方面起到了积极的作用。他们学会如何相信自己、如何应对个人的挑战。当他们离开家开始大学生活时,我知道他们已经具备了独立生活的能力。"

思考:父母给予子女教育的内容是什么? 怎样帮助孩子们了解什么是爱和被爱? 如何教会孩子尊重生活? 父母在家庭教育中的角色与作用是什么?

一、母亲的角色与作用

"角色"一词来源于戏剧,是指舞台上由演员扮演的某一特定人物。在上世纪 20 年代,"角色"一词由美国社会心理学家米德应用于社会心理学中,他用"角色"的概念来说明人在社会生活中的身份和行为。

现今,"角色"一词是一个概念,具有多重含义,它被广泛应用于心理学、人类学和社会学。角色的含义如下:(1)社会角色是一套社会行为模式,这些模式提供给个体适当的行为并在社会生活中起到特殊的作用。(2)角色是由社会地位和身份所决定的,角色行为是社会关系系统中个体地位的真实反映。(3)角色按照社会所规定的责任、义务和行为规范等去行动,并符合社会期望。(4)作为一种社会和个人相连接的概念,角色是指某种规范和行为模式,它与人的社会地位和身份相一致,它是社会组织的基础。

母亲角色这一概念是指有子女后的成年女性所具有的角色身份。社会和家庭生活中,母亲扮演着多种角色,她是集多角色于一身的角色丛。"母亲"这个词蕴含着温柔、勤劳、忘我和牺牲等意义。在我国悠久的家庭教育历史中,一提到母亲,就会让人感到温暖和亲切,眷恋之情油然而生。"孟母三迁""岳母刺字"等母亲教子故事一直被奉为家庭的教育典范。无产阶级革命家朱德,在戎马生涯中曾写下《母亲的回忆》,回忆一个普通农村妇女带给他的勤劳、朴素、坚毅的优秀品质。著名的儿童文学作家冰心也曾满怀深情地写下《写给母亲的诗》,用朴实的语言表达了儿女对母亲的爱与思念。国外很多杰出的人物,在回忆自己童年时期的经历时,也都谈到了母亲的教育对他们成长的重要性。总之,母亲在学前儿童家庭教育中扮演着不可替代的作用。

（一）母亲角色的特征

1. 先赋角色

这一类角色是由美国学者 H·凯利划分的。她根据角色扮演者所取得的社会地位是否通过主观努力将其分为先赋性角色和后致性角色。先赋性角色是指建立在血缘、遗传等先天因素基础上自然拥有的角色，如父母角色、子女角色等。这种血缘关系决定了孩子将从一出生就与父母紧密联系在一起，不可分割。这种角色具有无法替代性，即使父母离异或有其他情况发生，父母与子女的关系也不会改变。后致性角色是指通过后天努力获得的角色，如教师、大学生等。

2. 生物性参与角色

这一类角色分类理论来源于社会心理学家萨宾，他将角色类型分为七种。以角色参与程度为分类依据，从零度开始向纵深发展。其中母亲与子女的对应角色被编在第四度，即生物性参与。萨宾之所以将其称之为生物性参与是因为母亲对子女的关爱是出于自发性的、本能的行为。人们常说母子连心即是对这种本能的关爱行为的一种贴切的表述。在现实生活中也有许多案例表明母亲对子女的爱是超过自己生命的爱，从本能的角度来解释显得更为贴切。

[案例 3-1]　　　　　　　　　　　　最美妈妈

2011 年 7 月 2 日下午 1 点半，在杭州滨江区住宅小区里发生了一起 2 岁女童坠楼事件。女童坠落的楼层是 10 层，但是孩子并没有生命危险，因为有一位叫吴菊萍的女士正巧在女童坠楼瞬间从楼下经过，情急之下用自己的双手接住了孩子，避免了一场悲剧的发生。吴菊萍也是一位七个月大孩子的母亲，在女童坠楼的生死关头，她明知道徒手接孩子会对自己造成伤害，但她仍然奋不顾身地冲上前，巨大的冲击力使吴菊萍的手臂粉碎性骨折，但得知孩子平安后，她露出了笑容。她的这种牺牲精神感动了很多人，她被人们称为"最美妈妈"。人民网评论：非常敬佩！母亲伟大！——所有的赞美都不为过。正如网友所说："从物理学上讲几乎是不可能的，但爱的世界没有力学。那一瞬间，一个平凡的女人学会了乾坤大挪移，完成了一个奇迹。"

思考：这位最美妈妈为什么会做出此举动？出于什么力量支撑她这样做？母亲的角色特征是什么？

3. 正支配角色

正支配角色和受支配角色的概念来源于冲突理论。德国社会学家达伦多夫关于其理论的解释认为，人们聚在一起所组成的群体或社会中总有一部分人拥有指挥权，而另一部分人则扮演着被支配的角色。能支配他人的人扮演的就是正支配角色，而其余部分的人称作被支配角色。当然，这两种角色在达伦多夫的观念中并不是永恒不变的，而是可以相互转化的。因此,在家庭教育中,当孩子的年龄还很小时,母亲扮演的就是拥有指挥权的正支配角色,孩子则是被支配角色。随着孩子年龄的增长、母亲的年老,这种角色就发生了转变,这时母亲的角色就从正支配角色变成了被支配角色。

4. 长久角色

以时间为线索来划分角色扮演,可将其分为短暂角色和长久角色。在角色的大家庭中,母亲角色可以称之为扮演时间最长的角色,它从孩子出生开始至自己生命的结束。母亲角色的持续时间经历了孩子不同的成长阶段,虽然角色内涵随年龄、健康条件等发生着相应的改变,但对于孩子来说母亲这一角色是不会改变的。如托尔斯泰,其母病故的时候,他只有两岁,母亲弥留之际,看着托尔斯泰眼含泪水,带着对孩子无限的不放心离开了人世。正因为这样,母亲成为了托尔斯泰的力量源泉。即使年逾八旬,托尔斯泰一旦想起自己的母亲,仍然是热泪盈眶,激动非常。这个例子揭示了母亲角色的持久性和稳定性。

(二)母亲角色的作用

1. 母亲是儿童感情的守护者

人类自诞生以来,生儿育女繁衍后代就是社会发展必不可少的行为。由于在性别上的差异,女性接触与教育儿童的本能大于男性。

首先,母亲对子女感情的倾注从怀孕时期就开始了,这就是胎教。母亲的衣、食、住、行,母亲的情绪、情感,母亲身体内部、外部的状况,对胎儿的生长发育有着非常大的影响。通过对新生儿的研究,瑞士儿科医生舒蒂尔曼将孕妇分为两种类型:一是早起型,二是晚睡型。在对两种类型的孕妇进行跟踪调查后,舒蒂尔曼发现新生婴儿的一些习惯,特别是睡觉时间上的习惯与母亲非常相似。

其次,母亲在孩子出生之后较之父亲与婴儿之间有更多的情感交流,如对孩子进行哺育时母亲与婴儿身体的接触,眼神与声音的沟通,对孩子冷、暖、饥、饱等方面无微不至的关怀。瑞宝(Ribble M)指出:"观察初生婴儿出生后,长时间被隔离在医院的育婴室,放在小床上,没人去抚摸他或摇他,在 600 个婴儿中,有 30% 的婴儿肌肉很紧张,但是当他吸吮或母亲摇他、抱他、抚摸他时,紧张就消除了……婴儿若缺乏母亲的适当抚育,就会有虚弱现象,甚至会夭折。"[①]所以,母爱对儿童发展的作用是不可替代的,母亲不应该在孩子出生的最初几年离开孩子,而应该守护在他们身边,为他们提供最好的成长环境。

2. 母亲是儿童生活的管理者

时代在发展进步,女性在社会生产生活中扮演着越来越重要的角色。她们有自己的事业,同男性一样参与社会工作。然而,由于性别这一生理的特殊性以及传统的习惯,一

---

① Ribble M. The Rights of Infants[M]. New York: Columbia University Press, 1943

般而言,在家庭中与父亲及其他家庭成员相比,母亲投入了更多的时间和精力来管理儿童的每日生活。

新东方教育集团创始人俞敏洪曾做过一个有趣的调查,他让孩子们做一道选择题:有一条船,放了九样东西,包括爷爷、奶奶、爸爸、妈妈、玩具、宠物狗等。当船突然要沉下去的时候,只能留三样东西,你留什么? 结果把爸爸留下的孩子只有 20%。他认为是因为父亲陪伴孩子的时间太少了,而妈妈无论怎么忙,总会尽量按时回家照顾孩子们的生活起居。

3. 母亲是儿童性格的培养者

我国教育家和心理学家曾对 2 100 名在校小学生的性格、行为特征进行调查,认为母亲的文化素质对子女的思维水平、果断性、灵活性和求知欲四项性格品质产生影响。从作用面和持续程度上看,母亲的影响贯穿子女的各年龄阶段[①]。同时,母亲对儿童在今后的生活中如何扮演性别角色起着潜移默化的作用。性别差异带来了男女的思想与心理差异。比如在情感方面,女性往往更挚爱父母、尊敬师长、关怀同学,在行动上也会给人以更加温柔的感觉。在性格特征方面,女性更多偏向于情绪型和顺从型。她们表现出认真负责、耐心细致、情感丰富,其纪律性、谦虚性、亲切性等特征较为明显。女性的这些个性倾向和心理特征时刻影响着儿童的性格形成。事实表明,许多人的健康成长都是与母亲优良品质的熏陶分不开的。

4. 母亲是儿童学习的引导者

数据显示,随着妇女就业率的提高,女性为教育事业发展做出的贡献也越来越大。上世纪 90 年代初,我国各级各类学校中女教师占教师总数的 30%～44.5%,女性几乎占领了所有托幼机构和小学的教师岗位,在中学阶段,她们也与男教师平分秋色。在婴幼儿时期,母亲是引导孩子健康成长并步入社会化过程中的重要人物。她们职业上的优势,使她们更容易掌握教育方法,更新教育理念,了解儿童的心理和生理发展规律,因材施教。由于生理和心理上与男性的差别,女性更关注与人文科学有关的内容,她们在文学、艺术、医学等领域内的兴趣和能力较为突出,特别是在语言发展上较之男性具有更明显的流畅性和情感性,在培养孩子语言、艺术、观察能力、社会交往等方面占有优势。

二、父亲的角色与作用

在第二次世界大战即将结束之时,研究界兴起了对父亲和父亲角色的研究。其原因在于,战争中很多男人失去了生命或锒铛入狱,这使家庭中出现了一个特殊的现象:孩子失去了父亲,成为了单亲家庭中的一员。于是科研领域开始将研究方向偏重于"父亲缺

---

① 　女子教育研究文献资料集[M]. 北京:社会科学出版社,1992:170

席"对孩子所产生的结果及母亲角色与父亲角色的异同。另外一个研究方向是在家庭事务中父亲扮演着什么样的角色。那个时期,科研领域很少研究父亲角色的其他方面,而仅有的单方面研究也来源于母亲角色的信息中。后来,科研领域逐渐开始关注父亲角色的其他方面,如观察父亲与孩子的直接互动等。

一位德国的教育家 E. 弗洛姆认为父亲是孩子的导师之一。父亲与母亲就像人类存在的两极,缺一不可。父亲更偏重于代表法律与秩序、科学与技术、冒险与阅历等。在教育孩子问题上,父亲往往比母亲要求更严格,这能鼓励孩子,并增长孩子的进取心和求知欲,这些品质是一个人成功的奠基石。英国诗人乔治·格尔贝甚至有些夸张地认为父亲对子女的教育胜过 100 名老师的作用。

(一) 父亲是儿童依恋的重要角色

现代科学研究发现,儿童咿呀学语之时开口说出的第一个词往往是"爸爸",这似乎表明孩子与父亲之间有着一种不可否认的连接的动力。其实,生活中父亲与母亲一样对孩子的身心发展起着非常重要的作用。父亲与孩子的交往较之母亲有很多不同之处,比如运动性游戏就是父亲与孩子交往的纽带之一。父亲在孩子还是婴儿时就会与其玩"小飞机"的游戏,将孩子一会儿高高举起一会儿放下,锻炼孩子的平衡能力。稍大一些,父亲在夏天会领着孩子爬山下水,在冬天会与孩子滑雪、堆雪人、打雪仗。所以,父亲是孩子游戏时的伙伴,也是孩子依恋的人。随着孩子年龄的增长,他们的注意力会更多地转向父亲,并喜欢父亲粗犷的外形、刚毅的性格和富有逻辑性的思维。

(二) 父亲有助于儿童性别意识的形成

从理论上来讲,孩子的性别差异与生俱来,他们的成长过程也是"性别认同"的一个过程,这种认同过程是通过后天的环境影响和教育来实现的,一般在 3~4 周岁之前完成。在性别认同过程中,父亲起到了至关重要的作用,因为在教育中父亲更喜欢区别对待不同性别的孩子,并运用不同的态度和行为来指导和教育他们。父亲的这种教育行为容易让孩子明确自己到底是男孩还是女孩,并给自己贴上性别标签。

有些研究表明,一天与父亲接触两小时或以上的孩子比一天与父亲接触不到一小时的孩子在个性特征、人际关系、进取精神、活动风格等方面占优势。与父亲接触多的男孩子更具有男子气概,女孩子更显得温柔体贴。对于父母离异或其他情况而从小失去父爱的男孩子来说,长大后要么过度男性化,要么被动依赖。一些实验研究揭示,缺失父爱对女孩子的性格形成也有很大影响,因为女孩子的女性化形成与母亲的女性化无关,与父亲对女儿女性化的赞扬有关。

(三) 父亲对儿童认知发展有重要的影响

父亲在教育过程中与儿童的互动性可以促进儿童的认知发展。母亲总是愿意陪伴在儿童身边,提供他们的是衣食住行的安全感,而父亲天生的好动性、幽默感和创新能力可以打开孩子探索世界的另一片天空。孩子经常和父亲在一起游戏,可以提高他们的动手能力,培养他们丰富的想象力与创造力,拓宽孩子们的知识面,使他们有更强的求知欲望。

[案例 3-2]　　　　　　　　　插座事件——父亲的解决之法①

女儿快两岁时,对墙上的插座孔很感兴趣,于是我拿来了她的录音机,告诉她墙上的孔里有电,是录音机需要的,插插头的时候需要拿着后面的塑料部分,这才安全,如果拿了前面的两片金属是会死的,而且手湿的时候插插座也是会死的。孩子对死是很敬畏的,虽然未必明白具体会怎样,但总之是一件很不好、很可怕的事。在两岁不到的日子里,她学会了插插座,从那天起我经常叫她来帮我插一下插座,她也经常拖着她的录音机这个房间听听,再拖到那个房间听听,不用求我帮她了。她一直很安全地生活,从没触过电,我也没再担心过她会触电。

思考:父亲在教育孩子的过程中有哪些优势作用? 如何母亲遇到类似的事情,会像案例中的父亲这样做吗,为什么?

西方研究学者发现,在儿童入学后,父亲的教育参与和孩子的学业成绩呈正相关。也就是说,父亲在家庭中和母亲共同辅导孩子学习对孩子学习成绩的提高有很大的帮助。在许多单亲妈妈的家庭中,孩子缺失父爱使他们的幸福感降低,学习成绩也随之下降。另外有研究显示,接受父亲教育指导的孩子普遍对数学感兴趣,他们的智商更高,进入社会后能更快融入集体也更容易取得成功。

(四) 父亲有助于儿童人格与社会性的发展

人们常说"孩子就是父母的一面镜子"。父母的一言一行对孩子的行为发展有着很深的影响。而父亲是一家之长,是孩子最大的榜样。如果父亲是一个性格乐观、积极向上的人,那么孩子也会显得无忧无虑,性格更加开朗。如果父亲是一个性情抑郁,有着不良行为习惯,如抽烟、酗酒、骂人等的人,那么孩子也会以父亲为效仿的对象,逐渐形成扭曲的人格特征。所以父亲应该为孩子树立正面的形象,比如自信、勇敢、独立、坚强等,让孩子从小形成健康的人格。父亲还应该与周围的邻居、同事建立融洽的关系,让孩子懂得如何用正确的方式与人交往,使孩子的社会性得到良好的发展。

三、其他家庭成员的角色与作用

其他家庭成员指儿童父母双方的长辈和亲属,主要指儿童的祖父母。根据中国国情,1980 年以后出生的一代人多为独生子女,他们从小备受父母呵护,所以这一代人家庭子女的成长期关键期(1~3 岁)大多是跟祖父母生活在一起的,即所谓的"隔代教养"。"隔代教

---

① 莲山课件 http://rj.5ykj.com/HTML/7697.htm 2015/9/15

养"的成因是多方面的,首先,由于生活水平和医疗技术的提高,人的平均寿命延长,祖父母的身体状况良好,能够承担育儿的任务。其次,父母辈在养育孙代的问题上遇到暂时的困难,如工作调动、身体健康、资金等多方面的原因,祖父母辈愿意主动参与,帮助子女渡过难关。再次,由于居住条件的限制,经济状况不是很好的家庭没有条件与祖父母辈分开居住,所以祖父母被动参与育儿。最后,社会幼托机构供不应求、保姆难觅、欠安全等也是祖父母参与育儿的原因之一。在以上各种情况下,祖父母担负起了育儿的重任,而相应的教育任务也就由他们重点承担。

(一) 祖父母参与育儿的优势

1. 育儿时间充裕

现代社会,一般家庭小孩子出生之时,正是祖父母即将退休或退休没几年的时候。他们身体好,时间和精力充沛,在内心里也愿意和孩子们在一起生活,即所谓的"隔代亲"。这种祖父母对隔代孩子的关爱是家庭保姆或者幼儿园教师们无法达到的。祖父母们甘心为孩子付出,奉献自己全部的爱使孩子在心理上得到满足并健康地成长。例如对做游戏和讲故事来说,很多父母晚上下班回家后都很疲劳,没有精力和时间与孩子互动,而祖父母一整天都比较清闲,只要安排好时间,随时都可以陪孩子阅读和游戏。这种过程是一个互相陪伴的过程,无论对老人还是孩子都是大有裨益的。

2. 育儿经验丰富

由于育儿理念的不断更新,祖父母的育儿方式方法在年轻一代看来有不少"落伍"的地方,但大多数祖父母一代都是自己抚养孩子的,所以,他们的经验非常丰富,对于不同年龄段幼儿的生长发育、容易出现的问题以及处理突发问题的方法的掌握要比年轻父母多很多。祖父母积累了丰富的社会阅历和人生感悟,同样一件事情,两代人的处理方式会有所不同,而祖辈遇事冷静,不急不躁,能够考虑到事情的各个方面,这是有助于孩子情商发展和有效处理孩子教育问题的有利条件。

3. 育儿方式健康

很多年轻父母都有晚睡晚起或晚睡早起的习惯,不爱运动,喜欢宅在家里看电脑或玩电子产品,这对于正处于成长阶段的儿童来说有弊无益。0～6岁阶段正是儿童养成良好习惯的关键时期,良好的生活方式一旦形成将受益终身,反之亦然。祖父母已经习惯了早睡早起,每天出门锻炼身体,特别是有良好兴趣爱好的长辈,他们的散步、读书、习字等习惯对儿童都有潜移默化的影响。另外,祖父母对传统的传承教育也是年轻一辈有所忽视的。比如国礼、风俗、传说、小吃,这些都可以由祖父母在平时的生活中传承给孩子们。

(二) 祖父母参与育儿存在的问题

1. 注重物质与情感上的满足

祖辈在育儿过程中的"隔代亲"容易让教育出现失衡现象,也就是无限制地满足孙辈的要求与愿望,无论是物质上的还是情感上的。调查显示,能尽自己最大的努力来满足孩子需求的老人占整体的75%。有一部分人是因为自己在年轻时经验少、工作忙,育儿过程中留有遗憾,希望在孙辈中有所弥补。这种无原则的溺爱使孩子的虚荣心和攀比心也无限增长,孩子们逐渐养成了爱慕虚荣、追求物质生活等不良的性格特征和生活习惯。

2. 容易导致亲子隔阂

父辈与祖父辈在家庭教育方面的观点经常会有所不同。作为父母亲对孩子要求会更加严厉,而祖父辈更多看到的是孩子的优点和长处。平时习惯了祖父辈疼爱和迁就的孩子,一旦得到父辈严格的惩罚,会出现强烈的抵触心理,容易形成亲子间感情隔阂。特别是有祖父辈干预的情况下,正常的教育很难进行,这使年轻父母无法及时矫正子女的缺失,影响了孩子身心的健康发展。

3. 忽视个性品质培养

祖父辈在教育孩子的过程中往往更关注情感的投入而忽视孩子个性品格的培养。他们对孩子疼爱有加,也使孩子对他们产生情感依赖。祖父辈对孩子的生活照顾得无微不至,包办代替、百依百顺,无形中助长了孩子以自我为中心、为所欲为、不合群等各种不良的品行。被祖父母百般呵护长大的孩子会表现出意志力薄弱、动手能力差、缺乏责任感等现象,对孩子的成长不利。

[案例 3-3]　　　　　　　　　　**爷爷的困惑**

3岁的东东父母工作都很忙,只有让爷爷奶奶来带孩子。这两位老人非常疼爱孩子,衣食住行照顾得无微不至,生怕有哪个地方做得不好而亏待了孩子。他们经常听身边的人说小孩子多喝可乐不好,洋快餐吃多了也不好,可是老两口总认为小孩子吃不了多少,也喝不了多少,所以只要是孩子提出来想吃、想喝的,他们从不拒绝。随着东东一点点长大,他的脾气也有了变化,经常对爷爷奶奶大呼小叫,老两口只要有哪一点做得不随他的心意,他就会哭个不停。有一天,爷爷接东东从幼儿园回家,正巧遇到某薯片经销商推销薯片,东东就想买了吃。可是当时的天气不好,大风刮得到处都是灰尘,爷爷劝东东先回家,到楼下商店再买。东东不听劝,看爷爷不给自己买就立即变脸,大叫起来,还耍赖不走。爷爷刚要再劝几句,东东却甩开爷爷的手躺在地上哭起来。结果是老人越劝,他哭得越厉害。没办法,爷爷只得给东东买了薯片,好说歹说让他从冰凉的地上爬起来。

思考:东东为什么对爷爷奶奶经常大呼小叫?试想如果你是东东的爷爷奶奶,你要怎样教育这个"隔代亲"的孩子?

总之,为了更好地解决隔代教育或其他家庭成员教育中问题,促进儿童家庭教育的健康发展,一方面家庭各成员之间在教育孩子问题上应当多沟通、多理解;另一方面应当对祖父辈及家庭其他成员在家庭育儿上进行指导,更新其教育观念和方法,扬长避短。

第二节 学前儿童家长的教育素养

案例导入 >>>

家长文化素质的高低对孩子有重要的影响①

前几天,调研检查要求学校 35 名家长代表参加,在各位班主任的努力下,结果家长一名不少,准时参加会议。其中,要求有两名流失生家长代表参加,这让老师有些为难,没想到,两名流失生家长代表,居然大老远地骑着摩托车赶来了,着实让学校领导和老师感动了一番。

在调研过程中要求家长写下对学校的意见和建议时,一位年轻的家长问:"九年制学校的'制'怎么写?"学校领导听了,感到不可思议,一位 30 来岁的年轻家长竟然不会写经常看到的字。这时又有一位家长问校长,他儿子名字"韬"字怎么写,真是有点可笑! 自己儿子的名字都不会写。接着有一位家长问校长,他家孩子今年几岁了,校长问他孩子几年级了,他说四年级,校长给他推算了一下,说 11 岁,他还说:"对吗?"同班的同学家长告诉他对,他才填写好了儿子的自然情况。

会后校长告诉我这件事,因为有两位家长是我班的。真是让我哭笑不得呀,他们对孩子的学习能起到什么作用? 我们班孩子的家长只会告诉我:孩子就交给你了,我们辅导不了,你就多费费心吧。所以我们班孩子,每天能在学校完成的任务,尽量完成。回家只能写一写字、词。学习成绩提高得很慢,我也很累。

思考:孩子的求知欲强,经常提出一些问题,父母应该如何回答? 孩子的教育由谁负责? 如果你是校长,你该如何解决这样的问题?

一、家长的文化素质

家长的文化素质是指家长所表现出的知识理论水平的高低和掌握的人类精神财富的多少,这与家长是否不断学习与实践有关。在一定程度上,文化素质决定了家长的教育能力,经济收入决定了整个家庭的生活环境和生活方式。

(一) 家长应具备较高的科学文化素质

学前儿童正处于生长发育的关键时期,他们的心中有很多的未解之谜需要家长为他们答疑解惑。父母有一定的文化素质,在家庭中孩子可以毫无顾忌地随时向父母请教、发问。父母正确、恰当的回答,不仅使孩子的求知欲望得到一定的满足,还扩大了孩子的

---

① 乌林小学于杰的博客 http://blog.sina.com.cn/yujie0007. 2010.6.16/2015.4.18

眼界,这种智力的启蒙教育是非常重要的。有些文化素养不高的家长,面对孩子各式各样的提问显得束手无策,要么不懂装懂,要么就是用不标准的答案蒙混过关。孩子正处于懵懂时期,家长不懂得与孩子共同解决难题,而是用错误的答案草草应付,这会对孩子的求知与成长带来负面的影响。知识日新月异,家长应有终身学习的理念,平时多读书看报,多了解最新的科学知识,用自己良好的学习习惯与学习热情影响和带动孩子,为他们创造优良的学习环境。

德国的社会学家做过一个调查,他们按学生父亲的职业和受教育程度划分的十年级学生在校学习成绩分别是:父亲未接受过良好教育其子女在校学习成绩优秀的占6%,良好的占52%,一般的占41%,及格的占1%;父亲是熟练工人的,子女在校学习成绩优秀的占7%,良好的占61%,一般的占30%,及格的占1%,没有回答的是1%;父亲是专科学校毕业的,子女在校学习成绩优秀的占16%,良好的占59%,一般的占24%,及格的占1%;父亲是大学毕业的,子女在校学习成绩优秀的占15%,良好的占63%,一般的占21%,及格的没有,没有回答的是1%,以上情况可以充分说明家长文化素养的高低,对子女的学习成绩有很大的影响。

(二)家长应具备一定的艺术修养

文化素质有很多方面的内涵,其中音乐、美术、体育等知识修养也包含其中。家长经常会说,现在的孩子要全面发展,指的就是在德、智、体、美各方面的和谐发展。家长要求孩子做的自己首先要做好,所以家长也应该具备一些科学知识技能之外的素质,至少在体、音、美等方面有自己的兴趣爱好。如家长要求孩子练琴,自己也可以练习,既陶冶情操,又在孩子面前起到榜样的作用;家长要求孩子锻炼身体,自己也应该制订一个良好的运动养生计划,并付诸实践,这样对孩子也是一个促动。无论做什么事情,一个家庭的团结努力胜过孩子自己的孤军奋战。在孩子的成长期,家长的作用就是教育引导孩子,使他们成为爱学习、懂学习、会学习的健康的优秀人才。

[案例 3-4]　　　　　　　　　　**音乐教育来源于家庭**

俞子良(钢琴家、作曲家、音乐教育从业者)的儿子俞隽在美国读小学二年级,每天的课余时间是从下午两点半开始的,主要是做作业、玩耍、吃饭。为了让他有一些其他的活动,爸妈给他安排了一天两次45分钟的练琴时间。他每天过得乐此不疲。今年7岁的俞隽已经作为历史上最年轻的大提琴手考入了他爸妈的母校——美国曼哈顿音乐学院,并曾在卡内基音乐大厅登台演奏。不久前,他在中国某热播的娱乐节目里亮相,观众可以看到他可爱的小眼睛和卷发,换牙期漏风的牙齿的形象,前一秒还在优雅地演奏大提琴,后一秒《狐狸叫》的音乐一响起,他又"人格抽离"地大跳热舞,萌翻了全国的观众。作为音乐教育者和从业者,就像每个爸爸的朴素愿望:俞子良希望儿子除了学习之外能有一件事情倾注时间,并且能做得好,希望孩子能领略音乐独特的交流方式。

思考：他父亲的想法对吗？为什么？

（三）家长应具备相应的教育理论知识和方法

我国现代著名的教育家、儿童心理学家陈鹤琴先生在他的《家庭教育》一书的自序中写道：小孩子实在难养得很！有时候，你不晓得他应当穿什么衣服,吃什么食物！有时候你不晓得他为什么哭,为什么不肯吃东西！有时候,你不晓得他为什么生病,为什么变得这样瘦弱！有时候,你不晓得他一个活泼的小孩子为什么竟变成暮气沉沉的少年![①] 家庭教育是一门艺术,它涉及很多方面的知识,如教育学、心理学、生理学、人才学等。家长如何能正确地开展家庭教育活动呢？首先,需要家长掌握一些教育科学知识,这能帮助家长了解孩子的身心发展规律和教育规律,对家庭教育有十分重要的意义。父母们可根据自身的需要有目的地选择一些家长学校,学习一些关于幼儿生理、心理、教育等方面的知识,并积极地把这些知识运用于实践中,深入地了解孩子独有的特点,采用适当的方法,因材施教,提高家庭教育的有效性。

不言而喻,家长的文化素质和孩子的学习、品德有密切关系,但也不是绝对的。家长文化素质作用的发挥,和家长其他的素质密切相关,同时,也受到孩子自身主观能动性的制约。不过在科学技术高速发展的今天,家长不断提高自己的文化素养,对子女的健康成长,对家庭的发展都是有益处的。

二、家长的身体素质

身体素质是一个人体质强弱的外在表现,从人们的生活、学习和劳动中表现出来,也从人们的体育锻炼方面表现出来。遗传、营养和体育锻炼这三方面因素与一个人的身体素质密切相关。合理的饮食调整和正确、适当的体育锻炼,能提高个人的身体素质。

（一）父母的遗传基因对儿童健康水平的影响

遗传是孩子发展的物质前提。通过遗传,父母把机体的形态和功能等各种生物基因传递给孩子,为孩子今后身心的发展打下基础。

首先,智力的遗传是十分明显的。据科学家综合评估,遗传对智力的影响约占 $50\%\sim60\%$。遗传结构完全相同的同卵双生子,即使在不同的环境中长大,其智商仍极为一致。就遗传而言,父亲与母亲的影响力是有所侧重的。就如萧伯纳说的,母亲对孩子智力的影响力更大。

其次,身体素质和运动能力也受遗传因素的影响。科学家们研究发现,肌肉的相对力量受遗传因素的影响,除此之外一个人的耐力、反应速度、柔韧度等都受不同程度遗传因素的制约。

---

① 陈鹤琴.家庭教育[M].上海:华东师范大学出版社,2015

再次,儿童的心理发展受遗传因素影响。儿童高级神经系统类型的特点,特别是大脑的结构和技能的特点,自出生之时起就通过遗传从父母那里继承了下来。如有的婴儿安静些,容易入睡;有的婴儿手脚乱动,大声啼哭。据心理学家研究,遗传素质在感知觉和气质方面有较大的影响;而在个性品质、道德行为习惯方面,遗传素质影响就比较小。

从年龄阶段来说,遗传素质的影响随着年龄的增长逐渐增加。家长要了解和掌握一些遗传学方面的知识,发扬遗传素质中的优势,促使儿童身体和心理发展水平的提高。

(二)父母的健康状况对儿童健康水平的影响

1. 父母的身体健康状况对儿童健康水平的影响

父母如果体魄健壮,无疾病,就可能为孩子身体的健康生长提供良好的条件。反之,父母如果身体不佳,就可能为孩子身体的正常生长发育留下隐患。如父母带有先天性遗传病史会导致孩子的后天生理畸形及智力障碍。一个智障的孩子很难和一般正常的孩子一起参加活动,也很难在一个环境中学习同样的知识。一个生理畸形的孩子也不能和一个生理正常的孩子一样参加体育运动。这些导致了孩子在日后的发展中智力和生理上落后于其他正常孩子。

2. 父母的心理健康状况对儿童健康水平的影响

有很多具体的研究实例证明孩子的心理健康发展很大程度上受父母心理健康状况的影响。比如几个月大的婴儿通过与母亲的接触能感觉到母亲有紧张、焦虑等心理状况,婴儿会通过哭闹、烦躁、乱动等自身的反应表现出来。相反,如果母亲情绪安定,婴儿也感到舒心、宁静。一个两三岁的孩子在爬上爬下地玩耍,如果突然看到母亲不安的表情,自己就能体验到惊慌与不安。母亲大胆、勇敢,孩子也会拥有敢于挑战的性格;母亲胆小怕事,恐惧与不安全感也会转移给孩子。有些父母在教育孩子的过程中过于情绪化,在自己心情好的时候,就算孩子犯了错误也不会太在意。反之,如果遇到自己压力大、心情不好的时候,即使孩子没有什么过错或问题,家长也会将自己的情绪迁怒于孩子,因为一点小事而批评孩子。

(三)父母的生活习惯对儿童健康水平的影响

父母如果拥有健康的生活方式,就能对孩子产生良好的影响。相反,父母(特别是母亲)如果具有不良的生活习惯,如抽烟、酗酒等,则会对孩子造成严重的伤害。研究表明,母亲在妊娠期间抽烟很凶的学龄前儿童比母亲不抽烟的儿童的标准智商(IQ)检测得分要低得多。除父母的不良嗜好对孩子的负面影响外,不健康的生活与饮食习惯,也影响儿童的健康水平。

在中国青少年中,尤其是城市学生中,体检结果显示完全合格的学生不足20%。中国教育科学研究院的调查数据表明,现代家庭普遍存在如下问题:一是过度保护,不限制孩子饮食需求;二是锻炼时间减少,睡眠时间不足;三是休闲方式的改变,电子产品成为休闲主流;四是环境舒适、交通便利、步行不足;五是西方快餐文化盛行,摄入过多高能量食物等。家长应当树立正确的育儿观念，减少对体质健康在认知、行为上的偏差。明确合理的饮食、运动与健康的生活习惯可以促进孩子的身心健康，可以提升孩子社会生活技能，也可以培养孩子的交流与沟通能力，提高孩子智力。

三、家长的道德素质

皮亚杰在其著作《儿童的道德判断》中认为道德发展分为四个阶段：规则上从单纯规则到有意义的准则；责任上从客观到主观转变；自身约束上从他律逐渐过渡到自律；服从原则从公正到具有公平和公道的公正。儿童经常以父母为榜样，因此，父母高尚的道德情操和品质修养会感染孩子，使他们的品德发展朝良好的方向发展。

（一）家长的婚姻道德影响着孩子的心灵健康

所谓婚姻道德指男女两性结合为夫妻关系应遵循的道德观念和道德规范的总称，它是社会普遍认可的一种行为规范。婚姻将两个没有血缘关系的人带入了一个家庭，在价值观、生活习惯、生活态度等方面必然会有差异，这就需要夫妻双方在结婚前慎重考虑，在结婚后以家庭为重。那么，应该遵守哪些婚姻道德规范呢？首先，男女双方应是以爱情为基础的婚姻自由，不以金钱、权势作为婚姻目的；其次，实行一夫一妻制；再次，夫妻之间权利义务要平等；最后，夫妻双方都有义务保持婚姻关系。结婚对每一个人来说都是人生中的一件大事，一旦成为夫妻就应该彼此尊重、相互忠诚、同甘共苦。特别是在有了孩子之后，夫妻双方更应该严守婚姻道德的底线，为孩子心灵的健康成长创造良好的环境。

［案例 3-5］　　　　　　　　闪婚闪离，影响孩子的未来

一对家住汉口的 90 后夫妻都是网游爱好者，他们因为爱玩游戏而在网上结识，并坠入爱河。相识仅两个月后，他们就闪婚了。第二年妻子刘女士生下了一个儿子。但是，现实生活毕竟不同于网络。婚后，二人因为都痴迷于游戏，幼小的孩子没人照顾，家务活也相互推诿，家里弄得一团糟。婆婆一气之下，便让儿子跟儿媳离婚。但是妻子刘女士提出，在分割夫妻共同财产后，还要分割与丈夫一起玩网游时获得的游戏装备和赚得的 Q 币，但是将游戏视如珍宝的丈夫坚决不同意。当各大网络都在讨论婚后分割 Q 币、游戏装备、QQ 靓号等网络虚拟财产时，也有些网友跟记者讨论起了关于年轻一代的婚姻观念。有网友表示，志趣相投不代表适合在一起。还有网友表示，两个心智都不成熟的人，怎么能草率结婚生子呢？孩子的一生由谁来负责？

思考：家庭环境对孩子有何影响？家长的素质与道德又是如何影响孩子的？

（二）家长的育儿道德影响着孩子的言谈举止

家庭是孩子日常生活的场所，也是孩子从小接受教育的地方。由于小孩子好模仿，又缺乏鉴别能力，家长的一言一行、一举一动都会潜移默化地影响着孩子。家长给孩子的这种影响，就像是给孩子的思想和行为打上的"烙印"，此后很难改变。孔子说："少成若天性，习惯如自然。"有一个说法叫"五加二等于零"，意思是说幼儿园花了五天的时间进行正面的养成教育，可是只要孩子们在家里待个双休日，幼儿园的教育就回归零点了。比如小孩子骂人打人，很多时候是同父母长辈学会的。

可想而知，一个家庭，父母在平时说话时就不注意语言美，张嘴闭嘴都是脏话，孩子不可能言语优美，举止大方。有位母亲曾这样描述自己的女儿："女儿就是自己365度的镜子，绝无死角。若是要影像美好，必须24小时、365日的努力、经营、坚持、克制……收获是女儿的成长，或许也可成就更好的自己！"所以有人说孩子是父母的影子，家庭是孩子成长的摇篮。

（三）家长的传统美德影响着孩子的行为习惯

经济发展与社会进步给每个家庭带来极为丰富的物质享受，同时也给孩子的思想观念带来一些负面影响。许多家长往往热衷于物质上的给予，而忽视对孩子思想上的教育与引导。文明礼貌、敬老爱幼、团结友爱等都是我们中华民族的传统美德。在日常生活中，父母如能对孩子言传身教，就会使这些美德在孩子身上有所体现。古语云：川广自源，成人在始。由于父母与孩子特殊的亲缘与家庭关系，一般来说在孩子成人之前不会离开父母亲，所以父母也起着幼儿园老师不可替代的作用。

首先，家长要做到良好环境的营造者。家庭传统美德教育环境的营造主要是家长的"言传"和"身教"。如家庭关系和睦、温馨；家庭环境整洁、健康；家庭成员积极、向上等。

其次，家长要做实践的引领者。家庭传统美德教育必须让儿童成为参与者、实践者，只有亲自体验，才能感受到传统美德的魅力，才能感受到传统美德带给人的愉悦。所以，父母应该以身作则并引导孩子的一言一行。

（四）家长的社会道德影响着孩子的文明意识

父母与邻居友好相处，讲究社会规范，遵守交通规则，爱护环境，就会对孩子的成长产生有利的影响，否则，就会对孩子的成长产生不利影响。我们多数父母在教育孩子上都有美好的愿望与理想，这样的家长在工作上积极进取，在生活中与人为善，在家庭里孝敬老人。他们大多有良好的兴趣爱好，业余时间读书看报，结交文友，锻炼身体。我们也经常能看到这样的一幕：幼儿园放学时家长领着孩子过马路，只看看有没有车，没有就直接闯了过去，完全忽视红绿灯的存在。有时会听到孩子在提醒父母十字路口红灯是要停的，可是家长由于各种原因根本不顾及孩子的提醒。

品德高尚的家长，他的孩子也会乐于助人；志向远大的家长，其子女也会奋发图强。但是，也有些家长不注意自身品德修养的提高。自己胸无大志，却要求孩子有出息；自己只顾赚钱发财，却不关心孩子教育；自己不读书看报，却要孩子学习成绩拔尖；自己满嘴脏话，却要孩子文明礼貌。这样的家长自身道德素质不高，必然会影响到孩子道德水平的发展。因此，提高自身品德修养，是每个家长一生的学业。

四、家长的心理素质

社会生活中人们关注的问题有很多方面,但对心理问题的关注度远远不够。其实,父母的心理素质对孩子成长有很大的影响,如果父母心理不健康,家庭教育的质量会因此受到负面影响而下降。所以,父母应提高心理素质,在家庭日常生活和教育中保持健康的心理状态。

(一)具有稳定的情绪状态和健康的情感

现代社会生活节奏快、工作强度高、精神压力大,如果调整不好很容易出现心理上的亚健康状态。身为家长,要及时调整心理出现的问题,避免心理问题演变成心理疾病。因为,一旦有心理上的问题,就会在日常生活中潜移默化地影响孩子。而有心理疾病的家长则无法承担养育子女的责任。在教育子女的过程中,家庭氛围的愉快和谐也是非常重要的,父母应该时刻提醒自己保持心情舒畅、情绪愉快,不要将工作中的不满情绪和不顺心的事情带回家中,这样会影响孩子的学习情绪和身心健康发展。

[案例 3-6]   **小夫妻将孩子扔出窗外**

家住上海杨浦江路住宅区的窦女士外出归来,发现在小区附近的弄堂里有争吵声。事后了解到,发生争执的是一对结婚不久的夫妻,他们有一个不到 2 岁的孩子。这对夫妻经常因为谁来带孩子而发生争吵,在窦女士外出回家的那个晚上,小夫妻争吵得特别厉害,丈夫由于情绪激动,就扬言要将女儿从楼上扔出去,这样就谁都不用看孩子了。但是,丈夫的过激言语并没有引起妻子的足够重视,于是,这个男人就真将自己的女儿从窗户扔了出去。眼看孩子从二楼掉下来,正站在离事发地几米远的窦女士冲了过去,下意识地张开双臂,想接住掉下来的孩子。但由于掉落速度太快,窦女士没有接住,孩子被她的胳膊挡了一下之后,掉在了地上。万幸的是孩子除头部碰出了血之外并没有大碍,但却受到了过度的惊吓大哭不止。随后,医护人员赶到,将孩子送往附近医院就医。

思考:家长的情绪与素质对孩子的影响是怎样的?

(二)具有坚强的意志和坚持性

一名合格的家长应该为孩子树立良好的榜样,特别是在意志品质方面。例如家长在工作、生活、学习中要有恒心,有毅力,不怕困难,还要勇敢地战胜困难,通过自己的努力让孩子从小懂得无论做什么事情,没有辛勤的付出,就没有成功后的喜悦。教育子女就是一项长期而艰苦的事情,要有长期的计划和短期的安排。同时,还要注意耐心细致,具体周到。现在很多年轻父母都十分重视孩子的教育,有些父母在孕期就开始参加学习班,买各种育儿书籍认真学习,生怕孩子输在起跑线上。其实,孩子的教育是一种持之以恒的长跑,在整个过程中每个环节都需要家长的支持与努力。

常言道,不积跬步,无以至千里;不积小流,无以成江海。生活需要这种坚持,学习也需要一点一滴的积累。父母们都望子成龙,望女成凤,看到别人家的孩子有很多兴趣爱好,也希望自己的孩子在某方面有所成就。舞蹈班、钢琴班、绘画班、小神童班等社会办学满足了家长的需求,同时也使家长和孩子们陷入了进退两难的境地。在家长中间经常流传这样一句话:孩子学琴考十级,家长至少也能考五级。言外之意即孩子年龄小,有些学习任务需要家长坚强的意志力和坚持性才能完成。在教育子女的过程中,家长要针对孩子的个性特点和兴趣爱好选择合适的教育方式,一旦选择就要尽量努力完成。比如每天半小时亲子阅读、背诵几首古诗、做智力小游戏等,有了量的积累才会有质的变化,应避免急于求成,因为欲速则不达。

(三) 要自觉减轻心理压力

在教育子女成人、成才的路上,家长身负很多艰巨的责任,这将给许多家长带来心理压力。这种压力是双刃剑,一方面可以督促家长更加重视家庭教育,另一方面在过重的压力下,家长有可能导致家庭教育的失误。比如当别人家的孩子在众人面前落落大方,既能表演舞蹈又能朗诵诗歌,而自己的孩子却因胆小不愿意参与任何活动的时候;当别人家的孩子被幼儿园选中参加特殊的节日庆祝活动,而自己的孩子却由于太顽皮而受到老师批评的时候;当孩子受到别人的责怪,说自己管教不当的时候,都会给家长的心理造成压力。如果这个时候家长不摆正心态,就很可能采取简单粗暴的方式解决教育中出现的问题。因此,家长必须从孩子的实际出发,端正教育思想、摆正教育心态,进行自我减压。家长要尽可能地营造宽容的家庭环境,通过循循善诱,引导孩子在原有基础上做到更好。

第三节　学前儿童家长的教育能力

案例导入 >>>

我的事业是"父亲"①

在介绍我自己之前,我要先介绍我的六个子女,因为对于一个未能亲自成就一番大事业的人来说,"父亲"就是我的终身事业和人生理想,子女就是我的最大荣耀。长子蔡天文,美国康奈尔大学博士,现为美国宾夕法尼亚大学最年轻的终身教授之一;次子蔡天武,公派美国罗切斯特大学博士,现在美国高盛公司出任副总裁;三子蔡天师,北京外国语大学毕业,曾被美国圣约翰大学录取,现在国内发展;四子蔡天润,华西医科大学医学院毕业,现正在上海筹备私立医院;五子蔡天君,中国科技大学硕士,现在中国建设银行

---

① 蔡笑晚.我的事业是父亲 [M].南宁:接力出版社,2010:1-3

工作;小女蔡天西,14 岁考入中科大少年班,22 岁获得哈佛大学生物统计学博士,现为哈佛大学最年轻的副教授之一。

有人会奇怪,我的职业分明是医生,而且在当地还小有名气,为什么强调自己的事业是"父亲"? 因为自从我有了生命中的第一个孩子,就决定把希望寄托在下一代身上。当时只有 26 岁的我,说出这样的话未免让人觉得荒唐可笑,但这却是我不得不做的选择。我深知自己必须韬光养晦,把自己的智慧、知识、追求延续到下一代身上,转化为下一代的发展优势。于是,我改名为"蔡笑晚",不能在青春年少时开怀畅笑,就要让自己笑在最晚,笑得最好!

思考:这位父亲的自豪出自哪里? 为什么他在介绍自己之前要介绍他的六个孩子? 父亲的职责是什么?

一、家长的教育观念

教育观念指的是支配教育行为的观点、思想。它和其他观念一样,是客观现实的能动反应,是经验和理论在人们头脑中的积淀。[①] 家庭教育观念是实施家庭教育的前提和基础,观念是否正确在很大程度上决定了家庭教育的成败。

(一)正确的儿童观是家庭教育的关键

父母正确的儿童观应该由以下几方面构成。第一,儿童是人,这是儿童的基本属性。作为平等的人,家长应该在教育子女时尊重孩子的人格,平等地与孩子沟通,重视孩子的愿望与需求。父母与孩子之间的关系应该是民主的,而不是自上而下的权威模式。第二,儿童作为未成年人,决定了他们在身体与心理上处于不成熟状态,需要来自父母亲物质上的照料和精神上的关爱。这并不是说父母可以按照自己的想法和要求,逼迫孩子按成人的意志做事情。父母要了解孩子的想法,给孩子足够的空间,允许孩子在失误的过程中逐渐成熟起来。第三,儿童将成为独立的个体。父母教育孩子是为了日后孩子能够进入社会独立生存。所以,父母应该从小培养孩子的自我意识和独立性。

(二)正确的亲子观是家庭教育的基础

家长的亲子观,是指家长对子女和自己相互关系的基本看法。父母与子女之间的关系,既是基于亲情的长辈与晚辈的关系、教育者与受教育者的关系,也应当是亲密的朋友关系。[②]家长不应当把孩子作为私有财产或自己的附属物,希望通过孩子来补偿自己生活中的缺憾,从而实现自己年轻时未能实现的理想和愿望等。同时,家长也不能一厢情愿,自觉或不自觉地将自己的意愿强加到孩子身上,甚至把他们当成炫耀品。例如,在众亲友相聚很热闹的时候,就命令孩子当众表演,背上几首唐诗、儿歌,得到众亲友的一番夸

---

① 吴奇程,袁元.家庭教育学[M].广州:广东高等教育出版社,2002:287
② 李百珍,关颖.家长教育观念研究[J].天津师大学报(社会科学版),1995(04):9-13

赞后,也大大满足了自己的虚荣心。其实孩子是用来疼爱、关怀和鼓励的,父母要树立正确的亲子观念,育儿之路才能更加和谐,家庭生活才能更加幸福。

(三)正确的人才观是家庭教育的保障

家长的人才观是指家长对子女成长的价值取向和自己对人才的认同感。什么样的人才观决定了什么样的家庭教育目标。常言道,三百六十行,行行出状元。在未来社会,经济发展模式决定在人才培养过程中,既需要大量的高、精、尖人才,也需要在平凡的岗位上工作的人才。因此,作为父母来说,要具有人人都可以成才的观念。要根据孩子的自身特点与优势,引导其自然发展,而不是跟风走,一边倒。在儿童的发展过程中虽然存在个体差异,但每个儿童都有与众不同的优点,父母应该发掘儿童的潜能,通过良好的教育与影响,让孩子们最终走向成才之路。

[案例 3-7]　　　　　　两个动人的故事

一位朋友在浙江大学博士毕业后留校任教,他说,小时候有一次做不出数学题,在灯下沮丧地冥思苦想。夜深了,一直陪着她的妈妈轻轻说:"别急,你做不出,肯定好多人也做不出。"他说那次是他的一个拐点,妈妈没有给他任何压力,他却用了很多办法最终将这道题目做出。另一位朋友毕业于北京外国语大学,父亲是他就读中学的校长,他曾经一度学习跟不上。某个雨天,父亲与他同撑一把伞散步时说,其实人生有很多条路,如果念书这条路行不通,当兵也是不错的选择。因为父亲给他指了另外一条路,他卸下包袱后,反倒把学习赶上了。

思考:这两位家长的教育态度是怎样的? 什么是教育的根本?

二、家长的教育态度

对儿童来说,他们需要父母指导他们如何生活、如何学习技能和积累经验。但儿童在接受父母教育的同时却很在乎父母的态度,这些态度也决定了儿童对父母教育的接受程度,然而,态度却是父母最容易忽视的。黄迺毓在其《家庭教育》一书中,归纳了父母教育态度的研究结果。[①]

(一)鲍姆林德提出的三种基本教养态度

1. 独裁的态度

独裁的父母要求子女绝对顺从,要控制子女的行为,较常用体罚或强迫的方法,不太向子女解释规则,反正父母的话就是金科玉律,认为子女应该相信父母的做法都是为了子女的利益。

---

① 黄河清.家庭教育学[M].上海:华东师范大学出版社,2014:90

2．纵容的态度

这一类父母认为应该让子女有自主权，不愿成为子女心目中的权威或榜样，对子女行为标准的要求很低，连规则的制定都要子女参与、表示意见，也认为父母应尽量少控制子女，尽可能让子女自律。

3．权威的态度

取以上二者之利，强调子女在合理的限制内发展自主能力，父母可以用讲解的方式，或心理的增强，来引导子女的行为，而且态度坚决，使子女有所依循。

如果孩子吵架，独裁的父母会认为那是很严重的恶行，纵容的父母则认为无所谓，而权威的父母相信事必有因，并设法让孩子自行解决问题。同样的情况，三种不同的教育观念，决定了父母不同的教育行为。父母对子女的态度既不能独裁，也不应该纵容，而应该把握好分寸，采取第三种权威的态度。

（二）日本学者编制、国内学者修订的五类态度[①]

1．拒绝的态度，指父母在感情上或态度上对孩子表现出拒绝倾向。这一类包含消极的拒绝型和积极的拒绝型：消极的拒绝型是指对子女说的话不理、忽视、放任、不关心、不信任，感情不好、不一致等父母态度的类型；积极的拒绝型是指对孩子有体罚、虐待、恐吓、威胁、苛求、放弃养育的责任等父母态度的类型。

2．支配的态度，指父母对孩子支配过头，把孩子当成父母的所有物，拥有绝对的权利去统治子女。这一类包含严格型和期待型：严格型是指父母对子女虽有感情，但常以严厉、顽固、强迫的态度或禁止、命令的方式来监督子女；期待型是指父母把自己的野心或希望，投射在子女身上，而忽视子女的天赋能力，希望子女完全遵从父母的要求或标准去做，也就是一般所说的望子成龙、望女成凤。

3．保护的态度，指对子女担心、不安，经常采用过分地保护孩子去解除这种感情的父母。这一类包含干涉型和不安型：干涉型接近于期待型，为了使子女变得更好，而细心地去照顾孩子，尽量基于帮助和嘱咐；不安型指对子女的日常生活、学业、健康、交友、前途等，具有完全不必要的担心和不安，因而对孩子过分负责，给予过分的帮助和保护。

4．服从的态度，指对子女的要求和意见，不管是什么都无条件接受，并以此感到满足。这一类包含盲从型和溺爱型：盲从型指让孩子持有一切权利，父母不管付出多大牺牲也要接受孩子的要求；溺爱型指对子女喜爱，想尽一切办法来迎合子女的要求，即使子女做了坏事也替他（她）申辩。

5．矛盾、不一致的态度，指父母当中的某一方，在不同的时间场合对孩子的教育和态度前后有矛盾，或者父与母的态度不一致，这一类包含矛盾型和不一致型：矛盾型指对于子女的同一行为，有时斥责它、禁止它，有时却宽恕它、勉励它；不一致型指父亲与母亲的

---

① 黄河清.家庭教育学[M].上海：华东师范大学出版社，2014：91

管教态度不一致。

由此，可以清晰看出，家长的教育态度对儿童的成长具有至关重要与不可替代的作用。

三、家长的教育能力

父母不仅需要具备科学的教育观念、正确的教育态度，还需要具备进行家庭教育实践的能力。父母的教育能力要包括以下几方面。

（一）父母要有了解子女的能力

为人父母，从心底里都是爱孩子的，但并不一定是从了解孩子的角度在爱孩子。就拿孩子平时的穿衣戴帽来说，有一则小故事讲得特别生动。有一位路人经过幼儿园，看到小朋友们穿戴整齐走进幼儿园。五月的天气，有的孩子穿长袖 T 恤衫，有的孩子穿了短袖，可有一个孩子穿着厚厚的棉衣。路人觉得很奇怪，走过去问道："小朋友，你这么冷吗？"孩子回答说："有一种冷，叫妈妈觉得你冷。"故事虽小，却反映出现在家长的教育观念与能力。反观自身，有多少父母真正了解自己的子女？有很多家长认为孩子年龄小，处于懵懂阶段，需要大人的引导与帮助。时间久了，家长就养成了一种一边倒的习惯，即以自己的思维判断孩子的想法。童言无忌却吐露心声。儿童有自己的世界，需要家长走进他们的内心，尽量站在孩子的角度换位思考。在与孩子共同生活的过程中，父母最好能认真体会孩子的心理状态，仔细考虑孩子所提出的要求，在对过去的生活进行总结的前提下规划未来的生活，以此更好地成就孩子。

（二）父母要有尊重子女的能力

在家庭教育过程中，父母应采取民主、平等的态度与孩子相处，要尊重子女的想法，通过观察、谈话等多种方式与孩子交流，避免将自己的主观愿望强加于孩子身上。被父母尊重的孩子会有强烈的自尊心，在同伴中间会更充满自信。而强势的父母经常打压孩子的想法和行动，时间长了，孩子会对所做的事情失去兴趣，同时要么变得唯唯诺诺，要么变得倔强，很难管教。儿童年纪小，对周围的事物充满好奇心，什么事情都愿意尝试，父母要尊重和欣赏孩子的想法，对待不同的问题采取多样的处理方法，引导儿童身心健康发展。

做父母的可能会遇到各种问题，比如孩子在家里看动画片，片中的女主角穿了一条特别漂亮的裙子，这时她想起自己也有一条相似的裙子，于是闹着妈妈给她找出来，在大冬天里，一定要穿着裙子和凉鞋到外边玩。作为父母应该怎么处理呢？强势的父母也许会直接回绝孩子，同时会告诉孩子天气很冷，冬天是不适合穿着裙子到外边玩的。无论孩子怎么请求，他们都不会答应，并认为自己的做法是正确的。懂得尊重孩子的父母可能在这个时候也会为孩子会不会着凉担心，但是他们更不会错过一个教育孩子的好机会。他们也许会让孩子穿上裙子和凉鞋，并拿好大衣和他们一同到室外，让孩子亲自感受室外的温度。正常来说,孩子的自我保护意识是很强的,当她真正感觉到冷的时候,家长再适当地加以引导,孩子自然会穿上大衣,或直接同父母回到室内玩耍了。尊重他人的能力需要从小培养,父母以身作则是最好的教育方式。

(三) 父母要有善于沟通的能力

儿童的天性是喜欢交流与沟通的,自从他们出生开始就用声音、眼神、动作与父母进行交流,通过哭声告诉父母他们的需要。随着年龄的增长,他们更多地用语言和行为作为自己的交流方式。所以,父母也应该主动了解孩子的内心,根据孩子不同年龄段的心理发展特点运用相应的方法和技巧进行沟通与交流。

首先,父母要放低视线。善于沟通的父母和孩子是在同一个视线上对话。如果没有蹲下来,没有和孩子在一个视线上,就不会和孩子有共同的感受,真正的沟通是彼此理解,所以一定要懂得倾听孩子们的内心世界。

其次,要善于倾听。大部分的小孩都是比较胆怯的,尤其是对自己不擅长的事情,总是担心自己做得不好。学龄前的孩子对自己的认识建立在外部评价上,一旦父母或老师说孩子说得不对,孩子就不敢说了。所以,要让孩子多说多表达。父母作为一个优秀的倾听者,用倾听鼓励孩子克服胆怯,大胆交流。

再次,要假装无知。现在的孩子很多时候不喜欢张嘴说话,很大一部分原因是父母在各方面都做得太好,很多时候不用等孩子说出口,从简单的一个眼神就可以看出他们所需要的,久而久之,孩子就养成了不爱开口说话的习惯。家长不要做得面面俱到,相反让孩子自己说出他们的想法,才会了解到更多的信息。不管孩子的心智有多大,都需要不断地加强个人的独立能力,从相互尊重开始,最终慢慢了解到他们心里的真正想法,及时作出有效的言语沟通,让他们在童年的时光里,养成开朗的性格。

(四) 父母要有指导子女的能力

1. 父母要有指导子女生活的能力

作为父母能够为孩子带来健康的体魄、乐观的心理是非常重要的。这就需要父母从小为孩子提供一个良好的生活环境和正确的生活指导。首先,父母对孩子的生活指导要兼顾学习、休息、锻炼和娱乐等各方面,不能只重视一点而忽视其他方面;其次,要严格要求孩子的作息时间并养成良好的习惯,比如要按时吃饭、睡觉、起床、读书等;再次,父母要指导孩子讲究个人卫生、家庭卫生,还有自己的事情一定要自己做;然后,要培养孩子多参加一些家务劳动,多为家庭尽义务;最后,要每天坚持体育锻炼。指导孩子如何生活是父母的首要任务,也是终身的任务,所以在指导过程中要循序渐进,不能急于求成。

[案例 3-8]   **贝贝的难题**

贝贝是刚入园的小班小朋友,他较快地适应了幼儿园的生活。可是有一点让班级老师很发愁,就是贝贝不愿意自己吃饭,每到吃饭时都东挑西拣,还要老师一口一口地喂。经过老师与家长的谈话了解到,贝贝的妈妈是一个全职母亲,在孩子的生活上照顾得无微不至,特别是早期的智力开发更作为她的头等大事来做。贝贝妈妈认为,像吃饭穿衣这些事情是"水到渠成"的,长大了自然都会做,不用刻意去教。渐渐地,贝贝就养成了衣来伸手、饭来张口的习惯。

思考：贝贝妈妈的做法对吗? 如果家长都像贝贝妈妈这样教育贝贝,那么幼儿教师应该如何指导家长进行家庭教育?

2. 父母要有指导子女学习的能力

在一个提倡终身学习的社会里,如何学习、怎么学习、学些什么已成为每个人谈论的话题。在学龄前阶段,指导子女学习首先就是要培养孩子的学习兴趣。兴趣是最好的老师,带着兴趣学习会让孩子受益终身。美国教育家杜威以生活即教育为出发点,引导教师和家长改变育儿理念,让孩子们从生活和实践中学习,即"做中学"。所以,父母要珍惜和孩子相处的点滴时间,在游戏中开发孩子智力,培养孩子的创造力。

3. 父母要有指导子女交往的能力

小卡尔·维特在他的书中写道:"父亲认为,一个再聪明的孩子,如果不懂得如何与人交往,那只是一个'孤家寡人'。这种孩子不可能在将来有所作为,即使他是个所谓的神童,也不会做出什么惊天动地的事来。因为一个人只限于自己的知识,而不懂得与人相处,那么他的潜能就根本无法施展出来。这样的话,即使才高八斗学富五车,那也只是个闭门造车的书呆子。"[①]所以,父母应该在孩子很小的时候就创造机会,让孩子与除了父母之外的人,如亲属、朋友或孩子的小伙伴等进行交往。当孩子进入幼儿园学习,父母还可以利用多种方式,如讲故事、做游戏等教孩子如何与他人交往的技巧;也可以作为倾听者,让孩子讲述一天发生的有趣的事情,帮助孩子分析哪些事情做得好,哪些事情做得不好,这样就可以适时地对孩子进行人际交往的指导。

四、家长的教育知识

教育知识应该包括儿童身心发展的特点和与之相适应的家庭教育规律的知识。有些家长对教育知识了解得并不多,途径也有限,如从朋友长辈那里听说了育儿的一些方法、经验等。他们对科学育儿提不起兴趣,更不愿意主动阅读有关儿童教育学、心理学方面的书籍。其中,有很多家长以工作忙、业务多等作为拒绝科学育儿的理由,他们不知道孩子真正需要的是什么,更多的是盲目地将钱财倾注在子女身上,最终起到了适得其反的作用。

---

① ［德］小卡尔·维特.卡尔威特的教育［M］.北京:中国商业出版社,2005:330

国家卫计委培训交流中心在上海发布《中国受众健康养育知识传播调查》。调查样本覆盖全国主要省会城市的约 400 名具有大专以上文化程度的家长。调查显示,67%的家长认可并主张传播"大道至简"的育儿观念,支持简单、快乐的育儿观念,反对过度养育(过度希望、过度保护、过度教育、过度营养);但 33%的家长仍主张家长应该在育儿生活中事无巨细,尽最大可能,为孩子做到最好。[①] 无论是哪一种育儿方式,作为父母都需要不断更新自己的教育知识和教育理念,并在育儿的实践中不断总结和完善自己的教育方法。

做父母是一个自我学习的过程。孩子小的时候父母想的全是物质层面上的问题,如母乳应该喂多少,尿片选什么牌子,每天补多少钙……但当孩子慢慢长大,家长会发现,那只是最基本的物质层面的满足、身体生理的满足,是教育金字塔的最基础层。教育金字塔的上层应该是用智慧去爱,做科学育儿的父母。家长更需要考虑一些看不见摸不到的问题:如何做,何时做,怎么做,为什么做。例如,在孩子哭闹时第一时间做到有求必应,还是选择忍耐爱心,逐步训练孩子安抚自我的情绪?是积极为孩子补营养素,并深信不让孩子输在起跑线上是千真万确的,还是让孩子参与各类集体活动和体育活动,确信 6 岁前的孩子是用肢体触摸来探索和学习这个世界的?

想做个合格的父母,家长必须从基本的哺育"技术"开始学习,然后升级到养育的层次,最后再上升到教育和培育。这段陪孩子成长的过程也正是家长自我成长、自我超越的过程。虽然养儿育女始于"养",但却难在"育"。家长要学习新的养育知识,改变已有的不良习惯,丰富自己的人生,做一个更美好的社会人。因此,无论家长的育儿动机是什么,只要想培养教育好孩子,就必须先教育好自己。

【检测】

一、思考与练习题

1. 简述在儿童家庭教育中母亲角色的特征。
2. 从不同角度简要分析母亲角色的作用。
3. 举例说明父亲参与教育的重要性。
4. 概述家长应具备哪几方面的道德素质。

二、实践分析题

虫子是非常可爱的生物[②]——母亲育儿日记

我非常害怕那些软绵绵的肉虫,虽然知道这东西其实是无害的,但就是害怕。小孩

---

① 新浪网新浪育儿 http://baby.sina.com.cn/kid/15/2904/2015-04-29/1116/1116295501.shtml,2015.4.29/2015.4.30

② 莲山课件 http://rj.5ykj.com/HTML/7697.htm 2015/9/15

儿是不懂得害怕的,我的私心是要教女儿帮我挡虫子。于是,我寻找着教育时机。终于有一天,我发现了一个有虫的桃子,心想机会来了。我告诉孩子有虫的桃子更甜,而那里面的虫子是非常可爱的,肥肥白白,还会爬动。女儿问那虫子不会咬我吗,我回答,这些虫子都是吃素的,而你是荤的,对于虫子来说也太老了咬不动。

女儿相当相信,她把虫子抓在手里看它爬来爬去,手心手背来回爬,左手爬到右手,右手爬回左手,吃饭时把那条虫子放在桌子上看着虫子吃饭,爬远了抓回来继续看。我将尖叫压在喉咙里,还不能做出害怕的表情,如果我有一点害怕的样子,从此女儿就会对无害的虫子一直莫名害怕,我一直想不起那次我是怎么把饭吃完的。

她开始把各种大大小小的青虫带回家养,终于我的神经变得异常坚强了,不再害怕这些肥肥软软的虫子了,然后发现居然有些青虫长得圆头大脑相当卡通。我们一直希望会养出蝴蝶来,事实证明,所有这些青虫最后都长成了大大小小的飞蛾。

通过对案例的分析,你认为母亲在孩子的成长中起到了什么样的作用?

第四章

不同年龄阶段儿童的家庭教育

学习目标

- 了解优生与胎教的作用和正确的方法。
- 掌握0～3岁儿童家庭教育的主要内容与方法。
- 掌握3～6岁儿童家庭教育的主要内容与方法。

本章导读

从孕育生命、婴儿的降生到养育孩子,对准父母来说是生活中一段全新的旅程。本章首先从优生开始,介绍了孕期及胎教的相关知识。接下来分别以年龄为切入点,介绍了0～3岁儿童身心发展特征、健康喂养、养育环境和应注意的问题;3～6岁儿童生理、心理、认知和语言及社会性的发展和培养。

第一节　优生与胎教

案例导入 >>>

14岁少年患早衰症拥有110岁身体①

印度少年阿里·侯赛因年方14岁,却拥有110岁老人的身躯,这都是因为他患上了罕见的早衰症,导致他的身体衰老速度较正常快8倍。他的5个兄弟姐妹都死于这一罕见的怪病,据称全世界确诊该病的患者仅有80人。早衰症(儿童早老症)属遗传病,身体衰老的过程较正常快5至10倍,患者样貌像老人,器官亦很快衰退,造成生理机能下降。病征包括身材瘦小、脱发和较晚长牙。患病儿童一般只能活到7至20岁,大部分都会死

---

① http://news.xinhuanet.com/2013-08/27/c_125251777.htm,2013.8.27/2015.6.20

于衰老疾病,如心血管病,现未有有效的治疗方法,只能靠药物针对治疗。

阿里·侯赛因的哥哥4年前死去,现在他成了家中唯一的儿子。尽管早衰症患者一般都活不过20岁,阿里·侯赛因却不肯放弃希望:"我渴望活着,期待我的病有药可医。我不惧怕死亡,但我的父母太遭罪了。我希望为他们活久一点,我不想给他们再添痛苦。"阿里·侯赛因的父母分别为50岁和46岁,是堂(表)兄妹近亲结婚,共生育了8个子女,6个患有早衰症,只有两个女儿是健康的。其中4个患早衰症的子女,在12岁至24岁时死亡,另一个儿子在出生24小时内夭折,他也被认为患有早衰症。

思考:阿里·侯赛因为什么会出现这种情况? 原因是什么? 引发我们的思考有哪些?

一、优生的意义

优生学一词由英国博物学家高尔顿在其1883年发表的《人类的才能及发展》一书中首创,即英文单词eugenics,其意源于希腊文,本意是"生好的"。高尔顿对"优生学"的解释是"优生的科学,并把它定义为对于在体力或智力上有可能改善或损害后代的种族素质的动因的研究"[①]。优生学即民族健康学,它是一门综合性的应用学科,是由多种学科,如医学、心理学、遗传学、人口学、社会科学等相互渗透而发展起来的。

(一)优生对家庭的意义

人们都知道健康的孩子会给美满幸福的家庭带来欢乐。相反,一个先天性痴呆的孩子的出生,将会造成双亲的极大痛苦,成为家庭的累赘和社会的负担。因此,优生是家庭幸福的重要前提。优生可以消除劣质个体的出生。数据显示,上世纪80年代仅一年我国就有29万以上的新生儿有明显可见的严重缺陷。目前,我国仅先天性愚型人数就可能超过120万,还有1 000万智残和生理缺陷儿童。家长花费在先天愚型儿童身上的抚养费远高于正常儿童,经济和精神上的负担会给他们带来巨大的压力;同时,生理上的缺陷,对患病儿童来说也是一种痛苦。如果人们有优生优育的观念,在择偶上更加理性,就会拥有一个健康可爱的孩子。孩子健康,家长才能将自己更多的精力投入到工作和国家的建设中。

(二)优生对国家的意义

优生有利于国家和民族的兴旺与繁荣。现代社会,国与国的竞争说到底就是人才的竞争。想要国家发展、民族兴旺就要从根本上提升人口的素质,而保证优良人口素质最基本的要素就是健康。同时,优生可以改善遗传素质,提高儿童的智力水平。发展智力是优生学最关注的问题之一,因为智力超群、身体健康的有用人才是世界资本中最宝贵

---

① 刘雪琴.优生学及其伦理争议[J].济源职业技术学院学报,2005,02:33-35

的资源。各个国家都在为争取到更多这样的资源而不断努力,所以优生是保证培养优秀人才的基础。我国实施九年义务教育,如果我们按优生规律进行智力投资,那么会有良好的经济收益。实际上,我国每年投入在先天性疾病如视力和听力缺陷、自闭症、精神分裂等患儿的治疗与教育上的人力与物力都相当可观,这给国家的建设与发展增加了无形的负担。

二、优生的相关知识

我国是一个人口大国,人口的身体素质,如婴儿死亡率、人均寿命等各项指标与发达国家相比还有一定的差距。要优生首先要控制劣生,所以我国在优生的宣传与立法上做了大量的工作。如《婚姻法》第七条规定:直系血亲和三代以内的旁系血亲禁止结婚;患有医学上认为不应当结婚的疾病的人禁止结婚。1994年我国出台了《中华人民共和国母婴保健法》,它是一部集预防性措施和积极性措施于一体的综合优生法。该法第十条规定:"经婚前医学检查,对诊断患医学上认为不宜生育的严重遗传性疾病的,医师应当向男女双方说明情况,提出医学意见;经男女双方同意,采取长效避孕措施或者施行结扎手术后不生育的,可以结婚。"除了国家有关优生的法律法规外,作为准父母的家长也应该了解优生的相关知识,做到扬长避短,为生育健康的宝宝做好准备。

(一) 优生应注意的问题

1. 忌同病相"恋"。同病即夫妻双方患同一种疾病。仅从生育角度来说,夫妻同病很容易将疾病遗传给下一代,会严重影响孩子的健康。所以同病相"恋"的婚姻是不健全的婚姻,应当避免。

2. 忌带病结婚。如果夫妻一方是带着疾病结婚的,那么在婚后很有可能影响夫妻双方的身体健康,同时会给整个家庭带来危机。在这种情况下,如果有了下一代,那么孩子的身体和心理健康都会受到父母的影响。

3. 忌婚前不体检。婚前体检是非常重要的,也是结婚必须履行的手续之一,它可以保障夫妻生活的和谐与幸福。婚检可以检测出夫妻双方是否有隐性的遗传病和遗传几率,防患于未然。

(二) 女性优生应注意的问题

1. 注意生育年龄。从生理上看,女性生殖器官成熟一般在20岁左右,骨骼的成熟一般在24岁左右。如果骨骼不成熟即怀孕一方面会影响胎儿的营养吸收,另一方面会导致胎儿发育不良。一般认为24~27岁是女性生育的最佳年龄,最好不要超过30岁。如果超过35岁,卵细胞发生畸变的可能性会增长,不利于优生优育。

2. 定时体检。妊娠期间准妈妈要按照保健所的要求定期检查身体,这样可以及时发现孕期出现的各种问题,消除可能出现的隐患,这对准妈妈和胎儿都非常重要。有一些准妈妈由于身体不便或其他原因会出现不检或漏检的现象,总认为自己的母亲也没做什么检查,照样生出了健康的孩子。侥幸心理会使本应该在孕期避免的问题一直延续到孩子出生,给孩子的健康造成不良的影响。

3. 注意用药安全。药物可以直接影响胎儿的生长发育,所以女性在孕期要特别注意用药安全,避免因为滥用药物而引起流产、早产或其他现象。如果确需用药,要严格在医生的指导下服用。

4. 远离有毒有害物质。化学农药、X射线等会致使胎儿畸形,也有患白血病和恶性肿瘤的危险。所以,孕妇要尽量远离有毒有害物质。

(三)男性优生应注意的问题

1. 保持良好的生活习惯。良好的生活习惯有助于提高男性的生育能力。研究证明,有大量饮酒习惯的男性,精子数量减少、活力不正常,有碍生殖系统的正常运转。实践证明,在妻子怀孕的第一个月,如果丈夫饮酒超过10次以上,每次50毫升,就可以使新生儿体重下降。低体重是新生儿不健康的表现之一,会给喂养带来困难。低体重儿的生长速度、智力发育等方面也比正常儿要慢。所以,饮酒不仅会影响自身的健康,还会给下一代造成不良的后果。

2. 保持良好的生理状态。在妻子怀孕之前,男性应该保持良好的生理状态。尽量在作息时间和饮食习惯上进行自我调节。比如要早睡早起,避免过多熬夜。不要吃减低精子活力与数量的食物,如芹菜、棉籽油、木耳等。应尽量避免泡热水浴,因为高温不利于精子生成。男性吸烟过多会降低精子的质量,女性吸烟会影响胎儿的正常发育,并使胎儿有先天疾病的可能性。所以,夫妻在怀孕之前的一段时间就应该开始戒烟。

三、胎教的作用

中国是世界上最早提出并实施胎教的国家,在古代我国就十分重视儿童的早期教育,提倡"早谕教",早至生命的胚胎时期。近年来,随着人类对自身生命的了解和对占有知识的迫切,人们对胎教与优生、智力发展的关系表现出了极大的兴趣。所谓胎教,是指母亲在怀孕期间,有意识地利用外界环境直接或间接地通过母体的生理、心理变化,影响胎儿的生长发育,使之有益于胎儿智力和身体发育,为出生后身心健康发展打下良好基础的一种手段。这种特殊的教育是通过各种能刺激感官的因素,如声音、光亮、震动等进行的,而母亲的情绪是最重要的因素。[1] 不少人对胎教存有误解,认为胎教可以创造奇迹,培育出小天才。其实,所谓天才儿童的产生并不是通过胎教一方面的努力能完成的,除利用胎教改善胎儿素质外,还需要其他方面的因素,如遗传、教育与环境。但不可否认,胎教确实有利于胎儿各方面的生长与发展。

---

[1]　李伟艳. 中国古代胎教经验及其现实意义[J]. 呼伦贝尔学院学报,2010,01:64-66

（一）胎教对婴儿生理发育的影响

接受过胎教的婴儿，他们的运动能力发展良好。在抬头、翻身、坐、爬、站、走等大运动方面发展都比较早，而且动作敏捷，协调能力强。同时，他们精细运动能力如手的抓、握、拿、取等动作的发展也比没接受过胎教的婴儿要好。适当的胎教能刺激胎儿的听觉、触觉、味觉的发育，一些胎教还能促进胎儿的大脑和神经系统的发育。

（二）胎教对婴儿心理发育的影响

胎教对婴儿音感的发展有促进作用。接受过胎教的新生儿更容易辨认母亲说话的声音和脚步声，如果听到胎教音乐，会情绪安定。他们的昼夜生活比较有规律，这使本来照顾婴儿就很疲劳的父母能够得到很好的休息。经过胎教的婴儿情绪比较稳定，活泼可爱，是常人所说的那种比较好带的孩子。他们虽然在饥饿、尿湿和身体不适时也会啼哭，但得到满足之后就会停止。

（三）胎教对婴儿其他方面的影响

1. 语言方面。受过胎教的婴儿语言方面的发展比较好，使母亲照料起来更方便。例如婴儿在 2 个月左右时能发出元音，5～6 个月就可以发出能表达一定意思的音，能让照料者听出孩子是想大小便，还是饿了。曾有医学影像资料显示，胎宝宝在接受妈妈的语言胎教后，新生儿期在医护人员和妈妈的声音中能够分辨出妈妈的声音，这一举动让孩子的母亲非常感动。

2. 智力方面。研究显示，脑神经细胞和神经胶质细胞发育良好的孩子智商偏高。那么，这两种细胞的发育是从何时开始的呢？从妊娠第四周到第三个月是胎儿大脑发育、脑细胞增殖的第一个高峰期；从妊娠第七个月到出生前是胎儿脑细胞发育的第二个高峰期。也就是说，妊娠期是儿童脑细胞发育的关键时期。如果家长在这个时期对胎儿进行正确而有效的胎教，胎儿的脑细胞和脑神经胶质细胞无论在数量上还是在质量上都会有个飞跃，这对其今后智力的发展起到了关键性的作用。

3. 社会交往方面。有过胎教的宝宝出生后会主动吸乳，几天后就能张合着小嘴模仿大人说话的样子和面部表情，3 个月左右能听懂自己的名字并和大人玩简单的游戏，如躲猫猫等。有过胎教的婴儿更容易用笑和哭表达自己，并与别人交流。

[案例 4-1]   **从胎教开始的舞蹈启蒙**

吴树鸣，中央芭蕾舞团前资深演员，中国舞蹈家协会成员。9 岁时，吴树鸣考进北京舞蹈学院，从那时候开始，她就再也没有和芭蕾分开过。怀孕期间，她也常在家里放一些悠扬的钢琴曲，与肚子里的孩子共同欣赏，还将练习芭蕾坚持到了生产前一个多月。也许是这个缘故，她的女儿琪琪出生后运动和舞蹈天赋展现得淋漓尽致。琪琪不仅在婴儿爬爬比赛中得冠，而且因超强的音乐节奏感和模仿能力直接跳过了早教课程。琪琪甚至还能根据节奏快慢和音乐起伏而做出相应变化自编自演一段舞蹈。琪琪是个精力旺盛的小朋友,从刚到中央芭蕾舞团练功房、换上小芭蕾舞鞋开始,她就一直不知疲倦地在里面绕着圈跑步,有时候也会坐下来,自己数拍子、练习勾绷脚和压腿,一个人做得有模有样。当穿起纱裙的妈妈优雅地翩翩起舞,3 岁的她也聚精会神地模仿着每一个动作,摆手位、转圈,像一只娇憨的小天鹅,虽然笨拙,举手投足却也流露出优雅的风范。

思考:胎教的作用与对婴幼儿的影响有哪些?

四、胎儿的形成与发展

出生前的发展历程大约要持续 260 天,开始于受精,结束于分娩。出生前的发展可以分为三个阶段,即萌芽期、胚胎期、胎儿期。

萌芽期:是指怀孕的最初两周。该过程包括受精卵的形成、细胞分裂以及受精卵在子宫壁上着床。以下是萌芽期发展的各个阶段。

表 4-1　萌芽期发展的各个阶段[①]

时间	发展阶段
排卵期	来自卵巢的单个卵细胞在 28 天月经周期的第 9 到 16 天排入输卵管
排卵后 24 小时	卵细胞在输卵管上部三分之一处受精
受精后 24 到 30 小时	精子和卵子的染色体物质融合
	受精卵第一次细胞分裂
受精后 36 小时	受精卵分裂成两个细胞
受精后 48 小时	受精卵分裂成四个细胞
受精后 3 天	受精卵分裂成 16 到 32 个细胞的小细胞团
受精后 4 天	受精卵分裂成 64 到 128 个细胞的中空球(胚泡)
受精后 4~5 天	内层细胞群在子宫内仍处于游离状态
受精后 6~7 天	胚泡附着于子宫壁并着床
受精后 11~15 天	胚泡嵌入子宫壁并着床

胚胎期:是指怀孕后的两到八周。在这一阶段细胞分化的速度加快,细胞的支持系统形成,器官出现。许多女性在知道自己怀孕的时候,胎儿大多数器官都已经形成了。在大约 21 天,眼睛开始出现;24 天心脏细胞开始分化;第四周,泌尿生殖系统开始形成,四肢的雏形开始出现,心脏的四个腔生成,血管出现;第五到八周脸部轮廓形成,肠道发

[①]　约翰·W·桑特洛克.儿童发展[M].上海:上海人民出版社,2009:90

育成形。

胎儿期：开始于怀孕后两个月，平均持续时间为七个月。胎儿的生长发育在这一阶段突飞猛进。这个时候胎儿能活动，会动胳膊、腿，能张嘴、闭嘴，还能动头。能分辨出胎儿的性别。五个月末，胎儿长出了脚趾甲和手指甲，他们更有活力，喜欢在子宫里以自己的姿势呆着，出现了抓握反射和呼吸运动。七个月时，胎儿可以在宫外存活，也就是说如果孕妇这个时候早产，胎儿也可以在呼吸机的帮助下存活下来。到了第八和第九个月，胎儿的身长和体重都会继续增加。

表 4-2　出生前发展的三个三月期①

第一个三月期			
出生前的生长	从受孕到 4 周 • 不足 0.25 厘米 • 开始发育出脊椎 • 羊膜囊包裹着整个身体的初级组织 • 被称为"合子"	8 周 • 不足 2.5 厘米 • 面部正在形成，有了血管、神经系统、胃肠、眼、耳、嘴和牙齿的雏形系统、心脏、肺 • 胳膊和腿能开始活动 • 脑正在形成 • 用超声波可以测到胎儿的心跳 • 被称为"胚胎"	12 周 • 约 7.6 厘米长 • 能够活动胳膊、腿、手指和脚趾 • 出现了指纹 • 能够微笑、皱眉、吸吮和吞咽 • 可以辨别出性别 • 能够排尿 • 被称为"胎儿"
第二个三月期			
出生前的生长	16 周 • 大约 14 厘米长 • 心跳强有力 • 皮肤薄而透明 • 细绒毛覆盖体表 • 手指甲和脚趾甲形成 • 能够协调地活动，能在羊水里翻跟斗	20 周 • 身长 26～30 厘米，体重 0.2～0.45 千克 • 心跳通过普通的听诊器就能听到 • 可以吮吸大拇指 • 能打嗝 • 毛发、眼睫毛、眉毛出现	24 周 • 身长 27～35 厘米，体重 0.45～0.7 千克 • 皮肤皱，覆盖有保护层（胎儿皮脂） • 眼睛是睁开的 • 废物收集在大肠中 • 抓握力量大
第三个三月期			
出生前的生长	28 周 • 身长 35～43 厘米，体重 1～1.3 千克 • 体内脂肪在增加 • 非常好动 • 出现尚未成熟的呼吸运动	32 周 • 身长 41～45 厘米，体重 1.8～2.2 千克 • 有睡眠时和清醒时 • 对声音有反应 • 可以确定出生时的体位 • 头骨柔软有弹性 • 肝脏内开始储藏铁元素	36 周 • 身长 48 厘米，体重 2.7 千克 • 皮肤褶皱减轻 • 胎儿皮脂变厚 • 绒毛大部分消失 • 不太好动 • 开始从母体获取免疫力

① 约翰·W·桑特洛克.儿童发展［M］.上海:上海人民出版社,2009:91

五、胎教的科学方法

我国教育专家钱铎博士,通过大量教学实际经验表明:右脑与左脑不同,右脑的记忆速度是左脑的 100 倍,信息存储量是左脑的 100 万倍,反应速度比左脑快千分之四秒。人在胎儿期拥有 72 种右脑能力,出生之后只剩下二十几种右脑能力,上了小学到成年之后只剩下少数右脑能力。在胎儿期家长若能使用科学的胎教方法,可以有效地刺激甚至开发胎儿右脑,有益于提高孩子以后的智力水平。

（一）营养胎教

营养胎教作为胎教的基础,每一个孕期的女性都应该有所了解。营养胎教即饮食的合理搭配以及体重的控制。孕妇应该根据孕期不同阶段所必需的营养要求来进行合理的饮食规划。比如 1～3 个月是补充叶酸和维生素的关键期,它能帮助孕妇消化和摄取食物中的营养成分,还可以缓解孕初的不适症状。对于蛋白质、钙和植物性脂肪最好的补充时期是在怀孕中期。怀孕晚期要注意控制体重,并减少水和盐分的摄入。

（二）艺术胎教

在倾听音乐时,准妈妈和胎儿都会产生 a 脑波,可将右脑潜意识中的强大自控能力激发出来,使大脑的专注效果大大提升。同时,在音乐胎教中可以帮助胎儿建立自己的记忆印痕,在出生后进行有效唤醒后,不仅可以快速建立婴儿的安全感,还能帮其更好地适应环境。

欣赏不同色彩的画作,可以适当刺激胎儿右脑对事物及色彩的感知能力;通过画作冥想,可提高准妈妈和胎儿的思维联想能力;通过准妈妈动手作画,可逐步开发胎儿右脑图像思维能力,这对胎儿将来认识事物和图像思维能力都有很好的促进作用。

（三）情感胎教

情感联结有多种形式,对胎儿和准父母来说可以通过抚摸来实现。在怀孕期间,准父母可以定时轻轻地抚摸胎儿,形成对胎儿触觉上的刺激,促进胎儿大脑和神经系统的发育。父母可边触摸,边说话,也可以念儿歌、讲故事等,以加深全家人的感情。

（四）运动胎教

孕妇们大多了解运动有助于顺产和调整胎位。美国超模 Sarah Stage 怀孕期间经过专业教练的指导始终坚持锻炼,在孩子出生之前还保持着健美的身材和清晰可见的腹肌。人们怀疑她这样锻炼有可能伤害到腹中的胎儿,但宝宝出生后,各项指标检测都在标准之上。但因人而异,同样的运动不是适合所有人的体质。一般来说,孕妇要根据自己平时的运动习惯和运动幅度来选择合适的运动项目。比如可以做一些小体操,或者配合胎儿的运动用手指轻轻按压腹部等。

第二节　0～3岁幼儿的家庭教育

案例导入 >>>

两则育儿案例的启示

1. 有个家长带着肺炎的孩子看病，辗转了几家医院都没有治疗，其原因要么是医院不能让大人陪住院，大人不放心，要么是护士打针第一针没打进去，孩子大哭而不愿意就医。最后找到一家小诊所，不看行医资质，就让小孩接受穴位治疗，结果失去了这个孩子。

2. 有一位留洋的博士家长，带着孩子找医生看病，一直在诉说宝宝几天都在腹泻，等医生查看宝宝情况时才发现，宝宝的肛门处塞了一团纸。这是怎么回事？家长连连解释道，一天拉好几次稀便，容易让肛门附近的皮肤发红或溃烂，那样孩子太难受。于是想到拿卫生纸做个塞子堵住肛门，这样就能控制自如，防止稀便随时拉出来磨损皮肤了，让孩子少受点罪。

思考：这两个案例的家长为什么选择这样做？原因是什么？导致的结果又怎样？这样做的后果是什么？

根据教育学和心理学的一般划分方法，从婴儿出生到儿童学龄前可划分为四个阶段，即新生儿期（出生后1个月）、乳儿期（0～1岁）、婴儿期（1～3岁）、幼儿期（3～6岁）。不同年龄阶段的孩子有不同的身心发展特点，家长、幼儿园和社会对各年龄段的儿童都要给予细心的关注与爱护，加强教育和训练，使他们在身心各方面都得到健康的发展。

一、0～1岁儿童的家庭教育

（一）0～1岁乳儿的身心发展特征

孩子出生后的第一个月称为新生儿期，在这个时期内的孩子从外表看非常软弱，大多数新生儿喜欢安静，睡眠占去了大部分时间。过了新生的一个月后，孩子进入乳儿期，他们不再像前一个月那么安静，而是越来越活跃了。这一时期孩子从仰躺的姿势逐渐过渡到坐、爬、走；身体的动作也从无意识的随意动作过渡到有意动作；饮食从喝奶水、流食到吃和成人相似的普通食物；从完全不能听懂话和说话过渡到能听懂并掌握一些简单的词语。孩子在动作发展上有一定的规律性，顺序是"从头到脚"。一个月左右的孩子在成人的帮助下头可以稍稍抬起；3个月左右的孩子在成人帮助其翻身俯卧在床上，他们可以把头抬起一段时间;4个月时能自己翻身,双手开始通过触摸来辨别事物;5个月时能俯卧,并用肘部支撑抬起胸部;6个月时能够独立坐一会,同时手眼协调较之前有进步;7个月时俯卧手脚划动能向后退,能坐很长一段时间,能自由地玩喜欢的玩具;8~9个月的孩子已经能够爬行了;10个月的孩子在成人的帮助下可以扶着站,或扶着走;12个月时,大多数孩子已能独立行走,手眼动作更加协调、准确与灵活。

(二) 0~1 岁乳儿的健康喂养

初乳对于新生儿来说非常重要。初乳中含有增强婴儿呼吸和胃肠道细胞抵抗力的免疫球蛋白A,还有杀灭细菌的各种细胞。尝试过初乳喂养的婴儿比没有接触过初乳的婴儿身体内的双歧杆菌的数量要多,有利于身体健康。所以,至少应该坚持哺乳1周。接下来至少前3个月要坚持母乳喂养。母乳和牛奶均含有铁,但母乳中的铁50%可以被乳儿吸收,而牛奶中能吸收的不足一半。到了乳儿2个月左右家长可以适当地为孩子添加果汁。4~5个月的乳儿,在母乳不足的情况下,可以适当添加辅食,如菜汤或面条汤,如果孩子吃得好可每天两次,加在喂牛奶之前。这个时期的乳儿,如果母乳充足,只喝母乳也能健康成长,所以不必着急添加辅食。5~6个月的时候可以给孩子适当添加现成的乳儿食品,如给乳儿专门的食物罐头等。一般来说,孩子吃了成人的食物,就能尝出成人食物的美味了。孩子过了半岁之后,就越来越喜欢吃饼干、蛋糕等食物了。所以家长可以将两次的代乳食改成一次代乳食和一次点心等好吃的东西。

7~8个月孩子可以在辅食的基础上添加弄碎的水果。注意不给孩子吃带馅儿的奶油面包、果酱面包等。9~10个月的孩子在饮食上可以享受更多的乐趣,他们能吃的食物品种更多了,除了较硬的饼干和糖果以外,基本都可以品尝。在这一时期,家长要注意孩子的体重,尽量不要让孩子体重超过正常标准而变成肥胖婴儿。同时,在孩子吃完食物后要注意喝点温水,还要在孩子情绪好时培养孩子刷牙的习惯,每日可进行一次。10~11个月的孩子父母可适当为其添加软米饭。这个时期也是母亲准备为孩子断奶的阶段,所以在饮食上要注意调整。11个月~1岁,这个时期的孩子一般都能吃父母日常的食物了,所以即使不为他们做特别的食物也可以。在饮食生活方面,婴儿已完全成为家庭中的一员。

(三) 0~1 岁乳儿的养育环境

从医院将孩子抱回家,如果是气候宜人的季节,可以将家中的窗户打开,使空气流通。如果天气稍凉,或者风比较大,注意不要让凉风直接吹到孕妇和婴儿的身上。但家长不能过于担心着凉,而把孩子关在空气不流通的房间里。在寒冷的冬天里,也不要将屋子弄得太热,因为孩子始终是盖着被子的。

1~3个月的孩子脚的力量变强了,孩子一个人在床上时,一定要做个围栏,防止坠落床下。同时可以在床下铺上长毛绒地毯,以防万一。3~4个月的孩子手部的抓握力量增强,经常抓着小玩具胡乱挥舞而弄伤自己,所以在这个时期要注意不要让孩子独自一人拿着易吞咽的危险的玩具玩。如果天气好，这个时期的幼儿可以来到户外接受日光浴，但要注意防止晒伤或中暑。5~6个月大的孩子已能翻身趴着并用手拿起能够得到的东西。这个时期家长要注意将有吞咽危险的物品，如香烟、火柴、别针、缝衣针、药片等放在孩子接触不到的地方。6~7个月的孩子运动能力增强了，他们更喜欢在大型的玩具上玩耍，如抱着孩子玩滑梯或荡秋千等。这时的孩子很难在简单的婴儿体操中获得快感，所以，父母应该尽量为孩子提供必要的设施。

[案例 4-2]   **宝宝不怕雨**

    朵朵已经快半岁了，爸爸妈妈经常抱着她出去玩。入秋了天气渐凉，可是朵朵的户外运动时间并没有减少。有的时候刮起小风，下点小雨，户外运动也不会受影响。有些邻居大婶经常提醒小两口要多注意孩子的身体，别灌风着凉，他俩总是笑一笑表示感谢。

    思考：朵朵的父母这样做对吗？父母应为0~6个月孩子提供什么样的环境？

    6个月的孩子喜欢听音乐或看图画，这时家长可以为其提供旋律简单且重复较多的乐曲和画面鲜艳图像较大的图画书。虽然孩子也十分愿意看电视，但还是尽量避免让他们看电视，因为电视是被动的接受，不利于孩子的发育。8~10个月的孩子在语言能力上已经开始发展，父母应该教他们学习说话。说话的能力和身高、体重不同，不教就不会有提高，所以父母应重视培养孩子的语言能力。11个月~1周岁的孩子已经能够站立行走了，所以必须把高处的东西收拾好，避免孩子触碰危险物品。为孩子选择适合周岁孩子玩的益智玩具，父母每天至少花半小时与孩子一起玩耍或者为孩子讲故事。故事的内容不要太复杂，也不要每天换新故事，一个简单的故事可以重复讲。

（四）特殊情况或应注意的问题

    1. 养育孩子是一项繁重的劳动，再加上家务活也必须由一个人来承担，所以这段时间是夫妻双方最辛苦的时期。孩子也有所不同，有的孩子养起来很累人，属于不好养育的类型，有的孩子却很省心。所以父母不应该拿自己的孩子与别人的孩子比较，从而增加自己的负担。夫妻双方要相互体谅与鼓励，共同渡过初为人父母的艰辛而幸福的时光。

    2. 父母要按照妇幼保健医院的要求按时到社区进行疫苗接种，如百白破疫苗、脊髓灰质炎活疫苗等都是在一周岁以内需要接种的疫苗。家长要注意接种后孩子的反应，并细心照料孩子。

    3. 一般来讲从孩子7~8个月左右就可以进行排便训练了，但实际上每个孩子的发展都是不同的。有的孩子排便训练进行得比较顺利，1周岁左右就可以按时排便，有的孩子要到2~3周岁。家长不要训斥孩子，也不要拿自己的孩子与其他孩子相比。

二、1～2 岁儿童的家庭教育

(一) 1～2 岁婴儿的身心发展特征

儿童度过人生的第一年,就进入婴儿期。在新的生活条件下,身心继续发展。1 岁的孩子对周围发生的事情很敏感,能分清自己父亲或母亲的声音。这个时期的孩子害怕特别大的声音,如电话铃声、汽车喇叭声、飞机的声音等。他们有了恐惧心理,总是缠着父母,有的孩子甚至寸步不离。父母要充分保护孩子,让孩子建立起安全感,并在祥和的环境中成长。这样他们就会对自己的力量拥有自信,即使以后遇到不愉快的事情也不会吓得逃之天天。孩子到了一岁半左右,走起路来已经相当快了,而且能退着走路和上台阶。他们看东西的能力增强,手也渐渐灵活起来,有时掉在地上一个很小的东西他们都能够捡起来。到了一岁半左右,大多数孩子会说"爸爸""妈妈""汪汪""再见"等词,也能数 10 个数了,但数的概念还没有形成。这个时期的孩子感情表达非常丰富,高兴的时候会放声大笑,生气的时候也会闹得很凶。

孩子到了 2 岁的时候,已经有了相应的独立人格。这个时期的孩子什么都想模仿着做,站立走路腿也更有力量,可以单腿站立 1～2 秒钟,也可以倒退行走。手部动作更加灵活,可以垒砌五六块积木,能拧开水龙头并搓洗小手。他们能运用简单的描述性语言模仿成人说话,能玩找对子的游戏,如将三角形、圆形、正方形插进相应的凹陷处。他们有了初步的社会交往意识,但还不会合作游戏。如果把相同年龄的孩子放在一起,他们只会自顾自地玩耍。

2 岁的孩子有了自我意识,总喜欢说:"这是我的。"其他人如果碰了自己的玩具或物品,他们会非常生气。但这个时期的孩子还是很依赖父母,属于在自立与依赖之间摇摆不定的年龄。所以家长在育儿方面不要吝啬时间。孩子要做的事情,家长应该在其身边看着他做,鼓励他,成功后要给他以表扬,以此来锻炼孩子的独立意识和能力。

(二) 1～2 岁婴儿的健康喂养

孩子过了一周岁,吃的饭菜和成人就几乎一样了。但每个孩子的饮食习惯是有明显差异的,没有固定的标准。总的来说,这个阶段的孩子相对米饭来说更喜欢吃面食。如果孩子饭量很小,就要注意为其补充牛奶、鸡蛋等含有氨基酸的食物。1～1.5 岁的孩子非常贪玩,为了不让孩子在吃饭的过程中玩,在吃饭时尽量把孩子放到椅子里,选择好时间,给孩子吃他喜欢吃的东西,让孩子集中注意力。

这个时期,父母可以培养孩子自己用勺子吃饭。虽然孩子自己吃饭会把饭桌和衣服弄得很脏,吃饭的时间也很长,但家长应保护他的积极性。在吃饭之前尽量不给孩子吃零食,不然会降低孩子的食欲,打乱孩子的饮食规律。到了 2 周岁,由于饭量大小的不同,有的孩子吃得不多,有的孩子却很能吃。对于能吃的孩子,家长不要一味地让孩子随意吃,而是要尽量控制他的食量,避免发胖。有的孩子自己吃饭用的时间很长,父母为了让孩子养成自己吃饭的习惯,就等着孩子一小口一小口把饭吃完。其实,父母要将孩子吃饭的时间控制在 30 分钟之内,时间太长对孩子的健康不利,还占用了孩子游戏和锻炼的时间。所以,碰到这种情况,父母就要帮助孩子,在规定的时间内将饭吃完。

表 4-3 食谱对比①

能 吃 的 孩 子	
时间	食谱
9:00	面包 2 片、牛奶 200 毫升、奶酪、苹果
12:00	米饭 2 小碗、整个鸡蛋 1 个、香肠、蔬菜
15:00	饼干、鲜牛奶 200 毫升
18:00	米饭 2 小碗、鱼或肉和蔬菜
20:00	牛奶 200 毫升
不 能 吃 的 孩 子	
8:30	牛奶 180 毫升
10:00	点心少许
12:00	米饭几勺、香肠和鸡蛋
15:30	牛奶 180 毫升
18:00	米饭几勺、蛋糕、鱼和西红柿
21:00	牛奶 180 毫升

（三）1～2 岁婴儿的养育环境

1 岁至 1 岁半的孩子活动能力逐渐增强,对游戏特别感兴趣,所以父母要给孩子创造一个游戏的场所,在玩的过程中对孩子进行教育。这个年龄段的孩子喜欢玩的大型玩具有秋千、滑梯、推车、皮球等。在室内游戏中,孩子最爱玩的玩具之一是积木。家长可以为孩子准备形状和颜色不同的积木,在玩的过程中幼儿对形状和颜色有了最初的了解,通过给积木分类、盖大楼等游戏,锻炼孩子的思维能力。另外,孩子也会喜欢画画。家长可以为孩子提供纸和彩笔,让他们画自己喜欢的东西,发展孩子的想象力。家长此时也可以找一些画面色彩鲜艳、内容简单的书籍为孩子读故事,进行亲子阅读可以增强孩子创造想象的能力。这个时期的孩子音乐记忆力有了一定程度的发展,能记住经常播放的儿歌或乐曲。能力强的孩子能唱完整的歌曲。家长在播放音乐之余,要为孩子提

---

① ［日］松田道雄.育儿百科［M］.北京:华夏出版社,2010:483

供能操作的小乐器,如手鼓、木琴、沙锤等,让孩子进行配乐演奏的游戏,提高孩子的音乐感知力。

1岁半到2岁的孩子随着活动能力的增强,活动空间逐渐扩大。父母可以带孩子在小区或公园里玩耍。这个时期的孩子喜欢玩沙和玩水,喜欢学习骑三轮车。孩子的有意注意时间延长了,在玩游戏时可以持续一段时间。此时孩子"破坏力"加大,经常将玩具拆成零件,父母要注意将拆散的物品及时收好,以免碎片刮伤孩子。有时,孩子也会有撕书的现象发生,家长应该及时制止,不要让孩子养成撕书的习惯。不要因为孩子撕的是旧书而不予管教。刚开始看书时,可以为孩子提供不易撕坏的书,不要给孩子旧的容易撕坏的书。这个时期,家长可以通过适当的体育锻炼增强孩子的体质,比如走平衡木:双手侧平举,在长2米,宽25厘米,高15厘米的平衡木上行走;进行爬行运动:从平衡木的一端爬到另一端;做投球运动:让孩子向前投球,然后再跑过去把球捡起来回到原处,接着投等。

(四) 特殊情况或应注意的问题

1~2岁是语言发展时期,有的孩子说话早,可能1岁就开口了,有的孩子说话晚,到了2岁还不说话。对于说话晚的孩子,家长不要着急,要仔细观察孩子是否能听得到。如果父母叫孩子的名字,孩子有反应,或在亲子阅读时,问孩子图画书上这个是什么时,孩子能用"喵喵"或"汪汪"来回答,就说明孩子能够听得见,家长就不必焦虑,只是孩子有发育早、晚的问题。但是如果孩子不仅不说话,还有明显行动方面的迟钝现象,就要看是否智力上有问题。有一种孩子比较少见,就是不说话也不与父母亲对视,这样的孩子要怀疑他是否有自闭症倾向。

三、2~3岁儿童的家庭教育

(一) 2~3岁婴儿的身心发展特征

这个时期的孩子动作进一步发展,身体更加灵活和协调,能双脚交替着上、下楼梯,还能做立定跳远。他们能在成人的保护下走平衡木。小动作也发展起来,能进行简单的折纸。能用勺子吃饭而不撒得到处都是。3周岁的孩子能双脚向远跳,会单脚站立2~3秒;会用积木搭成一定形状的物体。这个时期的孩子还会主动学习穿脱衣服,如厕、洗手、收拾玩具等都能自己完成。这个时期语言发展较快,能掌握200~300个词,能说比较完整的句子,能分清楚过去和未来。3周岁的孩子能演唱完整的歌曲,用简单的句子进行看图说话;能认识几种基本颜色和图形,并有了初步的时间概念。

[案例4-3]　　　　　　　　　　**不爱说话的孩子**

小明已经2岁多了,就是不爱张嘴说话。他每次想要什么就伸手一指,或跑到家长身边拉着他们的衣角,意思是让大人帮他拿。父母每次引导他说话,收效都不是很明显。渐渐地,父母失去了耐心,觉得孩子不说就不说吧,反正帮他做点事情也累不着。现在小明已经是大班的小朋友了,每次在班级回答教师的问题都显得很害羞,也不愿意同其他孩子交流。

思考:案例中父母的做法正确吗? 作为父母,当面对内向而不善交流的孩子你应该做些什么?

2～3 岁的孩子是协作精神形成的时期,必须在这个时期对孩子开展协作性教育。家长要尽量寻找机会让孩子与其他伙伴在一起玩,在玩的过程中学习相互协作的游戏规则。在家中父母很难培养孩子的协作能力,而且如果孩子经常待在家里和父母长辈在一起,就会出现顶嘴、我行我素等现象,也就是人们常说的"反抗期"。"反抗期"并不是像"青春期""更年期"一样必须经历的,而是父母教育不得体将孩子推向了"反抗期"。过去没有楼房的时候,孩子们经常在外面玩,将能量消耗掉。现在,孩子们都住在楼房里,家长工作繁忙,孩子整日被关在狭小的空间里,能量得不到消耗,他们就会做一些在父母看来出格的事情,如把椅子放倒当梯子爬,或者爬到柜子上玩等。家长如果不理解就会粗暴地禁止孩子,而能量释放不出去的孩子就会以生气、喊叫、扔东西来反抗,从而出现了"反抗期"。

(二) 2～3 岁婴儿的健康喂养

由于 2～3 岁的孩子在一年里体重最多也只增加 2 公斤,所以孩子吃的饭如果不多,父母也不必太担心,可以在一天之内为孩子增加 600～1 000 毫升牛奶,也可以让孩子多吃一些鱼、肉、蛋等动物性蛋白来补充营养,或多吃一些水果。如果孩子爱吃饭,可以让孩子单独在自己的小桌子上吃饭。相反,不爱吃饭的孩子家长可以准备一个高一点的椅子,让孩子与大人一起吃来增加食欲。这个时期为了预防龋齿,可以让孩子在饭后多喝些茶水或凉开水,也可以拿牙刷刷牙。虽然孩子使用牙刷还不是很灵活,但只要让孩子养成习惯就好。

这个时期,可以为孩子增加一些零食,比如自制的饼干、面包等,可以给户外运动多的孩子增加一些水果。不要把很多零食放到一个大盒子里,这样孩子就会有多少吃多少,以至于影响吃饭。另外,要特别注意的是不要给孩子买小食品厂家生产的产品,也不要给孩子多喝酸奶,对预防龋齿不利。

(三) 2～3 岁婴儿的养育环境

家长要给孩子提供一个玩耍的场地。这个年龄的孩子对于发条玩具、电动玩具等的兴趣在逐渐减弱,最多只能玩上 15～20 分钟。如果家长带孩子到户外去骑车、玩水或拿着小铲子、水桶等去玩沙子,孩子可以玩上很长一段时间。如果周围有大一点的孩子领着小孩子玩,小孩子可能会玩上一整天也不愿意回家。对这个年龄段的孩子来说,小伙伴比玩具更重要,这一点家长要清楚。这个时期在挑选亲子阅读的图书时家长要注意,不要因为图书结实、质量好而买,要选择孩子喜欢的,故事内容丰富有趣、文字描述生动、精彩的图书。如果是孩子挑选的没有文字的书,家长可以即兴地用准确生动的语言讲给孩子听。要培养孩子自己的事情自己做的习惯,比如穿衣、吃饭、洗手绢等。父母不要因为孩子动作笨拙,做事情时间长而剥夺孩子锻炼自己的机会。

（四）特殊情况或应注意的问题

1. 关于孩子对食物的好恶,一般称它为偏食,而在营养学上所说的偏食往往是另一回事。营养学上的偏食,是说孩子摄取不到维生素 C、B1、A 及含有必需氨基酸的动物蛋白,而一般说的偏食仅仅是不吃某些副食而已。营养学上的偏食对身体不好,而孩子的饮食偏嗜是个性。①

2. 关于孩子口吃。有一些孩子在 2～3 岁时出现了口吃的现象,男孩子居多。这个年龄出现的口吃大多数都是一种"情绪障碍"。比如孩子是左利手,在孩子画画时父母硬是夺过笔让孩子用右手画;比如父母吵架吓到了孩子等都可能导致孩子口吃。一旦发现孩子有这种倾向,父母不要过于焦虑,避免自己的不良情绪影响孩子,也不要当着其他人的面讨论孩子口吃的问题。家长要像没事儿一样对待孩子,保持良好的心态,相信随着年龄的增长,口吃会好转。

第三节　3～6岁幼儿的家庭教育

案例导入 >>>

"错误"的好处

一位中国女士去美国朋友家做客,谈话之余看到他们 3 岁的儿子想用钥匙将卧室的门打开。但由于个子小,小手还不够灵活,就算他很努力在开锁,门还是打不开。这位中国女士想上去帮助这个孩子把门打开,可是当她刚要站起来时却被美国的朋友制止了。孩子的妈妈说,不要去帮助他,让他自己去摸索如何能把门打开,这样他会记得更牢。果然,没过多久,孩子终于在自己的努力下把门打开了,他非常高兴地手舞足蹈。

思考:为什么美国朋友会阻止中国妈妈的做法? 包办代替是否是帮助孩子成长的方式? 为什么?

---

① ［日］松田道雄. 育儿百科［M］. 北京:华夏出版社,2010:587

一、3～4岁儿童的家庭教育

（一）3～4岁幼儿的生理发育和培养

从3岁开始，孩子进入了幼儿期，身体发育速度减缓，但身体比婴儿时期结实了，也不像以前那么容易生病，精力比以前充沛，活动能力也在逐渐增强。一年里孩子身高增长在7厘米左右，体重增加1.5～2公斤左右。到四岁时，男孩体重达12.9～20.8公斤，身高94.4～111.5厘米。女孩体重达12.6～20.7公斤，身高93.5～109.7厘米。幼儿身体的组织结构和器官的功能都有所增强，大脑皮层细胞在形态上继续分化，在功能上逐渐成熟，到了3岁已大致定型。神经系统的发展使幼儿可以连续活动5～6个小时，日间只需要一次睡眠，1～2个小时即可。对副食的好恶越来越明显，显示出了"偏食"的倾向。自理能力有所增强，能自己边看扣子边系，但最上边的扣子还系不上。能拿着梳子梳头发，女孩有自己梳辫子的愿望，能力强的孩子可以扎马尾辫。平衡能力增强，有的孩子可以单脚站立5秒钟，甚至用单脚跳跃了。

在这个时期，父母要帮助孩子养成良好的生活作息习惯，这样有助于孩子的发展，也有利于父母随时了解孩子有无异常情况。在饮食方面要注意督促孩子饭前洗手，饭后漱口或刷牙。要培养孩子用筷子自己吃饭。如果这个时期的孩子30分钟还不能把饭吃完，一方面是父母准备的饭菜太多，可以适当减少；另一方面可能是由于饮食喜好的问题。如果孩子不爱吃肉、鱼、蛋，要补充牛奶；如果孩子不爱吃蔬菜，就要补充水果。这个时期的孩子要按时锻炼，每天有不少于1小时的户外活动。家长不要总开车带着孩子，在天气好的时候，要让孩子多走路锻炼身体。这个年龄是喜欢动手的年龄，家长可以准备一些小物品，和孩子一起做亲子手工，感受制作的乐趣。

扩展阅读 >>>

亲子手工——手指剧场[①]

材料准备：1. 硬纸板或饼干盒（麦片盒等）

2. 铅笔、彩笔

3. 剪刀

制作过程：1. 将硬纸板或饼干盒展开。

2. 指导孩子在纸板或饼干盒里侧用铅笔画故事人物的图案。

3. 帮助孩子剪下人物图案。

4. 用彩笔为图案涂上漂亮的颜色（图1）。

游戏方法：将做好的卡通人物戴在手上，进行故事表演（图2、图3）。

---

① http://www.bianzhile.com/p/15499,2014.11.30/2015.5.19

图 1

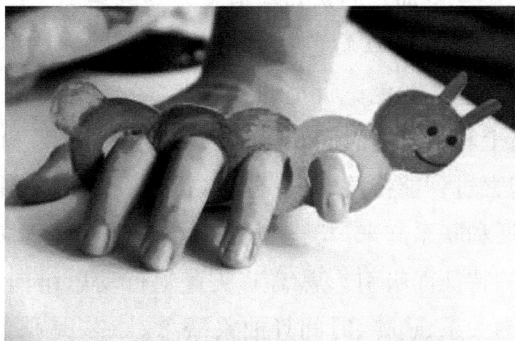

图 2

图 3

（二）3～4 岁幼儿的心理发育和培养

这个时期的孩子有很多无意性的心理活动和行为。他们的认识过程是无意性的,不受理智的支配,而受情绪和外界事物的支配。比如,他们经常为一件小事而哭闹,对他们讲道理也收效不大;但如果用其他有趣的事情吸引他们,他们就会很快忘记不愉快的事情而投入有趣的游戏之中。再如,他们容易被一些形象鲜明、颜色鲜艳的物体所吸引,所以幼儿园在进行环境创设时,在小班会用特别夸张的动画人物和形象进行墙面的布置。这一时期的孩子仍对成人有很强的依赖心理,在家中依恋父母,在幼儿园依恋教师。他们做事情时,往往不能明确地提出自己的目的,容易被其他事情吸引而半途而废。幼儿园常常有这样的孩子:在建筑区搭建一座高楼,可看到旁边的孩子在搭建一座漂亮的桥,他就会立即离开自己的高楼而同伙伴一起搭桥。

父母要多观察孩子,发现孩子的优点和长处,及时给予热情的鼓励,从而增加孩子的自信心。由于孩子容易受情绪的感染,所以在家中父母要为孩子创造一个舒适、温馨的家庭环境。同时,父母要以身作则,每天保持良好的情绪,以此来感染和影响孩子,培养孩子乐观、积极的个性品质。要培养孩子的自制能力,让孩子学习一定的规则和制度。人们常说,没有规矩不成方圆。家长可以和孩子一起制定一些家规,比如晚上 8 点之后不能吃零食,看电视一次最多 20 分钟等,一旦规矩形成,全家人都要一同遵守。

(三) 3～4 岁幼儿的认知与语言发展和培养

3 岁以后孩子喜欢看色彩鲜艳的图书,因为这个时期的幼儿已经能够分辨出红、黄、蓝、绿等很多基本颜色。听觉的发展在 3 岁已基本完成。3～4 岁的孩子有了一定的方位感,能分清上和下。有时间观念,能区分今天、昨天和明天。这一时期的孩子具有表面观察能力,观察过程能持续 6～7 分钟,但观察的事物往往是零星的,还不会通过观察将几项事物概括和联系起来。3 岁幼儿仍然以无意注意为主,容易忽略事物的本质特征而被其他外部的特征而吸引。思维上从直觉行动思维向具体形象思维发展。这时期的孩子还不能掌握关系、道德、时间等抽象概念。3 岁是孩子语言发展的关键期,一个语言发展正常的孩子能掌握 300 个左右的词汇,还能运用 5～6 个简单句进行交流。语言发展得特别好的孩子能讲出一个故事,有时还能分清 1～2 个角色。3～4 岁的孩子基本上能说出自己的年龄、姓名,父母姓名、单位、住址,还可以背诵儿歌、唐诗、广告词;有的会猜简单的谜语。

在家中,父母可以随时随地对孩子进行各种能力的培养。比如在妈妈打扫卫生时可以让孩子帮忙收拾物品,并按物品进行简单的分类;在父母做饭时,可以让孩子参与摘菜和洗菜。这样一是培养孩子从小爱劳动的品质,二是让孩子认识各种蔬菜、水果。也可以让孩子说一说蔬菜水果的颜色、形状、味道等,培养孩子的观察和表达能力。语言能力的培养可以通过亲子阅读、听故事、学儿歌等多种方式进行。家长也可以将家中的物品贴上汉字,让孩子多看,父母多说,培养孩子学习汉字的兴趣。当父母和孩子走在大街上时,可以指着商店牌匾上的字,教孩子学习。总之,家长要抓住教育时机,既随机又有计划性地实施家庭教育。

(四) 3～4 岁幼儿的社会性发展和培养

3～4 岁的孩子开始有了对社会规则、行为规范的认识,有了最直接、简单的道德判断,喜欢与人交往,行为冲动性强,自制力差。喜欢模仿成人、同伴,是这一时期孩子社会学习的重要方式。家长应该了解孩子社会性发展的年龄特点,同时根据其特点为孩子制定社会性培养目标,如"乐意与人交往""不怕困难""能够主动有礼貌与客人打招呼""会排队""知道谦让"等。在家庭中,父母可以通过故事、儿歌、动画片、游戏等多种方式培养孩子的规则意识、协作意识、遵守社会秩序的能力等。

二、4～5 岁儿童的家庭教育

(一) 4～5 岁幼儿的生理发育和培养

4～5 岁是幼儿期承上启下的阶段,孩子的生理发展有以下特点。孩子身高、体重的增长速度与 3 岁时相近,体重相对身高来说增长比较慢。到孩子 5 周岁时,男孩体重达 14.4～23.5 公斤,身高 100.7～119.1 厘米;女孩体重达 13.8～23.2 公斤,身高 99.5～117.2 厘米。这一时期的孩子体力很好,精神比较充沛,可以步行一定的路程,有的孩子喜欢在户外玩耍，一玩就是几个小时。这个时期的孩子大动作更加灵活，能跑、跳、攀登，身体控制能力好的孩子还能单足站立。能学习骑小车和接抛球等。他们的小肌肉运动发展得也比较好，可以系纽扣、系鞋带，能玩串珠子的游戏，还能玩拼拆积木。他们有意注意的时间延长，能比较专注地做一件事情。

美国加州大学教授、心理学家西蒙说："对于4～5岁的孩子来说，掌握任何特殊运动技巧并不重要，重要的是他们有机会享受运动带来的乐趣，让他们愿意主动参与。"所以，父母应该多领孩子到户外进行体育运动，比如登山、徒步，开展各种球类运动等。有机会父母也可以同孩子一起观看体育比赛，培养孩子的运动兴趣。在家中父母可以让孩子参与家务劳动，增强孩子的动手能力。对于这一时期的孩子来说，他们特别愿意帮助大人做一些力所能及的事情。人们常说勤快家长带懒娃，意思是能干的家长总是嫌孩子做家务是给自己添麻烦，宁肯自己做也不愿意让孩子尝试。时间长了，孩子就失去了做事的兴趣，慢慢养成了好吃懒做的习惯。所以，父母应当鼓励孩子参与劳动，同时培养他们的自理能力和自立意识。

（二）4～5岁幼儿的心理发育和培养

这一时期是孩子具体形象思维的发展期，孩子们开始能说清楚一些抽象的物了。如苹果、西瓜等水果，不用等看到了才知道这个水果是怎么样的。他们开始能够自己组织游戏，比如几个孩子在一起玩的时候他们会分配角色，如谁来做爸爸，谁来做妈妈，而且还能创编游戏内容并开心地玩。4～5岁的孩子开始学着控制自己的情绪，所以较之3岁左右的孩子情绪上相对稳定。当他们在商场看到自己喜欢的玩具，也会尽量控制自己的占有欲，并能进行自我安慰，如他们会说"我家里已经有一个很像这个的玩具了"或是"妈妈说等过生日时再给我买"等。当他们在游戏时与伙伴发生争执，也会尽量控制自己，或者找父母帮忙解决，或者主动离开游戏的小伙伴。当然，他们可能还有情绪失控的时候，但只要有父母或老师的指导，他们很快能平复激动的情绪。

4～5岁的孩子希望被认可、被赞美的心态很强烈，所以家长要多称赞孩子，但必须要有孩子能接受和了解的理由。如果大人只想讨好孩子而没有重点地胡乱赞美，这会使孩子轻视被人的赞美，或者想听赞美而勉强自己达成目标。4～5岁幼儿虽然在情绪上有一定的控制能力，但遇到问题他们也会因缺乏安全感而感到苦恼，这时父母要理解孩子，了解孩子的需要，帮助孩子解决出现的问题，而不是武断地解决问题，如在孩子哭闹时不问原因就批评或打骂他们。父母在培养孩子控制情绪的能力时要记住以理服人，要让孩子知道为什么这样做，并逐渐建立起一套行为准则，作为孩子评价与判断的标准和依据。

（三）4～5岁幼儿的认知与语言的发展和培养

4～5岁的孩子对许多基本概念的细节部分更加感兴趣，如一年有四季，每个季节都有独特的变化；再如一天可以分为早晨、上午、中午、下午、傍晚、夜晚等。幼儿园的生活使他们了解到一周有七天,五天上幼儿园,两天休息;每天以小时和分钟计时。这个年龄的孩子能初步理解一些简单的抽象事物,如计数、大小关系等。他们对自然现象及概念特别感兴趣,他们会经常问一些关于宇宙、世界起源、死亡等方面的问题。家长要抓住教育时机,利用自己懂得的知识回答孩子的提问,或者和孩子一起查阅相关的书籍,但切忌不懂装懂、虚构答案。

4~5岁的孩子喜欢与比自己年长的人或同伴交谈,因为他们的词汇逐渐丰富,思维也比较清晰。他们虽然有时说起话来断断续续,但基本上能独立叙述日常生活中的各种事物和自己经历过的事情。他们能根据谈话对象不同的年龄来选择自己的语言,对比自己小的孩子,他们会尽量用词或简单的句子进行交流;而对比自己年长的人,他们会选择更接近事实的表达方式。比如爸爸早晨出门了,他会对妈妈说:"爸爸是去朋友家做客了。"而对小弟弟,他会说:"爸爸走了。"有时他们也能表述相当复杂的句子:"我还没来得及把好吃的东西放在桌子上,妹妹就把它吃掉了。"家长要利用孩子的好奇心,为他们提供丰富的科普读物,主动与孩子进行阅读活动,最好每天要有固定的阅读时间,让孩子养成读书的好习惯。

家长可以与孩子一起进行戏剧表演游戏,父母和孩子将故事改编成适合表演的剧本,然后配上简单的服装进行表演。通过戏剧表演,孩子能切身感受到故事中人物的心情,人物命运的起浮跌宕给孩子带来丰富的体验,获得精神上的满足。家长还要为孩子提供对智力开发有帮助的玩具,如拼图、魔方、平衡板等,游戏可以使孩子更加聪明。

(四)4~5岁幼儿的社会性发展和培养

本阶段的孩子开始喜欢进行社会交往了,他们会主动寻找小伙伴进行玩耍,他们期待自己有一个要好的朋友能分享"秘密",他们渴望与朋友在行为上保持一致。4~5岁的孩子认识到生活中除了家长以外,还有许多有价值和有意义的人和事,孩子会经常做一些家长不允许的事情来证明自己发现了"新大陆"。4~5岁的孩子道德观念仍然很简单,但他们在努力探索什么是"好的"什么是"坏的"。孩子并不是因为理解而遵守某项规则,而是因为怕得到惩罚才去遵守它们。他们认为无论结果是好还是坏都是故意为之的行为。因此,当自己不小心做了"坏事"时,他们会非常害怕家长的惩罚。因此,家长要教育孩子懂得区分意外行为与错误行为。

三、5~6岁儿童的家庭教育

(一)5~6岁幼儿的生理发育和培养

6周岁时,男孩的体重达16.0~29.9公斤,身高106.4~125.8厘米。女孩体重15.0~26.2公斤,身高104.8~124.5厘米。有很多孩子在6岁时长出"六龄牙",也就是所谓的第一颗恒磨牙,在第二颗乳磨牙的后方左右上下共四颗,负责主要咀嚼功能。"六龄牙"被龋蚀的机会最多,所以要多注意预防龋齿。这时期的孩子能灵活、协调、快速地进行体育活动;能做简单的家务,爱清洁,讲卫生。他们的小肌肉发展也很迅速,能玩折纸游戏,5岁半以后会折狗、船、衣服、裤子等。

家长应该培养幼儿从小养成良好的饮食习惯,注意荤素搭配、粗细搭配,不要吃油炸、烟熏的食物,不要喝过多的冷饮,保证饮食营养的均衡。这个时期要保证孩子睡足10个小时。平时要穿舒适、便于运动的衣裤。养成每天早晚刷牙的习惯。

5～6岁个性发展良好的孩子已经开始有了自己的主见,所以在日常生活中家长要鼓励孩子多发表自己的见解,多帮助大人做一些力所能及的事情,如买东西、打扫卫生等。孩子自己能做的事情一定让他们自己做,比如吃饭、穿衣、大小便等,以此培养幼儿的独立意识和能力。

（二）5～6岁幼儿的心理发育和培养

这个阶段的孩子正处于学前期的最后阶段,即将步入学龄阶段,孩子相对于幼年时期,神经细胞体增大,神经纤维加长,神经纤维鞘化过程也迅速进行,脑的发育基本趋于成熟。孩子开始能够控制注意,但集中注意也只能在20分钟左右,而且脑功能的开发和身体各器官的发育同步相关。相对于3～4岁的孩子,身心发展明显,出现了许多飞跃,对社会活动也产生一定好奇和参与心理,其活动与交流时自我意识得到发展,个性心理特征初步形成,求知欲强,对众多事物感到新奇,产生探究兴趣。幼儿有了初步自理能力,对成人的依赖性有所减弱,独立性有所强化,初步形成自己的是非判断能力,对父母的教育或指令不再百依百顺,有时出现任性,甚至产生逆反心理。

这个时期的孩子,由于内心世界越来越复杂,情感细腻、敏感,自尊心增强,所以家长对孩子的教育应该更加注意方法,要针对孩子的不同个性,因材施教。同时,家长也要为孩子树立榜样,要尊重孩子,保护他们的自尊心。5～6岁的孩子要做好入学前的心理准备,生活自立能力培养和学习能力方面的过渡和衔接。入学心理方面的准备家长可以在日常生活中逐步渗透给孩子,如经常对孩子说"恭喜你长大了""你要进入小学开始新的学习生活了"等。家长也可以规划时间让孩子在家中有系统地学习,以逐步培养孩子的学习能力。

（三）5～6岁幼儿的认知与语言的发展和培养

5岁多的孩子能初步理解真实与虚构,时间概念已比较明确,知道一周有几天,能认识时钟、日历;能辨认3～5种几何体,能了解面与体的关系;能发现简单事物的因果关系,会判断推理,形成守恒概念;会推测故事中人物的心理活动和内心想法;能为了别人、集体自觉地改变自己的愿望;能根据用途给物体下定义:如玩具是玩的,球拍是打球的等;能进行图形整合和拆分;会做10以内加减法。这一时期的孩子性格活泼大方、开朗、自信、敢于竞争。孩子对钱有了初步的认识,知道钱的重要性,但不是钱本身,而是钱能买他想买的东西。

5～6 岁阶段的幼儿言语器官已发育成熟,而且语音意识进一步发展,已经能意识到自己和别人语音中的问题。资料显示 5 岁幼儿词汇量有大幅度增加,而且质量上也有明显提高。他们不仅掌握了名词、动词、形容词、数量词,还开始掌握一些常用副词和连词。词类的扩大,代表孩子在逐渐掌握具有抽象意义的词,这是学习和掌握词汇过程中质的飞跃。

这一时期家长可以通过组织孩子的游戏、学习、劳动等活动来培养他们的有意注意和对事物进行分析、综合、比较、抽象、概括的能力。家长在培养孩子想象力时要让他们广泛接触、观察、体验生活,以丰富知识,储存信息,促进想象力的发展。父母可以多给孩子读想象力丰富的故事,发展孩子的创造性思维,对孩子的奇思妙想不要泼冷水。父母可以通过分析讨论童话、语言和故事的材料,有意识地发展幼儿的思维能力。

（四）5～6 岁幼儿的社会性发展和培养

这一阶段的孩子自我评价能力初步发展,当别人的评价与自我感觉不相符合时,他们会表示反对和进行争辩。大多数孩子有固定的朋友和比较稳定的爱好。他们的自我控制能力增强,能初步控制自己的外部表现。规则意识也有所加强,能逐步遵守集体制定的行为规则。他们具有合作的意识和能力,能与小组或几个同伴共同玩游戏并完成一定的任务。自律意识提高,能在劳动中表现出一定的责任心和坚持性。家长要重视这一阶段孩子道德意识的培养。在生活中,明确告诉孩子什么是对的,什么是错的。家长可以让孩子谈一谈当天遇到的事情,帮助他们分析自己的行为以及行为产生的后果,从小培养他们判断是与非、好与恶的能力。

在这个阶段,家长还要重视做好孩子的幼小衔接的工作。主要从以下几方面着手:首先,培养孩子养成良好的作息习惯和自己的事情自己做的习惯。其次,要培养孩子形成良好的倾听习惯。因为进入小学后在课时上与幼儿园会有明显的变化(从 25 分钟到 40 分钟),课堂形式也有所改变(从游戏活动到正规的学科教学)。所以,能够认真倾听就显得尤为重要。家长可以通过讲故事等形式对孩子进行培养,比如在给孩子讲故事的时候要求孩子不能边听边玩,讲的过程中随时提问,如"刚才小兔子为什么伤心"或"你猜猜,接下来会发生什么事"。这样不但训练了孩子的倾听能力,还训练了他的表达力、想象力和记忆力。再次,培养孩子与父母、同伴和老师沟通的能力。家长可与孩子多聊天,让孩子觉得与父母沟通是一件愉快的事情。孩子将这种愉快的沟通情绪带入与其他人交流的过程中,有助于孩子进入小学后更快地适应小学生活。

【检测】

一、思考练习题

1. 简述优生应注意的问题。

2. 胎教有哪些方法？举例说明。

3. 如何对 0～1 岁乳儿进行健康喂养？

4. 谈谈 3～4 岁儿童的生理发育特点和培养方法。

二、实践分析题

教育家陶行知先生在他的有关儿童的"六大解放"中提出"解放儿童的嘴，使其能说"。他指出，小孩子有问题要允许他们问，从问题的解答中，可以增进他们的知识，发展其思维、理解能力。但现在的家长大多不愿意让儿童多提问，或是由于封建传统思想的影响，认为"老子天下第一"，孩子只能唯命是从；或是由于忙于日常事务，无时对答；或是知识水平有限，无力作答；或因情绪波动，无心应答。家长的这些做法扼杀了孩子好奇、好问的天性，给幼儿的心理发展造成了无法弥补的损失。

读了以上这段话，你有何感想？你认为 4～5 岁孩子在语言及认知发展上有哪些特点，家长应该如何提高孩子的认知水平？

第五章

不同类型家庭的儿童家庭教育

学习目标

- 了解不同类型家庭的界定。
- 理解不同类型家庭教育对儿童的影响。
- 掌握不同类型家庭儿童的特点。
- 具备对不同类型家庭儿童使用教育策略的能力。

本章导读

家庭教育对于幼儿的成长具有举足轻重的意义,所以如何更好地开展家庭教育是教育者和家长永恒的议题。在现实生活中,每一个家庭都是独特的,有着自己的背景和发展历程,呈现着独特的特点。面对家庭的独特性和个人的个性,提出有效的教育策略并不是一件容易的事,任何一个教育策略和方法都不是万能的,或者需要很多教育策略和方法一起应用才能起到改进、完善家庭教育的效果,但并不影响着我们去思考去探索。本章从不同类型家庭的角度来概括归纳教育策略,根据我国的政策和现实,从不同类型家庭的儿童的特点、不同类型家庭的特点和家庭教育策略三方面分析了独生子女家庭儿童的家庭教育、多子女家庭儿童的家庭教育、离异家庭儿童的家庭教育、重组家庭儿童的家庭教育、留守儿童的家庭教育和隔代教养家庭的家庭教育。希望能对家庭教育的现实起到助益作用。

第一节 独生子女家庭儿童的家庭教育

案例导入 >>>

火车上的一对母女

在回家的火车上,一个年轻的妈妈带着她唯一的 3 岁的女儿。母女对面的一位大叔送给小女孩一个苹果,小女孩趴在妈妈的腿上腼腆地笑,不好意思接过苹果。大叔便把苹果进一步递给她,她伸手去接的同时,妈妈伸手就打了她的手,边打边说:"你是不是没脸!"孩子当即哇哇大哭起来……

　　思考:妈妈这样做是否正确,这样做对孩子产生什么样的影响? 独生子女家庭的教育又应如何进行?

　　2015 年 5 月 13 日,国家卫计委发布了《中国家庭发展报告(2015 年)》。调查结果表明,我国家庭发展在诸多方面都经历着深刻的变化,突出表现在家庭规模小型化,家庭类型多样化,2 人家庭、3 人家庭成为家庭类型主体,核心家庭占六成以上;流动家庭与留守家庭成为常态家庭模式。流动家庭的比例接近 20%,农村留守儿童占比超过 1/3,留守妇女占比超过 6%,留守老人接近 1/4。[①]

　　家庭发展发生的诸多变化同时也为家长们的家庭教育提出了新的挑战,如何针对不同类型家庭的儿童进行教育才能促进儿童最大限度的发展,怎样应对独生子女的任性,怎样减少父母的离异、家庭的重组带给儿童的伤害,怎样给留守儿童感受到爱和关怀,都是每一个教育者和家长值得深思的问题。

　　独生子女家庭日益增多是一种世界性的趋势。联合国调查显示,工业国家每个妇女生育子女的数目平均为 1.57 个;在 48 个发展中国家和新兴工业国家,到 2050 年,每个妇女的生育数目将从现在的 5.74 个降到 2.51 个。独生子女增多已成为一种世界性趋势。

　　20 世纪 70 年代末,我国为了控制人口的过快增长,在家庭人口生育方面制定了一项具有深远影响的政策,即计划生育政策。该政策要求汉族城市居民无论生的是男孩还是女孩,都只能生育一个孩子。计划生育政策使城镇汉族居民家庭中普遍出现了只有一个孩子的情况,"独生子女"一词进入了我们的视野。独生子女是指那些终生无兄弟姐妹、其父母只生育了一个的孩子。如果出现老二的出生时间与老大的出生时间间隔较长的现象,家庭或许在短期内只有一个孩子,但只要家长早已准备生育第二个孩子,那么这样的家庭也不是独生子女家庭。有研究估测认为,目前我国 0~18 岁独生子女总量在 1.1 亿人左右,且 2020 年前保持在 1.1~1.2 亿人之间。[②] 独生子女群体日益增大,正在成为我国教育与社会发展面临的一个重要现象和问题。

一、独生子女家庭儿童的特点

　　早在 19 世纪,美国的一些学者开始对独生子女问题进行了研究。1898 年,博哈农发表了世界上第一篇关于独生子女问题的论文《家庭中的独生子女》。他认为独生子女缺

①　http://www.nhfpc.gov.cn/xcs/s3574/201505/2e35609de7194cbaabebce5c256c3e0e.shtml
②　王广洲.中国独生子女总量结构及未来发展趋势估计[J].人口研究,2009,(33)1:10

乏社会交际能力,存在着自私、早熟、娇惯、妒忌、固执和神经质等缺点。博哈农认为独生子女是特殊问题儿童。这种观点当时被大多数人所接受。

随着独生子女数量在全世界范围内的增长,独生子女不再被当成特殊问题儿童对待,对独生子女特点的研究结论基本形成了两派主要观点:一派观点是多数研究发现独生子女问题较多,许多方面不如非独生子女,如独生子女挑剔、不尊敬长辈、不爱惜东西、爱发脾气、自理能力差等。另一派观点认为独生子女有其特殊的优势,如在灵活性、独立性、求知欲上优势明显,总体说来,独生子女具有以下的特点。

(一)身体状况较好

通过各省市的儿童身体发展统计数据,可以发现独生子女在身体发展上比较明显的特点是身高体重高于平均数值。上海市对2~6岁1 200名独生幼儿的调查发现,独生子女的身高、体重的平均数均高于标准数值,而且每个年龄组都有一定数量的独生子女超过标准体重的高限值,过于肥胖。安徽省教育科学研究院对3~15岁1 000名独生子女的研究发现,独生子女的体格发育略高于非独生子女,其中,身高增长尤为明显。4~7岁组、10~11岁组男童与女童身高平均值均高于标准值。

独生子女身体机能发育的研究资料表明:脉搏、血压平均数与1979年全国城市的平均数没有明显区别;而肺活量一项,独生子女的平均数高于全国城市标准水平,这与独生子女身高、体重发育良好有关,标志着独生子女呼吸功能有较大的潜力。

(二)智力发展较好

德国一位儿童心理学家指出:儿童的智力发展,与家长如何对每个孩子分配"智力激励"相关。独生子女独享其父母的"智力激励",并且父母有时间投入更多的物质和精力去开发幼儿的智力,因而他们的知识面较广,智力发展较好。据研究表明,"独二代"与非"独二代"幼儿的智能特征上存在差异,"独二代"幼儿的记忆力、观察力、思考力都高于非"独二代"幼儿。[①]

(三)意志品质较差

研究表明,独生子女的自觉纪律、自制力、坚持性、勇敢等意志品质在幼儿期与学龄期表现较差,经过教育,到了中学逐步有所改变。美国的英瑞·卡布尔门教授对独生子女的意志品质作过分析认为:独生子女的父母太过于把注意力集中在子女身上,增强了子女的依赖性,使子女没有独立实践的机会,越来越多地依赖父母去获得新的经验,依赖父母的保护去抵御危险;子女被父母暗示着进行选择,在父母的同意下做出对事物的决定。显然,生活在家长"羽翼"保护下的独生子女,很难形成良好的意志品质。

(四)存在较多性格弱点

从现实生活看,独生子女确实存在许多性格弱点。独生子女在现实生活中总会带给

---

① 陈雪."独二代"幼儿常见行为特点及教育对策研究[D].大连:辽宁师范大学,2013:14

他人任性、自私、只顾自己的性格特点。有研究表明"独二代"幼儿与非"独二代"幼儿相比坚持性低,好攻击、反抗,爱敏感、焦虑,愧疚感和同情感稍有欠缺。[①]还有研究资料表明,在友好行为的表现上,非独生子女明显地优于独生子女。

独生子女性格特点是在家长特殊心态的教育下形成的。随着学校和社会多方面的教育影响,独生子女的性格特点将有所变化。独生子女对社会、对集体、对他人的态度具有某些好的、应予肯定的心理特点,如爱交际、热情、同情、诚实等。而且,这些特征随年龄增长而有所发展。如幼儿期一些否定性心理品质多于良好品质的儿童,进入小学会发生变化,较好的优点远远超过缺点。然而,据林崇德教授研究,到了中学阶段,独生子女的良好性格品质稍有减少,缺点又有所增加。有分析认为,这是中学生道德意识的发展,对社会、对集体、对他人的态度已经具备了一定的选择性。

总之,独生子女与非独生子女的心理特征并无本质区别的特异性,独生子女某些突出的心理特点和行为表现,可以从各自不同的社会文化背景、家庭环境、家长的教育观念及教育方式方法等方面找到答案。因此,重视家庭教育的正确方法是独生子女健康成长的重要条件。

二、独生子女家庭教育的特点

随着经济的发展对人才素质提出更高的要求和整个社会对学前教育的重视,现今的独生子女的家庭对学前儿童的教育关注度很高,竭尽全力地使用一切可能的教育资源对儿童进行教育,使其家庭教育呈现了明显的特点。

(一)儿童享有家庭集中的教育资源

独生子女家庭只有一个子女,家庭中所有的资源可以集中在一个儿童身上使用。父母将工作以外的大部分时间和精力都放在一个儿童的教育问题上,有强烈的意识和愿望为儿童选择优质的教育平台和甄选更好的教育资源。

父母能够并且愿意付出更多的金钱使儿童上更好的幼儿园,享受更好更优质的学前教育。父母还积极地为儿童进行智力投资和兴趣拓展活动,会购买足够的,甚至过多的玩具、绘本等,并乐于让儿童参加兴趣班和特长班,培养儿童兴趣,提升儿童的能力。

(二)承载着父母强烈的成才期望

现在社会是一个竞争激烈的社会,紧张竞争气氛甚至延伸到了学前期,这些年屡次出现了学前期的家长怀着"不要输在起跑线上"的教育理念对幼儿进行压迫式教育的案例,无一不折射出家长们对孩子强烈的成才期待。在这样一种大的氛围下,独生子女在享受家庭集中的家庭教育资源的同时,也承载着父母强烈的成才希望。

---

① 陈雪."独二代"幼儿常见行为特点及教育对策研究[D].大连:辽宁师范大学,2013:18

[案例 5-1]

启启是个独生子女,在幼儿园里各个方面都表现得非常出色。一天上午在幼儿园,启启参加了讲故事比赛,题目是《龟兔赛跑》。他讲得很流畅,但在讲述过程中肢体动作比较少,因此得了第四名,没有进入前三。回到家后,妈妈很不高兴地说:"是不是每天表扬你太多了,连前三名都没有进呢?"说完后妈妈独自回到了卧室,启启看到妈妈一脸的不高兴,自己感觉好像做错了事情一样,走到卧室里静悄悄地坐在了妈妈的旁边。[①]

思考:从启启妈妈的表现中可以看出她有什么样的教育理念?

(三)承受着矛盾的教养方式

因为学前期独生子女生存发展依赖父母的养育和对于父母的唯一性,会导致父母极度的珍爱和保护,这也催生了矛盾的教养方式:一是放任自流的方式。娇生惯养,对于物质需求方面,要什么给什么,形成了自我中心、脾气大、娇气、挑吃挑穿、懒散、自理能力差等特点。二是限制过多过严。父母从幼儿的安全着想,剥夺了儿童活动的自由,限制幼儿的户外活动,不许跑跳,不许攀登,不许同其他小伙伴一起玩。这些过多的限制、干涉和保护,压制了儿童的自然发展,扼杀了儿童的好奇、好动、积极主动、勇敢等特点,形成胆小、懦弱、呆滞、孤僻、爱发脾气、无理取闹、情绪低沉、身体欠佳等一系列的独特表现,和同龄儿童的共同心理特征比较,出现显著的差异。

三、独生子女家庭的儿童教育策略

学前期的家庭教育对幼儿成长起到了关键作用,独生家庭以其在我国庞大的数量使独生子女的家庭教育问题变成了影响我国千万家庭幸福、幼儿成长的有价值的研究问题,而采取的教育策略是独生子女的家庭教育需要思考和改进的核心问题。

(一)弱化独生子女的中心性

独生子女不是问题儿童,也不是特殊儿童,这一观点已经得到了共识。而独生子女表现出来不同于同龄幼儿的任性、怕吃苦、以自己为中心的特点,都是独生子女父母的家庭教育造成的。家人倾向于将幼儿放到家庭的中心地位,给予幼儿充足的爱甚至是过度的溺爱,导致了幼儿自我认识上的偏差。他们认为自己一切需求必须得以满足是必然的,不能够从别人的角度去思考问题,去自我中心化困难。所以,独生子女家庭的父母更应该理性地对待幼儿,将幼儿放在适当的位置上,弱化幼儿的中心性,不要将孩子完全放在家庭的中心地位,让幼儿轻而易举地满足一切物质需求,更不用时刻小心翼翼地保护幼儿。让幼儿独自面对挫折,有利于其人格的完善。

---

① 焦海平.基于《指南》的独生子女家庭教养实践问题的个案分析[J].山西教育(幼教),2014(4):4

(二) 提供与同伴交往的机会和环境

同伴交往对于幼儿社会性的发展和个性的塑造起着重要作用,同伴交往对于缺少兄弟姐妹的独生子女来说,就显得更为重要。据研究表明,同伴交往能够弥补独生子女因缺少兄弟姐妹影响而存在的缺陷。同伴间最自然有效的交流方式就是符合幼儿天性的游戏和活动,年龄相近或相仿的幼儿,认知水平、情感态度发展比较相近,能够互相吸引并有相同的爱好,一起游戏和活动成为一种自然而然的事情。幼儿可以在活动中通过频繁的交流丰富自身的经验体验,在共同解决问题或冲突的过程中理解他人,这也是推进去自我中心化的过程。家长应该创造机会让独生子女产生同伴交往,独生子女的同龄的亲戚、邻居、同学都是可选择的好玩伴。同时,提供丰富的游戏材料和不干涉的环境也有利于其交往和活动。

[案例 5-2]

启启每天放学后就跟着奶奶回到八楼的家中,然后就看动画片、玩电脑……有一天是周末,奶奶提议下楼去玩一会儿,启启却说:"我不去,我宁愿在家看动画片。"看到他这个样子,奶奶也很发愁。

针对孩子的这一状况,家里人经过商讨,决定利用暑假时间让孩子和奶奶一起回到老家去锻炼一下,接触小朋友和老家的姐姐,培养孩子的社会交往能力。开学后,孩子返回家后,脸上有了表情,说话的神态也发生了变化,还经常和妈妈提起在老家时与姐姐玩"过家家"游戏,和姐姐一起去登山、去公园玩的情景,与邻居家的小朋友玩捉迷藏、跨栏等好玩的游戏。之后当妈妈或家人要和他下楼去玩时,他能很快地准备好并马上出发,而且还提议去哪里玩会更有意思。[①]

思考:家长采用了什么方法才让启启有了变化?

(三) 给予自由探索的权利

独生子女的家庭教育有着许多先天的优势,能够集中教育资源对独生子女进行教育,提供给独生子女较好的教育平台和成长捷径,但相应地独生子女家长经常犯的错误就是剥夺幼儿自由探索的权利。幼儿是天生的探索者、发明家,在接触世界过程中,尝试操作、犯错改正,自由探索是幼儿应有的权利。所以家长要给予独生子女应有的自由活动的权利,家长应该允许幼儿做自己想做的事情,让他们多动手操作,多实践,并且家长要给予他犯错误的机会,不要说出答案,允许幼儿犯错和探索。

总之,独生子女的家庭教育相对于非独生子女家庭来说,有其明显的优势,同时也存在着教育困难。但只要家长多思考,用适合独生子女的教育方法和策略,就能最大限度

---

① 焦海平.基于《指南》的独生子女家庭教养实践问题的个案分析[J].山西教育(幼教),2014(4):5-6

地促进独生子女的发展。

第二节　多子女家庭儿童的家庭教育

案例导入 >>>

重男轻女的悲剧①

有一对夫妻,他们有三个孩子,前面两个是女儿,最后一个是儿子。当年为了生这个儿子,怕受到处罚,二女儿芳芳出世后就寄养在亲戚家。小儿子出世后因为要照顾儿子,芳芳直到五岁时才被接回家。由于从小没在父母身边长大,芳芳跟父母感情一直都不怎么好,而且爸爸妈妈总是把最好的都留给弟弟,随着芳芳年龄的增大,她觉得父母并不爱自己,他们只喜欢弟弟,他们为了弟弟而把自己遗弃在别人家里。渐渐地,芳芳开始讨厌父母,讨厌弟弟,讨厌这个家。只要父母开口骂了或打了她,她就认为父母是在嫌弃她,她在这个世上是多余的。终于在一次因为她和弟弟打架妈妈打了她一顿后,她吞下了家里整瓶的敌敌畏,还没来得及送医院便离开了这个世界。

思考:多子女家庭教育的特点有哪些? 应该怎样引导多子女家庭的教育? 我国多子女家庭所占比例较小,应向国外多子女家庭借鉴哪些教育内容?

在北美,多子女家庭是一种普遍的现象,据美国人口局的统计,1990—2005年美国每个育龄妇女平均生育子女数在1.5～1.8之间,2011年美国这一数据上升至1.89,2012年更达到2.06。② 20世纪70年代,我国执行了计划生育政策,但由于我国多子多福的传统思想和少数民族的政策不同导致许多地区家庭仍然存在两个或多个孩子的状况。多子女家庭与独生子女家庭相对应,是指一对夫妇拥有两个及两个以上的孩子的家庭。这样的家庭可能是主干家庭,也可能是核心家庭或者扩大的家庭。多子女家庭的儿童的家庭教育问题这几年并不太受重视,也主要是由于我国计划生育的政策和独生子女过多的现象,但随着我国相关政策的逐步放开,我国会出现一批多子女家庭,所以多子女家庭儿童的教育具有研究价值和讨论的必要。

一、多子女家庭儿童的特点

(一) 社会性发展较好

多子女家庭中父母不是幼儿互动、交往的唯一对象,幼儿还可以和同辈进行互动。

---

① 王小玲,宋晓云,苏云.农村多子女家庭父母教养方式对子女性格形成的影响[J].江西教育学院学报(社会科学),2012,33(1):55

② 陶短房,青溪.生孩子也有门道 你不知道的北美多子女家庭[J].世界视野.2015(4):42

幼儿在家庭中的社会性行为也不仅仅指向家长,更多地会平行地指向自己的同胞兄弟姊妹。在多子女家庭中,幼儿和同辈的交往频繁,幼儿和兄弟姐妹一起经历的生活事件,甚至是冲突和解,都能促进其理解别人的能力,有利于幼儿的去自我中心化。幼儿与兄弟姐妹相处的经验能够促进其社会性品质的发展,在这个关系中幼儿发展出协商、合作、竞争、相互支持以及同伴交往的品质,这些良好的品质会影响到后来的学习和工作生涯。

(二)倾向于形成良好的品质

多子女家庭中的子女更易形成关爱和责任的品质。在独生子女的家庭中,父母作为强势者总是在照顾幼儿,而不需要幼儿照顾,幼儿没有太多照顾、体贴别人的经验。而在多子女家庭中,有了兄弟姐妹,幼儿有了照顾弟弟妹妹的意识,担负照顾他人、成为姐姐哥哥的责任,有益于幼儿形成关爱他人和富有责任感的品质。

多子女家庭的幼儿宜形成节俭、珍惜的品质。多子女家庭父母分配给每个子女的资源相对就会减少,幼儿得到食物、衣服和玩具时就会更珍惜。一些家庭在实际生活中,生活资源也不易被浪费。尤其幼儿在小时候成长很快,一些衣物、用具、玩具在多个子女间使用,节约了资源,提高了使用率。老大用了老二可用,在实际生活中培养幼儿懂得节俭和珍惜会比理论上的教育更深刻,更容易教会幼儿怀有一颗感恩的心,懂得珍惜身边的人、事物、资源。

(三)容易形成互相比较的心理

多子女家庭为幼儿提供了同辈的交往者和关爱者,但同时也为家长和幼儿提供了一个直观的成长参考系。拥有多个子女的家长会自觉或不自觉地将子女的各个方面进行对比,并且把对比的结果冠以促进落后幼儿发展的目的堂而皇之地表达出来,容易让幼儿形成比较的心理。幼儿在比较的心理之下不仅比较着自己和兄弟姐妹的行为表现的种种差异,而且还会比较父母对他们的物质投入、态度和关爱的差别,甚至还会比较亲戚、他人对待他们的态度和评价。这种比较的心理会促使幼儿间的互相学习,发挥榜样的作用,但也容易让幼儿只在意父母对待不同子女的差别,造成负面的心理影响。

二、多子女家庭教育的特点

(一)教育资源分散不均

多子女家庭和独生子女家庭相比,教育资源的分配相对分散。父母需要将物质资源在多子女间进行分配,导致分配在每个幼儿身上的物质和金钱相对减少;同时,父母对于每个幼儿的注意力和关爱,在幼儿身上所花的时间也需要进行分配。父母在多子女间的教育资源的分配通常也是不均等的,会根据幼儿出生的次序、性别和身体心理状况而有所倾向。比如,在农村的多子女家庭,男孩要比女孩得到父母更多的物质投入和精神关怀,而这种做法对于多子女家庭中的女孩来说极易造成不好的影响。

(二) 容易产生关爱之争

在多子女家庭中,幼儿渴求父母的关爱与父母的关爱不能只集中在一个孩子身上是必然存在的矛盾,而幼儿由于其年龄发展的限制并不能理解和接受这种必然性,就会出现"争宠"的现象。争宠现象在两个孩子年龄相差不大的多子女家庭中,最容易出现,他们较为注重自己所受到的待遇是否公正,反感父母的偏心,极端的会出现孩子为了争宠而出现恶性竞争的状况。

(三) 子女间互相潜移默化的影响

多子女家庭中有兄弟姐妹,有其他年龄近似的人可以互相参照,有利于幼儿形成正确的幼儿身份认同和完整的幼儿角色。同辈幼儿还可互相学习和换位思考。幼儿更愿意与自己同年龄的人交流,许多观念知识来自于同伴而不是父母。如果有兄弟姐妹,那么在大多数情况下,孩子可以和自己的兄弟姐妹交流并得到信息,相互安慰或者劝说也会更有效。在父母的教育不恰当或者顾及不到的地方,孩子可以通过相互学习而成长。

三、多子女家庭的儿童教育策略

(一) 引导子女间建立和谐的关系

多子女家庭与独生子女家庭相比,面临着更复杂的家庭关系,除了亲子关系,还面临着多子女之间的关系。在多子女家庭,子女之间的关系是否和谐才是家庭关系是否健康的关键,而多子女之间的关系很大程度取决于家长怎样去引导多子女形成和谐的关系。当第二个孩子来临的时候,家长也应关注第一个孩子的心理变化,注意给予关心和爱,不要让第一个孩子因缺少关爱而把新生的孩子当作抢夺自己关爱的"敌对者"。家长还应采取各种方法让多子女之间建立爱和依恋,如让他们之间互相照顾,培养共同的兴趣,共同面对解决生活问题等。

(二) 尊重幼儿的个性化

多子女家庭的家长往往比独生子女家庭的家长更具有育儿经验,积累了以往的育儿经验去面对下一个孩子的教育问题是非常便利的,但也容易让家长惯性地以固定的眼光和方法看待孩子,不能接受幼儿出现的新问题,扼杀了幼儿成长的个性空间。家长应尊重幼儿的个性化,倾听每个孩子独特的想法,让每个幼儿都能自由地表达自己;家长应尊重幼儿的个性化,允许多子女幼儿有各异的表现;并且家长应该摒弃比较的心理,为幼儿提供空间和条件让其按照自己的成长轨迹去成长。

(三) 进入幼儿的内心世界

在日常生活中,所有的孩子都渴望父母的关注和关爱,并容易形成情感竞争的局面,处理不好容易影响兄弟姊妹以及和父母亲之间的关系。但这不意味着家长在抚养孩子的过程中要绝对地公平公正,因为这样做不仅没有必要,而且事实上又很难做到。真正重要的是,父母应该进入幼儿的内心世界,一定要具备洞察每个孩子内心需求的能力,知道每个孩子内心的需求是什么,并尽力满足和引导。只要他们坚持将孩子视为独立的完整的个体,视为都需要父母真正意义上的爱和重视,才能在日常生活中游刃有余地处理好他们兄弟姐妹之间的关系。

扩展阅读5-1 >>>

出生次序对幼儿性格的影响

19世纪80年代以来,很多心理学家就儿童的出生次序和在家庭中所处的地位对性格和智力发展的影响进行了许多的研究。阿德勒特别强调出生次序对儿童性格的影响。他认为,儿童在家庭中的出生次序和所处的地位影响着儿童的生活风格,对性格的形成和发展起着重大作用。著名心理学家阿德勒特别强调"出生次序"对人生活风格和性格产生的影响。一般情况下,每个儿童都有积极向上的意愿,在和兄弟姐妹相处时,渴望占有父母的爱。

长子原本是家庭的焦点,但在弟弟妹妹出生后自己的地位被动摇,于是他总会发号施令,甚至仗势欺人。幼子在家永远被看作是婴儿,享受着各种各样的呵护,总是希望得到他人的帮助。唯独中间的孩子最为尴尬,尽管他们也雄心勃勃,渴望超越"老大",但不得不跟着"老大"的影子走;尽管他们也需要父母的关爱,但总不多于"老小"。有研究表明,多子女家庭中有"长子优势"现象,高尔顿研究了著名科学家的出生次序,发现长子和独生子女的比例相当高。贝尔蒙特研究表明,长子在瑞文智力测验上所得的成绩比其他幼儿要高。在美国阿波罗登月工程技术人员中,长子和独生子女占一半以上。

第三节 离异家庭儿童的家庭教育

案例导入 >>>

丁丁是个局外人

丁丁是一个单亲家庭的孩子,刚入园半年。在幼儿园里,每个小朋友都希望每天得到老师的表扬,获得一份奖品,可是他却始终无动于衷。在进行集体游戏的时候,每个小朋友都争着上去玩游戏,得到老师的贴贴纸,在班上表现自己,可是他一点也不想争取机会,安稳地坐在椅子上。旁边一位小朋友说:"你怎么没有贴贴纸啊?快点举手,要不老师不叫你的。"他却不耐烦地说:"我才不要这张烂贴贴纸。"可见他对于老师的奖品一点都不在乎,别人上去了还想再上,争取更多机会,他却茫然地呆坐在那里,冷眼旁观地看着周围所发生的一切,奖品对他来说没有丝毫吸引力,所有的活动都与他无关,好像他就是一个局外人。①

思考：案例中丁丁出现了哪些心理行为问题？原因是什么？

20 世纪 60 年代以来,各国离婚率呈逐年上升趋势。据统计,在美国近 10 年来出生的儿童中,40%～50%生活在单亲家庭中。其他国家如英国、日本等离婚率也逐年增高。新中国成立初期,我国婚姻家庭关系比较稳固,而近年来随着经济的发展离婚率也急剧上升。据民政部发布 2013 年社会服务发展统计公报显示,2013 年依法办理离婚手续的夫妻共有 350 万对,比上年增长 12.8%。粗离婚率为 2.6‰,比上年增加 0.3 个千分点,比 2006 年增长了 1.12‰。②

离婚率大大增加的同时,拥有 7 岁以内幼儿的夫妻离婚率也同比增加,导致离婚家庭的学前儿童成为一个较大的群体。离异家庭是因夫妻离婚而形成的不完整的家庭,除离异家庭外,还有父母一方亡故或双亡的缺损家庭,以及夫妻虽然没有离婚,但是长时间不在一起生活的留守女方(男方)家庭,以及父母因为工作关系,家庭中长期缺少夫妻一方的家庭,这些只有一方教养幼儿的家庭实际上都对儿童的家庭教育带来了与离异家庭相似的影响,在此归于一类问题讨论。

一、离异家庭儿童的特点

父母的离异会给儿童的生活带来很大的变化和影响,而这种变化和影响大部分都是负面的,在这种负面影响下,儿童身心会受到了很大的伤害从而呈现一些特点。例如与完整家庭的儿童相比,他们会出现强迫、焦虑、敌对、孤独、冲动等心理健康问题和行为问题,甚至有着更高的犯罪率和自杀意念。一般来讲,离异家庭儿童的心理和行为具有以下主要特征。

(一) 易产生消极情绪

离异家庭的父母由于经历了家庭破裂的过程,会有处于消极的情绪情感状态之中。由于学前儿童的情绪极易受外界的影响,父母的消极情绪会潜移默化地影响幼儿,使幼儿易产生消极情绪。据研究表明,90%的儿童在父母离异的开始 6 个月,有较强烈的恐惧感,如果不尽快帮助孩子适应生活,可能会导致心理障碍发生。44%的离异家庭儿童在父母离异的前 6 个月有强烈的悲伤情绪。③ 离异家庭儿童不良情绪发生率较高。而长期的消极情绪可能影响幼儿身体的发育和品行的发展。

(二) 有性格缺陷

儿童心理学的研究表明,人的性格在学前期形成。在性格塑造上,父母是幼儿的第

---

① 杜才飞.单亲幼儿冷漠心理矫治案例研究[J].学前教育研究,2013(3):46
② http://www.mca.gov.cn/article/zwgk/mzyw/201406/20140600654488.shtml
③ 刘湘云,陈荣华主编.儿童保健学[M].南京:江苏科学技术出版社,2006(3):75

一任教师,幼儿性格的形成需要父母积极的关注和良好的心理氛围。离异家庭父母的积极关注较少,负面情绪情感较多,从而影响了幼儿正常的性格形成。一项以昆明市中班离异和非离异家庭幼儿为调查对象的研究显示,离异家庭在气质上的反应强度、适应度、趋避性、规律性维度上存在着显著的差异。[①]

另外由于家庭的离异,只有父母一方跟孩子生活在一起,缺少了另一方正常的性格影响,会在性格发展上表现出与完整家庭的不同之处,并且学前期就家庭离异的幼儿,其受到的影响持续性更长。通过对父亲缺失家庭和完整家庭的研究对比发现,父亲缺失的男孩比完整家庭的男孩在性别角色定位上缺少男子气,如果父亲缺失发生在儿童 4 岁以前,其对儿童性别定位发展的延缓作用要大大强于 4 岁以后。[②]

(三) 问题行为频发

离异家庭的儿童由于家庭变异而受到巨大的心理创伤,他们对家人、社会极易产生敌对心理,而他们的情绪又常常处于消极状态,自身也具有一些性格缺陷,对自我的行为常缺乏控制能力,因而常常会出现一些异常的行为。多项研究表明离异家庭子女的行为问题得分显著高于完整家庭,在行为问题的具体内容上,抑郁、退缩、孤僻、交往不良等问题的发生率高。[③] 而离异家庭儿童在品德方面的问题行为尤其让人担忧,这种问题行为如果不及时加以矫正,长此以往极有可能发展为犯罪行为。

二、离异家庭教育的特点

(一) 较少的教育投入

父母离异会带来家庭经济状况的变化,由父母双方提供教育投入到由一方提供教育投入,对于儿童的教育金钱、物质投入会减少。同时,离异也给父母双方的情绪和心理造成了很大的消极影响,为了家庭的正常运行和幼儿的发展,他们不得不更加努力地工作。因而在儿童的教育精力与时间投入上也大大减少。有的家庭甚至会因为离异,而使整个家庭经济状况变得恶劣,无力对儿童进行充足的教育投入。离异家庭的幼儿与完整家庭的幼儿相比,缺少玩具和父母关心,从而产生负面的情绪和行为。

(二) 教育方法失偏

在离异家庭,孩子往往成为单亲父母寄托情感的唯一对象,而采取了各异但有偏颇的教育方式。例如有的表现为过于溺爱,过于迁就,对物质要求一味满足,结果导致孩子为所欲为、追求享受、爱慕虚荣的心理;有的表现为对孩子的期望值过高,把孩子作为自己唯一的精神支柱,在如此厚望下的孩子,往往心理压力过大,有些孩

① 高桂梅,傅淳.离异与非离异家庭幼儿气质特点的调查研究——以昆明市五华区幼儿园幼儿为例[J].当代学前教育,2012(3):7

② 杨丽珠,董光恒.父亲缺失对儿童心理发展的影响[J].心理科学进展,2005,13(3):260-266

③ 盖笑松,赵晓杰,张向葵.父母离异对子心理发展的影响:计票式文献分析途径的研究[J].心理科学,2007,30(6):1392-1396

子受不了压力，索性走向了反面，不思进取，乃至"破罐子破摔"；有些孩子可能奋发图强，不辜负父母的期望；但是不正常的奋进方式，会损害孩子正常的心理发展。还有的父母把孩子作为出气筒，在孩子身上发泄怨恨，报复对方，使孩子的身心受到极大的摧残。

（三）父母之爱不完整

不论是离异还是一方亡故，都会使孩子失去正常的父母之爱。失去了父爱，孩子容易懦弱、多愁善感、缺乏毅力、自卑、优柔寡断等；缺少了母爱，孩子又会形成偏执人格，表现得孤僻、冷漠，缺乏爱心和同情心，没有安全感等。不论孩子缺少父爱或母爱，孩子应得到的爱大为削弱，容易形成不健全的人格。

三、离异家庭的儿童教育策略

（一）保持良好的心态

父母离异，对于核心家庭来说，无疑是一个沉重的打击。孩子模仿力和受暗示性较强，很容易受到父母情绪行为的影响。这就要求抚养孩子的母亲或父亲必须做到保持良好的心态，给孩子最大的帮助。

父母要尽快走出离异的阴影，摆脱离异给自己和孩子带来的痛苦。不同年龄的孩子表现出不同的心理状态，理解他们，对症下药。2岁以内的孩子，要求生活稳定。如果父母离异，会有被抛弃的感觉，表现为哭闹不停、睡眠不安，易惊醒等，尤其是离开母亲的孩子，需要用双倍的爱抚平孩子幼小的心灵创伤。

3～5岁的孩子，要求父母共同照顾，任何一方离去，都感到恐慌，需要加强对孩子的语言交流。告诉孩子，尽管父母不在一起住，但是对他的爱依然存在，让孩子拥有完整的父爱和母爱。要为孩子创造一种愉快的家庭环境和氛围，促进其良好性格的形成和心理健康发展。父母要多和孩子交流，不管工作多忙，也要抽时间带孩子一起游戏和旅行等，弥补亲情不足，让孩子感受到温暖。

（二）从有利于孩子的健康成长出发善待离异对方

离异的父母应向孩子早一点说出事实，不要隐瞒。要心平气和地、用孩子能理解的方式告诉孩子，并向孩子承诺对孩子的爱永远不变，"不管父母之间发生什么事，我们都会永远爱你"。有些父母由于感情破裂，从而怨恨对方，在孩子面前贬低对方，说对方的坏话，在孩子的心灵播下仇恨的种子，对孩子的教育是很不利的。实际上，孩子对父母亲的爱是不变的，即使离异，也很难或不愿意去恨自己的父亲或者母亲。一个正常的孩子，渴望得到父母的爱，这是孩子的本性，只有拥有父母双方的爱，孩子才能健康地成长。因此，离婚后的父母要尽量创造条件与孩子在一起，让孩子依旧拥有父母的爱，让其明白，虽然父母离婚了，但父母还和以前一样地爱他、关心他。为了孩子的发展，离异的父母一定要善待对方，不要再给孩子增添新的烦恼和伤害。

扩展阅读5-2 >>>

离婚叙事与家庭关系对离异家庭子女有负面的心理的影响①

相对于离异事件本身,消极的离婚叙事与不良的家庭关系对于离异家庭子女心理的负面影响更加严重。消极离婚叙事通过建构研究者与研究对象的心理放大了父母离异对子女的负面影响,并通过"内化"使离异家庭子女的心理问题得到了强化。不良的家庭关系增强了离婚事件的负面作用,使子女在相当长的时间里甚至是一生都生活在父母离婚的阴影中。如果离婚已经不可避免,可以通过两种途径减少父母离异对于子女的负面影响:首先,建构温和的离婚叙事以取代消极的离婚叙事,给予家庭成员更多的理解与接纳,避免子女产生消极的自我认识与评价而出现心理问题;其次,父母在互相尊重的基础上选择和平友好的方式离婚,同时仍尽力承担作为父母对子女应尽的抚养与教育的责任。

(三)注意性别角色教育

在孩子心理成长过程中,性别角色的获得不是与生俱来的,而是一个重要的学习环节。离异家庭的幼儿多数长期和父母单方生活在一起,甚至缺少父爱或缺少母爱,这会影响幼儿的性格发展。因此,离异家庭的父亲或母亲,可以有意识让他(她)多接触一些成熟的男(女)性成年人,叔叔、阿姨或亲戚朋友等,介绍他们的优点,让他(她)注意学习,让其性别角色得到充分的表现和发展,培养完善的性别角色,以适应社会生活的需要。

第四节 重组家庭儿童的家庭教育

案例导入 >>>

一位再婚母亲的自白②

"三年前我和黄结婚。他的妻子死于车祸,留下一个5岁的可怜的女儿玲玲,这孩子挺讨人喜欢,也很聪明。开始我十分喜欢她,很想把她当成自己的孩子,去年我有了自己的孩子,我发现我最爱的还是自己的孩子。我甚至嫉妒玲玲去抱我的小宝贝,是害怕她不会抱,还是担心她故意拍打我的孩子,我也说不清。此时,我再也顾不上玲玲了。有时候,我也感到内疚,因为我不能再在玲玲身上花什么心思,有时候整天同她说不上一句话;我也很怨恨,因为我总要在两个孩子之间做比较,做什么事都要考虑能否摆平。最

---

① 翟双,杨莉萍.离婚叙事与家庭关系对离异家庭子女心理的影响[J].徐州师范大学学报(哲学社会科学版),2008,34(2):139

② 缪建东.家庭教育社会学[M].南京:南京师范大学出版社,1999:243-244

终,我还是发现我无法真心地爱玲玲,尽管她从不把我当外人,总是亲热地叫我妈妈,我也愿意为她做些牺牲,但是真爱总无法从我内心产生。我知道所有孩子都需要母爱,这常常使我不安……"

思考:重组家庭教育给孩子带来的影响有哪些?这种家庭的教育特点是什么?

重组家庭是指丧偶或离异后又重新择偶而组成的新家庭。在中国文化背景下,离婚后不再重新组织家庭的人为数不多。换句话说,在中国大多数人最终还是要选择结婚。研究发现,我国离婚妇女五年内再婚比例为 82.89%,丧偶妇女在五年内再婚比例为 50.77%。[①] 一次离婚可能产生两个重组家庭,当代中国家庭的婚变正以前所未有的速度递增,伴随离婚率增高的是重组家庭的不断增加。重组家庭的教育问题也自然而然地进入了家庭教育研究的视野之中。重组家庭中有的家庭只有一方的孩子,有的两方都有孩子,也有的家庭除双方带来的孩子外,新婚后又生了孩子,人际关系比较复杂,在这种复杂的关系中,亲子关系问题突出。

一、重组家庭儿童的特点

(一)过度怀念

社会心理学家洛钦斯通过实验证实,人际关系中也存在着"首因效应"与"近因效应"。在一些离异家庭、丧偶家庭中,子女易受到"首因效应"作用的影响,难以忘怀旧家庭成员相处的时光、亲情。当家庭重组后,在与家庭新成员相处的过程中,虽然人际关系也受到"近因效应"的作用,但深刻程度与接受度都较低,很难替代和超越以前的关系。因此,在重组家庭中许多继子女容易过度怀念过去的时光,并可能进而增强对新家庭的抗拒感。

(二)容易出现性格缺陷

重组家庭子女的性格特征由于父母教养方式的异常,多偏负向。重组家庭的子女缺乏形成正向性格的家庭环境,一些家长因为情绪恶劣,或因经济条件差,或因教育方式方法不当,导致使他们故意或无意放弃了家长的教育责任,放任了孩子的发展,孩子易形成冷漠、消极的性格;有的父母把孩子当累赘,嫌弃孩子,或把对前夫(妻)的怨恨转移到孩子身上,对孩子教养方式粗暴、专断,孩子容易形成倔强、执拗、冲动的不良性格。据一项对1 000个离异家庭子女的调查统计,其中,45%的孩子有自卑心理;40%的孩子性格孤僻、情感脆弱;25%的孩子情绪波动,起伏不安;24%的孩子心理早熟。可见,父母离婚造成了孩子的性格扭曲。[②]

(三)容易产生不良情绪

家庭重组后,对孩子来说,是一次巨大的生活和精神的变动。重组家庭儿童在新组

---

① 刘春怡.现代化进程中的城市单亲家庭调适研究[D].长春:吉林农业大学.2006:114
② 高雪玉.重组家庭如何教育孩子[J].现代家,2002:8

建家庭中的地位、亲子交往均与自己亲生父母生活在一起时有一定的距离或差异,他们不得不去接受甚至爱另一个或者几个和自己没有血缘关系的陌生人,他们可能会搬入新的居住地,进入新的幼儿园,认识新的邻居、同学、朋友以及一群新的亲戚。这一切对他们来说都是陌生的,他们可能会对新环境充满恐惧,产生忧虑、紧张、压抑、烦恼等不良情绪。统计表明,再婚家庭中 21.6% 的儿童有较严重的情绪烦恼;18.9% 的儿童精神紧张;有 56.8% 的儿童有较强的压抑心理。这些数据均高于其他家庭类型同类指标人数的百分比。[①]

二、重组家庭教育的特点

(一) 难以感受父母完整的爱

重组家庭的孩子在情感上常感到孤单、寂寞、无助。一些继父母对他人子女的感情投入严重不足,他们很少像亲生父母那样发自内心地亲吻、搂抱孩子,基本只在物质上给孩子以满足,而亲子的爱是无法用物质的满足来获取的。孩子由于缺少与父母良好的感情交流,情绪、情感常常得不到健康的发展。情感的疏离使得孩子排斥心强,继父母在子女的教育中缺乏说服力,常常造成教育的失败。

(二) 家庭教育方式混杂

重组家庭中夫妻双方都有着自己的家庭教育方式,在重组家庭后,很难快速地改变自己的教育方式,达成统一,这就导致了对孩子的要求和情感投入的不一致,家庭教育方式的混乱。继父母在面对与自己没有血缘关系的子女教育问题时,难免会心存芥蒂,很难真诚客观地看待孩子的教育问题,经常不知道采取什么样的教育方式,导致了教育方式的杂乱。而有些家庭为了避免教养方式不统一的问题,由原有家长教育自己的孩子,继父母不过问孩子的教育,又极易造成情感疏离的问题。

(三) 人际关系紧张

相对完整家庭及其他类型的单亲家庭而言,再婚家庭中的人际关系更为复杂,且容易由于家庭成员的变动而导致家长及孩子产生人际适应方面的障碍。由于种种原因重组的家庭,决定了在其中生活的每一个人都要主动适应各种新的人际关系,尤其对于孩子而言,要真正接受继父(母),会有一个很长的过程,而在此过程中,难免会有诸多人际适应难题。

三、重组家庭的儿童教育策略

(一) 关爱幼儿

重组家庭对于幼儿来说是一个巨大的挑战,父母有责任去帮助幼儿适应新的家庭。

---

① http://tieba.baidu.corn/f? kz=220139433

重组家庭后,家长不应以任何自身的理由,减少对幼儿的关爱,同时,继父母也应该为幼儿投入关爱,帮助幼儿调整生活习惯和身心状态,了解幼儿的兴趣、爱好,多花时间陪伴幼儿,努力在家中营造一个关爱的氛围。

扩展阅读5-3 >>>

《家有儿女》体现出"爱"是重组家庭子女教育的基础[①]

在《家有儿女》第1集,初到新家的夏雪因为怕受继母的气,首先给刘梅来了个下马威:不但对刘梅为她准备的接风宴挑三拣四,而且提出约法三章,甚至故意找"狂野男孩"扮男友和父母叫板。刘梅容忍了夏雪的咄咄逼人,而且为了和夏雪有共同语言,不但克服恐惧陪夏雪观察小白鼠,更是恶补有关猩猩的知识,并为夏雪办了一个猩猩展室。刘梅的苦心终于有了回报,夏雪体会到继母的关心和爱护,从内心接受了继母,说出了"谢谢您,老妈"。同样,继父夏东海与继子刘星的关系也面临着挑战。学校要开家长会,夏东海为了当一个好爸爸,特意早早下班去给刘星开家长会。回来之后,没有把刘星闯的祸如实反映给刘梅,后来还是被刘梅知道,要揍刘星。夏东海要亲自教训刘星,他击打沙袋的声音,使刘梅和姥姥以为他在狠打刘星,很是心疼,在外面大喊住手。经过这次事件,刘星也从心理上接受继父。夏东海和刘梅这对重组家庭的父母用无私的爱打开了孩子们紧闭的心扉,为和谐的家庭教育打下了良好的基础。

(二) 要重视对幼儿进行健全人格的教育

在对重组家庭进行教育的过程中,为了培养幼儿健全的人格,首先要教育孩子学会面对现实,如实地向孩子说清楚父母之间的事情,并告诉孩子,离婚和重组是需要面对的现实,但是对孩子的爱不会减少。其次引导他们学会成长,重组的家庭从某种意义上说也给孩子提供了磨炼意志的机会,从逆境中走出的孩子,更容易有所作为。另外,家长与教师应在尊重的基础上关注孩子,避免进入情感性教育的误区和极端性教育的误区,要善于观察幼儿的内心变化,避免自己的言行伤到幼儿,多进行正面引导,并且创造温馨的活动环境,丰富幼儿的精神生活。

(三) 建立理解的沟通方式

理解孩子、了解孩子不同发展阶段身心发展的特点,才能根据孩子不同的情况采取不同的措施。首先,家长必须把孩子视为朋友,不带自己的偏见(自己的价值观)看待孩子的行为。站在一个朋友的角度,单纯地了解孩子的内心感受,客观地分析孩子行为背后的心理原因,从而找到改变他外在行为的办法。在整个过程中,家长只是一个旁观者,而不是当事人或利害关系人。其次,家长应该以放松的心情来与孩子进行交流,以此来消除孩子的恐惧、烦恼和孤独,使他们鼓起学习、改变、成长的勇气和热情。再次,理解中

---

① 李英霞. 由《家有儿女》看重组家庭的子女教育[J]. 电影评介,2008(7):55

既没有表扬也没有批评,理解是两个人之间心灵的沟通。

第五节　留守儿童的家庭教育

案例导入 >>>

留守儿童不应成为被甩脱的一代[①]

在与留守儿童相关的新闻中,有太多让人无法承受的伤痛:2011 年全国发生数十起重大校车事故,其中大多数发生在外出打工人群密集的县乡,而受害者多为留守儿童;安徽太湖一名 12 岁的少年在祠堂边自缢身亡,留下遗书称想念外出打工的父母,自缢前曾深情地吻别陪伴自己的爷爷。这些碎片化的悲剧,只是中国 5 800 万留守儿童的一个侧面。

在湖南省凤凰县山江镇稼贤村小学里的大多数孩子,因为父母在外地打工,基本是由祖父母"隔代带养"。教室里甚至有个女孩带着未入学的妹妹来上学。稼贤小学的 96 名学生中约有 80% 属于此类儿童。据官方统计,凤凰县义务教育阶段学生中,留守学生超过了一半。一位当地教师说:"他们必须学着自己长大。"

思考: 留守会给幼儿造成怎样的影响?

"留守儿童"一词,最早是在 1994 年提出来的。当时是指父母在国外工作、学习而被留在国内的孩子。[②] 进入 21 世纪,随着我国经济社会的发展,工业化、城市化进程的加快,以及我国工业和服务性行业的迅猛发展,农村劳动力大量流向城市,形成庞大的农村留守儿童群体。

留守儿童是指父母双方或一方外出打工或者工作半年以上,孩子留在户籍所在地由父或母一方、长辈、亲戚朋友等监护的未成年人。根据全国妇联 2013 年发布的《全国农村留守儿童 城乡流动儿童状况研究报告》,根据《中国 2010 年第六次人口普查资料》样本数据推算,全国有农村留守儿童 6 102.55 万,占农村儿童的 37.7%,占全国儿童的 21.88%。且学龄前留守儿童规模迅速膨胀,学龄前农村留守儿童(0～5 岁)2 342 万,占农村留守儿童的 38.37%,比 2005 年增加了 757 万。[③] 留守儿童作为一个日益庞大的社会群体,必须引起社会和国家的广泛关注与重视。

---

① http://mt.sohu.com/20150506/n412500543.shtml
② 一张.留守儿童[J].瞭望,1994,(45):37
③ 全国妇联课题组.全国农村留守儿童 城乡流动儿童状况研究报告[J].中国妇运,2013(6):30

一、留守儿童的特点

（一）身体健康状况较差

留守儿童身体健康状况较差的原因有：父母一方或双方外出打工，家庭劳力缺乏，没有充裕时间进行食物制作，并且外出务工家长经济收入不稳定或工作流动性大，在经济上无法稳定地支持儿童的营养需要；留守儿童由祖父母照顾，缺乏对儿童的科学喂养知识和能力。一项以湖北3～4岁学前留守儿童和非留守儿童为对象的研究表明，留守儿童与非留守儿童在身高、体重、头围、胸围、牙齿数目等身体健康指标上差异极其显著，且非留守儿童的身体各项指标都优于留守儿童。在营养摄入与饮食均衡方面，留守儿童与非留守儿童存在较大差异，不论是挑食人数，还是营养失衡人数，留守儿童均高于非留守儿童，尤其在蔬菜、水果、奶类及豆类制品这几个指标上差异显著。[①]

（二）情感生活匮乏

一年中大半的时间里，留守家庭与外出打工者都被地理空间的距离隔离在两个不同的生活世界。外出父母与留守儿童之间无法进行直接的互动，他们只能以间接的方式如电话和网络通讯工具来维系着彼此的亲情和关爱，而由于诸多环境因素和经济因素的限制，以及学前儿童语言发展的特点，留守儿童与外出父母沟通是短暂的、频率较低的，无法真正弥补因父母外出打工而造成的对孩子关爱的缺失以及情感的交流的缺乏。

留守儿童与监护人的沟通状况也不能满足儿童正常情感发展的需要。有研究表明，从留守儿童与监护人的聊天情况看，很多留守儿童和监护人的沟通存在着障碍。在10个研究社区中，有近一半的留守儿童能经常和监护人聊天，但仍有1/4的儿童与监护人很少或从来不聊天。留守儿童与监护人很少聊天的情况主要出现在隔代监护和其他监护类型的家庭里。而对于母亲监护的家庭，孩子和监护人的沟通还是相对较多的。但是从他们聊天的内容看，大多也只是涉及一些琐事，而孩子内心深处的思想与情感则很少会告知监护人，监护人也不会主动去问这些内容。[②]

（三）易形成焦虑感和孤独感

根据霍妮的基本焦虑理论，幼儿出生后有满足和安全的两种基本需要，如果没有被满足就会形成对父母的敌对心理，幼儿压抑了对父母的敌对心理就会产生基本的焦虑。留守儿童因为缺少父母的关爱，和监护人有隔阂，满足和安全的需要不被满足，会产生焦虑感。留守儿童和非留守儿童对比同伴交往情况较差，普遍感觉失落和孤单。研究表明

---

① 彭俭，石义杰，高长丰.学前留守儿童身体健康状况及干预策略——基于与非留守儿童的比较研究[J].教育评论，2014(10)：78

② 叶敬忠，王伊欢，张克云，等.父母外出务工对留守儿童情感生活的影响[J].农业经济问题，2006(4)：22

部分留守幼儿缺乏安全感,不敢或者不想交往,交往范围狭窄,只结交境遇相仿的同伴,且相对容易对富裕家庭的非留守幼儿产生排斥心理。[①]

二、留守儿童家庭教育的特点

(一)容易错失对子女进行最初的人生塑造时机

在人生的最初几年,外界的影响对婴幼儿未来的发展具有决定性的意义。家庭塑造人的力量,远大于人们的想象,尤其是婴幼儿时期的塑造,将奠定孩子一生发展的基础。在幼儿期,父母就与孩子隔离,没有一个健全的家庭,将会使父母错失最初的对孩子进行人生塑造的最佳时机,发挥不了家庭教育的作用,这是以后都无法弥补的,而且容易使孩子出现品行问题、心理问题、社会适应等问题。

(二)片面重视孩子物质上的满足感

大多数父母外出务工的主要目的在于为子女的生活和教育提供更好的物质条件,所以倾向着留守子女的物质生活,而对其心理和情感发展等其他方面关注兴趣不大,误认为只要给孩子充足的物质保证,就是对孩子最大的爱。认为父母外出挣钱,让孩子吃好、穿好,由祖父母照顾,孩子就是幸福的,却忽视了父母的教育责任,忽视了孩子的精神需求。由于长期在外,基于一种补偿心理,父母大多采取"物质(金钱)+放任"的方式来对待与孩子的分离。有的父母几年都不回来一次,而且很少与孩子进行交流,难以尽到为人父母的职责。岂不知孩子最需要的不是金钱,而是父母的关爱,这是金钱所代替不了的。

(三)临时监护人不能完全胜任对孩子的管教

调查结果表明,89.2%的留守儿童由祖父母辈进行监护抚养。父母们往往认为把孩子留给祖父母是最放心的,在外面可以放心挣钱,但是没有考虑到孩子的教育问题。隔代教育年龄差距很大,老年人的知识能力有限,不能适应社会发展的需要,出现什么问题,他们不会分析研究、找出原因,也不与幼儿园配合,要么粗暴训斥,要么溺爱祖护,要么冷漠放任,彼此间很难有真正的沟通。也有些留守儿童由亲朋好友等进行代为监护抚养,他们对留守儿童教育责任感很低,只要不犯大错误就行。在这种特殊的教育环境下,留守儿童很难养成良好的生活习惯。

(四)孩子成长所需的营养、保健、安全等问题难以落到实处

受经济条件的限制和陈旧的儿童健康观念的影响以及临时监护人的职责不明等原因,留守儿童的饮食营养搭配、疾病预防、安全教育等问题往往难以得到应有的重视。很多临时监护人对孩子的养育理解为只要让孩子吃饱穿暖,冻不着,饿不着就行了。父母不在身边,孩子没有直接的关爱和呵护,其成长所需要的营养、保健、安全等问题无法落

---

①　李颖.农村"留守幼儿"社会性发展研究——以湖北省黄冈地区为例[D].武汉:华中师范大学,2009:20-21

到实处,很可能成为不法分子的侵害对象。近年来,留守儿童被拐卖或伤害的案例呈上升趋势,这些孩子的人身权益和身心健康受到严重侵害。

三、留守儿童的教育策略

(一)父母应当避免在儿童早期与其长期分离

鉴于婴幼儿时期在人一生成长中的重要作用,建议父母在做出外出务工决定时,不要仅考量家庭经济方面的压力,也把是否更有利于孩子健康成长因素考虑在内,给孩子一个幸福快乐的童年。以牺牲子女的情感幸福来换取物质水平的提高或未来教育投资的储备,往往是得不偿失的。人的成长与其他事物不同,不可能发现教育不成功可以任意毁掉重来。

(二)改变家长的外出务工方式,把伤害减到最低

建议父母变通一下外出务工的方式,应尽量避免双亲同时外出务工。父母双双外出,对子女影响较大,但如果有一个家长在家,则负面影响相对就要小得多。因此,父母在做出外出务工决定时,最好留一人在家,尤其是母亲的陪伴,对婴幼儿更为重要。母亲无论在照顾孩子饮食起居,还是在孩子情感陪护方面都会更有优势,同时母亲在家会给孩子安全感,有倾诉对象。因此,父母不同时外出,或尽最大可能降低母亲外出率,可保持家庭教育的存在与完整,从而把对孩子的伤害减到最低。

(三)寻找合适的临时监护人

家长要减少任意性,尽可能地寻找那些水平高、教育能力强、责任心强、有保护能力和精力的人来充当孩子的临时监护人。留守儿童的临时监护人也是需要具备一定素质的:强烈的教育责任感,能够及时地发现孩子的不良行为,给予及时的教育与引导;能够对留守儿童进行细心的观察与沟通;能够及时与孩子的父母及时交流沟通等。寻找高素质的临时监护人,可以降低孩子成长中出现问题的概率。

(四)改变教育沟通方式,并常与临时监护人、幼儿园联系

家长对孩子的关心是解决留守儿童问题的根本,忽视了这一点,其他任何措施都将难以落到实处。因此,如果父母双方都外出,必须要改变与孩子之间的沟通与交流方式:在沟通频率上,最好做到频繁地沟通和联系,并且有一定的时间保证,每年应抽空回家看孩子,尤其是节假日,可以接孩子和父母团聚,让孩子随时随地感受到父母的爱;在沟通内容上,不能只关注物质生活,需全面了解其心理、身体、学习等情况,让孩子感受到父母的爱,减少孩子离开父母的孤独感和无助感;在沟通方式上,除了电话联系外,还可以用互联网,与孩子维持情感联系。同时,父母还要与孩子的临时监护人、幼儿园保持经常性联系,掌握孩子的动态,共同商讨教育孩子的办法,使孩子从小就能在充满爱和关注的环境中健康成长。

第六节　隔代教养家庭儿童的家庭教育

案例导入 >>>

缺乏教育的牛某某

牛某某,男,两岁半,非常好动,学东西较快,最喜欢看动画片《西游记》。其父母因忙于工作,很少跟孩子交流,且其母亲脾气暴躁。牛某某从小跟姥姥生活在一起,姥姥没文化,对他的一些不良行为也从未加以制止。另外,在这个家庭中,并没有对孩子形成统一的教育观念。以下是牛某某的两个行为片段。

行为一:一位家长送孩子去幼儿园,手里帮孩子拿着雪丽兹。牛某某看见后一把把家长手里的雪丽兹抓过来,没等打开就吃起来,并且再也要不回来。虽然教师批评了牛某某,告诉他这样做不对也不礼貌,可他压根听不进去。在牛某某的意识里,感觉好像自己就是应该拿的。

行为二:一天早晨,牛某某一把抓住班里某个小女孩的头发,然后就朝她的头上咬去。教师们刚想去拉开,牛某某已经又一巴掌打在了小女孩的脸上,动作非常快。看到小女孩哇哇直哭,牛某某脸上没有一丝愧疚。[①]

思考:试着分析牛某某产生行为问题的原因。

由于我国经济社会的快速发展和社会的转型,使得人口及家庭结构也发生了很大变化。一方面,由于人们生活条件的改善和健康水平的提高,我国高龄人口越来越多,老龄化社会提前到来,有相当多的老人不但身体健康,而且时间上、精力上和经济上也相对充裕;另一方面,社会对人才培养的需求,使得教育功能得到了强化,加上"独一代"(独生子女第一代)和"独二代"独生子女时代的到来,隔代家庭教育的功能和作用也受到了高度的重视。

隔代家庭教育,也称隔代教育,是指由祖辈(主要是祖父母、外祖父母)对家庭中的孙辈儿童所实施的抚养、教育及其他帮助性活动。年轻的父母们由于社会压力和工作压力大,加上一些独生子女的父母对老人带有一定的依赖心理,很愿意将自己的孩子交给老人照管,而有不少老人也常怀有着"天伦之乐"和"隔代亲"的传统文化伦理情结,也很愿意带孙辈。城市化进程加快,大量流动人口的增加(包括外来务工人员、出国留学与工作人员、异地工作人员等),也使得大量的留守儿童不得不由祖辈们来照管。《中国青年报》

---

①　贾万刚,赵晓.隔代溺爱导致的幼儿偏异行为及其矫正[J].淄博师专学报,2010,19(1):27

2012 年对全国 31 个省(区,市)作过调查,结果表明目前年轻人隔代寄养孩子的现象十分普遍。[①] 上海社科院 2012 年的调查也表明城市家庭中近一半"单独"家庭(指家庭中的父母至少有一方是独生子女)依靠祖辈照料孩子,比例高出非"单独"家庭近 20%。[②]

一、隔代教养家庭儿童的特点

(一)身体发展状况不理想

幼儿正处于长身体的关键时期,科学的膳食、营养均衡尤为重要。联合国教科文组织指出幼儿缺少蛋白质、热量很可能导致幼儿身心发展的停滞,如果幼儿期有这种缺失,到了成年再多的蛋白质和热量也不能弥补这种缺失,如果这种缺失在一个国家很普遍,会阻碍这个国家未来各方面的发展。然而有不少隔代教养家庭并没有充分考虑幼儿的营养问题,祖辈们懂得符合幼儿身体发展的膳食搭配的人为数不多,在孩子的喂养问题上他们往往会按照自己以往的喂养经验,不太注意营养搭配。据某幼儿园调查,由祖辈直接照顾的孩子中,有 72% 的孩子不同程度地吃营养品,对五谷杂粮、瓜果蔬菜的摄入不足。[③] 这可能导致其缺铁性贫血或缺钙缺维生素等,从而影响其身体的健康发展。

(二)心理健康状况不理想

祖辈家长多数具有充足的时间和精力,能够给幼儿以充分的关爱和照料,但祖辈家长在价值观念、生活方式、儿童的教养观念等方面往往不能与时俱进,与现代社会存在差距,尤其是他们可能会对孩子过度保护、限制,无原则地迁就和溺爱,时时处处以孩子为中心,使隔代教养幼儿表现出更多的心理和行为问题,心理健康状况不理想。调查表明,相对于父母教养、父母和祖父母共同教养的幼儿,隔代教养幼儿表现出更多的情绪问题、行为障碍、性格缺陷、人际交往缺陷,且适应性较差。[④]

(三)社会交往能力不强

祖辈往往对儿童表现出更多的溺爱与放纵,为儿童包办所有的事情,限制了儿童独立性的发展,阻碍了幼儿的去自我中心化,影响了幼儿自我意识的发展,容易使幼儿形成自私、任性的不良性格,影响幼儿的正常同伴交往。并且祖辈在照顾孙辈时给予了过多保护的环境,很少给他们与同龄人交往的机会,生活在缺乏儿童伙伴的环境中,影响了去自我为中心的进程,无法发展社会交往能力。有研究表明,在性格和人际交往方面,父母教养幼儿要优于父母和祖父母共同教养幼儿。[⑤]

---

① 王聪聪.民调显示 87.8% 的人确认当下儿童隔代寄养现象普遍[N].中国青年报,2012-05-10
② 王军锋.浅谈亲子教育和隔代教育对幼儿个性心理发展的影响[J].陕西教育学院学报,2013(3):121-124
③ 朱永芳.小上帝饮食消费误区[J].中国保健营养,1994,(5):35
④ 王玲凤.隔代教养幼儿的心理健康状况调查[J].儿童心理卫生,2007,21(10):674
⑤ 王玲凤.隔代教养幼儿的心理健康状况调查[J].儿童心理卫生,2007,21(10):674

二、隔代教养家庭教育的特点

(一) 享受祖辈教育优势的影响

祖辈通常有充分的时间和精力陪伴孩子,并且更加耐心和温柔;祖辈比起年轻父母,有抚养子女的实际经验,在处理孩子在不同年龄段出现的问题时更有经验;祖辈积累了丰富的社会阅历和人生感悟,都是促进孩子社会性发展和处理孩子教育问题的宝贵财富。相对于三口之家,和祖辈一起居住的家庭,家庭生活更丰富,孩子能感受到更多的爱和处理更多的人际关系的技巧。有的学者还指出,父辈的教育往往强调竞争性,而隔代抚养能把竞争性教育和祖辈的宽容、平和等传统美德教育很好地结合起来。[①]

(二) 早期依恋缺失可能影响亲子关系

由于人口的流动性增强和离婚率的增加,隔代教养家庭很多都是只有祖辈来进行教养,这样的隔代抚养会影响幼儿母婴依恋的建立。母婴依恋是婴儿和母亲之间的一种积极的、充满深情的感情联结,它对于激发父母更精心地照顾后代,帮助儿童形成信赖的个性有着重要影响,而只有祖辈进行隔代抚养,幼儿缺乏和母亲的相处,影响了母婴依恋的形成,而且幼儿年龄越小,越明显。英国儿童精神学家鲍尔毕和他的同事曾在研究中指出,过早离开父母而未建立正常依恋的幼儿经常在情感上出现危机,并可能在以后的生活中突发情绪问题如焦虑或抑郁。如果幼儿期不能建立安全的依恋关系,以后的生活中,幼儿就可能会对周围的世界和人产生不信任感,面对陌生环境会产生恐惧、担忧,甚至孤僻冷漠的态度。

(三) 接受不一致的教育影响

幼儿的祖辈和父母因其成长的时代背景不同,在教育观念、教育方法、教育手段上都存在着不同,甚至会产生重复和分歧,这就导致幼儿在父母教养和隔代教养双重教养方式下接受着不同的教育影响。现在的父母比较关注幼儿独立性的训练,而祖辈在孩子父母教育孩子时,经常一味祖护和包办,孩子容易找祖辈做保护伞,使父母的教育理念无法实施,从而容易导致父母和祖辈的冲突,并且滋生幼儿依赖祖辈,抵抗父母的心理。

[案例 5-3]

一位老人退休前是一名国企管理者,对孩子的教育有自己的理解,当在教育孩子方面和孩子的父母有分歧的时候则会据理力争、毫不退让。老人激动地讲述了一场和孩子父母的"战争"。"他爸爸说要带他出去玩,我有时候不允许。他爸爸有的时候杠起来说就是要去。我说'他最近几天不舒服,你带的地方对孩子的教育没好处的'。小孩也说不去。他爸爸对孩子说'不去我打你'。我把桌子一拍,说'你试试看,你碰他一下试试看。你还造反了呢!'"[②]

---

① 李亚妮.国内外隔代抚养研究综述[J].华章,2012(26):2
② 王军辉,李倩文.基于隔代教育的质化研究报告[J].早期教育,2014(1):53

思考:这样的冲突会对幼儿造成什么影响?

三、隔代教养家庭的儿童教育策略

(一)明确教育责任

父母有抚养教育幼儿的义务和责任,并且父母对幼儿的教育是任何人都替代不了的。父母应明确自身在孩子抚养过程中的责任,让孩子从小感受到父母的爱。父母应重视子女的抚养问题,加强亲子间的沟通与交流。即使当父母由于不可回避的客观原因,不能完全承担抚养责任时,最好向孩子讲明父母离开的理由,是为了生活和工作迫不得已才不能照顾他,并不是放弃孩子或是不爱孩子。父母应尽最大可能地与孩子保持沟通与交流,经常了解孩子的生活状况、生长发育及内心感受,让孩子能够切身感受到父母对他的爱,这对促进幼儿心理健康发展具有重要意义。

(二)更新祖辈的教育理念和教育方法

21世纪是知识经济时代,时代的特征要求未来的人们必须具有丰富的知识和实践,才能适应时代发展。而教育是知识经济时代人们最根本、最重要的生存手段和适应方式,因此要跟上社会发展和观念更新的步伐。祖辈父母要在价值观念、知识结构、思维模式、教育方式上强化自身的文化学习,虚心接受教育,学习科学的教育理念和教育方法,遵循新时代的教育规律。更为重要的是祖辈教养者要常和父母沟通,互相理解和认同,达到教育理念和教育方法上的一致。

(三)构建家庭、幼儿园及社区一体化的教养机制

为了切实提高幼儿抚养质量,应积极倡导构建家庭、幼儿园及社区一体化的教养机制,一体化的教养机制对当前多数祖辈家长教育知识不足、教育理念易与时代脱节等问题的解决具有重要意义。构建家庭、幼儿园及社区一体化机制的教育机制,幼儿园应起主导作用。因为幼儿园是专职的抚养机构,幼儿教师具备幼儿的身心发展特点及教育规律等知识,能够有针对性地进行指导。建议在一个社区内经常开展由幼儿园牵头,社区组织,祖辈家长共同参与的隔代家长抚养经验交流会。在交流会中,教师向祖辈家长讲解科学的抚养理念及抚养策略等方面的知识,也可以请在隔代抚养方面做得好的祖辈家长介绍他们在抚养孩子方面的经验及心得。

【检测】

一、思考练习题

1. 举例说明独生子女的特点。
2. 通过访谈,了解多子女家庭教育的特点。

3. 分析父母离异对儿童的影响。

4. 怎样建立重组家庭父母和孩子理解式的沟通方式？

5. 思考隔代教育的优点有哪些。

二、实践分析题

案例 1：一年级学生黄艺的爸爸去年病逝了，家里因为爸爸看病欠了 10 万元的债，妈妈不得不到汉口的一家服装厂打工还债，每年只能回来一两次。虽然奶奶对孙女疼爱有加，但是一提到爸爸妈妈，小黄艺的眼眶就红了："经常会想得哭。有时候上课都听不进去。"在学校里，她很少和其他同学一起玩，大部分时间是坐在自己的位子上想心事。

案例 2：六年级学生小齐正好与黄艺相反，对于在外面打工的父母，他提都不愿意提，爷爷奶奶的过分溺爱，养成了他霸道的性格，时常欺负别的同学，爱打架，对读书也不怎么感兴趣，爷爷奶奶对他只有叹气的份儿。

案例 3：跟随妈妈到市区读书的黄文犟因为适应不了城市学校里的学习生活，又转回了乡村小学，和同学玩抓石子的他，觉得在乡下自己要快活些。"他们（指以前城市学校的同学）经常嘲笑我土，我不喜欢他们。"①

分析以上案例，利用网络了解留守儿童的现状，尝试提出留守儿童的教育策略。

---

① http://www.yaolan.com/parenting/201110131839796.shtml

第六章

特殊儿童的家庭教育

学习目标

- 了解各类特殊儿童的界定。
- 理解各类特殊儿童的发现与鉴别。
- 掌握各类特殊儿童的特点。
- 具备对各类特殊儿童使用教育策略的能力。

本章导读

对特殊儿童传统的理解有两种:一种是广义的特殊儿童,正常儿童以外的各类儿童都算特殊儿童,包括超常儿童、低常儿童、问题儿童、言语障碍儿童、情感障碍儿童和学习障碍儿童等;第二种是狭义的特殊儿童,专指生理或心理发展有缺陷的残疾儿童,包括智力、视觉、听觉、肢体、言语、情绪等方面发展障碍及身体病弱、多种残疾等儿童,故又称"缺陷儿童"或"残疾儿童",而不包括超常儿童、品行障碍儿童和问题儿童及精神障碍儿童。本书采用的是广义特殊儿童定义的方式。同样,对特殊儿童家庭教育涵义的理解是对具有特殊需要的儿童提供适合其需要的家庭教育。本章共六节内容,从特殊儿童的发现与鉴别、特殊儿童的特点和家庭教育策略三方面分析了智力超常儿童的家庭教育、智力障碍儿童的家庭教育、自闭症儿童的家庭教育、听力障碍儿童的家庭教育、视力障碍儿童的家庭教育和其他类型特殊儿童的家庭教育。

第一节　智力超常儿童的家庭教育

案例导入 >>>

英国 4 岁女童智商高达 159 接近爱因斯坦和霍金[①]

据英国《每日邮报》13 日报道,英国汉普郡一名大学讲师马修·汉金斯的女儿海蒂的

---

① http://tech.qq.com/a/20120415/000075.htm

智商高达 159,几乎与著名科学家爱因斯坦及英国物理学家霍金一样高,因为爱因斯坦和霍金的智商都是 160 左右。据悉,海蒂已经被世界知名的门撒俱乐部正式接收为会员,并成了该俱乐部中年龄最小的会员。

据报道,现年 4 岁的海蒂·汉金斯的父亲马修·汉金斯是英国南安普敦大学的一名公共卫生学讲师,而她 43 岁的母亲索菲则是一名英国艺术家。马修和索菲一向知道自己的女儿海蒂要比同龄孩子更聪明一些,因为她几个月大时就开始牙牙学语,1 岁时几乎就能流利地讲话,14 个月大时就能用笔在纸上画小公主和小动物的图像,1 岁半时就能使用计算机,两岁时就能看书识字、背诵诗歌,数数到 40,3 岁时就能做加减法计算。

虽然现年 4 岁的海蒂仍在当地一家托儿所上学,但托儿所老师发现她们已经无法再教海蒂更多的东西,因为海蒂的知识和学习能力已经远远超过了幼儿园水平,也许只有小学水平的问题才可以难倒她。

最近,马修和索菲决定带女儿到专家那儿接受著名的威奇斯勒智商测试,这项复杂的智商测试主要通过各种难题测试儿童的智力和潜能。智商测试结果显示,海蒂的智商竟然高达 159! 几乎快赶上著名科学家爱因斯坦和英国物理学家霍金的智商水平了,因为爱因斯坦和霍金的智商也都只有 160。

据悉,大多数普通人的平均智商水平都只有 100 左右,而智商高达 159 的海蒂,已经属于官方认可的"天才级"智商。

思考:智力超常儿童的家庭教育应如何开展? 智力超常儿童有何特点?

智力超常儿童首先是指智力超过一般水平的儿童,一般通过专门的智力测验来测出智商值以区分智力的高低,那么智力超常儿童就是指智力测验中测量结果在两个标准差以上的儿童。当然,不同的量表,具体的智商值是不同的,如常用的韦氏智力测验标准差是 15,均数是 100,而比纳测验的标准差是 16,均数也是 100,在这两套量表上智力超常儿童的智商标准分别是 130 以上和 132 以上。[①] 智力是一个复杂的概念,仅从智力测验得分高低去判断智力高低是有局限性的,现在更倾向于从多元的视角看待智力。加德纳先生进行了几十年的研究发现,人可以具有不同的智能,包括数理逻辑智能、语言智能、交往智能、运动智能、空间智能、音乐智能、反思智能等。从多元的视角看待智力,智力超常儿童是不仅包括智力发展上显著超过同年龄常态儿童一般发展水平,还包括某方面具有突出发展特殊才能的儿童。

一、智力超常儿童的发现与鉴别

据我国心理学家调查,超常儿童大约占同龄儿童的 1‰ 到 3‰,我国超常儿童至少有

---

① 刘全礼.随班就读教育学:资源教师的理念与实践[M].天津:天津教育出版社,2007:64

200 多万，这是一个很可观的数字。要及早发现超常儿童并对他们进行恰当的教育，关键在于鉴别超常儿童。

最早对超常儿童进行比较科学研究的是英国的遗传学家、优生学的创始人高尔顿。他对 900 多位著名人物进行了家庭血缘关系的调查和分析，得出能力遗传的结论，并于 1869 年出版了《遗传的天才：它的规律与后果》一书。高尔顿认为天才儿童的出生得益于优良的遗传。目前对超常儿童的鉴别，主要是运用智商测验方法。

智商测验是鉴别智力超常儿童的主要方式，通常采用斯坦福—比奈量表。经过对大量美国儿童测验结果分析，美国心理学家推孟把儿童智商分为以下几类：智商在 140 以上为天才；120～139 为最优秀智力；110～119 为高智力；90～109 为正常智力；80～89 为中下智力；70～79 为临界智力；60～70 为轻度弱智；50～60 为深度弱智；25～50 为亚白痴；25 以下为白痴。随着时代的进步，一些研究者发现，用智商测验天才儿童是有局限性的，例如它不能鉴别出儿童的创造力等。因此，许多研究者开始采取多方面的指标，例如考察幼儿学习能力方面、特殊才能方面、个性特点方面等，并且选择合适的测定方法，如实验法、观察法、测验法和作品分析法等。另外，对于被初步确定为超常的儿童，还要经过追踪研究，对他们作进一步考查。

扩展阅读6-1 ≫

超常智力儿童行为测定表①

1. 兴趣、爱好广泛；
2. 对科学或文学产生浓厚的兴趣；
3. 是个好学不倦的人；
4. 喜欢计算，能快速进行心算；
5. 对新鲜事物特别好奇；
6. 能非常机灵地回答问题；
7. 能较长时间集中注意力看书或做智力游戏；
8. 语言表达较好；
9. 能很快适应新的环境；
10. 喜欢独自一人做事；
11. 有好胜心理；
12. 别人谈话时经常插嘴；
13. 发现新的东西表现出很高兴；
14. 有强烈的自信心；
15. 对别人的感情很敏感；

---

① 丁连信主编.学前儿童家庭教育[M].北京：科学出版社，2011：114

16. 性格活泼,面部富于表情,不呆板;

17. 能讲富有想象力的故事;

18. 急于把发现的事情告诉别人;

19. 喜欢做新的事情;

20. 能控制自己的言行;

21. 有很好的观察力,注重事物的细节;

22. 能发现事物之间的联系;

23. 有忘记时间的倾向;

24. 能分清事情的主次因素;

25. 用有高度创造力的方法解决问题;

26. 有某一种或更多的特殊才能;

27. 会挑战成人的看法;

28. 情绪较为稳定,能判断别人的能力。

二、智力超常儿童的特点

对于那些天赋确实很好的儿童,如果家长能够在他们婴儿时期就及早地发现他们的先天禀赋,再加以正确、科学的教育和引导,那么这些儿童长大后就可能成为出众的人才,对国家做出极大的贡献。因此了解超常儿童的特点,对于家长及时地、尽早地发现自己孩子的先天禀赋有着重要的意义。与常态儿童相比,智力超常儿童具有以下几方面的突出表现。

(一) 生理成熟较快

智力超常儿童在出生后不久,即表现出与一般儿童不同的特点。比如,一般儿童的大动作发育大多遵循着"三翻、六坐、七爬、八站"的发展顺序,智力超常儿童一般出现这些典型大动作的时间会提前,对于精细动作的发展也是如此,智力超常儿童会更早地表现出抓握和玩弄物体以及手眼协调性。另外,智力超常儿童在生理的各个方面都要比一般常态儿童发育好一些,如身高、体重以及机体的各项机能发育都好于常态儿童。

(二) 认知能力特别优异

大多数智力超常儿童的感知能力非常强,主要表现在感知觉敏锐;注意力集中时间更长,记忆力强;思维敏捷,想象丰富。智力超常儿童有较强的视、听感受性,能在短时间内迅速而准确地获取大量信息,观察力强,并能有顺序、有方法地进行观察;他们注意力集中,特别是对于自己感兴趣的问题能够高度地注意数小时,他们的短时记忆和长时记忆能力都过人,有些儿童甚至能够做到过目不忘;他们的理解能力很强,思维敏捷,具有一定的逻辑推理能力,且推理比较严谨,反应的速度也比较快,对于许多问题只要一点就能通,想象力非常活跃;大多数超常儿童的语言表达能力也明显优于常态儿童。

（三）存在优势的发展领域

智力超常儿童不仅表现为智力的发展超于一般儿童，而且一般情况下，在各个方面都比一般儿童出色，如精力充沛、活泼好动、独立、更有自信心、身心健康。智力超常儿童存在自己明显的优势领域，有的数学才能超凡，有的语言和写作能力非凡，有的特殊艺术才能优异，有的记忆力超强，还有的具备特殊的交际和领导才能。

（四）个性方面具有独特性

智力超常儿童兴趣广泛，求知欲望强，进取心强，一旦想学什么或者想做什么，就有一种非得学会、干好的倔劲。智力超常儿童对自己的能力充满自信，富有进取精神，遇事不甘落后，不服输，能积极对待困难与挫折，失败了也不气馁。能自觉排除外界诱惑和干扰，有较强的坚持性和自制力，能主动进行自我调节，表现出坚毅的意志行为。

智力超常儿童性格倾向于发展内向性格。据美国的相关研究，超常儿童性格表现内向的比例占 60%，明显高于普通人性格内向者的 30%。一般情况下，性格内向者通常不善于与人沟通，不喜欢与人交往。因此，超常儿童的同伴关系往往不是太好，并且内向者喜欢独自思考和反省，表现出较高的学业成就和学术贡献。

三、智力超常儿童的教育行为策略

在智力超常儿童的教育中，家庭教育的作用是非常重要的。智力超常儿童只有经过特殊的超常教育，才能获得比在普通教育环境条件下更大的成才概率，这样可以防止对儿童天赋的浪费，也是对儿童超常天赋的尊重。

（一）客观评判幼儿

在超常儿童的教育中，家长首先要客观看待自己的孩子。如果是智力超常儿童没有被发现，没有相应的教育培养，会阻碍孩子智力的正常发展；相反，如果不是超常儿童，却误认为是超常儿童，则会出现"拔苗助长"的现象，结果会适得其反。超常儿童是客观存在的，但毕竟是少数，一般只占所有儿童的 1%～3%，不是所有孩子都有可能成为"神童"。父母应该具备一定的学前心理学知识，知道一般性的幼儿成长规律，才能发现孩子的超常之处，如果发现幼儿具有前文所述超常儿童的行为表现和心理特点，应找专业人士进行鉴别，做到早发现，并对其进行科学的教育，使他们的优良素质得到最好的发展。

（二）提供丰富的成长环境

丰富多彩的环境刺激，是智力超常儿童智能发展的必要条件。真正超常发展的儿童，一般都生活在家庭和谐、充满刺激的学习、生活环境中。父母本人可能不具备与孩子一样的天赋，但父母一定要为孩子提供丰富多彩的环境刺激，当在生活中观察到孩子在某方面有明显的优势时，要为孩子提供所需材料和工具，寻找合适的导师，提供活动场地，支持孩子在该领域的探索和发挥创意。在教养方式上应采取民主的方式，宽严兼施，满足其合理要求，也尊重孩子处理自己事务的权利，这对形成孩子的独立个性、适应生活、保持稳定情绪与建立良好习惯有益。父母也要注意营造温馨的家庭氛围,这有利于超常儿童人格的发展,给儿童以安全感,让孩子放心地去从事自己的活动,发展自己的超常才能。

(三)注意因材施教

智力超常儿童是独特的,具有与众不同的心理特点和行为表现。父母必须针对他们的特殊心理,坚持因材施教,才能使他们的智力和个性得到充分而健全的发展。父母首先应为智力超常儿童提供能够促进其发展的成长环境,为其智力发展提供支持,还可以针对他们的超常领域请该领域杰出的人士来引导幼儿的发展。其次,为智力超常儿童提供配合其发展节奏的教育内容,但应注意教育内容要符合幼儿身心发展的特点。最后在教育方法的使用上,不能僵死和呆板,要以儿童的发展和适应程度为中心来使用教育方法。

(四)重视非智力因素的培养

在智力超常儿童的成长过程中,家长容易过度关注孩子的智力发展,忽视在道德、生活礼仪、人际技能、集体协作等方面的培养,对孩子除了要求其学习,没有别的要求,所有事情都由家长代劳,导致智力超常儿童虽然智力得分高,某一领域突出,虽具有高深学问,但生活技能和社会交往技能很差。

因此,家长除了重视智力因素的培养,还要注重非智力因素的培养,包括兴趣、独立性、好胜心、理想、意志、友爱、交往、诚实、谦虚、个性品质、良好的道德情感等方面的培养。首先要培养子女有良好的生活常规和基本的生活技能,不要造就"高分低能"的现象。其次要培养智力超常儿童良好的社会性,学会理解别人,帮助他们发展积极情绪,消除不良情绪,使孩子学会自我调节情绪。最后还要注重塑造孩子良好个性,培养他们具有自主、自立、谦虚、开朗、认真负责的个性特征,做一个勤劳善良、自强不息、坚韧不拔、博爱博学、以礼待人、诚实守信、认真做事的人。

🐰 扩展阅读6-2 ≫≫≫

推孟的纵向研究[①]

1920 年,推孟采用教师提名法和团体智力测验的方法来选取被试(现在看来这个选取过程是有局限的,因为这样有可能淘汰那些行为令老师不满意或未能发挥学业潜能的学生),以他们的斯坦福—比奈智力量表中的成绩为依据,大多数的 IQ 分数为 140 甚至更高,组内平均分数为 151。推孟最终对 1 528 名超常儿童进行了长达 50 年的研究,从他们成年直到老年,从体能、兴趣等方面概括了超常儿童的特征。

1. 体能方面,身体健康方面好于平均水平。

2. 兴趣方面,对抽象的学科(文学、历史、数学)非常感兴趣;爱好广泛。

3. 受教育程度方面,大学入学率为常人的 8 倍;在上学期间有跳级现象。

---

① 张巧明编著.特殊儿童心理与教育[M].北京:北京大学出版社,2012:24

4. 心理健康方面，在适应不良和犯罪方面稍低于平均水平；自杀率也低于平均数。

5. 婚姻家庭方面，结婚率同平均数；离婚率低于平均水平；其子女的平均 IQ 为 133。

6. 职业选择方面，男性选择职业（医学、法律）是普通人群的 8 倍。

7. 性格方面，较少有夸口和欺骗行为；在情绪稳定性方面表现出众。

第二节　智力障碍儿童的家庭教育

案例导入 >>>

舟舟的故事

舟舟，原名胡一舟，1978 年 4 月 1 日，出生在中国的武汉，这一天正是愚人节。他是个先天性愚型儿，智力只相当于几岁的小孩子。舟舟从小偏爱指挥，当音乐响起时，舟舟就会拿起指挥棒，挥动短短的手臂，像真正的指挥一样，直到曲终。

思考：舟舟取得的成绩与其家庭教育是分不开的，那么舟舟这类智力有障碍的孩子家庭教育的特点是什么？其又对他们的成长起到了什么样的作用？

智力障碍儿童，根据其界定的不同也称为低常儿童、弱智儿童、智力落后儿童、智力残疾儿童等，是指儿童的智力和活动能力明显低于同年龄儿童的水平，并表现出适应行为障碍的儿童。智力障碍产生的原因很多，一部分是由于遗传的因素影响，个别儿童一出生，其智力天生就存在一定的缺陷，与正常儿童相比有着明显的不足；一部分是由于环境的影响，儿童出生之后患了某种疾病，脑部受到外伤等，致使智力的落后。

对于整个儿童群体来说，这种智力不足的儿童总数很少、比例很低，但一个家庭如果出现了智力障碍的儿童，无疑对于整个家庭生活来说是一种负担。因此，探讨智力障碍儿童的家庭教育问题，指导家长对智力障碍儿童的鉴定，并提早对智力障碍儿童进行适当的干预，使他们能够在多方面获得一定程度的提高就显得非常重要了。

一、智力障碍儿童的发现与鉴别

在家庭中主要通过观察儿童的特点的方法来发现和鉴别智力障碍儿童，可以选择几个儿童成长的关键时间点来针对一些特点进行观察。对刚出生的婴儿进行观察，包括有无家庭疾病史、母亲孕期是否有特殊的疾病或感染、是否高危产妇生产的孩子、是否早产儿、过期生产、巨大儿等；在幼儿出生后观察哭声、吸吮、心跳、皮肤颜色、呼吸情况等是否正常；在幼儿的学前期观察他们的大肌肉动作、小肌肉动作、适应能力、语言发展等是否正常，有无口吃、吐字不清、动作反应缓慢等情况出现。

一旦发现幼儿有行为和心理发展上的异常和滞后还应借助于智力测验进行鉴定，根据智力量表测儿童的智力发展水平,不同的年龄阶段,测量出的智力与正常的智力进行比较。同时还应借助于医学手段,当观察发现儿童有不良的现象后,可以借助医学,进行脑电图、CT检查、染色体检查,颅骨、腕骨的透视等确定儿童是否正常,有无智力障碍。

根据世界卫生组织(WHO)和美国智力低下协会(AAMD)的智力残疾的分级标准,按其智力商数(IQ)及社会适应行为来划分智力残疾的等级。[①] 列表如下:

智力水平	分级	IQ(智商)范围*	适应行为水平
重度	一级	<20	极度缺陷
	二级	20～34	重度缺陷
中度	三级	35～49	中度缺陷
轻度	四级	50～69	轻度缺陷

* 注:1. 所用工具为韦氏儿童智力量表;
　　2. IQ(智商)是指通过某种智力量表测得的智龄和实际年龄的比,不同的智力测验,有不同的 IQ 值,诊断的主要依据是社会适应行为。

二、智力障碍儿童的特点

智力障碍儿童形成的原因非常复杂,如果能够早期诊断出来并且及时给予训练和干预,在一定程度上是可以使其智商有所提高的。智力障碍儿童在早期通常具有以下特点。

(一)认知能力发展较差

智力障碍儿童感觉感受性低,不善于分辨颜色、声音、形状、味道及触摸的细微差别;对周围事物难以获得清晰认识;知觉范围狭窄、速度缓慢、信息容量小、内容不分化;不善于观察、理解、体会他人的情感。智力障碍儿童对周围事物漠不关心;轻度者可有被动注意,对有兴趣的事物也能有主动注意,但注意不稳定,重度者完全没有注意力。在记忆力方面,智力障碍儿童记忆范围狭窄、容量小,目的性差;对词和直观材料的识记都很差,再现时会发生大量歪曲和错误;记忆的保持也很差。

(二)言语思维发展低下

智力障碍儿童的言语出现晚且发展缓慢,智力障碍儿童中 80% 存有语言缺陷,有的甚至终生没有语言。如果一个孩子的发音、吐字、说句子等都比同龄儿童晚四五个月以上,预示他有智力发展落后的危险。智力障碍儿童言语发展低下表现在发音模糊不清,掌握的词汇比较贫乏,表达时语法错乱,不能完全地表达含义,缺乏连贯性,且重度者基本不能掌握语言,掌握书面语言更加困难;智力障碍儿童思维概括水平低,多数停留在具体化水平上,在思维的归纳、推理和概念化上都有困难,不能认识现象本质和事物间本质联系,只能浅显地理解事物表面关系。

---

① http://www.gov.cn/ztzl/gacjr/content_459939.htm

（三）情绪情感幼稚冲动

智力障碍儿童情绪反应往往与刺激物的力量不成比例；情绪表现很不成熟，情绪没有一般幼儿稳定，波动大，且很容易冲动，容易受本能冲动的驱使，常常感情用事，不能控制感情。情绪的社会化水平很低；不能根据社会交往需求去调节情绪，引起情绪的动因多为一些生理需求。智力障碍儿童一些稳定的社会情感如道德感、理智感层次较低或根本无法建立。智力障碍儿童还通常表现为情感淡漠，对谁都不关心或有时会出现很多不恰当的表情，常紧张不安，易于激怒，对人有敌意。

（四）异常的表现

出现智力低下儿童很大一部分原因是脑部出了问题，所以会表现出如眼球水平摆动、喜欢摇头磨牙等脑部病变出现的症状。部分智能不足儿童还存在着反复抽风现象，这只是部分智能不足儿童的表现，如果发现孩子出现抽风现象，要特别引起注意，及时到大医院、正规医院诊断。要及时区分出智能不足与癫痫病、热痉挛等病的不同抽风症状。还有一些智障儿童出现了异常的外貌，主要是先无愚型（也称唐氏综合征、21 三体综合征）。这类儿童在容貌上最大的特点包括：头颅呈方形，眼向外斜吊，眼距宽，耳郭小，鼻塌，舌头稍大，舌面上有深的裂纹且往往拖在嘴外，颚高，牙齿尖小，手指往往只有两节，50％是通关手，大脚趾与其他四指中间距离宽等。另外还有一种是苯丙酮尿症儿童，这类儿童毛发淡，常常被称作"金发碧眼"。

三、智力障碍儿童的教育行为策略

智力落后是当今世界面临的一个重大的医学和社会问题，首先要通过优生优育防止智障的发生，同时也要正确对待智障儿童，不能低估智障儿童发展的可能性。其次对智障儿童应实施早期干预，尽量帮助智障儿童掌握生活必备的能力。对已经确认的弱智儿童的教育，抓住智力发展的关键期，进行早期干预，实施针对性的特殊教育与训练，也能起到良好的效果。

（一）进行感知觉和动作训练

感知觉是认识过程的基础，是所有能力的开端。智力障碍儿童都存有感知障碍，进行感知觉训练，可使弱智儿童存在的各种感知觉缺陷得到补偿。感知觉的训练主要包括视、听、触、味、嗅等方面。可以通过游戏、日常生活来训练感知觉。动作训练包括大动作（如俯卧抬头、坐、爬、站、走、跑等）、精细动作（指手和手指动作，包括大把抓，对指捏和一些简单的技巧）、四肢协调、手眼协调、动作的灵活性训练等。家长可以专门开展一些体育游戏，让智障儿童参与到活动中来，使各种感知觉得到良好的刺激，动作得到良好的锻炼。虽然智障儿童的游戏水平比正常儿童低得多，喜欢游戏仍然是他们的天性，在训练过程中，家长对孩子的进步要及时肯定和鼓励，让孩子充分体验成功的喜悦，通过奖励激发智障儿童的求知动机，提高其学习兴趣。

（二）进行语言训练

智障儿童除智力低下外，还常伴有语言障碍，表现为语言能力发育迟缓，理解能力、沟通能力较差。对智力障碍儿童的语言训练可以采取多对话、多提问、多讲述等方法。语言是思维的外壳，也是人们交往的工具。语言是需要学习的，2～3岁是幼儿口语发展的关键时机，要抓住机会，利用具体形象的实物，多与孩子交流，增加词汇量。例如，让孩子说生活用品，说自己常做的事，像牙膏牙刷、穿衣服等，并不断鼓励其多发音多说话。对智障儿童进行语言训练难度很大，父母应有充分的思想准备，做到不灰心，持之以恒。

（三）进行生活自理能力训练

生活自理能力包括自己能吃饭、穿衣、如厕等。智障儿童生活自理能力差，家长要摆正心态，不要完全地包办代替，也不要失去耐心，可以把一个个生活技能分解成若干个动作，让孩子逐步学习掌握，通过反复地重复纠正使其掌握。比如洗手，可分解为几个步骤：用脸盆盛水——拿好肥皂——先用水清洗手——打肥皂——放下肥皂——两只手搓洗，待肥皂呈现泡沫状——把手放进水里再洗双手，把肥皂沫洗净——用毛巾把手擦干。一个步骤一个步骤地训练，直至掌握洗手的技能。还可以用同样的方法，让儿童掌握吃、喝、拉、撒、睡等的基本能力。

（四）重视社会适应能力训练

智力障碍的儿童与同龄正常儿童共同游戏有一定的困难，他们无法与正常同龄儿童平等地沟通，所以需要家长创造一些机会和条件，尽量使其有与正常儿童共同玩耍的机会。在与正常儿童玩耍的过程中，通过模仿正确的行为举止，从而培养正常的情绪情感和个性品质。在此过程中家长要参与指导，让智障儿童懂得与同伴共同分享玩具和食物，学会关心他人，相互帮助，尽量让智障儿童懂得社会的基本生活准则，提高社会适应能力。

第三节　自闭症儿童的家庭教育

案例导入 >>>

孤独的小孩[①]

自闭症孩子即使面对着痛苦的父母，他也没有感受，还沉浸在自己心灵的世界……做着虚无缥缈的美梦：自认为是从星球上落下的陨落星星，和你们常人不一样，没有"共同语言"。他有一个"崭新"的世界，无人能探秘到它的神奇，让地球上人去好奇去猜测……

---

① 年华.星星点灯：一位自闭症孩子母亲的心灵独白[M].上海：上海锦绣文章出版社，2013：20

儿子的病症在自闭症中属于情感淡漠障碍。二十多年日日夜夜生活在一起,如果正常的孩子与父母别提有多亲热。但自闭症小孩没这感觉,从未主动叫声爸,喊声妈,都是被动性语言,更不会与父母表示一下感情,甚至把父母的称呼都混乱成无意识的叫唤,分不清你我他。他爸每天上班下班,出去回来,就像和他是"两个世界"的人,浑身不搭界,一脸茫然无所谓的样子。

儿子特喜欢独处,他不需要玩伴,也不需要父母待在身边,经常性独处小屋发呆,还别出心裁在卫生间里站着发呆。你推门去看看他,叫他出来玩,他一把将你推出,意思是"请勿打扰我,我在思考"。你再去看看吧,他置之不理,竟坐在浴缸的边沿上想着心事,自言自语。

思考:自闭症儿童的特点有哪些? 自闭症儿童的家庭教育特点有哪些?

1943 年,美国精神病医生坎纳首次在一篇题为《自闭症性的情绪困扰》的观察报告中提出了"自闭症"这一概念。他从自己长期的观察中发现某些幼儿对他人和周围的环境表现出明显的冷漠和缺乏交往兴趣。坎纳将这 11 名儿童命名为"自闭症儿童"。目前,关于自闭症的界定已经有了较为统一的认识:自闭症是一种广泛性发展障碍,对言语性和非言语性的交流以及社会性相互作用都带来了显著影响。通常在 3 岁前症状已出现,广泛地影响教育成绩。[①] 虽然自闭症的病因尚不确定,但自闭症形成于遗传因素、脑器质性病变、神经生物学因素、孕产期危险因素、营养因素已经达成共识。

一、自闭症儿童的发现与鉴别

对于自闭症的鉴别需要专门的机构和专门的量表,目前关于自闭症儿童的诊断标准主要有《精神异常诊断和统计手册(第四版修订版)》的诊断标准和《中国精神障碍分类与诊断标准(第三版)》的诊断标准,而评估工具主要有儿童自闭症评定量表、克氏自闭症行为量表、自闭症儿童行为量表、婴幼儿自闭症检核表。

扩展阅读6-3 >>>

儿童自闭症评定量表(Childhood Autism Rating Scale,CARS)[②]

1980 年,斯考普勒等人(Schopler, Reichler & Renner)制定儿童自闭症评定量表,经过 1988 年的一次修订之后,现在该量表已经广泛地应用于自闭症儿童的诊断当中,主要适用于 2 岁以上儿童。CARS 包含 15 个分量表,主要包括人际关系、模仿、情感反应、身体使用、与物体的关系、对环境变化的适应性、视觉反应性、听觉反应性、近接收器的反应性、焦虑反应、言语沟通、非言语沟通、活动水平、智力功能和总体印象。每个分量表由正常到极不正常分为四级(分别记为 1~4 分)。每级评分依次为"与年龄相当的行为表现"

---

① 方俊明.特殊教育学[M].北京:人民教育出版社,2005:1
② 张福娟,杨福义编.特殊儿童早期干预[M].上海:华东师范大学出版社,2011:170

"轻度异常""中度异常""严重异常",各级均有具体的描述性说明。CARS 的得分范围在 15～60 分之间。如果分数在 30～36 之间,表明有自闭症倾向;如果分数大于等于 37 分,就可以确定有自闭症。

二、自闭症儿童的特点

(一)重复刻板动作

自闭症儿童会表现出一定的刻板行为或刻板动作,例如转圈,反复玩弄开关、来回奔走、排列玩具和积木。他们对事物的兴趣具有较强的选择性,感兴趣的事情不多,但会特别迷恋某一种东西,例如喜欢条纹状的图案,爱看电视广告,爱听某一首曲子。往往在某一段时间有几种刻板行为,并非一成不变,并且自闭症儿童对个人生活环境不愿或拒绝做任何变动。

(二)语言障碍

自闭症儿童的听力通常是正常的,但大多数自闭症儿童都存在语言障碍。自闭症儿童的语言障碍可以表现为多种形式,如语言发育严重落后于正常儿童,不会牙牙学语,不会说应该说的话,有用手势或其他形式代替语言交流的倾向;有的儿童在 2 岁和 3 岁时仍然不会说话,或者在正常语言发育后会出现语言倒退的现象;少部分患儿具备语言能力,但是很少利用语言去交流,而表现为刻板地重复一些词语,这些词语与他正在进行的活动无关或者与当时的环境无关,或是自言自语,语言内容单调,有些语言内容奇怪,让人难以理解。

(三)社会交流障碍

自闭症儿童都存在着交流障碍,交流障碍是自闭症的核心症状。在婴儿期,自闭症儿童不喜欢拥抱,缺乏与亲人的目光对视,不能与父母建立正常的依恋。在幼儿期,明显缺乏社会情绪反应,不能与他人包括父母产生正常的情感交流,不会注视,表情不丰富,甚至没有交往的意愿;总是独自玩耍,完全不参与与其他幼儿的合作性游戏,甚至不会对同伴感兴趣;通常不怕陌生人,陌生的任何事物也不能引起自闭症儿童的兴趣,与父母亲似乎没有特别的情感。

(四)认知异常

大多数自闭症儿童存在感觉异常,对一些声音和现象视而不见,听而不闻,表现得很迟钝;对某些声音特别恐惧或偏爱,有些表现为对某些视觉图像的恐惧或偏爱;不喜欢被人拥抱和抚摸,还有的自闭症儿童存在痛觉迟钝现象;有时自闭症儿童会非常敏感,如对声、光特别敏感,听到某种声音就捂耳朵,看到某种光线就捂眼睛等。70% 左右的自闭症儿童智力落后,但这些儿童却在某些方面有特殊能力。20% 的自闭症儿童智力在正常范围,约 10% 智力超常。多数患儿的机械记忆能力超常,例如记数字、年代等。由于自闭症是一种全面的发育障碍,因此,有些孩子的智力有问题,但令人奇怪的是,他们中的某些人又在某些方面有着很好的能力甚至非常优秀的能力。

三、自闭症儿童的教育行为策略

（一）正确面对自闭症儿童

儿童一旦确诊为自闭症后家长要摆正心态,应做好长期教育训练的思想准备。自闭症是以沟通人际关系障碍为主要特征的疾病。作为自闭症儿童的家长,首先必须正确认识自闭症儿童,他们尽管言行与正常儿童有较大差异,但也是我们人类社会的一分子,仍然是正在成长、发育着的儿童。家长以及家庭环境在儿童整体教育当中占据着主要的和不可替代的作用。开展特殊儿童家庭教育,家长在教育训练过程中起主导作用,决定着教育的效果,所以家长应有对待自闭症儿童的积极心态,不要对自闭症儿童抱有过低或太高的期望,持续耐心地对自闭症儿童进行教育干预和训练。

（二）接纳自闭症儿童的特殊性

家长应充分认识到自闭症儿童不同于正常幼儿身心发展的特殊性。自闭症儿童表现的差异是很大的,有的自闭症儿童整日无语,完全无法自理生活,而有的孩子能够开口说话,只是社会交往有障碍,所以家长在孩子被鉴定为自闭症之后,要花大量的精力和时间,明确自闭症儿童自身的独特性,尽早针对自闭症儿童开展基本的感觉训练、生活技能、社会适应性能力的训练。

（三）增强自闭症儿童的语言交往和社会交往

自闭症儿童与人交往的愿望和兴趣很低,父母必须采取各种方法增加自闭症儿童的语言交往。第一,父母可以通过大量的语言刺激,提高自闭症儿童听的能力,并且通过念儿歌,讲故事,播放童谣、动画片等方式为儿童营造一个有声语言模仿习得的环境,丰富其语言信息量。第二,可以训练自闭症儿童回答他人问题的能力,通过成人提问,自闭症儿童回答,也可以通过主题对话,培养他们的语言思维能力。第三,父母可以创设语言情境,增加自闭症儿童使用语言的机会。针对自闭症者的社会交往能力差的特点,训练他们基本的社会生活技能如打电话、买东西、乘车、社交礼仪、人际交往等。通过训练使他们掌握基本的社会生活技能,缓解其社会交往障碍。

第四节　听力障碍儿童的家庭教育

案例导入 >>>

不要等到后悔的时候

苗苗5岁了,但是说话不清晰,在幼儿园里老师们反映,苗苗和其他小朋友的语言能力发展不一致,很多小朋友和老师听不懂她在说什么。老师把问题反映给家长时,苗苗爸爸妈妈觉得因为孩子语言能力发展较慢,说话不够清晰,等再大一些便可以清晰地说话。直到苗苗要上小学了,但她的语言仍旧不清晰,这时家长开始着急,带苗苗去看医生,经医生诊断,苗苗具有轻度听力障碍,如果在合适的年龄给予医学、康复学补偿,则会好些。此件事,让苗苗爸妈陷入极度懊悔中……

思考:通过这个案例,请尝试阐释学前听障儿童家长的特点有哪些,其家庭教育的特点有哪些。

听力障碍也叫听力损伤,传统上称之为聋,我国相关法律表述为听力残疾。所谓的听力障碍通俗地说就是双耳听不见或听不清外界声音的这样一种现象。由于残疾的定义、标准和一系列的问题相联系,2006 年残疾人抽样调查时使用了新的定义和标准。听力残疾是指由于各种原因导致双耳不同程度的听力丧失,听不到或听不清周围环境声及言语声(经治疗一年以上不愈者)。

听力残疾包括:听力完全丧失及有残留听力但辨音不清,不能进行听说交往两类。[①]听力障碍是儿童常见的残疾现象,根据 2007 年第二次全国残疾人抽样调查主要数据公报显示 6~14 岁学龄残疾儿童为 246 万人,63.19%正在普通教育或特殊教育学校接受义务教育,各类别残疾儿童接受教育的相应比例为:视力残疾儿童79.07%,听力残疾儿童85.05%。[②]

一、听力障碍儿童的发现与鉴别

听力障碍是比较容易发现的残疾之一,在家庭中父母负有重要的检查责任,尤其对于发现可疑现象负有不可替代的责任,父母细心能使孩子的问题更早得到发现,并会收到更好的教育效果。在婴儿期父母可以参照正常婴儿对声音的反应,对自己的孩子进行初步的鉴别;在幼儿期,父母可以采取各类对于声音反应的小测验、小游戏来辨别幼儿的听力是否异常。

扩展阅读6-4 >>>

幼儿听力观察提纲[③]

(1)听话时神经显得很紧张。

(2)和他说话时,脸上常常没有表情。

(3)头部经常以不正常的角度倾斜着听别人说话。

(4)听别人说话时,特别注意对方的表情。

(5)看电视或听收音机、录音机时,常常把声音开得很大,别人听起来很刺耳时他才

---

① http://www.gov.cn/ztzl/gacjr/content_459939.htm
② http://www.stats.gov.cn/tjsj/ndsj/shehui/2006/html/fu3.htm
③ 刘全礼.特殊儿童的家庭教育[M].天津:天津教育出版社,2007:23

感到正好。

  (6) 很普通的声音或一些较小的声音常常听不到。

  (7) 1 岁时,对电视音、门铃音、别人的说话声没有反应,或反应迟缓。

  (8) 说话的发音比同龄儿童慢,发音也不准确。

  (9) 从后面叫他的名字时,常常没有反应。

  (10) 过了正常的学话期(1.5~3 岁)仍不会说话,或者没有模仿他人说话的动作。

  (11) 吃饭时,常常把碗筷弄得很响,嘴巴咀嚼的声音也特别响,自己不知道。

  (12) 走路时步伐也特别重,并且踏踏地拖着脚步走。

  (13) 眼睛看上去灵活,多用眼睛注视别人的活动。

  (14) 为了探视四周的变化,常常转身改变自己的位置,很少用耳朵听。

  (15) 对问话的反应迟钝,回答问题有困难。

  (16) 发音困难,有时发出高音,而自己往往不知道。

  (17) 常常指手画脚地用动作表达意思。

  (18) 说话时,不自觉地大声疾呼。

  (19) 经常要求别人重复刚刚说过的内容。

  (20) 常避免和他人谈话,不愿参加人多的活动。

  (21) 常常不当地打断别人的谈话。

  (22) 常常答非所问。

  (23) 常常张着嘴用口呼吸,喘气声也特别重。

  (24) 常常用棉花等软物塞耳朵。

  如果孩子有上述现象中的几条,可以肯定,孩子的听力有问题。尽管不严重,但足以影响语言的发展,从而进一步影响学习和生活。因此,父母一定要重视,带孩子做进一步诊断,并尽早采取干预措施。

  一旦发现幼儿听力有异常,应该去专门机构做检测,检测往往包括听力及听力损失情况的检查、听力损失部位的确定、可能的病因推断、语言能力检查、运动机能检查、智力测验和社会生活能力的检查等。按照听力的损失程度,可以将听力障碍划分为四级。

  听力残疾一级:听觉系统的结构和功能方面极重度损伤,较好耳平均听力损失$\geqslant 91$ dBHL(分贝),在无助听设备帮助下,不能依靠听觉进行言语交流,在理解和交流等活动上极度受限,在参与社会生活方面存在极严重障碍。

  听力残疾二级:听觉系统的结构和功能重度损伤,较好耳平均听力损失在 81~90 dBHL 之间,在无助听设备帮助下,在理解和交流等活动上重度受限,在参与社会生活方面存在严重障碍。

  听力残疾三级:听觉系统的结构和功能中重度损伤。较好耳平均听力损失在 61~80 dBHL 之间,在无助听设备帮助下,在理解和交流等活动上中度受限,在参与社会生活方面存在中度障碍。

听力残疾四级：听觉系统的结构和功能中度损伤较好耳平均听力损失在 41～60 dBHL 之间，在无助听设备帮助下，在理解和交流等活动上轻度受限，在参与社会生活方面存在轻度障碍。

当然，这里的标准是就两个耳朵而言的。如果两个耳朵的听力不同，则以听力好的那个耳朵为准。

二、听力障碍儿童的心理特点

（一）感知觉方面的特点

听觉障碍儿童得不到声音刺激，从而丧失大量的感性材料——听感觉、听知觉和听表象。他们对客观事物的反应往往仅限于它们的形象，由于缺少声音信息，对事物的感觉不完整、不全面；听障儿童的视觉形象离开声音的信息，也使视觉形象互无联系、缺少条理；听障学生在视觉空间定向方面发生很大困难，只能看到直接进入视野内的事物，对于视野外的和被眼前物体挡住的许多东西，都无法感知到。同时，他们感知不到声音特点的变化，如声音的有和无、加强和减弱等，不能及时了解事物发生的异常变化，更难以对它们做出适当的反应。

（二）言语发展特点

常言说："十聋九哑。"因为听觉障碍会引起言语障碍，而听障儿童的言语障碍多数不是天生的，研究表明即使天生的听障幼儿也会出现牙牙学语的现象，但之所以后来出现了言语障碍是因为听觉发生障碍时儿童就听不到或听不真别人的语言，缺少言语刺激，因而也无法模仿学习，学不会说话或说不好话。听障是否致哑，取决于障碍程度、障碍发生的年龄及儿童所处的环境条件。

一般大声说话的声音强度能达 60 分贝。如果听力损失在 40～55 分贝，儿童开始说话可能推迟一年，但其语言发展不会受到明显影响。如果听力损失达到 56～70 分贝，儿童开始说话可能推迟 2～3 年，并带有许多发音缺陷。如果听力损失达到 70 分贝以上，儿童可能又聋又哑。在语言形成的关键期或在此之前丧失听力，立刻就会影响到儿童的语言发展进程，有可能成为聋哑人。五六岁或以后发生听力障碍，儿童已有的语言技能不会完全丧失。

（三）思维发展特点

听障儿童思维的发展遵循着儿童思维发展的一般规律：由具体形象思维到抽象逻辑思维。但思维具有明显的直观性和形象性，由于听力的缺失，听障儿童只能借助除听觉以外的如视觉、触觉等方式来获得事物的表象，借助于手势及动作进行思维。这种思维方式依靠的手段是感性认识材料和手势、动作，具有明显的直观性和形象性。由于缺乏言语的信息的输入，听障儿童很难理解真正意义上的概念，抽象逻辑思维发展水平较低，进展缓慢,难以进行高度概括,往往达不到揭示客观事物本质属性的深度和广度。

三、听力障碍儿童的教育行为策略

(一)关注听障儿童的心理健康

听觉障碍儿童由于听觉器官受损导致听不到或听不真周围环境的声音,从而很难同健听人进行正常的语言交流。听觉障碍儿童与正常儿童沟通方式不同,他们更多地要用非听觉的方式认识世界,沟通效率会有一定的降低,这种方式会对听觉障碍儿童的心理产生一定的影响,所以家长应关注听障儿童的心理健康状况。不要由于有失落感等负面想法有意无意地限制儿童外出,应多鼓励听障儿童参加集体活动,多和同伴交往,帮助听障儿童开展适当的体育活动发展特殊的兴趣爱好等。

(二)尽早开展听力训练

听力训练首先是调动聋儿的残存听力,使他听到有关的声音。其次是使他听懂这些声音。听力训练对于听力障碍儿童十分重要,如果训练方法恰当,训练内容正确,残存听力应用得好,孩子又用功,就能使孩子有较好的听力,也能较好地听懂他人说的话。当然,对于全聋的孩子,与人交流时"听话"是靠"看话"来代替的,如果孩子懂手语,可借助手语,如果懂书面语言还可借助书面语与他人交流。父母应该采用各种声音刺激,让听障儿童辨别各种常见的声乐,发展残存的听觉。另外,为了帮助听障儿童学会寻找声音的来源,可以制作大量的图片,如动物的照片、图形,交通工具的照片、图形等,凡是发声的东西能用图形、图片、照片表示的就采用,进行发声体和它发出的声音配对训练。

[案例 6-1]　　　　　　　　　锅碗瓢盆交响曲①

训练目的:训练孩子认识生活中锅碗瓢盆的各种声音,并能在听到相应的声音时做出相应的反应,提高生活适应能力。

训练材料:家中生活用的锅、碗、瓢、盆、勺、筷子等。

训练方法:1. 父母做饭、切菜、洗菜、炒菜、烧水时的整个程序都要叫孩子听下来、看下来;在吃饭时有意地发出勺、碗、筷子等碰击声,并告诉孩子这是什么声,如"这是切菜声""这是勺子碰锅的声音""这是水开了的声音"等。

2. 经过多次这样的配对训练之后,可以把孩子的眼睛蒙上或让孩子背过身去辨认父母做出的声音是什么声音。

3. 也可以由父母做出某种声音,然后让孩子模仿相应的动作,如听到筷子敲碗声就用筷子敲碗或只做出相应的动作。孩子能做出相应的动作,表明他已能听到并听懂相应

---

① 刘全礼.特殊儿童的家庭教育[M].天津:天津教育出版社,2007:33

的声音。

思考：请设计一些训练听障儿童听力的活动。

（三）尽早开展语言训练

对于听力正常的孩子来说，出生后是通过有意、无意的方式慢慢地掌握了母语。但对听力障碍儿童而言，这个自然的过程因为听力损失或听力消失而消失了，所以家长必须通过专门的语言训练在孩子语言发展的关键期内使孩子掌握母语。听力障碍儿童的语言训练实际就是说话训练，它训练听力障碍儿童理解和运用语言的能力，尤其是训练他们听懂语言和会说话的能力，包括听话训练（对有听力的听力障碍儿童而言）、看话训练（对有听力的听力障碍儿童和没有听力的听力障碍儿童而言）、说话训练（对所有听力障碍儿童，包括没有任何残余听力的听力障碍儿童而言）。听话训练的内容包括各种音素、音节，但更重要的是听日常生活用语，包括词汇、句子、声调、语气等。开始训练时主要是听懂有关词汇和句子，待年龄稍大、听觉经验较为丰富时再体会语气。看话训练是以唇读训练为主，通过看对方的唇动、表情、手势等读懂对方语言的一种训练。说话训练就是教孩子如何说话，包括怎样用气、怎样发音、怎样说出流利的合乎语法的句子等。

第五节　视力障碍儿童的家庭教育

案例导入 >>>

她改变了海伦

海伦·凯勒小时候因患猩红热成了一个又聋又哑又瞎的孩子。其父母也只能看着她这样成长而没有办法。一天，由波士顿来了一位聋哑学校的老师安妮，为了教导海伦，她来到巴拿马乡下，但结果只令海伦释放其野性和反叛。安妮的责任心和耐心得不到其他人的了解，最终导致与海伦的父亲发生矛盾。海伦的父亲要安妮两个星期内改变海伦，否则她就得离开。于是安妮带她到森林的小屋去，通过悉心的教导，两个星期后终于改变了海伦，她与海伦之间也有了心灵上的沟通。

思考：安妮是如何改变海伦·凯勒的？海伦·凯勒的家庭教育特点是什么？

视力障碍也叫视力损伤，传统上称之为盲，我国的相关法律叫视力残疾。所谓视力障碍用通俗的话说就是双眼看不见或看不清周围的事物这样一种现象。2006 年我国残疾人第二次抽查时使用的定义为：视力残疾，是指由于各种原因导致双眼视力障碍或视野缩小,通过各种药物、手术及其他疗法而不能恢复视功能者(或暂时不能通过上述疗法恢复视功能者),以致不能进行一般人所能从事的工作、学习或其他活动。[①]

一、视力障碍儿童的发现与鉴别

刚出生的婴儿严格来讲是看不清外界事物的,只是在几天之后才能看清约 20 厘米左右的物体,以后看清物体的距离慢慢增加,同时,视知觉的深度、广度、视觉交叉也慢慢发展起来,到 6 岁左右,视觉功能才比较完备地发展起来。视觉的发展特点给早期鉴别视力障碍带来了一定的困难。

扩展阅读6-5 >>>

幼儿视力观察提纲[②]

(1)看孩子的瞳孔是否大小不一。

(2)看孩子是否总是眨眼睛,或者看孩子的眼球是否震颤或活动过多。

(3)看孩子是否经常斜视。

(4)看孩子的眼中是否有浓浓的分泌物。

(5)看孩子的眼睛是否发红或有充水的样子。

(6)看眼睑是否浮肿、长痂,是否发红或下垂。

(7)看他是否过分地用手摸眼睛。

(8)看他是否怕光。

(9)看他能否区分出房间内是否有光线,而带他到黑屋子里或由黑屋子到光亮处是否有反应。

(10)看他能否区别出不同的人或物,让他拿不同的物能否拿出来,让他到不同的人那里能否走到等。

(11)看他是否经常被物品绊倒。

(12)看他需要有视力参与的那些活动能否做到,如能否用剪刀剪出一个三角形、圆形、正方形等。

(13)看他是否对光线很敏感,有时在暗处感到不适。

(14)上幼儿园后是否将一些相似的字母混淆。

(15)上幼儿园后,看东西尤其是近距离地看东西后常常说眼痛、头痛,或者有头晕、恶心的现象。

只要发现孩子有 1~2 次上述现象就应引起父母的注意,及时带孩子到医院检查。

一旦幼儿出现有关视力的可疑现象,应到医院做进一步的检测。视力障碍包括盲及

---

① http://www.gov.cn/ztzl/gacjr/content_459939.htm
② 刘全礼.特殊儿童的家庭教育[M].天津:天津教育出版社,2007:148

低视力。它们的标准如下：

类别	级别	最佳矫正视力
盲	一级	无光感至小于 0.02；或视野半径小于 5 度
	二级	大于等于 0.02 至小于 0.05；或视野半径小于 10 度
低视力	三级	大于等于 0.05 至小于 0.1
	四级	大于等于 0.1 至小于 0.3

二、视力障碍儿童的心理特点

(一) 智力发展特点

人依靠感觉和知觉得到必要的感性材料，作为思维发展的直接依据，而视觉是人获得感性材料的主要感知觉。盲童由于视觉缺乏，对事物的感知受到局限，通过其他感觉获得的感性材料往往只能反映事物的局部特征，盲童以此作依据进行的分析、推理就很容易产生错误的判断。盲童的语言由于缺少感性的形象而形成不准确的概念，也使盲童难以做出准确的判断和推理，不容易或不能够完全形成概念。另一方面，盲童失去了视觉，常独自静听默想，进行长时间的思考，使盲童的思维比较敏捷，他们能够很快地捕捉别人话语的涵义，并作出反应，这又是其逻辑思维方面的特点。

(二) 感知觉发展特点

视障儿童由于视力出现了损伤，只能依靠其他感官来获得外界的信息，无形中增加了其他感官的使用强度和频率，使其他感官能力加强，发挥更多的作用。一般视觉有了缺陷，相应地，听觉和触觉等其他的感觉会变得更加敏感，这类感官对周围的变化比一般人的更为灵敏。但这一结论也不完全是确定的。有研究表明，让 2～8 岁的视觉障碍儿童和正常儿童分别触摸诸如钥匙、梳子、剪刀以及几何体(三角形、十字架)等，未发现明显差异。

视障儿童还有一种"障碍感觉"的感觉能力。"障碍感觉"的感觉能力是指大多数盲人在独自走路时，能发现离自己尚有一定距离的物体，即使它们没有任何声音或气味。依靠这种能力，盲人可以及时避开障碍，以保证行走的安全。

(三) 语言发展

视觉障碍儿童一般没有智力方面的缺陷，且听力敏锐，他们语言能力能够随着年龄的增长而发展，语言水平可以达到同龄正常儿童的水平。但由于缺乏视觉获得的表象，视觉障碍儿童的语言缺乏感性认识做基础，导致语言与实物脱节，这是视觉障碍儿童语言的弱点。视觉障碍儿童不懂也不会用表情、手势和动作帮助语言的表达，即便是有的话，也是比较粗浅而大概的，视觉障碍儿童的书面语与正常人差别很大，正常人的书面语中各种感觉的表达基本上是相互平衡的，并且以视觉内容和听觉内容为主，而视觉障碍儿童的书面语更多地以听觉和触觉为主，比如"我听到……""我觉得……"。

三、视力障碍儿童的教育行为策略

(一)让视障儿童正确认识自己

父母在发现自己的孩子有视力障碍后,应该对他进行正确认识自己的教育,使之形成正确的人生观和世界观,只有这样他们才能积极地生活下去。首先让视障儿童理解和接受自己与其他孩子的区别。其次,要培养视障儿童积极乐观的心态和正向的个性。最后,也要能让他们认清自己的能力和不足。对于后天失明的孩子,要经历一段由视力正常人到盲人的适应期,这一时期对孩子自己和家人都是最痛苦的时期。但父母应先从悲伤中解脱出来,然后指导孩子尽快走出阴影,重新充满信心地生活下去。

(二)引导孩子掌握必要的生活技能

生活技能的掌握对于视力障碍儿童极其重要,生活技能掌握得越早,对视力障碍儿童能力的增强就越有利,能够为视力障碍儿童以后的生活和进行融合教育打下基础。学前期视力障碍儿童需要掌握的生活技能包括吃饭的技能,穿脱衣服的技能,如厕的技能,洗手、洗脸的技能,刷牙的技能,初步洗衣服的技能。引导视障儿童掌握生活技能的方式方法和引导正常儿童没有太大区别,但是需要父母更多的耐心和多次的示范。

(三)开展方向辨别和定向行走训练

方向辨别和定向行走是视力障碍儿童必要的生活技能,其能够帮助视障儿童更好地适应周围的环境。盲童的方向辨别必须专门教,尤其是在他3~4岁以后更要从概念上教给他如何辨别方向,然后,进行专门的训练和指导。辨别前后左右对盲童培养独走的技能意义最大,父母要使他尽早掌握这些基本的方位概念。盲童的前后左右是以他的面部及左右手的方位来确定的。因此,教他认识左手、右手、面、背就有重要意义。对于定向行走而言,最理想的状态是视障儿童能够独自行走,家长要注意让幼儿有一个好的行走姿势,为了达到最后使视障儿童独自行走的目的,家长可以引导视障儿童先在家长的照顾下进行行走,从而逐渐过渡到独自行走。

第六节 其他类型特殊儿童的家庭教育

案例导入 >>>

以自我为中心的孩子

彭某是一个5岁的女孩,有一定认知水平,表达能力较强。父母对其疼爱有加,凡是她提出的要求,全部答应下来或立即实现,从不反对任何要求。因为父母的溺爱和纵容,长期以来,她形成了以自我为中心,如有不顺就会大发特发脾气。她本来就是一个情绪障碍较为严重的孩子,情绪上更是极不稳定。她的主要行为表现有打人(主要是成人)、骂人。无论何时何地,只要她闹脾气就往地上躺,经常从垃圾堆里顺手拿一些脏东西叼在嘴里,有自虐行为,有时还做一些危险动作。因此,她的情绪不稳定,情绪问题严重,不听从老师与家人的指导。

思考:关于智力障碍、情绪障碍等儿童的家庭教育应该怎样实施? 与普通儿童的家庭教育是否相同? 如有不同,在哪些方面的着重点不一样?

一、肢体残疾儿童的家庭教育

肢体残疾是指人的肢体残缺、畸形、麻痹所致人体运动功能障碍。肢体残疾包括,脑瘫:四肢瘫、三肢瘫、二肢瘫、单肢瘫;偏瘫;脊髓疾病及损伤:四肢瘫、截瘫,小儿麻痹后遗症;先天性截肢;先天性缺肢、短肢、肢体畸形、侏儒症;两下肢不等长;脊柱畸形:驼背、侧弯、强直;严重骨、关节、肌肉疾病和损伤;周围神经疾病和损伤。[1]

以残疾者在无辅助器具帮助下,对日常生活活动的能力进行评价计分。日常生活活动分为八项,即端坐、站立、行走、穿衣、洗漱、进餐、如厕、写字。能实现一项算 1 分,实现困难算 0.5 分,不能实现的算 0 分,据此划分三个等级。

列表如下:

级别	程　度	计分
一级(重度)	完全不能或基本上不能完成日常生活活动	0～4
二级(中度)	能够部分完成日常生活活动	4.5～6
三级(轻度)	基本上能够完成日常生活活动	6.5～7.5

(一) 常见的肢体残疾儿童

1. 脑瘫儿童

脑瘫儿童也称脑麻痹儿童,由于大脑是神经中枢,中枢出了问题就可能带来一系列的外显症状。

一般情况下,脑瘫部位的不同,外在表现也可能不一样。他们有的说话不清——言语有障碍;有的走路有困难——行走有障碍;有的抓推物品有困难——抓推有障碍;有的身体有不自主的刻板动作等。有时一个脑瘫的孩子也可能同时有上述几种症状。在很多情况下脑瘫儿童可能是多重障碍者。造成孩子脑瘫的原因很多,母亲怀孕时的疾病感染、出生时的产钳损伤、窒息甚至出生后的物理化学损伤或煤气中毒等都可导致脑瘫的发生。

---

[1]　http://www.gov.cn/ztzl/gacjr/content_459939.htm

2. 脊柱裂或脊神经损伤

脊柱裂是一种先天性的疾病,据称在怀孕初期就已经形成了。它可以发生在脊椎骨的任何一个部位,严重者可导致肢体麻痹、大小便失禁,还可能有不出汗(自主神经系统障碍)的现象,最为严重的是导致缺陷部位以下的感觉丧失。

脊神经损伤则是中枢损伤的另一类型,当然,脊柱裂本身就会导致脊神经损伤。许多脊神经损伤是后天形成的,往往和暴力冲撞有关,如车祸就常常导致脊神经损伤。这些损伤毫无疑问能引起肢体麻痹、大小便失禁、感觉丧失等症状。这要看损伤的部位和程度。许多损伤导致瘫痪的。

3. 小儿麻痹

小儿麻痹是一种神经系统疾病,即脊髓灰质炎,它的表现是肢体障碍。它可能发生的年龄比较广泛,第二次世界大战时期美国总统罗斯福就是成年后才得这个病的。随着我国卫生条件的改善和疾病预防的广泛开展,这种恶性传染病在我国的发病率已大大降低,尤其是在城市,这种病基本上消失了。但是一旦感染上,这种病给人的损伤是非常严重的。症状确定后,它所引起的不仅仅是肌肉萎缩、无力,往往引起肢体(主要是下肢)障碍,使人的外形、走路都受影响。小儿麻痹症不影响智力、视力、听力等,因此,他们完全可以进行有关文化知识的学习和智力活动。

4. 上、下肢缺失——肢体截断

过去老百姓所讲的"残疾人"就是肢体缺失或截断者,这种说法是错误的。这些人往往是上肢或下肢缺失或截断,或者手指头、脚趾、脚掌缺失等。肢体缺失既有先天造成的,也有后天因疾病、外伤等截断的。先天导致肢体缺失的原因并不十分清楚,不过在胎儿各种器官发育、形成的关键期母亲滥用药物或母体病毒感染等都能导致胎儿出生后肢体残缺——包括耳、鼻缺失,唇裂等。后天主要是由外伤、疾病等造成。如交通事故、机器扎伤、暴力击打等,如未能很好地采取措施或事故太严重等都会导致肢体截断。

(二)肢体残疾儿童的教育策略

肢体残疾是一系列残疾的总称,包含的类型很广,而且各类之间还是有区别的,并且和残疾的程度也有很大的关系,因此,各类型的教育策略是有一定的差别和倾向的,在这里只提示教育策略和要点。

1. 渡过困难适应期

对于所有后天致残的肢残人,家庭教育最困难、最主要或者最先碰到的问题是如何教育孩子尽快渡过致残后的困难适应期。家长应实事求是地告诉孩子病情,包括病情的程度和对孩子的影响,并树立起孩子生活的信念。家长还应尽快训练孩子的生活能力,使之适应致残后的生活。

2. 开展能力训练

首先家长应培养儿童的基本生活能力,当然这也是需要结合和考虑儿童的伤残程度的,但家长应努力培养儿童吃饭、如厕、穿衣等最基本的生活能力。同时应对肢体残疾儿童开展功能训练,包括各种大小肌肉训练、协调训练等。

3. 培养积极乐观的心态

家长要培养积极乐观的心态,以平和的心态接受现实,不要在孩子面前表现出对他的担忧,父母不要因为孩子的残疾争吵,而且要多用励志电影和故事鼓励肢体残疾的幼儿,并且鼓励孩子正常的同伴交往,经常和孩子到户外散步,和小朋友交流、游戏等。

二、多动症儿童的家庭教育

儿童多动症,全称为注意缺失多动障碍,是儿童注意力缺乏、唤起过度、活动过多、冲动性和延迟满足困难等一系列心理行为问题的总称。它是儿童期最常见、最复杂的心理与行为障碍之一,对儿童的身心发展会产生十分不利的影响。

扩展阅读6-6 >>>

多动症的评定[①]

美国《精神障碍诊断和统计手册》第四版(DSM—IV)的诊断标准如下,凡满足注意缺陷或多动冲动行为症状六条以上并至少持续六个月,可诊断为多动症。

(1)注意缺陷:①在学习、工作或其他活动中往往不能注意到细节或者发生粗心大意所致的错误。②在学习、工作或游戏时,注意力往往难以持久。③与之对话时,显得心不在焉,似听非听。④常常不能听从教导去完成作业、日常家务或工作。⑤往往难以完成有组织的工作和活动。⑥往往逃避不喜欢的或不愿意参加那些需要精力持久的工作或家务。⑦经常遗失作业或活动必需的东西,如玩具、作业本、铅笔等。⑧经常容易被外界刺激所分心。⑨经常忘记日常活动。

(2)多动冲动行为:①四肢经常动个不停或者在座位上扭动。②在教室或其他要求坐好的地方常常擅自离开座位。③常常在不合适的场合过多奔跑或攀高。④常常难以安静地参加各种活动或游戏。⑤常常活动不停,好像身上装着马达。⑥经常讲话过多。⑦常常在他人(教师)问题尚未问完时便急于回答。⑧常常难以排队等候。⑨经常插嘴他人的讲话或干扰别人的游戏。

(一)多动症儿童的心理与行为特点

幼儿的多动行为和环境污染、食物的摄入、外界刺激都有一定的关系,例如汽车尾气中的铅、食物中的人工合成添加剂、可乐中的某些成分、色彩鲜艳的好玩事物等都能促发孩子的多动行为,而且在幼儿期幼儿的情绪和行为带有不稳定性,所以多动行为频发。但是孩子好动、动作多和多动症是两个不同的问题,家长千万不要以为好动的孩子就是多动症,更不能动不动就说好动的孩子是多动症,给孩子扣上多动症的帽子。多动症典

---

① 张巧明,杨广学. 特殊儿童心理与教育[M]. 北京:北京大学出版社,2012:87

型的表现如下：

1. 活动过多

儿童是热衷于活动的，但多动症儿童的不同之处在于从外表上看，这类儿童似乎有一种用不完的精力，基本没有停止活动的时候，手动、脚动或者身子动，总有一部分身体在动。并且这些特点在婴幼儿期就能表现出来，如过分哭闹，难以入睡，喂食困难，常以跑代走，平时老是翻箱倒柜，拆卸玩具等。上学后，在需要安静的场合也表现为明显的活动过度。上课不断做小动作，敲桌子，摇椅子，削铅笔，撕纸条，拉同学的头发、衣服，屁股在座位上扭来扭去。严重的则擅自离开座位，在教室里走来走去。

2. 注意力难以集中

这是多动症儿童的典型表现，他们极容易被无关的刺激吸引注意力，而且注意力集中时间较短。一般情况下，3 岁正常幼儿注意力时间能够集中 5 分钟左右，5 岁幼儿最多能集中 20 分钟左右，而多动症儿童的注意力集中时间远低于正常幼儿。多动症儿童在幼儿园表现为总是东张西望，心不在焉，注意听老师说话的时间很短。即使是看漫画书或卡通片，也只能够安坐片刻，便要站起来走动。干什么事总是半途而废，甚至做游戏也不例外。

3. 情绪不稳

多动症儿童情绪不稳定，冲动任性；情绪反应强烈，高兴时手舞足蹈，不能控制，不高兴时会大喊大叫，甚至咬人、踢人或自虐；情绪反应不稳定，两种对立化的情绪会在短时间内转变；多数不能遵守规则，往往冲动任性，遇事不考虑后果，经常是行动先于思维；在课堂上大喊大叫，甚至离座奔跑，抢同学东西或袭击别人；也经常破坏东西，但出现这些行为并非故意捣乱，而是没有考虑行为后果，想到什么就做什么；意志较差，不能坚持去做一件事情，经常频繁变换活动内容。多动症儿童的情绪不稳定、冲动任性的坏脾气常使同学伙伴害怕他、讨厌他，而不与之交往，因此这类儿童一般不易合群。

4. 动作协调困难

几乎半数的多动症儿童的动作协调有困难。在大肌肉动作和精细动作方面显得笨拙、不自主，并有习惯性的抽搐等表现。其中有的是平衡方面的问题，如不易学会骑自行车，体操动作不准确、不协调。有的是手眼协调差，如投球、使用剪刀时，手眼配合不好。

（二）多动症儿童的教育策略

多动症儿童的教育不同于正常儿童的教育，它属于特殊儿童教育。家长与教师要学习了解有关多动症的知识，要做好持之以恒长期教育与训练儿童的准备。对多动症儿童的教育要注意以下几点。

1. 提出实际的要求

家长和教师应学习多动症儿童的特点，对于多动症儿童的要求不要完全和对待正常孩子一样，应该要求他们的多动能控制在一个不太过分的范围内。对多动症儿童的注意力集中的时间和行为也不要完全做严格的要求，而要以鼓励为主，引导多动症儿童逐渐达到较好的水平。

2. 增加活动

增加一些户外活动,如打球、跑步、滑板及各种需要身体各部分协调活动的游戏。这样做一方面有利于多动症儿童释放过多能量,另一方面可锻炼儿童动作协调能力,促进其脑功能全面发展,增强其自控能力,就像弗洛伊德所说的,特定的能量用在一个方面就不会用在其他方面了,用于建设性的活动上就没有机会消耗在破坏性活动上了。

3. 培养社会化技能

多动症儿童大多表现为孤僻、任性、脾气暴躁、做事不顾后果、不善于与他人沟通,在游戏中稍不顺心就哭闹、发脾气、动手打人。这些行为会导致同伴孤立他,不与他交往,因而多动症儿童一般都在社会化过程中出现问题。教师和家长应尽量为儿童提供与同伴相处的机会,教儿童如何与同伴友好相处。在平时多给儿童说话的机会,使其学会表达自己。另外还要为儿童提供一些榜样,供儿童模仿。

三、感觉统合失调儿童的家庭教育

感觉统合失调症又称为"神经运动机能不全症",是一种中枢神经系统的障碍问题,是指外部进入大脑的各种感觉刺激信息不能在中枢神经系统内形成有效的组合,使机体不能和谐地运作而产生的一种缺陷。儿童感觉统合失调意味着儿童无法控制身体感官和支配身体协调活动,会在不同程度上削弱儿童的认知能力和适应能力,会严重影响儿童的健康成长,在学龄期时,极易出现学习障碍。到了青年期,社会交往和社会适应能力都会出现问题,影响一个人正常的生活和工作。

[案例 6-2] <center>都市流行病①</center>

杰瑞5岁了,长得聪明可爱,亲戚朋友都很喜欢他。刚上幼儿园的时候,也很受老师和同学们的欢迎。可是,幼儿园老师渐渐发现,杰瑞很不适应幼儿园的生活。他上课的时候注意力不集中,东张西望;吃饭时习惯用手抓,不会使用筷子,爱挑食;做游戏的时候,动作总是比别的小朋友要慢。杰瑞的妈妈很困惑,她担心孩子是不是生病了。后来,妈妈带杰瑞到一家儿童医院进行检查的时候,看到很多情况类似的孩子。

思考:杰瑞出现了什么问题? 为什么会这样?

(一) 感觉统合失调儿童的心理和行为表现

1. 内部感觉失调

感觉统合失调的儿童一个显著表现是平衡功能失常,表现为爱多动,不能安静,走路

---

① 万莹编.孩子13岁前,妈妈一定要懂的心理学[M].北京:中国华侨出版社,2013:244

易跌倒磕碰,原地转圈会眩晕;注意力很难集中,上课不专心,很爱做小动作,调皮任性,易兴奋,经常违反课堂纪律,常与人发生冲突。感觉统合失调的儿童通常感觉痛觉过分敏感或过分迟钝,容易出现冒险行为,自伤自残,不懂总结经验教训,或者少动,孤僻,不合群,做事缩手缩脚,缺乏好奇心,缺少探索性行为。感觉统合失调的儿童方向感很差,容易迷路和走失,闭上眼睛易摔倒,玩不好捉迷藏等游戏,体态发展不良,站无站姿、坐无坐相,容易驼背、近视,过分怕黑。

2. 外部感觉不良

感觉统合失调的儿童视觉感发展不良,表现为尽管能长时间地看动画片、玩玩具,但无法流利地进行阅读,阅读时经常出现跳读或漏读或多字少字;绘画多反映事物的局部特点,不能反映事物的整体和主要特征。感觉统合失调的儿童听觉感发展不良,表现为对别人的话听而不见,记忆的内容丢三落四,经常忘记老师说的话等;触觉过分敏感或过分迟钝,表现为害怕陌生的环境、吮手指、咬指甲、爱哭、爱玩弄生殖器、过分依恋父母、容易产生分离焦虑,或过分紧张、爱惹别人、偏食或暴饮暴食、脾气暴躁等。

3. 动作不协调

感觉统合失调的儿童动作协调不良,表现为大动作发展如走、跑、跳发展较差,动作协调能力差,走路容易摔倒,动作没有平衡感和协调感,不能像其他孩子那样正常地滚翻、骑车、跳绳和拍球等。而且感觉统合失调的儿童精细动作不良,手指动作发展不精,表现为系鞋带、扣纽扣、用筷子等活动都进行得不好,手脚笨拙,手眼能力差等。

(二)感觉统合失调儿童的教育策略

1. 注重孩子全身协调性及平衡能力的锻炼

在孩子出生后就利用一切条件和机会发展孩子的感知觉,尽可能地让孩子多翻身,多爬行。对稍大一点的儿童家长应给予其和邻里小伙伴一起游戏的自由,并且多带孩子进行户外活动,为孩子提供充分的视觉、听觉和触觉的锻炼机会,使大脑接收到更多的感觉输入,综合各种感觉,作出适应性反应,逐渐完善大脑功能。

2. 进行感觉统合训练

感觉统合训练实际是一种游戏治疗,它将感觉统合失调的儿童用"游戏"的方式加以组织,让他们置身于色彩丰富、花样翻新的活动中,在轻松和快乐的游戏中改善症状,感觉统合治疗的适用年龄是4～12岁,可以让患儿在精心的计划与合理的安排下,进行如走平衡木、剪纸、摆积木、走迷宫、溜冰、各种球类运动及滑板这些能够促进身体和大脑之间的协调反应的运动。

3. 给予情感支持

家长首先自己要进行心理调适,不要再给孩子压力,以免过重的心理压力加重感觉失调的现象。对有感觉统合失调的儿童,家长、教师要多在情感上关心和爱护他们,对他们表现的一点点进步也要表扬和肯定。对于暂时的状况不能讽刺和责骂,尽可能给儿童创造一个宽松的活动环境,让儿童感觉到有信心、有能力完成训练和进行学习。

【检测】

一、思考与练习题

1. 利用网络收集智力超常儿童的案例,分析智力超常儿童的特点。
2. 谈谈《卡尔威特的教育》书中教育观念对培养天才儿童的启示。
3. 思考儿童听力障碍和言语障碍之间的关系。
4. 设计一个针对大班低视力四级幼儿的方向辨别活动。
5. 了解自闭症的游戏治疗方法。
6. 辨析多动和多动症之间的关系。

二、实践分析题

屁股上的"刺"①

一天,咨询室里来了一对母子。母亲因为孩子多动、做事不专心、爱拆卸东西前来咨询。孩子6岁多,上幼儿园大班,9月份将入小学。据这位母亲介绍,孩子在班里属于"屁股上长刺儿"的人,根本坐不住:老师开始上课没有几分钟,孩子就开始做小动作、东张西望、挑逗同学,有时候忽然离开座位走到教室另一头。老师布置了家庭作业,孩子在家也是边做边玩.外边一点小动静就要出去看,家长只好在旁边监督。作业本子又脏又乱,家长一批评,孩子就把刚写好的一页撕掉,他的作业本明显比别人的本子薄。

我一边和这位母亲交谈,一边关注着孩子的举动。我发现,自从进来之后,孩子就时刻动个不停。他先是坐在妈妈旁边,然后坐在沙发扶手上,后来又挤到我的单人沙发上。他不断插话,让谈话很难进行,我就打开电脑让他上网看动画片。哪知道这孩子连动画片也没有耐心看完,他拿着鼠标用力往桌子上摔,想把鼠标摔裂看看里面到底有没有"老鼠"。再往后他又坐回到我身边,要往我的后背上爬,他妈妈的厉声斥责对他也不起作用。

分析以上案例,请帮助咨询师初步鉴定这个孩子出现了什么问题,并尝试提出教育策略。

---

① 杜燕红.学前儿童心理健康教育.大象出版社,2009:61

第七章

教师与学前儿童家庭教育

学习目标

- 了解专业幼儿园教师应具备的素质结构。
- 能够分析新手幼儿园教师和专家教师之间存在的差异。
- 明确教师与儿童家庭教育结合的必要性。
- 掌握与家长沟通的技巧。

本章导读

教师作为人类灵魂的工程师、人类文化的传播者,是教育系统中最基本的要素之一。可以说,教师对学前儿童的健康成长有着重要的作用。但是长期以来我国在大众层面上,对幼儿园教师的专业性存在质疑,因此,作为未来的幼儿园教师,不能不认识和了解自己的专业要求,并努力从专业角度实施教育工作。本章重点介绍当今社会对幼儿园教师的专业素质要求和教师与儿童家庭教育结合的必要性,并从微观层面探讨教师和家长沟通的方法,旨在为幼儿园教师更好地实施家庭教育指导工作提供建议和支持。

第一节　教师的教育素质

案例导入 >>>

老师的反应

一位教师带着 20 名 4 岁的幼儿在户外活动,因为全园只有两辆小三轮脚踏车,幼儿便常为"该谁骑"而争吵不休。这一天,一名叫"宝宝"的小男孩跑到教师面前抗议道:"小莉不让我骑三轮车!"这时教师应如何反应呢? 根据教师的不同行为反应,可以把教师行为分为非专业行为和专业行为。

非专业的行为包括,把幼儿争抢看作是一个意外冲突事件,屈服于现实情境的压力或一时的便利而采取的行为,如袖手旁观,严厉批评当事幼儿,用成人的标准对幼儿说教,或者回避冲突,简单转移幼儿注意力。而专业教师会把幼儿争吵看作是一个因材施教的教育契机。专业教师的行为表现包括尊重孩子的人格和发展特点,蹲下来询问并耐心倾听两个幼儿争吵的原因,并根据以往观察了解到的两个孩子的个性特点有针对性地发展他们的语言表达能力,轮流、合作的社交知识和技巧等。

思考:幼儿教师应具备怎样的素质和能力? 根据幼儿教师道德标准,幼儿教师在从业过程中,应如何指导幼儿的活动?

一、教师的专业素质

随着时代的发展,社会对幼儿教育提出了更高的要求,而幼儿园教师能否适应当前教育形势的飞速发展,顺利履行自己的职责,根本上还在于教师的专业素质。在我国,现代幼儿园已经有了100多年的历史,但与西方发达国家相比,幼儿园的发展仍然滞后,其中教师的专业素质问题是核心问题之一。

现代教育界已经普遍承认教师职业是一种专业性职业,教师是专业人员。1966年《关于教师地位的建议》第一次正式提出了教师职业的专业化,并期望由此提升教师的专业地位和实现教师的权益。自此,"教师专业化"运动在世界范围兴起。20世纪80年代后,教师专业化运动追求的目标从教师权益转移到教师质量上。目前,欧美等国都形成了自己的教师专业发展和评价体系。但是幼儿教师的专业化地位还没有受到普遍的认可。那么教师的专业化体现在哪些方面呢? 这就需要首先了解专业的特征。

学者研究表明,专业化的职业应该具有以下几个特征。①具有特殊价值和不可替代性;②具有特定的复杂的专业知识;③需要专门培训和持续发展;④具有专业自主;⑤具有权威的专业组织。

从以上特征来分析幼儿教师职业可以看出,幼儿园教师是对3~6岁幼儿进行教育的专业人员。首先,他们提供的社会服务是特殊的和不可替代的,是一项专业性很强的工作。因为3~6岁幼儿的身心发展特点决定了他们的学习是通过行动和经验并动员感官来进行的[1]。同时幼儿园教师要同时照顾数十个幼儿的生活,满足他们不同的情感和学习需要,这是一项复杂而艰巨的专业性任务,不是谁都能做好的。其次,幼儿园教师需要特殊的知识和能力,并需要专门的培养和培训。最后,幼儿教师在全国范围内形成了不同层次的专业学术组织,形成了覆盖全国的专业组织体系。

从以上分析可以看出,幼儿教育作为一个专业,是符合专业的基本特征的,因而幼儿

---

[1] 教育部教师工作司.幼儿园教师专业标准解读[M].北京:北京师范大学出版社集团,2013:5-8

园教师作为专业人员也符合专业人员的基本特征。在理论和国家倡导的层面上,幼儿园教师的专业性是毋庸置疑的,但是实际生活中,大众意识层面上对教师的专业性还是存在质疑的,仍然认为幼儿园教师谁都可以做,就是高级保姆,带孩子的。

根据不完全统计,我国部分欠发达地区拥有教师资格证的幼儿园老师占比不到40%,大部分是"先上岗后考证"。一项对 15～18 周岁的幼师学员的调查显示,60%的人是觉得学习成绩差,升学无望,为生计所迫才选择这个职业的,70%的人觉得带孩子又累又苦。因此幼儿园教师专业化需要教师个人和全社会的努力。下面从三个角度结合幼儿园案例阐述幼儿园教师的专业素质,以帮助教师理解和践行幼儿园教师专业化标准。

(一) 师德为先

师德是幼儿园教师最基本、最重要的职业素养和道德要求。"德高为师,学高为范。"每一位教师都应该秉持"师德为先"的理念。《幼儿园教师专业标准》明确要求广大幼儿园教师要热爱学前教育事业,具有职业理想,践行社会主义核心价值体系,履行教师职业道德规范。关爱幼儿,尊重幼儿人格,富有爱心、责任心、耐心和细心;为人师表,教书育人,自尊自律,做幼儿健康成长的启蒙者和引路人。

1. 对待事业——忠于人民的幼儿教育事业

忠于人民的幼儿教育事业是建立在对事业的认识的基础上的。幼儿教育是人才的成长过程中不可缺少的奠基阶段。幼儿教师应该充分认识到自己身上的责任感,增强对幼儿教育事业的情感,对工作倾注满腔的爱和热情。如果对幼儿教育事业不热爱,就会把幼儿教育工作单纯看作是谋生的手段,在工作中处处被动,常常处于抱怨的状态,自我效能感比较低。这样的幼儿教师往往带着先做着这份工作,一有机会就改行的心态,这是不可能全心全意为幼儿教育事业服务的。所以,师德是教师职业的基准线。

对事业的爱还要求幼儿园教师做到依法执教,严谨治教。近几年,虐童事件频发,例如浙江温岭某幼儿园教师不顾孩子的哭喊拉起孩子耳朵让儿童悬空,把孩子扔到垃圾箱等行为严重影响了教师的形象,而老师对此的解释是这样做是出于"好玩"。可见教师缺少法律意识,没有严格遵守《未成年人保护法》《中华人民共和国教师法》等相关法律法规,无视幼儿的合法权益和人格尊严。

2. 对待幼儿——坚持以幼儿为本,树立正确的儿童观

"幼儿为本"是"以人为本"的科学发展观在幼儿教育上的具体体现。教师对幼儿的关心和爱护是幼儿身心健康发展的重要条件。应尊重幼儿权益,发挥幼儿的主动性;遵循幼儿身心发展特点和保教活动规律,提供适合的教育。这些都是教师义不容辞的责任和义务,也是良好师德的集中体现。

爱是做好教育工作的前提条件之一,也是以幼儿为本的体现之一。教师的爱,能使幼儿得到情感上的满足,产生积极的情绪体验,增强自信心、安全感。如果你问幼儿老师怎么爱你们的? 用幼儿的话说就是:"我哭了,老师给我擦眼泪""经常给我系鞋带""笑眯

眯的""不发脾气""不打人""不把小孩拉出来"……当然,教师对幼儿的爱是一种理智的爱,俗称教育爱,并不是溺爱。在前文案例导入提到的"三轮车事件"中,如果教师不分青红皂白严厉批评当事幼儿,甚至出现辱骂行为的话,那么这个教师首先缺乏的就是师德,是一种违反专业规范的行为。

所谓"儿童观"即对儿童的观点和看法。北京师范大学庞丽娟教授指出:"儿童观是指教师关于儿童的基本看法,包括对儿童身心发展特点、规律和心理发展动力等一系列问题的一般性认识及由此形成的对儿童的特定期望等。"幼儿教师想要树立"学生为主体,幼儿为本"的儿童观,主要应该关注以下三个方面的内容。

第一,尊重儿童作为人的尊严,不能歧视、漠视甚至粗暴对待幼儿。中国传统文化信奉"棍棒教育""小大人观",把孩子当作是家庭的附属品,认为父母、老师打孩子就是教育孩子,是天经地义的事情,这种错误的观念给孩子的身心发展带来了巨大的危害。

第二,尊重幼儿的主体性和价值,摒弃把儿童当作"弱小的人""无用的人"等观点。幼儿不同于成人,蒙台梭利教授通过实验研究已经发现了童年的秘密。幼儿期不是为成人做准备,它是充满想象和创造力的。

第三,把每个儿童当作是一个特殊的存在,尊重他们的差异性。幼儿教师应了解幼儿个体的一般特点及差异性,为幼儿创造条件,对幼儿施以有差别的适当的教育。这就要求教师对幼儿有一个合理期待,不能为了满足家长的愿望实施不恰当的教育,重视幼儿身心发展特点和保教工作特点,不能拔苗助长。

3. 对待集体——团结协作

首先,在幼儿园内部,幼儿园教师要和园所领导、配班老师、保育员和其他教职工协调一致,相互配合。在幼儿园外部,要积极和家长、社区有关方面的热爱幼儿教育事业的组织和人员建立广泛联系,充分发挥教育资源,以便目标一致地展开工作,达到事半功倍的效果。

其次,教师在与幼儿教育系统的各个组织和个人联系交往的过程中,要以幼儿发展的大局为重,严格要求自己,尊重他人。特别是幼儿园的骨干教师,不能只对新的教师和配班教师严格要求,更要对自己的保教能力和教育科研能力提出更高的要求,努力做到人无我有,人有我优。

最后,教师要突破业务封闭的状态,教研活动上互帮互学,相互分享自己教学方面的经验和不足,共同进步。现在很多幼儿园教师教研活动停留在表面,出现一团和气、走形式的现象,这样对教师的保育能力的提高不但没有帮助,而且大量浪费了教师宝贵的时间。

4. 对待自己——为人师表

教以德为先,幼儿作为发展中的人,具有向师性和可塑性等特点。幼儿教师的行为和态度对其有着潜移默化、润物细无声的效果,也就是身教重于言教。因此,作为幼儿园教师应该高度自觉,自我监控自己的行为,加强自身的师德修养,不断提高个性修养和心理素质。幼儿园教师要端庄优雅、亲切友好、着装得体和仪容仪表整洁,因为这些都是教师良好素质的外部表现。幼儿是处于发展中的人,各方面发展还存在依赖性,因此幼儿教师成了他们的依赖对象,他们有意无意地模仿着老师的行动和态度。可以说教师本身就是一种教学媒体,教师的体态语言对幼儿具有直观、真实的教育作用。

(二)专业知识素养

知识是什么?当前人们倾向把知识看作是人类在实践中总结归纳,并认为是真实正确的、可以解决实践问题的经验,这些经验可以被呈现为事实、概念、程序和原理。根据对知识的理解,幼儿园教师专业知识是在学前教育专业领域里被实践证明是真实的、可以指导解决该领域的实践问题的经验。幼儿园教师的专业知识是其专业素质的重要组成部分,体现着幼儿园教师作为一种专门化职业的独特性和不可替代性,既是每一位幼儿园教师必须具备的知识,又是其师德和专业能力素养的认知基础。以下对教师应具备的知识进行分析。

1. 幼儿发展知识

幼儿发展知识是教师必须掌握的基础知识之一。幼儿教育和中小学教育相比,在具体教育目的上,存在较大不同。中小学往往以传授系统的知识技能为主要目的,而幼儿教育更注重培养儿童的身体、认知、情感、社会性方面的发展。苏霍姆林斯基说:"教师不懂心理学,这就如同一个心脏专业医生不了解心脏的构造。"所以,教师要懂得基本的幼儿发展知识,并在教育中遵循幼儿发展规律,有意识地为儿童创造发展的环境。

《3~6岁儿童学习与发展指南》中对幼儿发展的知识做了比较详细的介绍,并明确提出:"作为教师应该知道儿童的发展是一个整体,要注重领域之间、目标之间的相互渗透和整合,促进幼儿身心全面协调发展,而不应片面追求某一方面或几方面的发展。同时,应该尊重幼儿发展的个体差异。"例如3岁儿童在生活中容易出现"说谎"行为。小明向老师告状说小龙抢他的玩具,经过老师的了解,小龙并没有出现过抢玩具的行为,老师就会断定小明在说谎,并严厉批评小明。其实幼儿发展知识告诉我们,3岁孩子对现实和想象是分不清的,容易出现混淆的情况,他们在笃定一件没有发生的事情的时候,其实他自己是真正相信事情存在的,我们不能因此而责备儿童说谎,并给孩子贴上"坏孩子"的标签。所以,对教师来说,掌握幼儿发展的知识,了解他们的年龄特征和发展的规律,不仅是顺利开展工作的条件,更是开展工作的根本。

2. 幼儿保育和教育知识

幼儿园的主要目的就是对幼儿实施保育和教育,如何将保育和教育相结合,这是幼儿园保教的一大难题。因此幼儿园教师应具有幼儿保育和教育科学知识。教师不仅应该了解应该教什么和为什么教的问题,更应该知道怎样教和为什么选择这样教的问题。国内外大量研究表明,幼儿园儿童的学习和发展状况直接受教师的教育行为的影响,而教师的保育教育知识指导着他们的保教行为。例如夏天出汗多,幼儿很容易因此造成体液减少。懂得保教知识的教师会有意识地根据幼儿需要,每1～2小时让幼儿喝一次白开水,不给幼儿喝甜饮料,也尽量不要给他们喝冰镇的饮料。因为老师知道这样会影响他们的食欲,也会对胃肠道造成刺激。

3. 通识性知识

苏霍姆林斯基指出:"只有教师的知识面比学校教学大纲宽广得多,他才能成为教学过程的精工巧匠。"教师既要有广博的知识,又要通晓基本的社会学科、自然学科等方面的知识,做到博学多才。在幼儿园阶段,幼儿园教师通识性知识和教学内容有着密不可分的联系。幼儿好奇心非常强,经常会问很多意想不到的问题,如果教师缺乏丰富的文化知识的话,就不知道该把幼儿的探索往哪里引导。例如小朋友在户外活动的时候对蜗牛产生了浓厚的兴趣,那么老师只有自己了解蜗牛的生活习性和特点后才能产生有针对的教学,引导幼儿发现蜗牛的特点。如果教师的知识底蕴不足的话,发挥就会受到限制,只能照搬教师用书或者教材上现成的教学设计方案。

因此,专业知识素养是一个专业教师必须具备的素养之一。一个专业的教师面对案例中"三轮车事件"如何应对,丽莲·凯兹给我们提供了思路①。丽莲·凯兹认为受过专业训练的教师会运用其专业知识,考虑幼儿的发展和各年龄阶段幼儿的行为常模,及家长、学校、社区各方面人士的期望,再根据个人或园所的教育哲学、学习理论及个人或学校的目标,采取适当的技巧及反应来教导幼儿。

4. 社交技巧

教师可以利用前文案例导入中提到的"三轮车事件"鼓励幼儿发展社交技巧,如轮流、协调、克服困难等处世技能。

(1)轮流。教师可以建议宝宝再等几分钟,先做点别的事,过一会再去问小莉;也可以建议宝宝观察小莉,等她露出疲倦或玩腻的迹象时,再去问她。这样要求就比较容易成功。在这种情况下,教师是在帮助宝宝学习观察的技巧,以协助他发展"轮流"的行为。

(2)协调。教师可以鼓励宝宝思索小莉对什么事感兴趣。譬如,教师可以对宝宝说:"去跟小莉说,如果你让我骑三轮车,你荡秋千时,我就帮你推。"如此,教师便是向宝宝示范了如何用口头的方式与别人协调的技巧。

(3)克服困难。教师需要协助幼儿克服所遭遇到的挫折。幼儿必须承认他不可能永远是赢家,必须学着接受失败与被拒绝。教师可以用就事论事的语气告诉宝宝:"没关系,也许小莉等一下就不玩三轮车了,园里还有很多别的事可以做啊!有……"然后建议宝宝去参与其他一些活动。也就是说,建议其他适合的活动,来协助宝宝培养直面失败的能力。

---

① [美]丽莲·凯兹. 与幼儿教师对话——迈向专业成长之路[M]. 南京:南京师范大学出版社,2004

5．语言技巧

教师也可利用"三轮车事件"教导幼儿用清晰、有效的语句表达自己的需求。

（1）明确的语句。可能宝宝并未能清楚地对小莉表达自己想骑三轮车的愿望，也许他只是扯了一下三轮车，或只是稍微哼哈了一下。教师可以对宝宝说："回去告诉小莉：我已经等了好久，我很想骑一下……"教师用这种适度而肯定的语言表达的方法，供幼儿模仿；同时也教导幼儿，当教师不在的时候，可以使用这样简单的句子来表达自己的需求。专业教师有义务培养幼儿在没有教师的协助下自己处理问题的能力，而这能力将有益于幼儿日后的发展。

（2）对话技巧。宝宝与小莉可能都缺乏适当的说话词汇，也正处于开始学习如何进行激烈谈话的阶段。教师可以为幼儿示范如何以语言来化解冲突。教师可以对小莉说："宝宝实在是很想骑三轮车耶！"也许这时小莉会嘀嘀咕咕地拒绝，教师便可以转而向宝宝说："小莉还不想停耶！"宝宝也许会对这个回答表示抗议，教师则可以将宝宝的抗议稍作修饰，再婉转地向小莉表明宝宝的感受，说："宝宝现在真的很想骑这辆三轮车耶！"然后再视小莉的反应继续这种对话，温和地转达双方的感受及需求。

6．社交知识

教师可以利用宝宝与小莉之间的冲突来刺激与增进他们下列的社会习俗知识及道德观念。

（1）社交认知。受过专业训练的教师可以协助幼儿区分什么是值得悲伤的事情，什么不是。一天骑不到三轮车并不算悲剧，不用过于伤心或埋怨。因此，教师可以对宝宝说："我知道你很失望，但是，还有很多别的玩具可以玩呀！"教师的口气应该是就事论事，不宜有一丝谴责。这样才可以协助幼儿比较客观地看待自己的需要与欲望。

（2）正义观念。学前幼儿已经可以理解某些正义的观念，尤其是一些"基本道理"（即个人所遵守的规则与限制也同样适用于别人）。因此，受过专业训练的教师对三轮车争夺事件的反应就不应仅是对小莉说："小莉，现在该轮到宝宝了！"她还会在这句话之后加上："你去玩别的，如果有困难，我也会帮你。"同样的，如果冲突发展到几乎引起打斗，教师可以对挑衅的幼儿说："我不允许你打××，我也不会允许别人打你。"后半句话，即所谓的附语，是用来安抚这位幼儿的情绪，让他明了他与其他人一样都是处在一个公平的环境里，每一个人的权利都应该受到保护，每一个人的需求也都应该受到重视。

（3）旁观幼儿的理解与技巧的学习。未参与冲突、在旁边观看的幼儿也应包含在教师的教导范围内。上述教师的反应也可以间接地为未参与的幼儿提供一些技巧，如如何与别人沟通、如何达成协议等。此外，他们也可以知道对哪一个同伴用哪一种方法最有效。同时，如果他们有机会看到教师执行正义的方式，他们就会知道，非但自己不能伤害别人，别人也同样不能伤害自己。

7. 气质的培养

除了教导社交技巧与社交知识外,专业教师还可以利用三轮车抢夺事件加强或减弱幼儿个人的某些人格特质。

(1) 同情心及助人的气质。如果小莉坚持不让宝宝骑,教师可以对她说:"宝宝已经等了很久,你知道等那么久的滋味很不好受啊!"这种方式可以刺激、唤醒小莉的同情心,同时也可以培养她仁爱的气质。不过教师必须注意,在说这句话时,不应带有"你有错"的语气,让小莉受窘。有时候,幼儿不肯接纳别人的要求正是因为他知道别人会有什么感受(例如等很长一段时间是什么滋味)。这样的幼儿具有同情的能力,但是没有仁爱利他的气质。因此,如果这时候对他说"假如别人也这样对你,你会怎么样"是没用的。如果幼儿本身缺乏仁爱的气质,教师首先便应该以双方幼儿最大及最长远的利益作为判断的标准,来解决纷争。当然,有时温和的冲突是不可避免的,但是教师不宜夸大或过度解释该冲突的意义。

(2) 避免抱怨。教师可以根据专业知识判断宝宝是否具有强烈的抱怨行为倾向,若有,这个倾向便应减弱。因此,教师应该先评判幼儿抱怨的合理性,分辨出哪些是需要加以处理的,哪些只是因为幼儿得不到想要的(而不是需要的)东西所作的控诉与发泄。如果教师判断的结果不需干涉的话,只需告诉宝宝一些应对的方法(如上文所述),将问题交给孩子自己处理。教师要注意的是,并不一定非要解决或满足幼儿的抱怨事项;如果他们每次的抱怨都能得逞,便会养成抱怨的特质。

(三) 能力素养

能力是指直接影响活动的效率,使活动的任务得以顺利完成的一种个性心理特征。教师的专业能力是教师专业化在教育实践中的集中体现。具备基本专业能力才能胜任幼儿的保育和教育工作。知识是能力形成的基础和条件,但是只有知识是远远不够的。日常幼儿园教育事件是复杂和多样的,教师需要在复杂的实践中逐渐积累适宜的行为,形成专业能力,这主要包括以下三个方面。

1. 教育教学活动的组织和实施能力

教育教学活动的组织和实施能力是教师取得教育和教学成功的保证。早在1989年幼儿园就取消了上课,用教育活动来代替。缺乏教育教学组织和实施能力的教师,无论其知识多么广博,都难以完成教育和教学任务。幼儿园教师要能合理安排和组织一日生活的各个环节,例如盥洗和如厕环节,科学照料幼儿的日常生活,将教育活动灵活地渗透到一日生活中;一日生活中处处能体现教育,时时能体现教育,充分利用一日生活中的各种教育契机,对幼儿进行随机教育,以将保教结合原则落实到实处。

例如,"三轮车事件"是一日生活中常见的事件,当宝宝向教师抱怨时,教师可以把它作为课程设计及管理上的参考。举例来说,有良好教育教学能力的教师不会把它作为单独的儿童争执事件来处理,因为对幼儿一次简单的说教及讲道理是不太能行得通的,但是教师可以选择通过一些适合幼儿程度的教育教学活动来传达相关的训诫,让所有幼儿学会如何解决纷争并得到发展。专业教师还可以自省:这类事件是否经常发生?事件发生的频率高是不是表示课程安排需要调整?如果这类事件一天发生好几起,表示应该重新评价原有的课程内容,让幼儿的心智能在活动中更充分地发挥、运作。因此,教师经过处理一个最常见的幼儿事件,不仅可以照顾到个别幼儿的需求,也同样兼顾了园所的整体课程规划。

2. 观察的能力

教育幼儿是一门科学,只有了解幼儿,才能教好幼儿。而观察是教师了解幼儿最常用的方法之一。由于3～6岁幼儿自身控制能力还比较低,他们的情绪还不能够进行自我调节,因此他们的内心需要和身体状况常常可以让我们准确觉察到。往往幼儿的一个小动作,一个小表情和简单的一句话或者是一刹那的行为都可以真实地反映他们的内心活动。如犯了错误的小朋友,常常表现得很局促,不时地看老师一眼;当他们自认为表现好的时候常常手舞足蹈,充满希望地看看老师,期待得到老师的表扬。教师如果能理解其外在行为所传递的内部信息,敏感地觉察出幼儿的最迫切需要,并根据该幼儿的特点做出及时的、有利于幼儿发展的恰当反应,那么教师就赢得了教育的主动权。

幼儿教师观察技能的具体要求是:首先,教师应尽可能准确而又客观地察看幼儿,要不断提高观察的敏锐度,尽快捕捉到幼儿最细微的动作,探知到幼儿最细微的需要,了解幼儿某个行为的意义,并做出及时反馈。其次,教师应该事先确定观察目录,列出观察提纲,选出有代表性的观察对象。最后,应该详尽地记录观察的内容,并分析这些记录材料,综合观察材料后归纳出每个幼儿的优点和缺点,为幼儿设计出适宜的学习方案。

3. 反思研究的能力

"创新是一个民族的灵魂,是一个国家兴旺发达的不竭动力。"幼儿园教师要成为专业型人才,实现从"教书匠""保姆"向专家型教师的转化,研究能力是必须具备的素质之一。《幼儿园教师专业标准》强调幼儿园教师要具有不断进行专业化学习、实践并不断反思自身的教育教学意识和能力。这既是新一轮教育改革对教师的必然要求,也是幼儿不断成长的必然要求。一个老师的专业化成长最主要的是来自于自我的主动追求,每一次活动、每一次实践都要有反思,每节课都有评价和分析。通过不断的反思、总结、提炼、思考、改进,提升教师的专业素养。例如,受过专业训练的教师在遇到"三轮车事件"时,会拿幼儿在事件中的行为与他们以往的行为表现作比较①。因此在"三轮车事件"中,教师或许可以问自己类似下列的问题:

---

① (美)丽莲·凯兹. 与幼儿教师对话——迈向专业成长之路[M]. 南京:南京师范大学出版社,2004

（1）宝宝今天的行为在过去是不是经常发生？如果是，宝宝是不是老希望别人注意他？他的"注意阈限"是否太高了？如果太高了，应如何降低？

（2）宝宝这个时候能接受的挫折有多少？也许他对自己还没有足够的自信，还不能接受失败或被拒绝的伤害。经过临时判断，教师可以决定宝宝是否需要特别的介入或支持。

（3）小莉当天的行为对她而言是不是一种进步？也许小莉以前一直很害羞或很顺从，当天是她第一次克服以往的顺从，表现自我肯定的行为。如果是这样，她的行为应该是值得鼓励的。

（4）如果让这两个幼儿自行处理这件事，他们会不会学到"适当的"概念或行为？有的儿童可以从自行解决问题中学到比较成熟、比较有效的方法，有的则不能，甚至会弄得一团糟。因此教师可以同时问自己："我什么时候应该稍加干涉？""我是否应该完全不过问？"专业教师必须考虑的是，争吵的当事者中有没有一个老是爱欺负别人。如果有，就不该让幼儿自行处理，否则弱小的一方往往会吃亏。为所有幼儿长远的利益着想，教师应该试着减低蛮横一方得逞的机会。

（5）参与事件的两位幼儿目前所表现的行为模式如果不加以修正，会不会留下后遗症？根据很多研究显示，即使是成人也常受"归因论"的影响，而表现出别人期望他们表现的行为。专业教师了解这种现象后，对于幼儿持续表现出某种"形象"行为时，一点也不必吃惊，而应该注意自己对某些幼儿是否有先入为主的形象观念，以免受到偏见的影响而干扰了判断。

通过对这些问题的反思和研究，教师的自我发展能力得到提升。还可以针对幼儿的突出问题结合教育实践进行行动研究，例如案例研究、叙事研究等。

总之，专业的幼儿园教师要与时俱进，随时了解学前教育的发展动向和研究成果，善于运用各种研究方法，不断研究和改进自身的教育实践。

二、教师的身心素质

健康的身体是搞好幼儿教育工作的重要保证。教师要教育和照管一群天真活泼的幼儿，需要有良好的身体素质。身体健康的教师，精力充沛，工作效率高，与幼儿一起活动，给幼儿带来自信和欢乐；如果教师体质差，精神状态欠佳，则班级气氛压抑沉闷，影响幼儿心理健康。

教师的心理素质影响幼儿的个性品质形成。心理素质较差的，如情绪欠稳定，主观武断，易冲动的教师，其工作方式可能是专制型的，凡事都要求幼儿按自己所说的做，所任教班级幼儿可能守纪律、听话，但胆小、缺乏自信，依赖性强。又如缺乏独立性、自信心的教师，其工作方式通常是放任型的，对幼儿态度好，但胆子小，做事优柔寡断，所任教班级幼儿可能大多能力强，有主见，但纪律性差，缺乏自制力。具有优秀心理素质的教师，其工作方式倾向于民主型,心胸开朗,思维敏捷,情绪稳定,善于自制,对幼儿充满热情,工作主动,处事机智灵活,所任教班级幼儿大多守纪律,有礼貌,与人亲近,能友好相处。

第二节　教师与儿童家庭教育结合的必要性

案例导入 >>>

不一样的东东

东东是中二班的小朋友,在班里非常活泼,受到老师和小朋友的喜爱,在做娃娃家游戏中,接待客人主动热情,与长辈和老师交往很有礼貌,见到老师就甜甜地叫"老师好"。可是当老师把东东在幼儿园的表现告诉东东妈妈的时候,妈妈却说,孩子在家的时候不是这样的,有客人来了很少打招呼,总是一副爱理不理的样子,还经常对爷爷奶奶发脾气。老师了解情况后,以"文明礼貌"为主题,设计了在家里、在社区和幼儿园多种活动场景,让幼儿实际使用文明礼貌用语。

思考:幼儿的成长与家庭教育、幼儿教师的指导以及幼儿园社区之间具有什么样的关系? 幼儿教师应该如何正确地指导学前儿童的家庭教育?

一、教师与家庭教育结合的意义和任务

苏霍姆林斯基有句名言:"没有家庭教育的学校教育和没有学校教育的家庭教育,都不可能完成培养人这样一个极其细微的任务。"在幼儿园和家庭对学生的教育过程中,家庭是基础,幼儿园是主导,它们的教育观念和教育行为能够保持一致是十分必要的。例如在案例导入中由于家长和教师的教育方式不一致,导致儿童在家庭和幼儿园行为的严重不一致,正如苏霍姆林斯基所说:"教育的效果取决于学校和家庭影响的一致性。如果没有这种一致性,那么学校的教学和教育的过程就会像纸做的房子一样倒塌下来,只有学校教育而无家庭教育,或只有家庭教育而无学校教育,都不能完成培育人这一细致、复杂的任务。"然而我们所缺失的正是这种一致性,这种情况必须改变。

(一)教师和家庭教育相结合帮助家长更新教育观念,树立正确的教育观

计划生育政策的实施,使每个家庭只有一个孩子,一个希望。望子成龙、望女成凤是每位父母强烈而善良的愿望,"不要让孩子输在起跑线上"是父母的座右铭。但是这种观念却成了3～6岁孩子们的沉重的负担。一时间幼儿智力开发、体能训练等项目在幼教市场上涌现,家长把大量资金投入到儿童的智力开发上。然而重智力投资给独生子女带来的灾难性后果是非智力素质的严重弱化,导致大量孩子不会分享,自私,不会与人交

往,甚至有的孩子连最基本的自理能力都没有。家长虽然用心良苦,但是观念有误,是不利于孩子的健康生长的。作为拥有专业育儿知识的教师,是有责任和义务引导和帮助家长树立正确的教育观念的。

首先,应该引导家长树立正确的儿童观,即对家长与孩子的关系要有正确的看法。家长对孩子的教育方式应该是民主、平等的,而不应该是简单粗暴、专横的。新西兰有"儿童乐园"的美誉。孩子还在母亲腹内,就已经有一系列福利保障他们成长,出生医疗、营养,甚至尿布都是社会供应的。这仅仅是物质基础,所谓"乐园"更重在尊重,把儿童当作积极主动的主体,尊重倾听他们的意见才能真正做到尊重。

其次,树立正确的教育观,即树立正确的教育思想,引导家长充分认识到作为教育的首要责任就是对子女进行如何"做人"的教育,教育的重点是德育,而不是单纯追求高分数。

最后,树立正确的人才观,作为家长应明确什么是人才,怎么才能成才。正确的人才观是使受教育者德智体美劳全面发展,成才的关键是智力因素和非智力因素的和谐发展,是思想道德和智能发展的统一,而并非只有分数高、升大学才是人生目标。

(二)教师和家庭教育相结合帮助家长掌握教育规律,提高育人方法和技巧

幼儿教育是一门艺术,也是一门科学,幼儿教育的成功不是靠老祖宗留下来的空洞说教,也不是单凭浅显的、零散的个人经验,而是需要结合日常生活,遵循儿童成长的规律和教育的规律来进行。好的教育从来不是机械的传授,而是春风化雨,将教育的内容渗透在游戏、谈天、生活之中,在这种和谐、优良的气氛中让孩子自然而然地、不知不觉地接受教育。而教师的义务就是帮助家长改进家庭教育的方式方法,鼓励家长讲究教育孩子的艺术,同时也遵循幼儿发展的规律,讲究教育的科学性。

家庭教育不仅要有正确的思想观念,还要运用符合幼儿年龄特征的、符合教育规律的方法和技巧。否则,再良好的愿望也难以实现。因此,幼儿园教师首先要指导家长认识到无论是良好行为习惯的养成还是良好品德的培养,都是一个循序渐进的过程,是有规律可循的,只有遵循科学的教育规律才能产生良好的教育效果。其次要引导家长懂得对不同年龄、不同特点的孩子采取不同的教育方法。幼儿的教育特点是在"玩中学",不适合说教,不能把对幼儿的教育和成人的教育相混淆。

(三)教师和家庭教育相结合帮助家长提高自身修养,以身立教熏陶孩子

家庭教育在一个人的成长和发展过程中的作用是巨大的,父母对子女的影响是其他任何教育者都无法代替的。可以说,家庭是儿童出生后的第一所学校,父母是孩子的第一任教师,父母和长辈的言行举止,行为习惯时刻都在潜移默化地影响着孩子。好的行为和习惯能使人受益终生。孩子就像白纸一张,具有很好的可塑性,所以家长的"以身立教"绝不能轻易丢掉。

但是,有些家长并没有言传身教的意识,往往把教育的责任全部放在幼儿园教师身上,有的家长吸烟、酗酒、粗暴对待孩子,缺乏责任心和自觉性,最终导致了儿童的不良生活习惯产生,但是他们认为自己孩子不良习惯的产生原因出在老师身上,认为老师没有教育好孩子,抱怨老师没有教好。有的父母离异,每天沉醉在自己的痛苦中,对孩子关心不够,这种影响常常影响孩子的终生,极易形成残缺的性格;某些家长沉湎于"棒打出孝子,惯养忤逆儿"的错误观念难以自拔,儿童于是便成了直接受害者。

面对这些有着各种家庭教育问题的家长,教师要引导家长树立正确的教育思想,更新教育观念,改进教育方法,同时也要督促家长提高自身的思想品德素质和科学文化素质。榜样是无法伪装的,它是人的综合素质自然的流露。无论家长有意还是无意,都会起到榜样的作用。教师应该让家长认识到以身立本最直接、最经常、最深刻的教育,千万不可等闲视之。

二、教师在学前儿童家庭教育中的责任和义务

责任就是分内应做的事情,许多事情不一定喜欢做但必须做,这就是责任。责任并不是一种强加在人身上的义务,而是一个人需要对其所关心的事件作出反应。教师的责任,应该是以身作则、为人师表的行为体现。

(一) 教师是家庭教育的指导者

作为幼儿的第一任老师,家长承担着早期教育的重要职责,而教育知识、观念、方法与能力这些教育素养并非与生俱来,需要家长通过学习获得。幼儿园作为专门的教育机构,不仅为幼儿的发展提供了优质的教育环境,也是开展家长教育最为便利与高效的组织,有助于提高家长的教育素养,共同促进幼儿教育质量的提升。而作为专业人员的幼儿教师,他们受过专门的训练,掌握较深的专业知识和较强的专业能力,能够从家庭的实际情况出发,运用自己的专业素养对家长进行有针对性的指导。

(二) 教师是家庭教育的研究者[①]

儿童家庭教育指导要取得预期的成效,就必须以科学研究为基础,研究在本质上解决问题的方法,这有助于教师回答教育指导过程中出现的问题。教师在日常生活中要注意运用观察研究、调查研究和个案研究的方法,对家庭教育中出现的问题进行理性的调查和判断,而不仅仅是根据经验进行总结。如果教龄20年以上的教师在教学过程中仍然停留在经验的累积上的话,那么她的专业化道路将非常困难。家庭教育指导工作的对象是充满生命力和具有不同个性、不同职业的家长群体,同时他们之间缺乏联系,并且缺乏集体意识,如果在指导过程中千篇一律地机械地进行教育,只能使家长感觉到空洞和无意义,没有针对性。因而教师要不断反思,研究自己的工作,灵活机智地、创造性地开展指导工作,才能达到积极效果。

---

① 丁连信主编. 学前儿童家庭教育(第二版)[M]. 北京:科学出版社,2013:135-136

（三）教师是家庭教育的合作者

从 20 世纪 70 年代我国开始推行计划生育政策以来,独生子女日益增加。今天,第一代独生子女已经进入婚育高峰年龄,开始为人父母。他们是当今家庭教育指导的主要对象。并且随着改革开放的深入和市场经济的发展,"80 后"的家长的思想方法、思维方式和价值取向也发生了变化,他们的思维活跃,受教育程度也相对较高,渴望以参与者的身份接受家庭教育指导,而不是被动地接受。

因此,幼儿园教师不仅是指导者和研究者,更应该是家长的合作者,教师有责任和家长建立朋友般的合作关系,进行双向交流,彼此尊重,相互协作,共同承担保育和教育工作。专业的教师从不试图去控制、限制家长的行为,代替家长对自己家庭教育问题的研究探索;他们非常强调家长自己的主动探索和自我表达。更多的是通过一些试探性的提问或商谈式的建议,以合作者的立场来引发家长自己探索和积极参与。

（四）教师是家长教育成果的评价者

教师应该对家长参与家庭教育指导工作的情况进行发展性评价。发展性评价是一种形成性评价,是一种面向家长未来家庭教育素质的评价。它不仅关注家长的过去育儿经验,而且还根据家长现在的家庭教育表现,确定家长未来的指导需要,制定家长个人未来的家庭教育指导的努力方向。比较合适的方法是建立发展性家长成长档案。家长成长档案指的是对家长在家庭教育过程中的亲子对话、亲子活动等情况系统记录,包括亲子活动照片、亲子合作的作品以及对亲子互动的具体实例的记录。档案以图画、实物、照片、录像、幻灯、文字说明等多种形式表现出来,它贯穿家庭教育指导过程的始终,并在活动结束后延续。

第三节　教师与家长的沟通

案例导入 >>>

怎样与家长沟通

教师给家长的一封信:

家长同志:××在班上是一个沉默的孩子,胆子小,作业课上注意力不大集中,因此,接受知识慢,为此希望家长多帮助她,使她更快进步。

家长给教师的回信:

××是个活泼可爱的孩子,在家里自己的事情愿意自己做,从小自理能力很强。她很灵活,思考问题很快,在幼儿园里学到了什么回来就做。在幼儿园沉默胆子小,课上注意力不集中,这就希望教师多亲近她,孩子和你有了感情就愿意接近你,多问问孩子,上课多给孩子机会锻炼。

如果教师是先肯定孩子的优点和长处,再婉转提出问题的话,家长就会感到老师是了解和重视自己的孩子的,这样家长就会愿意与教师配合来解决问题,而不会对教师不服气、不信任①。

思考:教师不同的沟通技巧会带来哪些不同的效果?

《幼儿园规程》第四十八条指出:"幼儿园应主动与幼儿家庭配合,帮助家长创设较好的家庭教育环境,向家长宣传科学保育,共同担负教育幼儿的任务。"《幼儿园教育指导纲要》指出:"家长是幼儿园教师的重要合作伙伴。应本着尊重、平等的原则,吸引家长主动参与幼儿园的教育工作。"教师是和家长接触最多最广泛的群体,在一定意义上说,教师代表着幼儿园与家庭进行交流协调。教师和家长沟通的目标是实现家园相互配合,一致教育得以实施,促进幼儿的全面发展。

在教育实践中,往往因为教师和家长沟通不通畅,导致家长和教师之间的误解甚至冲突,例如在案例中由于教师的不善沟通导致家长对老师的不信任。掌握教师与家长沟通的艺术,对提高教师的教育素质是不可缺少的一个方面。老师和家长之间的沟通已经成为了现代教育不可缺少的组成部分,要想做好幼儿园管理工作和教育工作,就必须要意识到与家长沟通的重要性。沟通是人与人之间通过信息交流,彼此相互理解,彼此接纳对方观点、行为,彼此协调,达到默契的过程。教师与幼儿、家长之间的沟通能力是教师重要的素质。

一、教师和家长沟通的必要性

(一) 与家长联系沟通,全面深入地了解幼儿

沟通的方式主要有言语沟通、非言语沟通等。每一个学生都是一个独特的世界,幼儿间的个体差异恰是教育教学的宝贵资源。教师要改变观念,确立资源意识,尊重并珍视个性,在此基础上展开教学活动。家庭生活却是孩子个性自然形成和展示的空间。同时,孩子在长期与父母的交往中,其智力的优劣与长短都会有较为充分的表现,父母因其特殊的身份和情感,对孩子会有深入、细致的了解。了解学生,是因材施教的前提,学校教育与家庭教育的合作、沟通则为此提供了丰富的资源与现实的可能。

(二) 幼儿园教育脱离生活的倾向要在沟通中得到修正

教育教学过程中的家园互动本来就意味着家长和教师在幼儿园内外对幼儿园一日生活和教学过程的沟通,这样幼儿园教育的非情景化就可以通过家庭教育中的生活化得以纠正。具体来说,一方面,幼儿园教学要善于吸收幼儿在家庭教育中的好的表现,使之

---

① 李季湄主编.幼儿教育学基础[M].北京:北京师范大学出版社,2012:164

成为幼儿进一步学习的起点和智慧资源;另一方面,教师在教学中要鼓励、提倡幼儿把课堂所学运用于生活实践,并让家长进行配合,把幼儿园接受的知识在家庭中拓展延伸。

(三)家园合作保持一致,共同要求才能达到效果

在实际生活中,幼儿园和家长教育的不一致情况非常普遍,由于对教育的理解的不同,家园教育常常会出现彼此脱节,甚至矛盾的情况。在幼儿园里教师培养孩子的独立意识和自理能力,让孩子自己吃饭、穿衣服,但是到了家里,父母由于过度溺爱孩子,把孩子所有的事情都包办代替。这样的不一致会让孩子产生不适应感,因为3~6岁幼儿对世界的认识是整体的,还没有是非判断的能力,这样的不一致现象会对孩子心理发展产生不良影响。家园结合,使得教师和家长在对幼儿的了解上达成了共识,为对幼儿提出一致性的要求提供了前提保证。

二、教师与家长沟通的原则

(一)以儿童为中心的原则

要让家长感到教师在关注自己孩子的成长和进步。孩子在集体活动中有时手或头碰破一点皮,家长接孩子时十分惊讶、十分心痛是肯定的,而有的教师表现得若无其事,认为家长大惊小怪。那么,一件小事立即会使家长觉得老师对自己孩子不够关心,对工作不够负责,进而影响家长与老师的关系,给家园沟通设置了障碍。

(二)人格平等,相互尊重的原则

进行双向沟通,教师应以"换位"的思维方式与家长沟通。如今,幼儿园里老师年轻化,好多老师尚没有为人父母的角色体验,有的即便是已经做了母亲,在与家长沟通时,常常会遇到难以达成共识的局面,这就要求教师了解父母的角色,并从父母的角色去体会家长的心情和需求。以情动人,真诚交流,和家长建立起朋友关系,互相尊重,互相信任。

(三)导引为主的原则

作为教师,应客观地向家长告知孩子在幼儿园的情况,而不应该掺杂主观色彩和情绪。教师是受过专门训练的教育专业人才,我们要以专业的眼光看待孩子,引领家长的家庭教育思想,把最新的学前教育理念传达给家长。要让家长相信教师,尊重并听取教师的意见,感到老师比他们更深入地了解孩子。教师应耐心辅导家长运用科学的育儿方式。许多家长由于对孩子年龄特点不了解,不知道如何教育孩子,有时教育孩子的方式很不恰当,一味地溺爱,甚至放纵。而教师是有一定育儿知识的专业人员,遇到问题应通过各种方式启发、引导家长,让他们了解孩子的身心特点,更新教育观念,掌握正确的育儿方法。

(四)语言艺术性的原则

教师应讲究与家长交流的语言艺术,孩子入园后,家长就会不时听到教师对自己孩

子的评价。孩子有时表现好,有时会犯上一点小错误,有的老师在向家长汇报孩子情况时,似乎没看到孩子的优点,总是向家长"告状"说孩子这也不是,那也不行。这往往使家长难以接受。教师应该用平和的语气、委婉的态度、一分为二的观点与家长交流。可以先向家长介绍一些孩子的优点,再说孩子不足之处或需改正的地方,这样,便于家长接受。

切忌"告状"式的谈话方法,这样会让家长误认为老师不喜欢甚至是讨厌自己的孩子,从而觉得自己的孩子在班里会受到不公正待遇而产生抵制情绪。

三、教师与家长沟通的技巧

在与家长沟通时,掌握沟通的技巧很重要。教师需要努力学会各种技巧,如与家长面对面交谈时聆听的技巧、适宜于不同家长个性的谈话技巧、向不同个性的家长汇报孩子发展情况的技巧等。只要教师本着爱护、关心孩子的目的,注意沟通的技巧,同时利用谈话,巧妙地指导家长掌握科学育儿的方法,能够在沟通的过程中得到家长的尊重、理解与支持。

(一) 老师要把控与家长沟通的有效时机

家长和老师往往都工作繁忙,不可能沟通得太多太频繁。所以可以利用孩子入园时的随机但不随意的沟通,利用多种形式与家长沟通。家长的工作性质不一样,接送孩子的时间也不尽相同,教师可利用家长接送孩子的时间,短暂交谈,或采取家访、家园联系手册、写简信、写便条等与家长沟通。教师必须把握住一些关键时段,孩子的反常变化、情绪的异常反应等方面的关键点。

扩展阅读 >>>

引导家长有效观察

家长到幼儿园最想做的事是看看自己的孩子。为了避免漫无目的地浏览,幼儿园可以引导家长有效地进行观察,如事先告诉家长活动内容、这一活动的目的、请家长注意孩子哪几点。有一定经验后,可给家长提供一张简单的幼儿行为观察表,供其逐项对照画圈,对每项的意义向家长作适当的解释,活动后一起讨论观察的结果。待家长更清楚地了解孩子后,共同制订一个帮助幼儿的个别学习计划,并明确和落实各自的责任,特别是家长在家里要做的事,然后定期再交换意见。观察表可保存起来,既可作教师的参考,又可让家长与日后的观察再作比较,发现孩子的进步或变化,不断总结教育经验,改善家庭教育的方法。

如某幼儿园小班家长参观日那天,幼儿有一项活动是双脚并拢,跳过横在地上的一个接一个的长条积木。过去家长只是看着有趣,或为孩子拍手鼓励或哈哈大笑,活动结束就完了。后来让家长有目的地观察之后,效果就大不一样了。如让家长看:孩子跳时是双脚并拢的呢还是单脚跨的,跳过去后是站稳的呢还是站不稳的,跳过一条积木后是接着跳下去呢还是要重新调整一下再跳等。这些观察不要求家长有很高的文化程度,很容易就能发现孩子动作的发展水平。然后家长与教师商定,下一步回家后如何个别辅导。如有的家长看到孩子的问题是大肌肉发展不好,就与教师商定办法,回家后不再抱孩子上楼梯,而让他自己爬;孩子跳跃后站不稳,是动作协调、平衡不好,教师就指点家长,在接送孩子时让其多自己走,少坐车;回家后可在地上画一条线,让孩子做沿线走的游戏等。这样家庭教育与幼儿园课程内容结合在一起,教师与家长共同计划,大大提高了教育的整体效果。①

充分观察幼儿在园情况后和家长进行沟通。例如当幼儿不愿意来幼儿园,在幼儿园里情绪低落、变化无常的时候,就要与家长沟通了解一下孩子的家庭中发生了哪些变化;在与家长交流沟通的基础上,共同制定教育方案和措施。

(二) 用专业的态度和家长沟通

很多教师认为与幼儿相处比较容易,而与家长相处时则常常感到有些为难。教师与幼儿相处时有一种优势心理,而面对幼儿家长时,有很多教师并不那么自信,有时容易紧张,会产生一些不适应的情况,甚至产生矛盾与冲突。因此,在沟通中,教师应该做好充分的准备,用自己的专业知识和能力去证明自己的教育能力。例如,幼儿教育是幼儿园和家庭的共同教育,教师接受的专业知识要求注重孩子的全面发展,它不仅仅包括学习,还有习惯、人格等各方面的培养,而家长往往只重成果而忽视了孩子在其他方面的教育,从而导致孩子的片面发展。尤其当幼儿没有达到自己的预期目标时,就一味地以偏概全,否定老师的教学和辛苦付出,从而为教师与家长的沟通设置了一道难以迈过的障碍。这个时候教师应该发挥自己的专业优势,有理有据地以专业的态度和家长沟通,说明全面发展教育的重要性。

(三) 发现幼儿闪光点,在沟通中多谈孩子的进步

缺乏专业素养的老师很容易犯的一个错误就是每次和家长沟通的过程其实就是向家长"告状"的过程。在对孩子的教育中常出现的一句话是"再不好好听话,告诉你妈妈"。有些幼儿教师在面对有缺点孩子的家长的时候,不是一次只说一个方面,只解决一个问题,而是把孩子所有的缺点、错误都罗列一遍,这样做只会让家长更沮丧,甚至对教师的能力表示怀疑。在与家长的沟通中,教师应该简要、全面地汇报孩子这段时期在园里的表现,着重谈孩子的进步和优点,展示孩子的作品,并提出需要注意和改进的地方。每位家长都希望自己孩子受到教师的认可,这会让他们参与幼儿园活动的热情高涨,愿意配合幼儿园的教育工作。

(四) 要善于倾听家长的意见

如果一个幼儿教师态度诚恳、愿意倾听家长的意见,会让家长感到自身的价值,并愿

---

① 李季湄.幼儿教育学基础[M].北京:北京师范大学出版社,2012:163

意配合教师的工作。即使是蛮不讲理、怨气冲天的家长,在一个具有耐心、具有同情心、善于倾听的教师面前,也常会被"软化"得通情达理。当教师认为家长的一些做法是不可取的时候,也不能直接对家长发号施令,应该先听听家长的想法。不要对家长说"你应该""你必须"这样的字眼,而要用商量、建议的口吻。例如教师发现一个孩子的动手能力很差,5岁了自己还不会使用剪刀,这时候不能直接给妈妈提要求"你孩子动手能力差,你要多花时间陪她做手工"。可以先听听家长的意见和想法,如"小明妈妈,小明最近参加手工活动特别积极,经我们观察,可是发现在使用剪刀时有点困难,他自己也特别着急。孩子在家里会出现这种情况吗?"对家长采取诚恳的态度,主动邀请家长参加幼儿园课程设计、实施和评估工作,仔细聆听家长的想法和意见。

(五)以尊重和关爱的态度进行沟通

在与家长的交流中,教师要能生动地描述出其孩子在幼儿园中的一些可爱表现,家长会从你的语言和表情中感受到你对他的孩子的关爱、重视,并留下了教师工作细致、认真负责的好印象。这样从情感上双方就很容易沟通。同时在与家长沟通时,应发自内心地关心幼儿成长,不要指责因孩子的问题,给教师教学工作带来多少不便,招来多少麻烦,给其他孩子哪些不良影响等,而是要强调孩子的缺点对他自身未来的发展有什么负面影响,让家长感觉到教师的目的是为了他孩子着想,而非为了教师工作上的便利。在教育孩子的问题上发现矛盾时,绝不互相指责,而是设身处地为家长着想,尽自己所能解决家长在教育子女方面遇到的困难,使家长感到教师是爱孩子的,这样才会调动家长主动与教师沟通的积极性,共同为孩子的进步而努力。

四、教师与家长的沟通方式

家园之间互相沟通,关系和谐,是协调各种教育因素,形成教育合力的重要保证。家园关系建构中,教师处于主动的一方,教师对家长的了解和尊重是沟通的前提,教师需要了解家长对子女的期望,家长的个性、职业、文化水平、教育观念和方法等,在此基础上,确定自己的工作方法和策略。在幼儿园教育过程中,教师可以通过各种渠道与家长进行沟通。

(一)短信微信沟通

短信微信沟通是当代社会家长和教师沟通的主要方式之一,短信微信沟通的时候往往是教师群发一些群体性或者个别性的通知。例如通知家长关于孩子的每日食谱,通知家长准备孩子上体育课的衣服或者通知幼儿园有开放日活动等。用这种方式和家长沟通的时候要注意慎用语气助词。在短信微信沟通时,大家经常会带一些语气助词,比如"哈哈""嘿嘿""呵呵""HOHO""晕""倒""啊"等,但是你有没有想过,家长在看了这些词汇后,会有什么感觉。因为在短信微信交流时只能看到文字,无法看到表情,所以尽量在与家长微信沟通的时候要用词严谨、简练,并且回复要及时,对家长不应该过多用强制性的语言。

（二）电话沟通

电话沟通是家长和教师沟通更直接、更快捷的途径,既可以有声,使家长感到教师实实在在的存在,又可以随时随地能进行双向沟通。例如在遇到突发事件,例如孩子生病的时候,或者孩子想家劝说无用的情况,可以及时和家长进行沟通,商量解决问题。当然教师在和家长电话沟通的时候,应注意表述清晰,在电话里,表述一定要简短清晰,突出孩子当下所面临的主要问题。让家长在最短的时间,很轻松地理解教师的话语。家长平时都很忙,惜时如金,如果你拖泥带水,表述不清,会让家长产生排斥心理,会给进一步的沟通带来障碍。

（三）幼儿成长记录袋

幼儿成长记录袋是教师运用幼儿成长日记和一日生活中的照片记录与家长进行沟通的方式。成长记录袋反映孩子正在成长的状况,其目的是通过幼儿和相关信息的有意收集工作,反映孩子的兴趣、在特定领域的进步和成就以及付出的努力。这些记录内容都是家长感兴趣的,并愿意关注的信息。同时教师可以与家长协作,制作幼儿在家成长记录袋,通过在园在家情况的对比,教师和家长就有了沟通的依据,更能相互理解,提出有针对性的育儿方法。

（四）建立家长 QQ 群

教师可以班级为单位建立家长 QQ 群,及时互相传递信息。家长可从中了解到孩子的进步、问题及学校对家庭在配合教育方面的具体要求;教师则可从中获得学校教育效果的反馈信息,了解孩子在家中的表现,得知家长的意见和要求。这种"自然化"的沟通方式不仅便于教师和家长之间的交流,也能够使教师及时发现家庭教育中的问题。比如,家长反馈的信息多是孩子在知识、技能上的进步或不足,很少关注孩子的性格、行为习惯方面的表现。这就是一个十分重要的信息。通过分析、探索,教师可在此方面作出努力,纠正家长的思想。

（五）家访交流

家访是家长和教师沟通的有效方式,应该成为幼儿园每学期末每位老师必做的工作之一。很多老师很疑惑:现在的通讯这么发达,通过电话就能很好地沟通,为什么要家访。其实家访是教育工作者的重要工作手段。每一个孩子的成长都离不开"家庭、幼儿园、社会"三位一体的教育网络,三者缺一不可。家访是幼儿园与家庭、社会沟通教育不可或缺的桥梁。通过家访能及时了解幼儿在家庭的生活情况以及生活的社会环境,可以耐心倾听家长对教师工作的反馈和建议,也有利于取得家长对幼儿园和教师的理解和支持,加深教师与家长的感情。家访不仅可以达到家长和教师互动的目的,而且可以完善教育工作中的不足。家访中教师通过沟通更能理解家长的期盼,能比较容易与家长产生情感共鸣。

【检测】

一、思考与练习题

1. 通过访谈新手教师和专家型教师,谈谈幼儿园教师应该具备哪些素质结构?
2. 参观附近幼儿园,了解其家园合作方式和现状,并指出其优点和存在的不足。
3. 了解教师与儿童家庭教育结合的必要性。
4. 谈谈与家长沟通的技巧,并能模拟与家长沟通现场。

二、实践分析题

大班有 39 名小朋友。老师这节课教孩子们折纸。老师交代名称,拿出范样,问孩子是否喜欢,然后发给每个幼儿一张纸。教师接着示范,讲解。孩子在第一步节奏统一,而到第二、三步开始有了差距,第四部有孩子开始等待,然后有孩子开始游离……这时两个孩子发生了争执,原因是铭铭抢占了浩浩的桌面,两个孩子厮打起来,班上孩子的目光都转向他们。老师停止教学,把厮打的孩子分开,问两个孩子原因,两个人抢着申辩,其他孩子开始自己玩弄。这时,老师走到前边说"安静!谁还说话呢!你站起来,我说让你安静你没听见吗? 我看谁表现得最好……"孩子安静了,老师又开始示范,讲解,节奏快的孩子又开始游离,节奏慢的求助。无奈,孩子们提前 30 分钟结束了这个活动。老师让孩子们把作品放到窗台上,回家拿给爸爸妈妈看。

阅读以上材料,谈谈案例中幼儿园教师有哪些不足之处,说说专业的幼儿园教师应该具备哪些素质结构。

第八章

学前教育机构家庭教育的指导

学习目标

- 了解我国学前教育机构家庭教育指导的发展历史。
- 理解我国学前教育机构家庭教育指导的发展趋势。
- 了解学前教育机构家庭教育指导的价值。
- 掌握家长指导工作遵循的基本原则。
- 应用学前教育机构家庭教育指导的内容与途径。

本章导读

　　我国家庭教育指导作为整个国民教育体系中的一个组成部分在 20 世纪 90 年代正式起步。1992 年《90 年代中国儿童发展规划纲要》明确指出："使 90％的儿童的家长不同程度地掌握保育、教育儿童的知识。"2001 年《幼儿园教育指导纲要》指出："家长是幼儿园教师的重要合作伙伴。应本着尊重、平等的原则,吸引家长主动参与幼儿园的教育工作。"从这些文件中可以看出,党和国家对家庭教育指导的重要性给予了充分肯定并提出建设性意见。

　　在实践层面,在完成这一任务的过程中,学前教育机构,特别是幼儿园教师也应了解我国家庭教育指导的历史和现状,在实践中不断探索我国家庭教育指导的具体原则和方法,提高家庭教育指导效果。本章重点介绍了我国学前教育机构家庭教育指导的发展历史及发展趋势,并在此基础上阐述了我国学前教育机构家庭教育指导的价值,同时探讨我国家长指导工作必须遵循的基本原则,最后全面介绍学前教育机构家庭教育指导的内容与途径。本章旨在为学前教育机构,特别是幼儿园教师科学指导家庭教育工作提供建议和参考。

第一节　学前教育机构家庭教育指导形式的发展

案例导入 >>>

习主席带来新的教育理念

2015年，习主席又为我们带来了新的教育理念——家庭教育。2015年春节前夕，习主席在新春团拜会上对家庭教育作出重要论述，习主席强调："家庭是社会的基本细胞，是人生的第一所学校。不论时代发生多大变化，不论生活格局发生多大变化，我们都要重视家庭建设，注重家庭、注重家教、注重家风。"

伴随着习主席的家庭教育话题，真正好家庭幸福教育机构迎来了"爱的束缚"家庭教育指导活动。在活动中，父母和孩子的角色互换，让父母感受到在"家长"爱的呵护下透不过气来，无法挣脱这爱的束缚而极度恐惧与痛苦。这场活动所有家长都深刻明白了会爱才是真爱，不会爱还爱就是害。通过这次学习，让家长意识到教育错了的儿童比未受教育的儿童离智慧更远。家长一定要懂得家庭教育再去教育孩子，不懂如何教育孩子盲目的瞎教育不如不教育。

思考：我国家庭教育指导活动发展的历史和趋势是什么？现今我国家庭教育指导活动中主要存在的问题有哪些？为了解决这些问题社会各个方面都做了那些努力？

一、我国的家庭教育指导发展现状及其存在的问题

20世纪90年代初，"家庭教育指导"这个概念在我国被正式使用。学前教育机构家庭教育指导，是指由学前教育机构组织的，以学前儿童家庭为主要对象的，以家庭教育为主要内容的指导活动，也被称为"家长教育"。

家庭教育指导不是由家庭自身来完成的，而是由家庭以外的社会机构如幼儿园或者其他机构完成的，它是带有师范教育性质的成人业余教育，同时也是我国构建终身教育体系的重要举措之一。

家庭教育指导的指导对象是3～6岁幼儿的家长，是有工作的成年人。由于指导对象的特殊性，要求在指导过程中不能采用灌输式的指导方式，必须强调指导者和家长互动，强调家长的主导地位，可以说家庭教育指导的过程是家长与指导者互动的过程，是家长自我教育的过程。

家庭教育指导的目的是家长素质的不断提高进而促进儿童的健康成长。可以说家庭教育指导是指导家长如何教育子女的教育，是为家长"提供帮助"和"指导"的教育。

国际组织伯纳德基金会近 20 年的研究结果显示,家长是否参与学前教育、参与的程度如何,直接关系到学前教育质量的高低,也就是说家庭教育直接影响幼儿园教育的质量,而家长的教育水平在很大程度上决定了家庭教育的成败①。从引导案例中习主席的谈话中可以看出,我国也认识到了家庭教育指导的重要性。虽然家庭教育指导如此重要,但是"家庭教育指导"这个词的出现时间却很短,只有短短的几十年时间。"家庭教育指导"这个概念在我国被正式使用,标志着家庭教育工作进入了一个新的时期。作为一种重要的教育实践形式,家庭教育指导以微观的方式可以存在于各种类型的学前教育机构之中,指导形式也千差万别,但是从宏观上来看,家庭教育指导的发展是和社会历史和文化的发展息息相关的。因而,可以从历史角度审视"家庭教育指导"的变革与发展。

漫长的中国古代社会,家庭教育虽然一直存在,但是家庭教育指导这个概念一直没有存在。1987 年,中央教育科学研究所史慧中研究发现:无论是在城市还是农村,在幼儿园接受教育的孩子的认知水平高低更多地和家庭教育的影响相联系,而不是我们通常所认为的幼儿园教育。这一研究成果为我国上世纪 90 代开展幼儿家庭教育指导和研究工作提供了依据。

1992 年,上海市教育科学研究所②李洪曾探讨和研究了幼儿家庭教育指导模式。研究为幼儿家庭教育指导工作提供了许多可借鉴的家庭教育指导模式,促进了家庭教育指导的发展。1997 年,随着多个地区例如上海市、北京市家庭教育研究与指导中心的成立,我国家庭教育研究工作和指导工作迅速发展③。

随着改革开放和社会的进步,我国家庭教育指导已经经历了近 30 年的历程,如今已形成蓬勃发展态势。特别值得欣慰的是,进入 21 世纪以来,家庭教育指导在国家决策层面引起了高度重视。如 2004 年《关于进一步加强和改进未成年人思想道德建设的若干意见》专门阐述了"重视和发展家庭教育";2006 年《未成年人保护法》明确规定,"有关国家机关和社会组织应当为父母或者其他监护人提供家庭教育指导";2010 年《全国家庭教育指导大纲》正式问世。这一系列党和国家的法规和举措预示着家庭教育指导将在新的、更高层次上得到更大的发展,同时也预示着家庭教育研究者和指导者肩负着更大、更重、更艰巨的社会责任。

对近 30 年家庭教育指导工作进行认真审视后我们发现,我国的家庭教育指导工作取得了巨大的进步。据全国妇联统计,全国有各类家长学校 43 万余所,家庭教育指导服务机构 11 多万所。不仅是学校,社区、各类企事业单位、大众传媒都对家庭教育指导做了大量工作,例如《爸爸去哪里》《爸爸回来了》等电视节目对我国家庭教育指导工作也作出了一定贡献,从事家庭教育指导的人数也有数以百万计。我国大量的家长从家庭教育

---

① 丁连信主编. 学前儿童家庭教育(第二版)[M]. 北京:科学出版社,2013

② 李洪曾,郑毓智,程华山. 幼儿园开展家庭教育指导的现状和前景[J]. 上海教育科研,1993(4)

③ 一凡. 创建学习型家庭是建立终身教育体系的需要——访上海教育科学研究院研究员、家庭指导中心副主任乐善耀[J]. 家教博览,2003(2)

指导中得到了真正的进步,但必须承认我国家庭教育指导工作仍有很多不足之处。家庭教育专家关颖在2011年指出,我国家庭教育指导从总体来说,存在简单化、庸俗化、急功近利的问题。①

(一) 在家庭教育指导理念上:重行为塑造

受到中国传统文化的家长专制思想的影响,我国家庭教育指导者往往更重视家长的作用,把家长看作是儿童成长的决定性因素,把所有的压力压到家长身上,强调父母是孩子的塑造者,并举出大量的国内外家庭教育指导成功案例进行佐证。在这种家庭教育理念之下,专家往往指导家长如何按照成人的意志塑造、控制自己的孩子,让孩子绝对服从自己。这样做的后果是忽视了孩子的想法和孩子的能动作用。这实际上是一种家长专制的理念。

(二) 在家庭教育指导对象上:盲目自信,轻家长

在我国家庭教育指导中普遍存在"父母有病让孩子吃药"的现象。这种现象其实是一种轻视家长作用的做法,认为家长只是家庭教育指导者特别是幼儿园老师的配合者的角色。家长的任务就是服从指导者的安排。忽视指导家长对家庭教育问题的深入了解和对家长自身存在问题的反思。这样做的结果是家长对孩子付出越多,孩子身上的问题就越多,最后可能导致亲子关系紧张。面对这种情况,一些指导者甚至在指导失败的情况下,对父母批评指责,指责其在家庭教育中不能很好严格按照指导者的安排进行教育,却很少反思家庭教育指导对父母提供了多少有效的帮助,以及自身的失误和欠缺。

(三) 在家庭教育指导方式上:重理论灌输

我国家庭教育指导更多地停留在面向群体的知识灌输阶段,停留在指导者教、家长学或者简单模仿的层面。家庭教育指导工作往往是以讲座、开家长会的形式存在的,在指导中家长处于"受教育者""被要求者"的地位。也就是说家长往往是带着一双耳朵接受指导,接受完指导家长就离开。在家庭教育指导中如何开发家长自身的教育潜能,引领家长分析思考家庭教育问题,启发和帮助家长提高教育能力方面是需要突出解决的问题。

(四) 在家庭教育指导内容上:重实用,轻基础

近年来,学前教育机构的家庭指导工作开展得如火如荼,但是由于缺乏正确的理论引导,大量指导者出现急于求成,只关注眼前利益的情况。具体表现在对家长在家庭教育中出现的问题,指导者停留在就事论事的指导上,或者指导视角单一,不能让家长信服。总体来说,科学的家庭教育理论为基础的主流的声音在家庭教育指导领域的应用存在欠缺。例如指导者往往偏离科学的育儿理念,不是以儿童的身心发展为主要目的,而是以儿童成才作为家庭教育的目标。因此"教子秘籍""黄金法则",怎样培养孩子成为博士、成为精英这一类的家庭教育指导大行其道。这样急功近利的做法给家长带来了巨大的经济和心理负担,对孩子的长远发展也极为不利。这些以"专家"自居的家庭教育指导

① 关颖.家庭教育指导的倾向性问题和着力点[J].当代青年研究,2011(2):32-36

者往往是为了迎合家长望子成龙的心理,把注意力盯在家长的钱包上,这在根本上背离了家庭教育指导的宗旨。

（五）在家庭教育指导整体上:重传播,轻研究

虽然我国从事家庭教育指导的人数较多,但是从总体上看,我国家庭教育指导者队伍的专业化程度比较低,专业家庭教育指导师寥寥无几。大多数从事家庭教育指导工作的工作者是兼职或者单纯把家庭教育指导当作是业余爱好,可以说热衷于家庭教育指导的人士大多没有专业背景或没有经过系统培训。总体来说,我国家庭教育研究比较滞后,不足以适应不断变化的社会现实和不断增长的家长的需求;家庭教育研究队伍专业化程度低,视野窄,缺乏系统性、连续性和对家庭教育问题的深入探讨,低水平重复多,理论创新少。

二、学前教育机构家庭教育指导的发展趋势

（一）以科学研究为基础,构建家庭教育指导研究体系

家庭教育指导只有建立在科学研究的基础之上,以不断创新的科学理论为指导,才能获得长足的发展和真正的进步。构建基于我国国情的家庭教育研究体系是我国家庭教育指导的发展趋势之一。家庭教育指导的科学、可持续发展需要家庭教育研究者开阔视野、转变思维方式和行为方式,在新的起点上实现新突破。

构建家庭教育指导研究体系需要从以下几个方面努力:

首先,要做好家庭教育指导方面基础理论研究工作,即建立结合我国国情的基础理论研究。现代关于家庭教育指导的一些理论要么是国外的研究成果,要么是心理学和教育学的基础理论成果。虽然这些基础理论成果对家庭教育指导工作产生了巨大的作用,但是却缺乏针对性。

其次,大力开展家庭教育现状调查研究。研究者定期进行家庭教育现状和家长需求的调查研究,通过调查分析和研究成果的权威发布引领家长,扩大家庭教育指导工作的影响。

再次,重视家庭教育课程和教材的开发,现阶段我国家庭教育指导课程和教材的开发仍然处于初级阶段,家庭教育指导往往是家庭教育学中的一部分,没有得到专门的重视。应该鼓励研究者积极开展家庭教育指导教材、教法研究,为指导者提供多学科视角的理论参考而不单纯是培训家长的课程。

最后,有条件地开展指导家长的实验研究,在研究积累的基础上,建立我国家庭教育研究和指导文库,逐渐形成具有中国特色的家庭教育理论体系。

（二）开展家庭指导师的培训和认证工作,加强指导者队伍建设

规范家庭教育指导者队伍是家庭教育指导的发展趋势之一。只有建立一批高素质的家庭指导者队伍,才能真正改善家庭教育指导教育工作。

首先,实施家庭指导者培训工程。家庭教育指导者的专业素质高低直接影响着家长的教育素质,大多数家长长久以来是单纯依赖本能和经验来教育孩子的,家长根据本能和经

验对儿童施加的影响可能是正向的,也可能是负向的。如果施加的是负向的影响,对孩子一生都会产生消极的后果,毕竟孩子的人生只有一次,没有回头路可以走。如何使得家长做到科学育儿是家庭教育指导者的重要任务之一,应该着重利用家庭教育基本理论和方法、家庭教育指导的基本原则和内容对家长进行全方位的培训。如果说教师是人类灵魂的工程师,那么家庭教育培训师就是家长灵魂的工程师,因此培训工程有着极其重要的意义。

其次,建立家庭教育指导者资格认定制度。家庭教育指导师是专门从事家庭教育指导工作,利用科学教育理念与教育方法,给家长提供职业化、专业化指导的专业人才。家庭教育指导师不同于家庭教师或者心理咨询师,而是专门就家庭教育的方法答疑解惑,可向家长和青少年给予专业性、知识化的人生点拨和学识指导。在欧美等发达国家,每300人就拥有1名家庭教育指导师,全美国拥有家庭教育指导师80万人。家庭教育指导师虽然如此重要,但在我国却未能得到应有的重视,这也源于我国的家庭教育指导师培训和认证工作仍然处于起步阶段。

在规范家庭教育指导师的相关工作中,应该制定家庭教育指导者的资格认定标准、岗位责任规范等。积极发展家庭教育指导师职业,逐步实现指导者队伍的正规化、专业化建设;实行家庭教育指导相关机构准入制度和载体规范化,各类家长学校、家庭教育指导中心等配备专职的专业化家庭教育指导者,吸引具有相关专业背景的人才加入家庭教育指导队伍。制定家庭教育指导机构准入标准,对在工商部门注册的以家庭教育指导为主要经营范围的企业,会同相关部门进行家庭教育指导能力评估、工作督导、鉴定审核。具备相应条件,经审查合格者颁发资格证书。对不能达标或在从业期间有严重违反岗位责任行为者取消指导者和指导机构资格①。

（三）为家长自我教育搭建平台,促进家长教育素质的提升

家庭教育是在家庭私域中进行的,执行者是以父母为主的家长。再好的家庭教育指导都必须通过家长转化为家长的教育行为才能作用于孩子。也就是说,任何指导者、多么好的家庭教育指导都不能替代家长对孩子的作用。而家庭教育有法又无定法,所谓有法是说家庭教育有不同于其他教育的特点和规律,有前人总结出来的科学方法和艺术。

所谓无定法是因为家长所面对的孩子是活生生的、有自主意识和自主行为的、独一无二的、独立的个体,当同样的方法作用于不同的孩子的时候,会有不同的反应,家长机械地照搬既定的方法或模仿别人的做法照方吃药、照猫画虎不会有好的教育效果。家庭教育指导作为一种成人教育,能够启发家长自我教育才是成功的教育。

社会学家潘光旦说:"真正的教育有一个重要的前提,那就是每一个人都有一种内在的智慧,并且具有使用这种智慧应付环境、解决问题的能力。"所以对专家和指导者而言,对于家长提出的孩子教育问题没有必要有问必答。更需要我们做的是打好根基、搭建平

---

① 家庭教育指导师招生简章. 百度文库. (http://wenku. baidu. com/view/dd7c8160ddccda38376baf65. html)

台,促进家长教育素质的提升,激发家长自身的教育潜能,通过不断地自我教育,悟出教育孩子的真谛,而不是依赖指导者。

(四)以市场为根本调控手段,提高家庭教育指导服务意识

我国家庭教育近年来一直呼吁"探索家庭教育指导和服务社会化、市场化运作新模式""满足家庭的特色需求"。这种发展趋势为拓宽家庭教育指导领域提供了一个新的思路:家庭教育指导与服务并举。我国家庭教育指导在整体上是坚持公益性的原则,从事家庭教育指导工作的人员基本上都是处于兼职状态。虽然市场需求量很大,目前社会上有许多的家庭教育指导机构、亲子机构都在为家长提供有偿服务,"花钱买服务"为越来越多的人所接受。但是由于我国家庭教育指导服务工作整体质量不高,专业性不强导致发展相对缓慢,远不能满足广大家长的需求。因此家庭教育指导服务工作依然有很大的发展空间,有必要针对家长的特殊需求开发服务市场。相信随着我国经济的进一步发展和我国家庭教育指导日臻成熟,在未来的家庭教育指导中,市场化运作、专业化管理,配套化服务是其发展的重要趋势。

第二节　学前教育机构家庭教育指导的价值与原则

案例导入 >>>

值得借鉴的主题活动

香港某幼儿园开展"我长大了"主题活动,把课堂延伸到家庭。园方与家长一起拟定活动方案,使家长明白如何配合活动需要、具体做些什么、怎么做等。于是,除了幼儿园的活动之外,家长也同步在家里收集孩子小时候的趣事,然后把东西带到幼儿园,在教师的指导下分类、整理,和班上其他家长、幼儿一起办展览。爸爸妈妈还兴冲冲地给教师和其他小朋友当解说员。活动促使家长更加关注孩子的成长,亲子关系更亲密;孩子直观地看到自己的成长,更加感到父母的爱,他们也更爱自己的父母。幼儿园教育活动的效果也因此而倍增①。

思考:幼儿园与家庭教育的有效结合,为幼儿带来怎样的影响? 学前教育机构对家庭的教育指导意义有哪些?

一、学前教育机构家庭教育指导的价值

从某种意义上说,人类具有一种"求价意志",从理论上来说,人类不会从事那些没有

---

① 李季湄.幼儿教育学基础[M].北京:北京师范大学出版社,2012:164

价值的活动。这就是说,对自己所从事的活动的价值认识得越深刻就越能激发自己的潜能,最终实现活动的目标。因此,如果学前教育机构要想把家庭教育指导做到更好,一个必要的前提是认识到学前教育机构家庭教育指导的价值。学前教育机构家庭教育指导总体来说是为了家庭教育指导人员更好地了解各年龄段的孩子并掌握家教指导策略,主动地、灵活地、创造性地、有效地开展指导活动,通过亲子关系沟通、儿童身心保健等方面的服务,帮助家长掌握和提升家庭教育的能力和质量,营造有利于儿童青少年健康成长的和谐家庭氛围。

(一)协调多方面力量实现幼儿全面发展

幼儿教育是一项复杂的系统工程,生态教育学认为幼儿的成长发展受到周围环境的影响。这个环境除了幼儿园、家庭,还包括更广泛范围内的社区和其所在的自然环境。在幼儿教育这个整体中,社会、家庭和幼儿园组成缺一不可的整体。家庭、幼儿园、社区三方合作教育,既有现代化教育研究的理论支持,同时又有国家的教育政策、法规的规定和支持,是教育现代化的必然趋势。

因此,以家庭教育为基础,学校教育为主体,社会教育为依托,积极构建全面、健康、和谐的三位一体的教育网络[①],发挥教育合力,有计划、有步骤、分层次地开展各种教育活动,全面促进孩子身心健康的发展有着重要的意义和价值。幼儿园开展家庭教育指导,能对这些因素进行有效的调节、整合和提高,给幼儿创造一个舒适、健康的成长环境,促进幼儿成长的步伐。实现家园同步同态,形成教育合力是学前教育机构家庭教育指导义不容辞的责任。陈鹤琴先生早在民国时期就提出:"儿童教育是一件很复杂的事情,不是家庭一方面可以单独胜任的,也不是幼稚园一方面可以单独胜任的,必定要两方面都得到充分的功效。"

(二)提高家长的教育素质,进而提高整体国民素质

家庭环境和家长的道德文化素质直接影响着孩子的成长,家庭教育对培养下一代、促进家庭幸福和睦、提高全民族素质具有重要的意义。家庭教育指导工作使家庭教育和科学育儿知识得以宣传和普及,使广大家长的整体素质和教育子女的能力得到全面提高,促进家长和孩子共同成长;在家庭教育指导过程中,幼儿园通过家长学校、家长论坛、开展讲座等形式帮助家长树立正确的儿童观和教育观,使家长意识到言传身教的重要性和自己身上肩负的教育责任,进而努力提高自己的思想水平和改进行为习惯,提高其整体素质。

社会是由一个个家庭组成的,家长整体教育素质的提高必然对提高整体国民素质有积极的作用。日本文部省的调查显示,家庭教育落后和家长疏于对子女管教是导致青少年犯罪、拒绝上学与儿童自杀等教育危机的重要原因之一。面对这样的家庭教育危机,文部省积极推行"家庭教育支援政策",从1997年起以培养儿童"生存能力"和提高社区

---

① 王春燕,邢少颖,刘红云.家庭与幼儿园教育一致性的调查研究[J].学前教育研究,1998(5)

的教育作为基本方针,积极推进家庭教育支援工作。实践证明,家庭教育的成功有利于培养下一代、促进家庭幸福和睦、提高全民族素质。

(三) 推进现代家庭教育理论体系建设

家庭教育指导不仅需要掌握与学前教育学相关的最新理论和理念,包括儿童心理、智力开发、非智力开发、家长的教育角色、家庭教育方法、胎教与优生、情商与心理健康教育等,而且还需要丰富的实践经验的积累。这一系列的理论和实践经验积累和总结作为学前教育理论体系不可分割的一部分,必将对充实整个学前教育学学科体系有极大的帮助作用,能推进现代家庭教育理论体系建设,提高家庭教育指导者和管理者的理论水平、服务意识、指导和研究能力,使家庭教育指导工作水平和家庭教育质量都有新的提高。

二、学前教育机构家庭教育指导的原则

(一) 相互尊重的原则

幼儿教师作为儿童家庭教育的指导者,一般来说,经过专业训练,掌握精深的专业知识和广博的科学文化知识,能够从家庭的实际情况出发,运用所学的最新教育理论对家长进行指导。但是指导者不能以权威者自居,以一种高高在上的态度对待家长,特别是有的家长文化水平不高,甚至只有小学或者初中文化水平,如果带着这样的态度对家长进行指导,盲目指出家长的错误和不足之处,或者认为幼儿园教师作为专业人员所提出的解决问题的方法肯定是对的,就不能充分了解幼儿在家庭里的行为和表现,不能达到指导的目的,甚至会让家长产生反感和抵触心理。

只有互相了解、互相尊重、平等合作才能共同教育好孩子,服务于家长。在家长指导活动中,要把家长看成是朋友,真诚合作,交流意见,认真倾听家长对幼儿的行为的看法。教师和家长做到以心换心,以心感心,不仅使家长乐于接受教师提出的意见和建议,配合幼儿园的工作,还可以调动家长的积极性,为家庭教育指导活动出谋划策,吸引更多的家长加入家庭教育指导活动。指导者应确立为家长服务的观念,了解不同类型家庭的家长需求,尊重家长愿望,调动家长参与的积极性,重视发挥父母双方在指导过程中的主体作用,指导家长确立责任意识,不断学习、掌握有关家庭教育的知识,提高自身修养,为子女树立榜样,为孩子健康成长提供必要条件。

(二) 个别差异性的原则

指导家庭教育工作要注重个别差异性,实施因材施教。我国最早的教育专著《礼记·学记》中指出"教也者,长善而救其失者也"。家长是千差万别的,每个家长的性格、文化程度、经济收入、社会地位都是不同的。父母、祖辈等不同家庭成员在教育上也存在着观念、方法的差异,因此在家庭教育指导的内容和方式方法上,应该充分考虑家庭与家长的不同特点,根据他们的需要施加不同的教育影响。

家庭教育指导要从家庭教育的具体问题出发,进行分类指导,例如,把过度溺爱孩子的

家长归为一类,把单亲家庭归为一类,把祖母祖父隔代抚养归为一类,进行有针对性的指导。

(三)理论联系实践的原则

在家庭教育指导中应该始终贯彻理论联系实际的原则,最主要的是要正确处理好幼儿教育的书本知识和每个家庭的生活实际的关系,关键在于保证理论知识的主导作用;同时在理论知识指导下,使家长能够根据孩子自身的实际特点从事各种实际的教育活动。主要应该注意以下两种情况。

第一,切忌空谈理论。空谈理论会让家长认为学习的内容是空洞的,在实际家庭教育中无法应用。家庭教育理论知识和幼儿身心发展规律反映了家庭教育和儿童身心发展最普遍的规律,对家庭教育实践具有广泛的适应性和指导作用,但不能把理论看作是亘古不变的真理,认为理论适用于所有的情况。家庭教育指导内容应该来源于家庭教育的实际,以家庭教育实际存在的问题为突破口,利用理论知识进行分析、思考,去伪存真,去粗取精。

第二,盲目相信自己的实践经验。有些幼儿园教师认为自己教了那么多孩子,有了一定的实践经验,就排斥学习理论知识,进而缺乏科学的育儿理念和信仰。理念是左右我们态度、行为的一种无形而强大的观念力量。如贺麟先生所说:"观念在人的精神生活上所占的地位,就好像光在人的实际生活和行为上所占的地位一样。没有光,整个世界黑暗了。没有观念,整个人盲目了。"因此,在家庭教育实践中不能简单地功利化、形式化、就事论事。

(四)坚持以儿童为中心的"多向互动"原则

在家庭教育指导中,幼儿教师和家长必须始终以幼儿为中心进行指导,发挥幼儿的主体作用。家庭教育指导应尊重儿童身心发展规律,尊重儿童合理需要与个性,创设适合儿童成长的必要条件和生活情景,保护儿童的合法权益,特别关注女孩的合法权益,促进儿童自然发展、全面发展、充分发展。同时在尊重儿童主体性的同时,家庭教育指导应建立指导者与家长、儿童,家长与家长,家庭之间,家校之间的互动,努力形成相互学习、相互尊重、相互促进的环境与条件。

第三节　学前教育机构家庭教育指导的内容与途径

案例导入 >>>

幼儿园半日活动成效好

山东某幼儿园全体家委会成员继月环境观摩活动后,开展了幼儿园半日活动的观摩与反馈交流活动,家长们就半日活动中的运动、生活活动与自由活动这几个环节进行了重点观摩,并做了认真的反馈,提出了一些建议性的意见,如大班家长提到了孩子自由活动环节中的玩具攀比现象,就这一问题家长们展开了讨论,发表了各自不同的看法。中班家长在中班操中发现由于队形原因导致后边的孩子动作不如前面的孩子从而引发进一步思考与研究对策。还有如何提高孩子自我保护的自觉性等,通过家园共同寻找问题与解决问题这种形式能更好地推动幼儿园保教及管理水平,达到家园合作共同发展的目的①。

　　思考:家长参与幼儿园实践活动对幼儿的影响有哪些? 学前教育机构对家庭教育指导的内容又有哪些?

一、学前教育机构家庭教育指导的内容

　　上海市精神文明建设委员会、上海市教育委员会和上海市妇女联合会共同推出的《上海市 0～18 岁家庭教育指导内容大纲》(试行)提出了家庭教育指导工作任务,即以人的发展为本,遵循孩子身心发展的规律和家庭教育指导工作规律,满足家长自身的需求和社会发展的要求,帮助家长更新教子观念,树立正确的育人观,明确为国教子的责任和义务;传授家庭教育的基本知识,指导家长掌握科学育儿的方法,交流和推广家庭教育的成功经验,提高家长教养孩子的能力,促进家长和孩子共同成长;优化家庭教育环境,增强家庭、学校、社会共同参与素质教育的意识与合力②。家庭教育旨在促进孩子身心健康发展,促使孩子成人、成才和成功。家庭教育指导要在明确各年龄段孩子身心发展特点的基础上,形成各阶段有机衔接、螺旋上升和全面系统的指导内容体系。具体内容一般包括以下几个方面。

(一) 有助于家长更新教育观念的知识和活动

　　帮助家长树立正确的儿童观、人才观是家庭教育指导工作的基础内容之一。家长的儿童观是指家长对儿童的看法、观念、态度,其内容自然也就涉及对儿童的权利与地位等问题的看法。儿童早期唯一的社会联系就是与父母的关系,父母如何看待自己与子女的关系是其进行家庭教育的根本所在,决定其家庭教育的动机,影响其教养态度和教育方式。

　　在我国漫长的封建社会中,家长把儿童当作家庭的附属品,没有权利,只能依赖于父母,父母打孩子仿佛是天经地义的事情,在现代社会有这种观念的家长也存在着。这样的观点严重影响着儿童的身心发展。家庭教育指导内容中应该帮助家长树立正确的儿童观,让家长明白儿童的主体地位。家长的人才观是指家长对子女成才的价值取向,即家长对什么是人才以及期望子女成为什么样的人的认识和期望。家长的人才观会影响

---

① 中国学前教育网 http://web. preschool. net. cn/html/2012-05-18/n-67280. html
② 上海市精神文明建设委员会,上海市教育委员会,上海市妇女联合会. 上海市 0～18 岁家庭教育指导内容大纲. 沪教委德〔2009〕28 号

他们对子女的期望,并进而影响家庭教育的目标定位、内容选择、投入重点及教育方式。

培养家长形成正确的家庭教育方式必然是家庭教育指导内容之一。家庭教育方式有以下五种类型:

(1) 专制型。专制型家长是在家庭教育的实践中总是以一种不可抗拒的身份出现,对于孩子的一切都是在发号施令。在这种家庭氛围中儿童是被动的接受者,没有任何的发言权。

(2) 溺爱型。溺爱型的家长在进行家庭教育时总是以孩子为中心,他们视子女为掌上明珠,采用一种过度宠爱的教育方式。

(3) 放任型。此种类型一般情况下都是由于实施其他类型教育方式失败,或者由于父母工作较忙、没时间照顾孩子等原因,因而对孩子采取放任不管的态度。这种孩子缺乏安全感,容易产生心理问题。但是很多这种类型的家长并不知道这样做的危害。

(4) 矛盾型。矛盾型是家庭教育中一个比较特殊的类型,常常表现为父母不知道怎么与孩子相处。

(5) 民主型。民主型是一种积极的教育方式。这种类型的父母总是采取民主、平等的态度对待孩子,表现出一种冷静的热情和克制的疼爱。

在家庭教育指导中教师应该引导家长和孩子建立民主型家庭教育方式,并通过分析其五种类型的优缺点,让家长在实际家庭教育中注意避免其危害。

(二) 关于幼儿认知发展规律及如何利用规律方面的知识

学前教育机构家庭教育指导的对象是3~6岁幼儿的家长,帮助家长了解3~6岁儿童的认知发展特点是其重要内容和指导工作的前提。很多家长认为孩子识字多、记忆力好就是聪明的表现,花费大量的时间运用机械记忆的方法让孩子学习文化知识。只有家长充分了解幼儿年龄特点,才能采取有针对的措施对儿童进行更高层次的智力开发和创造性培养。3~6岁幼儿的认知处于快速发展时期,具体表现在:幼儿的大脑、神经、动作技能等方面获得长足的进步;儿童直觉行动思维相当熟练,并逐渐掌握具体形象思维;儿童开始表现出一定兴趣、爱好、脾气等个性倾向以及与同伴一起玩耍的倾向。

家长要认识幼儿认知发展的规律并意识到游戏是促进幼儿智力发展的最佳方式,所以要充分利用家庭中丰富的智力教育资源。家庭指导者应该引导家长对幼儿的智力开发应从其兴趣和可接受性出发,让幼儿乐于接受,让幼儿在玩中学,在游戏中发现,在操作中探索,注重幼儿情感态度、方法、习惯等多方面的和谐发展;引导家长做有心人,善于发现幼儿的兴趣和特长,采取针对性教育,发掘他们的优势潜能;多带幼儿参加各种活动,激发兴趣,扩大视野,积累经验,增长才干。

由于3~6岁幼儿的年龄特点之一就是对世界充满着好奇,有强烈的求知欲。家庭教育指导师应该保护并满足幼儿的好奇心和求知欲。幼儿常常会提出许多让成人认为是很幼稚的问题,并刨根问底,例如"为什么星星长在天上""为什么小鸟会飞,我不会飞"

等。有些家长对孩子的问题感到特别无奈,常常忽视孩子的提问,对孩子的问题置之不理,甚至对孩子的提问感到厌烦,这将导致孩子不敢或不愿再提问。还有些家长对孩子因好奇而破坏家中的玩具或物件行为给以训斥打骂。家庭教育指导师应该指导家长如何正确对待幼儿提问。如果孩子提出的问题家长也不知道答案,应如实告诉孩子,并与孩子一起寻找答案;应理性对待孩子因好奇而导致的破坏性行为,并为孩子提供科学探索的机会。

(三)关于幼儿卫生保健方面的知识,增强幼儿自我保护意识

幼儿期是幼儿一生中生长发育的关键阶段。幼儿所需营养成分和标准和成人相比也有较大不同。幼儿的食物喜好、饮食行为、饮食经验等,与家长的素质、观念、行为有着特别密切的关系。因此,家长对幼儿营养知识了解多少会在一定程度上影响幼儿的生长发育。家庭教育指导师应该使家长认识到不能过分溺爱孩子,不能在饮食上毫无节制、孩子喜欢吃什么就吃什么;更应该让家长意识到有些食品例如碳酸饮料、炸鸡腿和方便面对孩子的危害,鼓励家长让孩子喝白开水。家长只有掌握了幼儿卫生保健方面的知识,才能针对幼儿的个人特点,寻找科学合理而又能为幼儿接受的膳食方案。

另外,家庭教育指导师应该指导家长掌握诸如食物中毒、烫伤、溺水等突发事件的急救措施,以便在紧急时刻保障孩子的安全。同时鼓励家长结合实际生活的例子,随时对幼儿开展有针对性的安全教育,培养孩子分辨是非、善恶的能力,进而提高孩子的自我保护意识;更重要的是让幼儿了解一定的安全常识,掌握保护自我安全的方法。

最后一项重要工作是指导家长开展家庭体育活动以促进幼儿体质发展。生动活泼、形式多样、方便易行的家庭体育活动,是增强幼儿体质十分有效的手段。家长应确保幼儿每天有1~2小时的体育活动时间,让幼儿多在阳光下玩耍、多呼吸新鲜空气;节假日带幼儿外出活动,在自然环境中锻炼幼儿的体质;可利用民间的传统游戏因地制宜地开展体育活动,全家一起参与。

(四)关于培养幼儿意志力和自理能力的知识

意志力和抗挫能力是一个人生存竞争和适应社会的必备条件。挫折伴随着孩子成长的每一步。当孩子遇到挫折时,指导家长要以肯定、鼓励的方式引导孩子,并给予其必要的帮助。家长应给孩子树立面对挫折时的良好榜样并积极暗示孩子,让孩子在各种实践活动中体验生活、经历挫折;为孩子创设一定的情境,给孩子提供更多的锻炼机会。韩国父母推崇一种"狼型"教育,意在借鉴狼的某些习性来栽培自己的孩子。面对社会的激烈竞争,中国孩子更需要接受挫折教育、逆境教育、独立教育。

幼儿的自理能力是可以通过在家庭生活中自我服务、适当参加家务劳动和公益性劳动来培养的。自理能力差的儿童将直接影响其今后的生活、工作和才能的发挥。幼儿自理能力的培养和劳动习惯的初步形成,完全取决于家长的做法和要求。家长要放手让幼儿去做力所能及的事情,即使初期出现一些反复,但还要坚持下去;要根据孩子的实际情况,提出具体的要求和做法;可在日常生活中,采用游戏、奖励等多种方法,鼓励幼儿去尝试和完成。

(五)培养社会交往方面的知识

幼儿社会交往和行为规范的培养需要家长给予较大的关注。日本家庭教育非常重视对子女的礼仪教育,文明礼仪行为已成为他们的习惯。作为家长,应该懂得如何培养孩子社交方面的知识。

培养幼儿人际交往能力是帮助入园儿童消除其焦虑、担忧、孤单等负面情绪的重要途径,也是儿童身心全面发展的必然要求。家庭教育指导者要指导家长培养幼儿热情友好、文明谦让等好品质、好习惯,帮助幼儿打好交往的基础;指导家长平时注意培养幼儿多方面的兴趣、爱好和特长,增强幼儿交往的自信心;指导家长鼓励孩子多到社区和儿童游乐场所活动,积极为幼儿创造与同伴交往的机会;指导家长留意幼儿在生活中的交往行为、交往水平,适时适当地对其交往技能技巧、态度、行为进行指点帮助。

同时指导家长关注儿童日常交往行为,对儿童的交往态度、行为和技巧及时提供帮助和辅导;开展角色扮演游戏,帮助儿童在家中练习社交技巧,培养儿童乐于与人交往的习惯和品质。

(六)关于如何帮助幼儿减少入园焦虑方面的知识

幼儿园小班入园的第一天往往是哭声不绝于耳的一天。幼儿园教师常常是哄完这个孩子再哄那个孩子,忙得不可开交。因为大多数幼儿刚刚离开了熟悉的家庭环境,离开了母亲,会产生不安全感,表现出焦虑、害怕、厌恶,甚至反抗等情绪。往往入园初期孩子的家长也处于焦虑期,特别是全职妈妈,她们忽然长时间和孩子分离也会产生不适感,担心孩子在幼儿园的生活。在这个时候,家庭教育指导师特别是幼儿园教师的介入就比较重要。幼儿园教师应该指导家长如何度过这段过渡期,要随时关注幼儿在家中的情绪、胃口、睡眠等情况,当幼儿出现较为强烈的情绪反应时,不要采用骂、压、恐吓等方法,需通过不断的情感交流来稳定幼儿的情绪。

(七)做好离园与入学的衔接

如何让幼儿更好地适应小学生活,做好幼小衔接是家长面临的重要问题之一。随之出现的是很多家长不愿意让孩子输在起跑线上,在幼儿教育阶段就让孩子学习大量的小学一年级的内容,给幼儿造成了严重的负担。其实进小学对幼儿是个挑战,需要做好生理、心理、学习、社会性适应等多方面的辅导,而不仅仅是单纯学习小学知识。做好幼儿的入学准备并不等于提前"小学化"。所以幼儿能否适应这一挑战,很大程度上取决于家长的认识和做法,以及家庭与幼儿园是否能配合一致。引导家长在幼儿入学前有意识地带孩子到小学参观了解,较早和小学老师接触;经常和幼儿亲切交谈,介绍入学读书的快乐、要求和应该注意的事项;有意识地要求幼儿改变一些生活方式,延长专注于完成某一项活动的时间;在家庭中注意培养幼儿一些良好的学习习惯;提供必要的学习用具。

（八）有关幼儿教育热点问题的选择知识

现代社会发展日新月异，新生事物层出不穷，在社会上流行的关于儿童教育方面的理论也五花八门，各种传播媒体和网络中心也都在宣传自己的育儿理念。这个时候，家长不能被表面的一些宣传所迷惑，要有一定的鉴别能力。家庭教育指导师可以给家长提供专业引领服务，例如幼儿要不要学珠心算，要不要学小学的知识，要不要学英语。如何让家长在这些纷繁的理念中找到适合自己孩子的理论，形成正确的看法是家庭教育指导工作的内容之一。

（九）有关儿童保护和教育法律法规的知识

家长作为幼儿的法定监护人，学习关于儿童的权利和义务方面的法律法规知识非常有必要，例如学习《儿童权利公约》《中华人民共和国未成年人保护法》《3～6岁幼儿学习和发展指南》等。要让家长真正做到知法、懂法和遵守法律，并利用法律武器维护自身和幼儿的合法权益。

首先，可以让家长更好地履行自己的责任和义务。受到我国封建传统观念的影响，很多家长把孩子当做是家庭的附属品和父母的私有财产，认为自己对幼儿有绝对的支配权，因此很多家长无视儿童法律上的权利，根据自己的喜恶随意打骂儿童，严重侵犯了儿童的权益，学习相关法律知识可以很好地预防这种情况发生。

其次，可以在儿童权益受到幼儿园和社会损害的时候，使用法律武器维护自身权益。近年来，幼儿园虐童事件屡屡见诸报端，无一不引发民众强烈愤慨。中国人有"棍棒底下出孝子"的传统教育理念，一些家长把孩子交给老师时，也会表达出"严厉管教"的希望。这种做法是缺乏法律意识的表现，应该让家长提高其法律素养。未成年人保护法规定，学校、幼儿园、托儿所的教职员工应当尊重未成年人的人格尊严，不得对未成年人实施体罚、变相体罚或者其他侮辱人格尊严的行为。

学校、幼儿园、托儿所教职员工对未成年人实施体罚、变相体罚或者其他侮辱人格行为的，由其所在单位或者上级机关责令改正；情节严重的，依法给予处分。侵权责任法规定，无民事行为能力人在幼儿园、学校或者其他教育机构学习、生活期间受到人身损害的，幼儿园等教育机构应当承担责任。

二、学前教育机构家庭教育指导的途径

家庭教育指导对家长直接、有效的帮助起到引领作用，通过多种形式的家庭教育知识普及活动、主题教育活动、实验活动等搭建平台，为家长创造学习、参与、分享的条件和氛围，动员家长参与其中，组织他们共同探讨相关问题，展示、点评家庭教育的得与失，促进家长思考问题、践行研究成果，在自我教育和实践过程中，达到科学教育理念的升华，更有效地把握适合自身的家庭教育方法。

（一）举办家庭教育讲座

幼儿园应定期聘请学前教育专业人员，包括儿童保健专家、教育专家和儿童心理学家，也可以由园长和幼儿园教师不定期与家长进行交流，举办各种类型的讲座。主要讲解内容是与儿童教育有关的知识，以扩充家长的育儿知识、转变家长教育观念[①]。"听君一席话，胜读十年书。"一场好的讲座和报告会是主讲人知识和智慧的集中绽放。主讲人在现场通过自己的人格魅力，与家长互动所传递的正能量是其他方式不可替代的，会极大地调动家长的热情和求知欲。其实施注意事项包括：

（1）确定时间、地点和对象。在讲座开始前，确定时间、地点并必须保证大部分家长能准时参加和比较方便地到达讲座地点。尽量选在周末或者家长不忙的时间，并保证地点的环境良好，有足够的空间容纳家长。

（2）发通知或者邀请函。时间和地点确定后，学前教育机构要向家长公布详细的计划，这样便于家长有所准备，找到自己家庭教育中的问题和主讲人或者其他家长讨论。

（3）讲座中精心准备，讲座内容和方式要体现家长的需求。

（4）讲座后通过各种途径，例如派发讲座效果调查表、家长需求调查表或者进行个别和群体访谈，获取讲座反馈信息，做出效果评价，以期不断提高讲座质量。

（二）开设家长园地

家长园地是幼儿园家庭教育指导的重要形式。家长园地主要是指幼儿园通过设置宣传栏、展示台、陈列室等，展示对家长有益的科学教养知识。将教学主题内容如幼儿的作息时间表、食谱、集体活动照片等及时告知家长，让家长能在最快的时间里了解孩子的情况，以便配合幼儿园教育工作，达到家庭教育指导的作用。研究者对上海市[②] 17 所不同级别、不同类型的幼儿园进行研究，结果表明，"家长园地"名称新颖，富于创新，内容较丰富，语言亲切，能考虑到不同家长的需求，设计布局注重精美性，颜色鲜艳，外观新颖等。

其实施注意事项包括：

（1）幼儿园教室门口的墙壁或者园所里面的墙壁都是开展家长园地常用的地方，主要是因为家长每天接送孩子都会经过这些地方，很容易引起家长的注意。教师可根据本班幼儿和家长的具体情况，也可以根据幼儿园相关的一些活动，将园地分成若干小栏目，如"智慧星活动""家长育儿指导""幼儿园一日常规""请您配合""请您留言"等。

（2）家长园地的栏目应该体现家长的意愿，鼓励家长积极参与，可以邀请家长参与家长园地栏目内容的设计。因为栏目内容需经常更换，尤其是介绍本班活动内容的栏目最好是每周更换，其他内容的更换时间最长不超过一个月。这对教师的能力和时间要求比较高，增加了教师的负担，而且有的时候家长对栏目内容也不满意，便会常常忽略栏目中

---

① 丁连信主编.学前儿童家庭教育(第二版)[M].北京:科学出版社,2013:142-143
② 王岫.幼儿园"家长园地"的研究[D].上海:华东师范大学,2007

的内容。如果家长参与栏目设计的话,就会极大调动家长关注家长园地的积极性,并在一定程度上减轻教师的负担。同时在版面的装饰上也要下功夫,切忌过满、过杂,各栏目要相对独立,让家长阅读时一目了然。

(三) 组织家长俱乐部和沙龙

家长沙龙是为解决某个学前教育问题而进行的共同商议和探讨活动,以获取解决问题的方法,其优点在于能发挥家长的主动性、积极性,群策群力。

当今社会互联网成为家庭的必需。随着社会的发展,尤其是信息化、学习型社会的创建,就家长自身而言,对现代网络媒体的依赖日渐加深,这也预示着家庭教育指导面临着由传统的面授知识、灌输为主向通过各类传媒引领广大家长主动学习的历史转折。

近年来,广大家长对家庭教育投入了极大的热情,并自愿组织家长沙龙和俱乐部来共同协商解决教育问题。家庭沙龙主要包括两种形式:一种是虚拟的形式,例如利用网络建立各种各样的家长 QQ 群、网上论坛等;另一种是实体的形式,即人员聚集一堂,讨论问题。大多数家长俱乐部、家长沙龙是以民间、自治、志愿、公益等为主要特性。

家庭教育指导应善于调动家长自身积极性,倡导和鼓励相同问题孩子的家长、相同个人特质的家长建小组、结对子,自己组织、互帮互助,在探寻中自行解决家庭教育中的问题;同时对他们的活动加以引导、提供方便。这同样能够达到指导家庭教育的目的。

(四) 开展教育开放活动

幼儿园开放日指教师在特定的日子里向家长开放班内外的各种教育教学活动。这种形式非常生动直观,使家长亲身参与,耳闻目睹发生在幼儿身上的各种事情,从而能更加深入地了解自己的孩子,全面地认识教师的工作,科学地掌握幼儿教育的规律。同时,通过开放日,密切家园关系。开放日结束后,教师进行自我反思,促进自己的专业成长。

家长特别重视孩子在幼儿园的教育培养情况,关心老师如何引导幼儿在日常生活与活动中主动学习的情况,关心幼儿良好的品质、行为习惯如何从小养成的问题,关心老师为幼儿提供的学习、活动环境,保育、保健生活环境是否满足幼儿多方面发展的需要。家长开放日给了家长们一次充分感受和了解幼儿园对孩子培养全过程的机会及对自己孩子在园表现有更好的认识。同时,幼儿园也以此来更好地和家长们进行沟通。

其实施注意事项包括:

(1) 提高家长对活动价值的认识。提升参与意识是促使家长积极参与活动的内在动力,但是很多家长对家长开放日活动的兴趣不高,仅仅把家长开放日当作是单纯的玩乐活动和参观活动,可去可不去。他们认为自己平时工作很忙,没有时间也没有必要参与这类活动,更不了解这一活动对于自己和孩子的价值,尤其对男性家长来说这是一个非常普遍的现象。幼儿园教师应该让家长意识到家长开放日活动的重要性,并让其积极参与到活动中来。

(2) 确立家长的主体地位。首先,在活动开始前,家长作为计划的制订者、协商者、倡导者、筹备者,应充分发挥自身的主体性。家长的主体地位表现在家长和教师一起确定活动目标、选定参观主题、选择内容、制订计划、布置环境、准备材料等。其次,在活动过程中,家长要成为活动的组织者、实施者、参与者和学习者,帮助教师组织好开放日活动,在活动中积极与教师、幼儿互动交流,收获经验,提升自身的育儿能力。最后,在活动结束后,家长还应成为活动的评价者、反思者。其反思主要涉及以下几个问题:幼儿是否在开放日活动中获得了发展? 家长自身是否与教师和幼儿进行了有效互动,收获了育儿经验? 教师是否成为了家长与幼儿之间联系的桥梁,帮助家长解决疑惑并给予适当的指导?

📖 扩展阅读 》》》

阅读记录好处多

家长在家会常常给孩子讲故事。幼儿园可给家长提供关于幼儿讲故事的简单记录表,表上列出关于阅读这本书的一些简单问题,只需家长画几个圈即可。如这样一些问题:是孩子主动要你讲这本故事书的,还是你叫孩子听的? 你讲图书时,孩子用手指着图书上的文字吗? 孩子听故事时在什么地方插话了? 他说些什么? 孩子喜欢书中的谁,不喜欢谁? 你讲完了以后,孩子自己还去翻阅那本书吗? 教师看了记录后,和家长一起议一议孩子的情况,让家长了解这些问题的意义,如哪些表现了孩子对图书、文字的兴趣程度,哪些表现了孩子对事物的态度、认识,哪些说明孩子关心什么,其思维水平怎样等。然后,与家长商量有针对性地帮助幼儿学习阅读的方法。多次的积累,不仅能使家长更了解自己的孩子,学会初步的指导方法,提高家庭教育的质量,还为教师组织教育活动、因人施教,特别是针对个别差异指导幼儿的早期阅读,提供极其宝贵的参考资料。平时,一个教师面对几十个幼儿是不可能作如此详细的记录的。[①]

(3) 在时间和地点上充分考虑家长的意愿和实际情况。家长开放活动应该尽可能照顾绝大多数家长的时间,让大多数家长有机会参与。平时家长都有自己的工作要做,生活和工作的压力较大,如果幼儿园不考虑家长的实际情况,那么活动效果肯定大打折扣。在活动地点设计上,幼儿园应该充分利用园外场地和资源,例如大型的公园、牧场和农场等。在一个环境优美、开放的地方参加活动会让家长感到放松,尽情享受亲子时光带来的快乐。家长开放日活动能够更加高效、顺利地进行也需要幼儿园把家长开放日活动与幼儿园的科研活动有机联系,以开放日活动促科研,以科研成果指导开放日活动,促进家长和园方的共同进步。

(4) 教师在设计活动主题之前,应该考虑家长的接受能力和幼儿的发展水平,如果有必要,教师可以适时地选择几名不同层次幼儿的家长进行电话交流,确定活动如何设计。同时,设计的活动应该是丰富多彩的,带有趣味性的。

---

① 李季湄.幼儿教育学基础[M].北京:北京师范大学出版社,2012,163

（五）家长会

定期召开幼儿园家长会,是学前教育机构家庭教育指导的主要方式之一。家长会一般是在学期初、中、末固定开,另外在需要时也可以随时举行。与幼儿家长集中讨论共同关心的问题,能增进教师和幼儿家长间的相互信任,及时了解受教育者动态的信息,调整、改进教育举措,促成幼儿园教育与家庭教育相结合。传统的家长会一般采用"教师讲、家长听"的模式,教师往往将本学期幼儿园的教育教学任务及需要家长配合的事项一一向家长进行介绍,最后请家长来提一些建议等。这种家长会的模式过于形式化,家长充当的往往是听众的角色,并没有让家长真正参与到活动中。

其实施注意事项包括:

（1）提前做好幼儿在园学习发展情况分析,了解每一个幼儿的进步和不足,做到家长有问能答。

（2）家长会模式多样化,鼓励家长参与其中。传统的教师主导的家长会很少有家长会主动参与发言或提一些建议。其实很多家长在育儿方面都有自己的一套经验,可是很多时候家长都觉得在全体家长面前发言很难为情。这个时候家庭教育指导者应该积极地为家长创设一个宽松的氛围,运用游戏来调动家长参与的积极性,避免家长有尴尬的心理表现。

（3）力求准备致家长的一封信,介绍先进的家庭教育方法和策略,包括学校、班级的一些要求,对家长的要求要依据幼儿的状况提出明确的要点;在和家长交流时,学会多肯定,多表扬,善于发现学生的闪光点,捕捉他们在班级中优秀的一面,留给家长足够的希望;虚心接受家长的意见,耐心解释家长的疑惑,缓解各方面矛盾,避免不必要的冲突,凝聚各方面力量,统一各方面思想。

（六）入户指导法

入户指导是学前教育机构家庭教育指导者深入到已入园的幼儿家庭中对家长教育孩子进行帮助和指导。入户指导法在幼儿园中常常表现为家访。家访[①]是学前教育机构家庭教育指导的重要途径。家长往往接受先进的育儿经验比较快,但在家庭实际运用起来比较难,因为影响家庭教育质量的影响因素极其复杂,理论必须联系幼儿家庭教育实际才能真正发挥作用。所以家访以贴近幼儿和家长的生活为起点,抓住日常生活中的小细节,帮助家长获得具体的科学育儿的方法。

实施家访的程序包括:

家访前:教师在家访前必须对被家访幼儿家长的职业、年龄和家庭关系情况等进行了解,根据了解的情况制定有针对性的家访设计方案,明确家访的目的和拟要解决的问题。同时家访前必须经过家长同意,这样避免家长的尴尬,也尊重家长和幼儿的隐私。

---

① 陈瑶. 幼儿园家访的研究[D].上海:华东师范大学,2008

另外需要注意的是家访应该避开吃饭时间,以免引起误会。

家访中:在家访中教师要有礼貌,以诚相待,避免"告状式"家访。在交谈中,教师诚恳的态度、亲切的话语能使整个家访的过程充满友好的气氛,拉近彼此的距离,使家长对教师更加理解、尊重和信任,有些平时在幼儿园不便谈论的话题,在家访过程中可以尽情交流,以便达到家园一致。

家访后:教师要认真总结,找出幼儿在家庭中存在的共性和个性的问题,提出针对性的措施加以解决。

【检测】

一、思考与练习题

1. 选择附近两所幼儿园作为调查对象,分别调查两所幼儿园开展家庭教育指导工作的内容和途径,并对其优缺点进行分析。

2. 设计一个家长会活动方案。

3. 结合当今家庭教育状况,谈谈家庭教育指导的价值。

4. 通过访谈相关幼儿园园长和教师,谈谈我国学前教育机构家庭教育指导的发展趋势。

5. 学前教育指导的原则有哪些? 试着论述各个原则的含义和要求。

二、实践分析题

以下是某所幼儿园家长会安排方案,请仔细阅读后,回答下列问题:

以家长会为契机,让家长真切地了解孩子在学校的表现,让家长积极地投入到我们的教育教学当中来,增进家长与学校的感情,为以后的教育教学工作营造良好的家校合作氛围,特召开全校学生家长会。

一、活动时间:

2015 年 2 月 6 日早上 8:30

二、活动地点:

各班教室

三、通知家长:

各班主任在本周四之前以微信和通知单等形式通知家长开会时间、地点及主要议题,以便于家长安排好他们的工作家庭生活,并尽可能地让学生的监护人来参加,对有事不能来参加家长会的人应提前做到心中有数,并通过协商另约家长见面时间。

四、开家长会的要求:

1. 班主任宣讲本次家长会的内容,让家长提前做到心中有数。

2. 班主任汇报前期工作内容及工作成绩。

3. 班主任和任课教师汇报本班级的前几次考试情况。

4. 班主任汇报纪律、学习及完成作业情况及常规管理状况。

5. 请各科老师谈近期学生的学习情况,向家长汇报并作以指导,以谋求合作。

五、对老师的要求:

1. 家长会要提前入手,准备充分。

2. 各教师认真准备好家长会发言稿。内容要翔实、客观、公正。

3. 教师着装要得体,大方。

4. 语言要准确、生动、凝练,切忌啰唆。

5. 态度要亲切、真诚,具有亲和力。

6. 班级布置和教室、清洁区卫生。

问题1:方案中对班主任和教师的要求是否合理?你有什么改进意见?

问题2:如果你是该幼儿园教师,请写出一个完整的家长会发言稿。

第九章

幼儿园与家庭、社区的合作

学习目标

通过本章的学习,学生需达到以下目标:

1. 了解社区教育的概念、幼儿园与社区合作的类型以及幼儿园与家庭合作的内容。
2. 理解幼儿园与社区合作的模式。
3. 掌握幼儿园与家庭合作的途径、幼儿园与社区合作中的"资源开发型"模式。

本章导读

幼儿园与家庭、社区都是教育实施的主体,三者应是互动、合作的伙伴关系,共同担负着教育幼儿的任务。本章首先阐述了幼儿园与家庭、社区合作的五个意义;其次阐述了幼儿与家庭合作的两个内容和三个途径;最后阐发了幼儿园与社区合作的概述、三种合作类型和四种合作模式。

第一节　幼儿园与家庭、社区合作的意义

案例导入 >>>

家园合作案例分析[①]——A 园亲子游

安徽省合肥市 A 幼儿园属于民办园,大、中、小各有两个班级,共约 240 名幼儿。2012 年 4 月 20 日,正值春夏季节更替,该园组织了到植物园的一次亲子游活动。

在该次活动中,笔者以观察者的角色被分配在中一班,对本次活动进行了全程的观察和记录。班车 8:40 从幼儿园出发,在孩子们欢快的歌声中,约半个小时顺利到达了植

---

① 李丽. 家园合作案例分析[J]. 教育导刊(下半月),2012,11:68-70

物园。到达植物园的第一项活动是主班黄老师组织家长和全班幼儿拍照留念。接着是自由活动时间,家长可以带领自己的孩子自由活动。黄老师陪同在一位熟悉的家长身边一起游览植物园,其他教师则在原地休息和看管物品。自由参观结束后,教师发放了幼儿园准备的简单午餐。午餐后,是亲子游戏环节。首先是做亲子丢手绢的游戏。对于这种形式简单并广为人知的游戏,家长都有一种很久违的感觉。

所以,在此游戏中家长和幼儿配合默契并且参与游戏的积极性都很高。接下来的游戏是"亲子配合走"。规则是,每次选出三对幼儿和家长,家长站在幼儿身后拉着幼儿的衣服,曲蹲着和幼儿一起前行,最先达到终点者即为优胜。比赛中,幼儿的积极性非常高,有的幼儿乐此不疲地尝试了好几次。而家长的积极性则不高,有的幼儿妈妈以穿着高跟鞋为由而没有参与游戏,还有的家长频繁地接听电话,导致自己的孩子无奈地等待而失去了参与的机会。亲子游戏结束后,本次亲子游活动也接近了尾声。在教师的组织下,幼儿和家长乘坐校车返回了幼儿园。

思考:1. 请从家园合作角度对该亲子游活动的组织流程进行反思。

2. 案例中的教师开展幼儿园和家庭合作的方法对我们有何启示?

一、有利于贯彻实施学前教育法律法规

幼儿园与家庭、社区都是教育实施的主体,三者应是互动、合作的伙伴关系,共同担负着教育幼儿的任务。三者合作的核心是幼儿园与家庭、社区,以及教师与家长相互配合,共同促进幼儿的发展。上世纪 90 年代以来,我国政府接连颁布了一系列政策与法规,明确提出幼儿园与家庭、社区的共同合作,以实现教育影响的一致性和连续性。《幼儿园工作规程》(1996)规定:"幼儿园应主动与家长配合,帮助家长创设良好的家庭环境,向家长宣传科学保育教育幼儿的知识,共同担负幼儿教育的任务。"

《幼儿园教育指导纲要(试行)》(2001)提出"家庭是幼儿园重要的合作伙伴。应本着尊重、平等、合作的原则,争取家长的理解、支持和主动参与,并积极支持、帮助家长提高教育能力"。《幼儿园教师专业标准(试行)》(2012)则指出"与家长进行有效沟通合作,共同促进幼儿发展,协助幼儿园与社区建立合作互助的良好关系"。《幼儿园园长专业标准(试行)》(2014)则指出"建立幼儿园对外合作与交流机制,开放办园,形成幼儿园与家庭、社会(社区)及园际间的良性互动",以及"加强幼儿园与社会(社区)的联系,利用文化、交通、消防等部门的社会教育资源"。幼儿园与家庭、社区的合作,有利于贯彻和实施以上的学前教育法律法规。

二、契合世界学前教育的发展潮流

当下幼儿园与家庭、社区间的合作共育俨然成了世界学前教育发展的潮流,世界教

育专家沙布尔·拉塞克和乔治·维迪努认为"学校不可能垄断教育,因而必须把学校同家庭、孩子周围的人们以及大众传播媒介的影响协调起来"①,美国的"早期开端计划",以及风靡世界的"意大利瑞吉欧学前教育体系"也都是幼儿园与家庭、社区合作的典范。

同时,当今发达国家都开始关注幼儿园对家庭、社区教育资源的开发和整合,例如,美国《0～8岁儿童适宜性发展教育方案》(1997年)和日本《幼儿园振兴计划(1991—2000年)》中都倡导儿童在家庭和社区整合资源的环境中进行学习,同时更加关注儿童的社会化学习方式。1999年,OMEP(世界学前教育组委员会)和ACEI(国际儿童教育协会)在新颁布的《全球幼儿教育大纲》中明确指出儿童的发展是"家庭、教师、保育人员和社区共同的责任",教师要和家长"就儿童的成长以及和儿童家庭有关的问题,经常进行讨论、交流",教师"要和心理学工作者、社会工作者、健康卫生人员、工商人员、公共服务机构、学校、宗教组织、休闲娱乐机构及家庭联合会等建立合作关系"②。

三、有利于学前教育整体功能的发挥

在教育生态系统的理念下,教育行为易受其他生态因素的共同影响,正所谓"牵一发,动全身",教育生态圈中的"家庭、学校和社区"必须走向协同合作和开放融合。管理学中"花盆效应"③告诉我们:传统的封闭、半封闭的教育系统中,学校独大,社区教育和家庭教育常被隔离,最终导致学生学习和生活严重脱节,降低了学习的应用性和实践性。建立幼儿园与社区的"合作共同体"的思想逐渐被达成共识,也必然成为学前教育的发展趋势。

《幼儿园教育指导纲要》提出:"幼儿园应与家庭、社区密切合作,与小学衔接,综合利用各种教育资源,共同为幼儿的发展创造良好的条件。"④所以,我们必须促进幼儿园与社区的深度合作,增强教育的生态化合力。"学前教育是一项极为复杂的系统工程,既不是幼儿园单方面能够完成的,也不是家庭或社区单方面能够胜任的,必定需要三方面的通力合作"⑤,才能谋求儿童发展的福祉,才能实现学前教育的整体功能。三者之间是一种共赢合作,合作也会带来机遇和受益。

四、有利于幼儿身心和谐全面发展

在幼儿身心和谐健康发展中,家庭和幼儿园在目标和方向上具有一致性,并且都是

---

① 陶秋月,张志慧.浅谈如何进行家园合作[J].教师教育,2010:162-163
② 李毅译.全球幼儿教育大纲[J].幼儿教育,2001(4):6
③ 又称局部生境效应。花盆是一个半人工、半自然的小环境。首先,它在空间上有很大的局限性;其次,由于人为地创造出非常适宜的环境条件,在一段时间内,作物和花卉可以长得很好,但一离开人的精心照料,经不起温度的变化,更经不起风吹雨打
④ 中华人民共和国教育部.幼儿园教育指导纲要(试行)[M].北京:北京师范大学出版社,2001
⑤ 李生兰.幼儿园与家庭、社区合作共育的研究[M].上海:华东师范大学出版社,2013

对儿童发展影响最大的环境和场所。两个环境能否形成促进幼儿发展的一致影响,取决于两个环境之间的联系。《幼儿园教育指导纲要》专门提出:"幼儿园应与家庭、社区密切合作,与小学衔接,综合利用各种教育资源,共同为幼儿的发展创造良好的条件。"①同时基于教育生态系统的整体效应,教育生态圈中的"家庭、学校"必须走向协同合作和开放融合,不能顾此失彼,否则极易形成学校教育中的"5+2=0"的现象。因此,在促进幼儿身心和谐健康发展上,幼儿园和家庭必须密切配合、共赢合作,最终才能形成整体性的生态化合力。

五、有利于幼儿园与家庭、社区的合作共赢

(一) 有利于家长更新育儿理念,实现亲子互动

幼儿园应该发挥服务家庭的功能,给予家长一定育儿理论和实践的指导,不断更新其育儿理念。比如召开育儿研讨会,讨论兴趣班、宽严的教育方式等问题。因此,只有了解和分析家庭教育的特点与问题,才能更有针对性地指导家长树立正确的教育观念。

幼儿园赋予家长更多的亲子教育的理念和策略,如与孩子一起做亲子游戏、一起阅读等,指导家长创设良好宽松的教育环境和人文陶冶下的文化氛围,还能更有效实现家庭中良好的亲子互动,建立和谐健康的亲子关系。亲子关系是人生中形成的第一种人际关系,是家庭中最基本、最重要的一种固定化的互动关系,亲子教育最高的目标就是实现"共创共享",体现在父母和子女相互促进、共同发展,它是子女的社会性、情感性、道德性等的全面生成,是父母自我的成熟、教育理念更新的过程。②

扩展阅读9-1 >>>

披着花被的孩子③

新生入园,我发现欣欣总是抱着他那条薄薄的花被不放,连户外活动也不例外。他双手抓住一个被角,放在鼻子前蹭来蹭去地闻,因身后总拖着长长的一截被子,和小朋友游戏起来很不方便。有时玩到兴头上,花被一时撒了手,等回想起来找不到时,他就会哇哇大哭,边哭边把整条被子抱在胸前,无论老师怎么引导,他也不肯再参加任何活动。因为这条花被,欣欣整天情绪波动很大,无法像其他小朋友一样快乐地生活、游戏。

欣欣的现状令我深感不安,经过和欣欣父亲的沟通,我得知欣欣这个不良习惯是自小养成的。由于欣欣父母平时工作忙碌,欣欣由奶奶一手带大,奶奶年纪大了,还要干一些家务,抽不出更多的时间来陪他,就把这条柔软的大花被给他搂着玩,一来二去就形成了习惯,睡觉时抱,吃饭时抱,连外出玩耍也要抱。欣欣的父母曾试图把花被拿走,但每

---

① 中华人民共和国教育部. 幼儿园教育指导纲要(试行)[M]. 北京:北京师范大学出版社,2001
② 邓丽群. 论和谐亲子互动关系的构建[J]. 四川理工学院学报(社会科学版),2008(5):53
③ 原文无标题,文字已经整理修改

次欣欣都会大哭,这时奶奶就会站出来阻拦:"欣欣还小呢,等长大了自然就会好的。"由于奶奶的庇护与纵容,欣欣和这条花被就更加形影不离了……

根据欣欣父亲提供的这些情况,我认为要帮助孩子改变不良习惯,首先要转变奶奶的观念,只有在家庭教育观念达成一致的情况下,家园对幼儿的同步教育才是最有效的……我意识到花被对于欣欣来讲已经不只是一条单纯的被子,而是一种精神寄托与心理安慰,因此不能急于求成,而应循序渐进,从花被的大小上寻找突破口。

以上是一位非常用心、非常注意做家长工作的教师的工作笔记,这位老师懂得策略,让家长心服口服,从而非常配合幼儿园的工作,经过她的努力,孩子最终从对花被子的依赖中解脱出来。

(二)有利于幼儿园在社区和家庭市场营销的开展

Bitner认为:市场营销是一个推介幼儿园服务的过程,一旦吸引了潜在客户,你要努力挽留和保持客户,最终筑牢该社会关系。有效市场营销的前提条件是幼儿园必须经过系统的调研,了解所在社区的家长的需求,并通过横向比较,确立该幼儿园具有核心竞争力的教育方案;此外,更为重要的是了解"服务环境"(Bitner,2007:37),那就需要紧接着开发社区的营销资源网络,与社区其他教育机构(如亲子中心、中小学、高等教育机构、科研单位等)、社会公益团体、社区医疗结构等合作。因此,幼儿园与社区合作,促成了幼儿园的市场营销开展。

(三)有利于幼儿园对社区、家庭教育资源的整合利用

对于幼儿园、家庭和社区的合作中如何综合利用各种资源,除了《幼儿园教育指导纲要(试行)》外,《幼儿园教师专业标准(试行)》也指出"与家长进行有效沟通合作,共同促进幼儿发展,协助幼儿园与社区建立合作互助的良好关系"。"幼儿园和社区应发挥各自的优势,进行人力资源、文化资源、物质资源、信息资源的优化与互补,实现教育在时空上的紧密衔接,在管理中汇聚更丰富的智慧与教育资源,有利于家长、社区了解教育、参与教育,实现资源的有效开发整合,弥补教师在知识、技能方面的不足"[1],同时间接促进了学习型社区的形成。如消防演练活动中,当消防员的家长可以很容易地获取相关资源。同时,教育资源的开发整合,也具有地域性,比如农村地区的幼儿园可以更多地开发乡土资源。

扩展阅读9-2 >>>

家长资源巧开发[2]

上学期,大班围绕五一劳动节,开展了"我们身边的职业"的主题活动,我们发现真正要实施好这一主题有一定的困难:首先,教师对不同职业了解不够;其次,活动内容涉及

---

① 蔡东霞,韩妍容.幼儿园对社区教育资源的开发与利用[J].学前教育研究,2008,11:55-56
② 魏新华,骆娟.主题活动中运用家长资源的尝试与反思[J].早期教育,2003(2):18-19

谈话的多,探索的少,幼儿兴趣不高,不太好组织。针对以上问题,我们对班级幼儿家庭情况进行分析,并做了问卷调查,发现家长对自己职业的了解,恰恰弥补了教师这方面的不足。为此,我们及时调整了主题的目标和推行步骤,在主题目标上,由原来重点通过教师让幼儿了解几个不同职业的内容,改为通过幼儿"小记者行动"让幼儿自己了解不同家长职业的内容,以发展其社会交往能力。

我们邀请医生、护士、小学教师、摄像师等不同职业的家长到园,和孩子、老师共同进行主题的探究活动。老师向孩子们说明了活动的意图,提出了活动中的要求,孩子根据自己的需要,设计好提问,现场采访家长。孩子提问的兴趣非常高,问题五花八门:"到了小学有没有游戏玩了?""小学老师是怎样给小朋友上课的?""医生和护士有哪些不同?""法官在审讯犯人时,为什么要敲小槌?""每天的新闻是怎样到每个小朋友家的?"在这个活动中,幼儿获得了和职业有关的知识,幼儿的不同需求得到了满足,同时交往能力得到了锻炼。主题活动前期的困难迎刃而解。

第二节　幼儿园与家庭合作

一、幼儿园与家庭合作的内容

(一) 加强幼儿园与家长之间的沟通

幼儿园与家长之间的有效沟通常常被称作"家园沟通",家园沟通是建立相互尊重信任关系的基础,是做好幼儿园和家庭合作的重要前提和重要内容。"幼儿教师通过与家长的联系了解幼儿的家庭环境与家长的教养方式等,有针对性地进行教育,同时也能使教师及时获得反馈信息,不断改进工作;另一方面家长也可以及时了解幼儿在园情况,了解幼儿园的教育要求和教育内容等,与幼儿园相互配合对幼儿实施教育。"[1]

(二) 幼儿园积极为家长提供优质服务

幼儿园与家庭双向合作的框架中包含了"积极为家长提供优质服务"。"幼儿园的服务对象主要是家长和幼儿。随着市场竞争的日益激烈,幼儿园全方位的服务质量已经成为影响家长评价幼儿园工作的关键因素。幼儿园应该树立为家长服务的意识,以质量求生存,以服务求发展"。[2]

首先,想家长所想,急家长所急。主动了解家长的需要、面临的困难等,不断推出服务于家长的富有弹性的幼儿园制度。如早送和晚接制度、寒暑假轮休制度、设立家长意见箱等,主动考虑家长反馈的建议和意见,多做换位思考,多站在家长角度进行思考,从

① 时松.幼儿园管理[M].长春:东北师范大学出版社,2014:214
② 屈玉霞.幼儿园经营与管理[M].北京:科学出版社,2011:172

而提高服务的针对性和有效性。

其次,主动承担家长教育和培训工作。深挖自身教育和培训的潜力,延长服务半径,积极承担革新教育理念、宣传国家教育方针、提升家长教育能力、帮助家长理解儿童学习的方式等社会职责,采取订单式教育方式,结合家长自身情况,有针对性地提供育儿方面的理论和实践支持。如定期举办育儿讲座;或者深入家庭,帮助家长制定适宜的家庭教育干预方案;举办开放日或观摩活动等。具体见表9-1。

表9-1　2015年×××幼儿园家庭教育讲座计划安排表

日期	讲座题目	负责人	地点	效果反馈
3.10	传递科学教育观念·提升家庭教育质量	园长	报告厅	较好（　） 一般（　） 较差（　）
6.13	好习惯使孩子终生受益——幼儿家庭教育专题讲座	专家	报告厅	较好（　） 一般（　） 较差（　）
11.9	最好的教育是陪伴	园长	报告厅	较好（　） 一般（　） 较差（　）

(三) 家长帮助幼儿园打开通向社会的资源

幼儿园和家庭合作是互利共赢的过程,如果幼儿园为家长提供了满意、优质的服务,进而会唤起家长对幼儿园的服务。家长可以帮助幼儿园打开通向社会的资源:利用自己的人际关系进行宣传,增加幼儿园社会知名度,争取社会各方面对幼儿园工作的关心和支持;还可以凝聚社会力量,筹募人力、物力和财力,帮助幼儿园解决面临的问题与困难;充分整合"悠闲型家长资源",利用不同家长的性别、职业等优势资源,积极参与幼儿园的教育和管理,如邀请家长参与课程设计与研发,做一些手工、整理材料、维持秩序等课程助教(妈妈当教师或者爸爸当教师)工作,对幼儿园的经费走向进行监督等;同时,家长也是家长委员会的重要人员来源。

[案例9-1]　　　　　　　　家长值班工作制[①]

2011年11月,珠海××幼儿园实行家长值班工作制,该制度规定幼儿园每天应有一位家长到幼儿园值班,对幼儿园安全、饮食卫生、教育教学进行巡查。有家长表示:"耳听为虚,眼见为实。我通过到幼儿园值班,面对面了解食堂的情况,感到很放心。"对此,许多幼儿家长纷纷表示赞同。

---

① 珠海特区报. 家长参与幼儿园管理的启示［EB/OL］. http://info. zhuhai. gd. cn/News/20120207/634642016399628179_1.aspx,2015-01-14

在去年珠海 A 幼儿园被曝克扣儿童伙食费的背景下，××幼儿园实行的这一"家长值班工作制"，无疑是加大幼儿园管理透明度的一个有力举措。我们知道，此前 A 幼儿园之所以能长期克扣幼儿伙食费而不被家长察觉，一个重要原因便是，该幼儿园规定，"家长们不得进入园内"，对于孩子们在里面吃什么，家长们基本不知情，对于孩子们的伙食，主要依赖幼儿园提供的菜单。

现在，××幼儿园全面向家长公示幼儿园办学情况，而且将家长对幼儿园的管理监督制度化，创建"家长值班工作制"，显然有助于从源头上彻底杜绝"克扣幼儿伙食费"事件再度重演。幼儿家长不仅是相对于幼儿园的外部监督者，更是幼儿利益的最切身相关者，让他们来参与监督幼儿园的伙食状况、维护幼儿饮食权益，监督的公平与效率无疑能得到最大程度的保证。

思考：家长值班制带来的效果有哪些？家园合作的必要性有哪些？

二、幼儿园与家庭合作的途径

（一）日常性的合作途径

1. 入园、离园交流

入园、离园交流是最直接、有效的家园合作方式。利用每日入园和离园时机，教师可以和家长进行短暂的沟通，及时交换彼此的教育信息，相互了解幼儿在家和在幼儿园的表现情况。入园、离园交流随机但不随意，除了日常交流、用药交代等，教师还可以对幼儿近期的个性化的行为表现和家长进行交换、有针对性解答家长的困惑，家长还可以对教师的教学等提出自己的建议甚至质疑等。

2. 家访

家访也称为家庭访问或家庭拜访，是教师对幼儿全面、深度了解的重要渠道，一般可分为入学家访和日常家访两种。家访有利于教师更好地了解儿童、家长，有利于教师设计出更符合儿童发展需要的活动的家庭环境，帮助家长为儿童提供更好的保教活动[1]，增强儿童的自豪感、帮助儿童攻克入园难关[2]，使家长和教师有效沟通，使教师与儿童和家长的友好关系得到强化[3]。

教师要认真做好家访前的准备工作，准时到达儿童家庭进行访问，全面落实家访后的强化工作：通过电话、信函、便条等方式向家长解释家访的目的，协商家访的时间、地点，备齐家访时需要的物品（如儿童的照片、作品等）。

---

[1]　李生兰. 美国学前教育机构的家访工作及其启示[J]. 幼儿教育（教育科学），2009(4)：50-51

[2]　Essa, Eva. Introdution to early childhood education[M]. New York：Delmar Publishers，1999：66

[3]　Billman J, Sherman J. Observation and participation in early childhood settings：A practicum guide [M]. Boston：Pearson Education，2003：217

家访中需要注意几个问题：(1)家访过程中，可以围绕幼儿的形成性成果（照片、作品等）、儿童的兴趣特点、儿童性格等进行交谈，或开展亲子游戏等；(2)家访中千万不要忽视幼儿，可以组织幼儿进行游戏、绘画等活动；(3)家访时间控制在 15～30 分钟内[①]；(4)在家访中，教师要扮演好客人、随从的角色，理解家庭的需要，不对家庭环境作出任何否定的评价，不喧宾夺主，不控制访问；(5)在家访后，教师要扮演好致谢者、设计者和邀请者的角色，向家长表示衷心的感谢。[②]

3. 网络化的虚拟沟通

针对部分工作繁忙的家长，幼儿园可以采用网络化的虚拟沟通平台与家长进行日常性的沟通，如家校通、家园联系簿、宣传页、家园布告栏、宣传网站、园长信箱、家长手册、班级博客、班级微博等，同时还可以采用私人的方式进行沟通，如电话、短信、微博、微信等。网络化的虚拟沟通平台逐渐成为家园沟通的最方便、最快捷的手段之一。

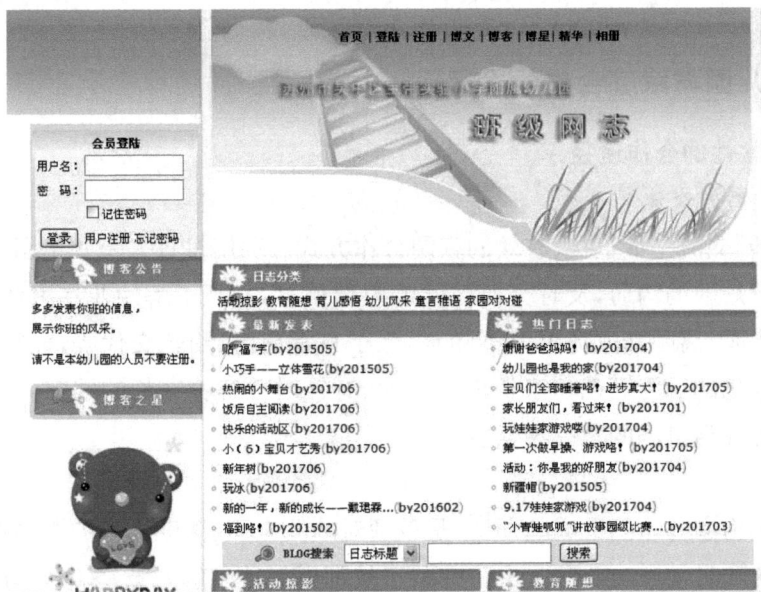

[案例 9-2]　　　　　　　　　　　　一张纸条的背后[③]

小一班的家园联系栏里，贴着一张粉色的纸条，上面写着："2、6、9、13、16、17、26、27 号小朋友的自理能力还较弱，请家长在家帮助孩子练习以便尽快提高，谢谢合作。"

小二班的家园联系栏里，也有一张粉色的纸条，不同的是这张纸条贴在了一个粉色

---

①　Gestwicki C. Home, school and community relations[M]. New York：Delmar Publishers，1992：231

②　李生兰. 美国学前教育机构的家访工作及其启示[J]. 幼儿教育（教育科学），2009(4)：52-53

③　徐丽娟. 一张纸条的背后——浅析言语暗示在家园互动中的作用[EB/OL]. http://www.yejs.com.cn/jygy/article/id/30297.htm，2014-01-14

的信筒上,上面写着:"如果您的孩子在自理能力方面有了一点进步,请您及时写信告诉老师,谢谢合作!"

两周后,小一班的这张纸条依然在橱窗里飘着。刚开始还有几个家长前往查看,时间一长,家长们都视而不见了。班里幼儿的自理能力也未见有所提高。而在小二班,开始时的一两天,信筒里的纸条很少,没过多久,纸条就多了起来,有只言片语的,也有长篇大论的,每天都在更新。而且班里的孩子们不仅在自理方面进步很快,其他方面也都有了很大提高,老师和家长们看在眼里,喜在心上。

思考:出现在家园联系栏里关于培养孩子自理能力的内容,为什么会出现截然不同的效果?

(二) 学习性的合作途径

1. 家长学校

对家长进行教育指导的家长学校是"学习型合作"的新形态,"主要功能在于帮助家长学习科学育儿知识,进行讲座、家教咨询和家长培训,提高家长教育子女的科学性、自觉性;幼儿园可以按幼儿年龄将家长分班,或是根据家长类型分班,针对不同教育对象或教育者的特点分别进行培训"①。如针对隔代教养家长、单亲家长、通勤家长划分不同的班级,进行有针对性的培训。家长学校的对象可以不限于在园幼儿的家长,而是扩大到社区范围内的学前儿童的家长。家长学校的活动要具有针对性和多样性,可以采用"线上和线下"的方式,利用网络课程的优势,最大化地保证最佳的学习效益。

2. 家长工作坊

"家长工作坊"就是针对固定议题,采用轻松、有趣的互动方式,经过小组讨论,相互提问、相互交流、相互凝聚共识的一种学习方式,是家长教育的一种新兴的好方式。可以根据不同的话题组成小组,也可以根据各小组的兴趣来确定话题。如儿童的发展阶段、园所课程设置、怎样处理与子女的关系等,家长在这里可以获得机会交流经验。可以借鉴戈登的"家长有效性培训"(Gordon's Parent Effectiveness Training,简称 PET)(1970)或迪克梅尔和马克的"有效抚养培训体系"(Dinkmeyer and Mckay's Systemmic Training for Effective Parenting,简称 STEP)(1976)②。

家长工作坊具有即时性,可以讨论解决当下家长最关注的教育问题;同时有利于了解不同儿童的差异性,还可以和孩子一起参与实践性的学习活动,如参加亲子活动,共同制作

---

① 邢利娅.幼儿园管理[M].北京:高等教育出版社,2010:218
② 它是以民主与平等为原则的父母教养培训课程,用系统化的训练法来帮助父母亲学习教养子女的技巧。主张孩子受到尊重的情况下,建立有效规则,让孩子愿意为自己的行为负责,进而达到家庭相亲相爱的目的。包含有四种技巧:鼓励;反映式倾听(当孩子有困扰,父母先以反映式倾听,表示对孩子的了解与接纳,孩子情绪平稳后,再一起讨论解决问题的方法);我—信息的表达(孩子的行为干扰父母时,将父母的感受传达给孩子,以不批评的方式,描述孩子的行为,让孩子了解父母不高兴的原因);家庭会议

树叶画、做亲子游戏,有利于更深层地了解儿童。国内一些幼儿园,借鉴国外的做法,也进行了本土化的创新,如某幼儿园组建了"母亲会所",其实这也是"家长工作坊"的创新。

扩展阅读9-3 >>>

什么是"家长有效性培训"①

美国心理学家托马斯·戈登提出了一种指导家长怎样与孩子相处的新方法。"家长有效性训练"基本有两个方面内容:学会怎样听孩子说话和怎样与孩子谈话。因此,参加"家长有效性训练"活动的家长,一方面要学会怎样听孩子说话。在孩子对家长说话时,家长有两种态度,一种是消极倾听,即家长只是简单地使自己处于听孩子说话的被动状态,或心不在焉,孩子说完之后并没有理解孩子语言表达的是什么。另一种是积极倾听,即孩子在对家长说话时,家长专注于孩子的语言和表情,力图从孩子的话语中发现孩子没有表达出来的信息。例如,孩子从外面跑进来,告诉妈妈"我放学了",这句话意义也许绝不仅仅是向妈妈通知"我放学",或许是放学后"我该吃饭了",或许是放学后"我该玩一会儿了"。家长只有积极地倾听,才能了解孩子的真正想法,并指导孩子应该做什么。

参加"家长有效性训练"活动的家长,另一方面就是学会怎样对孩子说话。戈登认为,不要集中于孩子过失和弱点上。"你—信息"传递给孩子,而要传递"我—信息"。假如你的孩子总是丢三落四,今天把书、文具盒忘在学校了,明天把球拍、体操鞋丢了,也许你会用这样的话斥责他:"你又把东西忘在学校了!"或是:"你什么时候才能学会不丢东西?"这些话都是在传递"你—信息"即"告诉"孩子,他是一个粗心大意、不懂事的笨孩子。这种评价对孩子具有消极的影响。在"家长有效性训练"过程中,要求家长改变这种做法,要学会理解孩子。从孩子的各种行为中发现其潜在原因,而不是简单地表达家长对孩子的批评和评价。如孩子为什么会把文具盒和书忘在学校?为什么会丢球拍和体操鞋?这都需要家长进行具体分析找出原因。

戈登提出,在找出孩子行为的潜在原因之后,家长要对之进行教育,使之改正。但如果孩子在教育后并不改正,可以运用"无损失"方法来解决。其具体做法:家长和孩子坐下来一起讨论其存在的问题,然后找出一种对家长和孩子都没有损失的办法来解决这一问题。例如,在发现孩子总是丢三落四的毛病之后,家长就可把孩子叫过来,一起讨论可能解决这种毛病的各种办法。诸如惩罚、毒打,或听其自便,或由父母代管孩子的东西,或家长把孩子丢下的东西收起后扔掉或藏起来,或孩子自己精心料理等。

在列出这些办法之后,家长和孩子权衡利弊,从中选出一种家长和孩子都不受损失而孩子又能够接受的办法。这样,既有利于孩子自觉地执行自己的决定,又可避免父母的消极评价,孩子的问题也易于得到解决。待过了一段时间,家长和孩子再回过头来检

---

① 刘秉权,赵光辉.家庭教育指南[M].长春:吉林大学出版社,1992:106-107

查一下决定实行得如何。事实证明,这种"无损失"解决办法是很有效的。

"家庭是幼儿园重要的合作伙伴,应本着尊重、平等、合作的原则,争取家长的理解、支持和主动参与,并积极支持、帮助家长提高教育能力。"这次家长工作坊,便是我们探索"支持、帮助家长提高教育能力"的一次尝试。

(三) 参与型的合作途径

1. 家长委员会

幼儿园家长委员会是在幼儿园指导下,由家长代表组成的代表全体家长和幼儿利益的常设性群众组织。[①] 家长委员会既是联系幼儿园与家庭的桥梁和纽带,也是家长直接参与幼儿园教育和管理的组织形式,更是家园共育的重要途径。[②]2010 年 7 月颁布的《国家中长期教育改革和发展规划纲(2010—2020 年)》明确要求"建立中小学家长委员会"[③]。2012 年 3 月,教育部下发了《关于建立中小学幼儿园家长委员会的指导意见》,将建立家长委员会上升到国家教育政策层面[④]。《幼儿园工作规程(修订稿)》(2013)第54 条提出:"幼儿园应成立家长委员会,其主要任务有:对幼儿园工作计划和重要决策,特别是事关幼儿和家长切身利益的事项提出意见和建议;发挥家长的专业和资源优势,支持幼儿园保育教育工作;帮助家长了解幼儿园工作计划和要求,协助幼儿园开展家庭教育指导和交流。"[⑤]

家长委员会对幼儿园的管理制度、经营、师资培训、资金监管等方面行使监督责任[⑥]。家长委员会可以发挥家长的榜样示范作用,激发更多家长参与幼儿教育工作中。然而,国内的家长委员会存在着主体性缺失的困顿,它的参与权、监督权、决策权并未得到保证。究其原因,主要有权利主体间的张力、民主制度的缺失、教育的专业性、家长委员会的自我遮蔽等。要改变这一现状,家长委员会必须由他主走向自主,创新模式改变利益主体,完善法规明确身份主体,规范运作凸显自我主体,加强引导规范利益主体。[⑦]

[案例 9-3]　　　**"家长委员会"参与幼儿园教学设计的实践案例**[⑧]

春天到了,中二班的家长委员会经商议后决定组织亲子游活动。几名幼儿在小山坡的水沟里捉到几只小螃蟹,其他的幼儿也很感兴趣,教师和家长突生了设计"螃蟹"的主题教育方案的想法。于是家长委员会又临时召开全体家长会,向家长宣传主题教育方

---

① 陈丹. 幼儿园家长委员会运作的现状与建议——以上海市为例[J]. 幼儿教育,2010,18:49
② 简楚瑛. 幼儿教育与保育的行政与政策:欧美澳篇[M]. 上海:华东师范大学出版社,2005
③ 国家中长期教育改革和发展规划纲要(2010—2020 年)[M]. 北京:人民出版社,2010:44
④ 焦新. 教育部下发指导意见推进中小学幼儿园组建家长委员会[N]. 中国教育报,2012-03-13(1)
⑤ 中华人民共和国官网. 幼儿园工作规程(修订稿)[EB/OL]. http://www. gov. cn/gzdt/2013-03/22/content_2360021. htm,2015-01-02
⑥ 菲利斯·M·科里克. 托幼机构管理(第六版)[M]. 北京:北京师范大学出版社,2007:383
⑦ 谢文庆. 我国学校家长委员会主体性的缺失与对策[J]. 中国教育学刊,2012(11):35
⑧ 宋睿. 家、园、社区合作共育的实践研究[D]. 南京:南京师范大学,2008:21-22

案,请教师介绍活动设计意图和目的。

家长和幼儿一起把捉来的螃蟹带回园内,放入园西墙角的沙滩上,又上街去买了好多种螃蟹一起放到沙滩的水池中,并收集了好多有关螃蟹的书籍、画册等置于图书角内供幼儿阅读参考。

在此后幼儿通过问父母、逛书城、请教专家等多种方法搜集资料,发现了许多未知的东西,教师也与幼儿同时搜集资料,"做"研究,"写"小论文,让幼儿互相传阅、交流,把自己知道的信息介绍给同伴们。

教师反思:家长委员会在此次活动中起了非常重要的组织与策划作用。尽管各位家长们的教育方式各不相同,但他们同时有着一颗迫切教育孩子健康成长的心。不仅幼儿,教师及家长们都在此次活动中都学到了很多东西,丰富了幼儿的生活经验,锻炼了幼儿的探索及发现能力。

思考:家长委员会对幼儿教师以及幼儿的作用有哪些?

2. 家长会

家长会是面向学生、学生家长,以及教师的交流、互动、介绍性的会议或活动,一般由学校或教师发起,包括全园家长会和班级家长会。家长会是一种很受家长和教师欢迎的家园合作形式,它具有家园交流内容广、参与人员多、交流时间长等优势。园长一般会在家长会上介绍幼儿园的教育教学概况、幼儿园的办学理念及规章制度等,以便赢得家长的支持。以班级为单位的家长会主要由本班教师组织,在班级家长会上,家长与教师交换孩子的学习情况等信息,目的是共同努力,更好地促进孩子发展。[1] 家长会内容必须具有针对性,针对不同年龄段的座谈会侧重点有所不同。如针对刚入园幼儿,会侧重幼儿情绪稳定、习惯养成等主题,针对大班可能会侧重幼小衔接主题等。

扩展阅读9-4 >>>

教师在开家长会时需要注意的事项[2]

提供一种舒适的不被打扰的环境。以积极的语气开始和结束会议。不要害怕告诉家长你不知道答案或你知道得不多,你要让人们确信自己会努力寻求答案,保证和家长一样关心他们的子女。保证有足够的时间用于充分讨论话题,但是不要讨论得太久。让每个人进行自我陈述,敏感察觉到他们感觉舒服的讨论话题。在讨论会结束时,要有一个总结,简要说说当天讨论的内容和下次要讨论的问题,安排下次讨论会的时间。

当家长会的议题是汇报儿童进步的时候,应该在确定讨论会时间前先考虑会议内容,准备呈现儿童的进步或取得的成绩,并阐述取得这种结果的典型事件。如果儿童在

---

① 时松. 幼儿园管理[M]. 长春:东北师范大学出版社,2014:214
② 菲利斯·M·科里克. 托幼机构管理(第六版)[M]. 北京:北京师范大学出版社,2007:393-395

某个领域需要提高,应该考虑怎样才能让其达到更高的水平。

要使家长会取得好效果,需要注意如下问题:记住家长对他们子女都怀有深厚的感情。要重视家长的这种感情,比如说"我理解这件事发生时您是多么地难过",避免给儿童贴标签或夸大其词。不要把儿童称作"麻烦制造者",要告诉家长"在讲故事时他打了坐在他旁边的孩子一下"或"老师讲故事时,她不断地打扰,她告诉老师自己听不到,或者她不喜欢这本书"。

必须承认,向家长汇报发生在幼儿园的问题事件并不简单。描述幼儿的在园行为或自己的处境,不是为了指责家长或者要让家长承认错误。允许家长提问或描述他们所看到的孩子的行为。记住,无论你如何小心和温和,有时候家长也会心存戒备甚至生气。他们会用否认问题存在的方式来回应教师,比如说"我们在家从来没有看到过这种行为"。家长也可能很主观地认为:"老师不知道怎样与我的孩子相处,这是幼儿园的问题。"提醒家长,你对他们的孩子只了解一半。避免用教训的口吻向家长说教,或对家长进行长篇大论的解释。用明确、简练的语言描述儿童的行为并对儿童的发展阶段稍作讲解,如果有必要的话,找一个与家长使用相同语言的教师或翻译,以方便与家长的沟通。

引导家长自己找到解决问题的办法,或描述一下你在园所是如何解决问题的,比如"在还没有谈论发生了什么事情时孩子就生气了,这时你有什么办法,怎么跟孩子交流?"或"现在我更加理解了为什么她会有那样的行为,在幼儿园里这些方法是很有帮助的"。不要寄希望于以某种方式能够解决所有的问题。有时候需要给儿童一些时间,以便让他们从一个阶段发展到另一个阶段,或者让他们用自己的方式去解决一些问题行为。确定下次讨论会的时间,讨论新的方案是不是奏效,或是否需要采取别的方式。可以跟家长说:"我们两周后再见,看看我们的计划实施得怎样。"做会议记录,并放在儿童的档案里。

3. 家长助教活动

家长助教活动也称作妈妈(爸爸)教师活动,顾名思义,就是邀请不同行业、不同职业、不同学科背景,以及乐意做志愿者的家长,来幼儿园协助教师做助教活动。家长资源是一笔宝贵的教育资源,不同学科背景下的家长在参与教学和管理活动时,也会产生"倍增效应",能拓宽教师的视野,整合闲散的家长资源,提升家园合作的水平。他们可以承担课程任务,协助小组活动,准备材料,整理教室,做儿童发展记录,在特定时段督导小组儿童的活动。[①] 如让家长组织故事分享活动、艺术活动,分享关于自己职业(消防员、石油工人、警察等)、自己民族等有趣故事的活动。

4. 家长开放日

幼儿园家长开放日活动指的是幼儿园在每学期特定的一天(节假日或定期)向家长开放教育教学活动。[②]《幼儿园工作规程》(1996年)提出"应建立幼儿园与家长联系的制

① 菲利斯·M·科里克.托幼机构管理(第六版)[M].北京:北京师范大学出版社,2007:383
② 李生兰.家长开放日活动形式与内容的现状研究[J].幼儿教育,2007(10):33

度⋯⋯幼儿园可实行对家长开放日的制度"①。家长开放日有利于幼儿园和家庭之间的双向互动,开放政策能够增强教师的参与意识和合作意识,能促使"幼教人员把家长看作是儿童教育的真正伙伴"(Turner&Hamner,1994)②。而 Puckett 和 Black(2000)指出"家长观察和参与班级的机会越多,他们对课程和评估过程的理解就越深、对家校合作的贡献就越大"③。

开放日活动主要形式有:

(1)环境参观,这是一种比较浅层的开放形式,教师引导家长参观幼儿园环境等;

(2)观看演出(节日演出)或参加活动(亲子活动、庆典活动、幼儿成果展示),如庆"六一"等联欢活动、亲子游戏活动(做亲子游戏,做手工、绘画等)等,其中亲子游戏活动是一种极具趣味性、深受家长欢迎的开放日活动;

(3)观摩集体教学活动,这种活动使家长以直观方式了解幼儿园教学和教师的工作情况;

(4)观摩幼儿生活常规活动或区角活动,如晨间区域活动、早操、早点、课间活动、集体教育活动、喝水、户外体育活动、午餐等各个环节,方便家长了解孩子在园的生活学习情况。

家长开放日活动需要增加更丰富的活动形式,幼儿园可以根据不同时间段、不同年龄班家长的需求调整开放内容。例如:在幼儿入园前,允许家长参观访问幼儿园的环境、设备及师资力量;在幼儿入园后,允许家长选择不同时段进行参观和听课。开放时间也可以灵活安排,可以根据家长的空余时间随时调整。实践中发现"家长开放日常常没有秩序,可能会扰乱常规的教学活动"④。因此,还需要制定和执行适用于家长的活动规则。同时,要注重对开放日活动的评价和反馈,可以发放家长反馈表,鼓励家长留下对幼儿园教学、管理、设施、师资等建议和意见。

三、幼儿园优质服务制度

为了给幼儿和家长提供更加优质的服务,以下列举了幼儿园已经实施的具体做法。

(一)开设优质服务项目

1. 如果你的孩子病未痊愈,需要继续服药,请把药品和就诊卡带来,我们保健老师会按时完成任务(请写明姓名、班级,不可大意)。

2. 如果你的孩子患病不能吃鱼腥等食品,请不要着急,只要与保健老师联系,营养员

① 中华人民共和国国家教育委员会. 幼儿园工作规程[EB/OL]. http://www.bjchy.gov.cn/affair/zfyj/law/15365.htm,2015-02-10

② Turner P, Hamner T. Child development and early education: Infancy through preschool[M]. Boston: Allyn and Bacon,1994:301

③ Puckett M, Black J. Authentic assessment of the young child: Celebrating development and learning[M]. Upper Saddle River: Prentice Hall, 2000:301

④ 邢利娅. 幼儿园管理[M]. 北京:高等教育出版社,2010,218

会烧色、香、味俱全的菜肴,让你的孩子品尝,保证吃饱吃好。

3. 对肥胖和体弱儿,幼儿园会与你配合进行矫治,让你的孩子健康成长。

4. 孩子年龄小,有时难免便溺在身,请放心,不要着急,幼儿园会及时为孩子替换衣服,保证让你的孩子在园干干净净。

5. 如果你的孩子在园突然生病,园方会及时带孩子去医院就诊,并及时与你取得联系。你如果有什么难事、要事,可以直接与教学部联系,电话:69000000 或 69000000-1000,我园将尽力为你和你的孩子服务。

(二)开设家长信箱

每日随时接待家长,公布园长、分管园长、班主任的电话,随时听取家长意见。

(三)幼儿园家委会、膳委会工作制度

1. 每年九月,由教师推荐,家长自愿,建立组织

2. 定期开会,审核学校工作

(四)家园联系制度

1. 每天利用来园、离园时间加强与幼儿家长联系,争取家长配合

2. 开设家园联系栏

3. 召开家长会、开放日活动,发放幼儿成长档案,加强联系

4. 幼儿生病缺席及时与家长联系

(五)家访制度

1. 班主任根据幼儿实际情况,与家长联系,进行家访

2. 家访形式:随访、电访、登门访问

3. 对连续三天不来园的幼儿进行电访或家访

4. 每学期对每个孩子上门家访一次,并做好记录

(六)《幼儿成长档案手册》发放制度

1. 每月发放,及时收回

2. 教师记录幼儿活动表现及进行评估

3. 认真阅读"家长的话",开展个别教育

(七)家长会制度

1. 根据班级情况,每学期至少召开一次家长会

2. 家长会由班主任组织并写好记录

3. 班主任告诉家长班级计划并组织讨论

4. 家长了解幼儿园工作任务,班主任了解幼儿在家情况,加强沟通

(八)向家长开放半日活动制度

1. 各班每学期向家长开放一次

2. 在园领导组织下,统一开展各类活动

3. 具体由班主任组织保教活动,向家长展示与汇报

4. 家长了解幼儿园保教内容、方法,幼儿在园表现

5. 家长观后进行意见反馈

(九) 亲子活动制度

1. 由学校统一组织、安排,面向社区免费开展亲子活动

2. 每学年开设 2 次,对象为 0～3 岁幼儿

3. 活动内容按年龄不同进行设计,备有奖品

4. 由班主任事先准备活动内容,提供材料,作好宣传

5. 写好活动分析记录

(十) 家教指导工作制度

1. 每学年开学初制订好全园及各班家教指导计划

2. 开设家长学校,定期上课、活动、指导

3. 开设家园联系栏,保育健康宣传栏

4. 利用多种形式随机指导

(十一) 家长学校管理制度

1. 家长学校由本园家教领导小组负责

2. 家长学校校长由园长担任,不设常务校长

3. 根据家长情况,分成小班、中班、大班不同年龄段幼儿家长班

(十二) 评"好家长"制度

1. 每学年评选一次

2. "好家长"由班主任推荐以及自我推荐,家长本人写好教子经验材料后,需家委会
审核

3. 每年的"六一"进行表彰、发奖

(十三)《新芽报》发放制度

1. 由团支部完成《新芽报》的设计、编辑等工作

2. 每月由各部门及班主任积极提供园报内容

3. 园报篇幅短小精悍,内容丰富,形式多样

4. 每月中旬按时发放给每位家长

(十四) 家教研究制度

1. 每学期的开学初各班进行家庭现状调查

2. 鼓励教师根据幼儿家教现状进行课题研究

3. 研究有针对性、实效性

(十五) 家教宣传制度

1. 每月利用《新芽报》宣传育儿知识

2. 各班利用《家园联系栏》宣传相关信息

3. 利用多种途径宣传,让家长重视家教,转变观念,科学育儿

4. 各班做好班级网站的创建和更新工作,向家长、社区宣传科学的早教知识和信息

(十六)家长工作资料积累制度

注重搜集、整理以下资料:

1. 家教工作指导计划及总结资料

2. 家长学校讲座资料、家长会资料

3. 家园联系栏指导内容资料、亲子活动资料

4.《新芽报》资料

5. 家委会来园情况资料

6. 平时各种资料及时汇总,期末归档

第三节 幼儿园与社区合作

案例导入 >>>

瑞吉欧教育的"幼儿—学校—家庭—社区合作网络"[①]

意大利的瑞吉欧教育被美国教育部门称之为世界上最好的幼儿教育。瑞吉欧学前教育的成功得益于瑞吉欧地区的幼儿、学校、家庭、社区相互合作,四方共同参与到全地区的学前教育机构管理体系的创建、运行管理中,形成了独特的幼儿—学校—家庭—社区合作网络。其特色体现在以下四个方面:①全社会参与学前教育机构的运行与管理。②以"关系"为基础的学前教育机构的合作网络。③民主公正是社区合作模式运行的基本原则。④沟通是社区合作模式运行的保障条件。

思考:反思瑞吉欧幼儿—学校—家庭—社区合作网络的优势。

社区指有共同文化的人群,居住于同一区域,以及从而衍生的互动影响。"社区(community)"一词源于拉丁语,原意是亲密的关系和共同的东西,1933 年被我国著名社会学家费孝通翻译后介绍到国内。将"社区"这个词作为社会学的一个范畴来研究的,起于德国的社会学家斐迪南·滕尼斯(1855 — 1936)。滕尼斯所谓的社区是通过血缘、邻里和朋友关系建立起来的人群组合。血缘、邻里和朋友的关系是社区的主要纽带,在这里人们交往的目的和手段是一致的,传统的农村村庄是社区的代表。[②] 社区是"集经济、

---

① 郑庆文. 瑞吉欧学前教育机构社区管理模式的特色及其启示[J]. 教育导刊(下半月),2012,06:57-61

② 维基百科."社区"词条[EB/OL]. http://zh. wikipedia. org/wiki/%E7%A4%BE%E5%8C%BA,2015-03-16

文化、政治和教育等为一体的地域性的组织形式"①。它在教育生态圈中扮演了非常重要的角色。改变幼儿园封闭的格局除了与家庭合作之外，与其所处的社区结合也是必由之路。

一、社区教育概述

"社区教育"一词最早源于 20 世纪初美国学者德威，后由曼雷和莫托在美国的密歇根州进行了实验。社会化大生产的发展和城市化进程加速了全球社区教育的发展。"我国社区教育是从 20 世纪 80 年代中期兴起的，出现了以青少年校外教育为主要内容的社区教育，目标是为青少年教育创造良好的发展环境。"②随着经济体制的转型，"单位人"开始向"社区人"过渡，先前"单位"承担的教育功能开始让渡到社区。同时，社会的转型使得社区成员出现了异质化，社区成员素质呈现不均衡化的特征，而"社区是具体实施终身学习、终身教育的主要环境，社区教育的作用将日益凸显"③。

社区教育是由社区举办的教育，是"实现社区全体成员素质和生活质量的提高以及社区发展的一种社区性的教育活动和过程"④。社区教育配合社区建设的中心任务开展工作，将教育目标与社区建设目标整合起来，尽量符合社区建设的需要，与普通教育的专业和课程有所区别，既弥补普通教育的不足，又能满足社区的宣传、治安、环境保护等方面的需要，采取灵活多样的教育形式和方法，使社区管理者了解民情以做出规划指导，使社区居民获得知识和情操的陶冶。

总之，"社区教育是一种认同社区的过程，一个调配资源以满足各种教育需求，使社区中的每个成员都能够通过教育的计划得以发展的过程，是一种促进终身教育理念的实践过程。教育被视为社区成员均可享有的与生俱来的权利，每个社区成员都是学生，它向人们提供一种灵活的终身教育体制。社区居民将以社区教育的形式参加各种适合自己需求的教育活动，完善自己，也完善社会"⑤。

二、幼儿园与社区合作的类型

一般来说，按照合作的效果来分，幼儿园与社区合作具有三种类型：生存型、应付型和拓展型。⑥

（一）生存型

生源是幼儿园生存和发展的命脉。幼儿园如果只是为了生源而与社区进行互动，我

---

① 时松. 幼儿园管理[M]. 长春：东北师范大学出版社，2014：214
② 厉以贤. 终身学习视野中的社区教育[J]. 中国远程教育，2007，05：8
③ 厉以贤. 终身学习视野中的社区教育[J]. 中国远程教育，2007，05：8
④ 厉以贤. 社区教育的理念[J]. 教育研究，1999，03：23
⑤ 丁连信. 学前儿童家庭教育[M]. 北京：科学出版社，2007：165
⑥ 陈红梅. 幼儿园与社区互动行为类型及其推进策略[J]. 学前教育研究，2013(5)：49-50

们将之称为生存型互动。这种互动的主要特征是其互动目的存在功利化倾向,直接与招生紧密相关。这一类型的互动重在向社区居民宣传幼儿园,增进相互之间的了解和认同,树立幼儿园形象,由此招揽并稳定生源,使幼儿园维持和发展下去。与社区实施生存型互动的幼儿园大多品牌影响力较弱,社会形象较差,在生源竞争中处于劣势地位。如某民办园周边都是优势公办园,生存可谓极其不易。该园园长为了化解或缓解生源危机,主动与社区建立友好的公共关系。当得知由于公办园只招收 3 岁以上幼儿,社区有许多 2~3 岁幼儿散居在家无法入园时,该民办园积极为社区居民提供日托、半日托和小时托等服务,还经常免费向周边社区居民开放活动场所和游戏设施。社区居民了解和认同该园后,其生源逐渐饱满起来。

(二)应付型

应付意味着被动和勉强。应付型互动意指幼儿园本身并没有与社区互动的现实意愿,但出于应付上级的评估或完成上级布置的任务等考虑,而与社区发生互动。其主要特征是互动行为往往与评估标准和上级任务要求挂钩,属于下级机构对上级的被动服从,并非有计划、有目的的长远考量。因此,这类互动往往带有应急、应景、应付了事的特征,以零碎的片段式互动活动为主要形式,追求的是资料和工作业绩的积累。应付型互动因为缺少长期的规划和设计,也无具体的制度化安排,往往缺少持久旺盛的生命力,效果有限。本研究结果显示,采取应付型互动的幼儿园为数不少。如某园长表示:"只能说我做了这方面的事,为各种检查增添了一些汇报的资本,但至于做得怎样,有没有效果都没人管。时间长了,自然也就没有动力了。"

(三)拓展型

拓展蕴含着超越自我之意。拓展型互动指幼儿园不满足于发展现状,从社会责任感和使命感出发,在社区范围内积极拓展自身的教育资源、服务空间和职能范围,赢得幼儿园和社区的共同可持续发展。这种互动行为的主要特征是通过开发社区教育资源,拓宽幼儿园服务内容,最终实现幼儿园社会价值的自我超越。随着现代幼儿园制度建设改革的逐步深入,拓展型互动行为日益多元和深入,实施此类互动的幼儿园也越来越多。

依据互动行为的深度和广度,又可将其分为两种层次:低层次拓展和高层次拓展。低层次拓展型互动仅注重对社区资源的利用。高层次拓展型互动强调幼儿园要变封闭为开放,吸纳社区力量参与幼儿园各项管理和教育工作,形成民主办学的氛围。同时,幼儿园从局外走向局内,超越现有的服务对象和职能范围,主动融入社区,积极为社区居民服务,承担相应的社会责任,体现幼儿园的社会价值。如许多幼儿园破除"单位"观念的禁锢,主动融入社区,为社区散居 0~3 岁婴幼儿及家庭提供早期教育指导和服务,努力成为 0~3 岁婴幼儿社区早期教育中心。[①]

---

① 陈红梅,金锦秀.从局外走向局内——关于幼儿园成为社区 0~3 岁婴幼儿早期教育服务中心的思考[J].学前教育研究,2009(9)

三、幼儿园与社区合作的模式

一般来说,幼儿园与社区合作具有四种模式:"解决问题型"模式、"资源开发型"模式、"组织引领型"模式、"社会交往型"模式。

(一)"解决问题型"模式

"解决问题型"模式是两者的合作是被动的、浅层次的合作,是基于问题为导向的,如果不发生问题,两者老死不相往来。比如幼儿园室外广播扰民了,两者才会出现互动的交集。也就是幼儿园与社区的合作是建立在幼儿园或者社区之间出现突发问题后被动解决问题的基础上的。当前,国内幼儿园与社区合作的模式大多属于该类型。

(二)"资源开发型"模式

"资源开发型"模式是常规的教育资源开发,该模式包含以下几个方面的内容。

(1)物质资源方面的开发:社区可以给幼儿园提供社区教育活动实践基地,开放所辖单位的自然环境、动植物园、博物馆、图书馆、公园、文化站、信息中心等一切可以利用的资源,而幼儿园给社区提供校内活动基地,并开放体育场、图书馆、运动设施等资源。

(2)人力资源方面的开发:社区给幼儿园提供大量关心教育的群体,如社区"公仆"、企业界人士、专家学者、离退休干部、学生家长等,通过家长委员会和家长学校等幼儿园给社区提供培训和教学师资,发挥向社区辐射教育的功能。

(3)文化资源方面的开发:幼儿园可以从社区获取社区文化、特色文化、乡土文化等资源,转变成教育资源;社区也可以从幼儿园的办学文化中汲取养分,从而反哺社区。

(4)资金资源方面的开发:通过合作,幼儿园可以借助人力资源,从社区争取资金支持。

扩展阅读9-5 >>>

美国学校的社区资源开发[①]

美国学校从社区获得课程资源有两条主要途径:一是将课堂延伸到社区中去,一是把社区融入学校中来。把课堂延伸到社区,主要是指学校与所在社区政府或民间团体、文化团体、服务机构、工商企业等建立相对稳定的友好合作关系,学校可以组织孩子们到当地的工厂、农场、商店、美术馆、图书馆、博物馆、动物园、科学馆等参观访问,实地考察,或者利用社区各种机构的设施、场地进行教学。把社区融入学校是指基于学校和社区的友好关系,将社区的人员、资金、收藏等吸纳到学校的课程与教学中来,以丰富学校的课程教学资源。以美国中小学的法治教育为例,学生可以走进社区进行实地考察与实习,在真实情境中接触到法律专业人员,直接观察或参与社区的政治和法律活动;学校也会

---

① 刘丽群,张文学.美国社区课程资源开发及其对我国教育的启示[J].学前教育研究,2007(5):53-55

邀请社区的法官、律师或其他可以在法治教育中提供服务的人士到学校为学生作讲座。

在社区课程资源的开发与利用上，美国学校特别注意发挥博物馆和图书馆的教育价值。美国许多博物馆在创建之初就带有明确的教育目的，如朱立亚·罗森华创办芝加哥科学工业博物馆的初衷就是"以娱乐和教育民众为宗旨"。在美国，教师可以利用博物馆中的实物或表演装置以加强学生对课堂讲授内容的理解。有些科技馆还专门给一些对科技特别感兴趣的学生成立了短期学习班。博物馆免费提供的收藏品也是中小学丰富课程资源的一条重要途径。早在1911年，仅芝加哥科学馆借给44所学校的收藏品就达到279套，约2万名中小学生从中受益。社区的图书馆更是孩子们获得图书资料的主要来源，许多学生放学之后不直接回家，而是常去图书馆，不时就背回一大书包的书来。

（三）"组织引领型"模式

"组织引领型"模式是比较高层次的沟通模式，它是在相对规范的组织引领下的主动合作模式。在合作中，幼儿园与社区之间的沟通和合作是以组织的目标、规范等来约束和推动的。这种相对规范的组织包括：社区委员会、社区大学、家长委员会、家长学校、教师—家长协会、幼儿园的公关小组等。例如，某幼儿园发生了虐童事件，声誉受损，幼儿园的发言人进行了新闻发布会，统一消息的来源，主动向媒体大众道歉，最终挽回了部分声誉等。

（四）"社会交往型"模式

"社会交往型"模式，是以社交活动为依托的双向交往模式。社区和幼儿园是该交往模式的两个主体。幼儿园与社区合作还应遵循双向交往的原则。即幼儿园服务社区，社区参与幼儿园活动，两者产生互动。社区活动的主要目标有加强学校与社区间的了解，利用学校的教育资源以及为社区内的青少年提供培训等事宜。[1] 幼儿园教师是居民参与社区培训的重要师资。通过参观、访问、开放设施、课程开放、幼儿园志愿者活动等形式，实现学校反哺、指导社区的功能；社区可以通过给幼儿园提供社区活动、保健活动、娱乐活动、实践活动等实践基地和服务设施，实现了社区服务幼儿园的功能。幼儿园与社区的交往是两个主体之间的交往，二者通过合理的沟通，进而获取彼此的支持与合作。双方在交往时运用各种媒介也至关重要，诸如广告、电视、报纸、期刊、网络等，大众传媒有助于学校与社区进行有效的沟通与合作，不失为一种便捷良好的方式。[2]

扩展阅读9-6 >>>

幼儿园与家庭、社区成功合作的特征[3]

项目为所有儿童整合教育服务和社会服务，尤其是面向贫困家庭；父母、学校工作人

① 黄崴，王晓燕. 学校与社区关系及其改善策略[J]. 教育科学，2006(5)：25
② 孙璐. 学校与社区合作伙伴关系的建构研究[D]. 福州：福建师范大学，2011：20
③ 钱德勒·巴伯，尼塔·H. 巴伯，帕特丽夏·史高利. 家庭、学校与社区——建立儿童教育的合作关系[M]. 南京：江苏教育出版社，2013，453-454

员和社区成员有权为所在社区儿童做决定,定计划,并做出改变;学校领导层被精简,增加家庭和社区成员对学校管理的参与;学校成为促进教师、儿童、父母和社区成员间更好互动的家庭中心;项目包括强有力的志愿项目,其中,父母、祖父母和社区成员为支持儿童学习和辅助学校运作而出谋划策;社区和家庭被看作儿童学习的重要环境,与学校学习融为一体。

项目里有较强领导能力和富有责任感的伙伴能获得众人的支持;学校教工提高技能和维持与儿童和家庭成员之间的信任和尊重关系;研究人员、教师和父母通力合作,评估学校项目是否成功。

【检测】

一、思考与练习题

1. 论述幼儿园与家庭、社区合作的意义。

2. 简述幼儿园与家庭合作的内容有哪些。

3. 论述幼儿园与家庭合作的途径。

4. 论述幼儿园与社区合作的模式。

5. 基于幼儿园与社区合作中的"资源开发型"模式,论述如何开发当地的社区资源。

6. 星期一,A老师埋怨地说:"孩子在家过了一个双休日,再回到幼儿园后,许多良好的行为习惯就退步了,不认真吃饭,乱扔东西,活动时喜欢说话,真不知孩子在家时,家长是怎么教育的。"站在一旁的B老师颇有同感地说:"是啊,如果家长都能按我们的要求去教育孩子,我们的工作就好做多了!"A老师接着说:"可这些家长不按我们的要求去做倒也罢了,还经常给我们提这样那样的意见,好像我们当老师的还不如他们懂得多,真拿这些家长没有办法……"

请你运用幼儿园与家庭相互配合的有关理论,分析和评论A、B老师的教育观点,并具体谈谈家园合作对幼儿发展的重要意义与目前存在的误区。

二、实践分析题

1. 以研究小组为单位组织一个社区教育公益活动,从中选取2~3个较为优秀的活动并付诸实施。通过条幅、海报或者网络平台(微信、QQ群等)等形式邀请家长参与,在活动中理解家、园、社区合作的意义和途径,并尝试与家长、幼儿园和社区工作人员进行沟通。

2. 研究小组深入社区,联系社区工作者,经过深度访谈和共同研讨,合作开发所在地区的社区资源,并提供详细的开发方案。

3. 根据幼儿园与家庭和社区合作的类型和模式,对所在地区的幼儿园与家庭和社区合作状况进行评估和反思。

第十章

我国新形势下的学前儿童家庭教育

学习目标

通过本章的学习,学生需达到以下目标:

1. 了解和识记学前儿童家庭教育社会支持体系的概念。

2. 掌握学前儿童家庭教育的几种变革。

3. 理解社会转型期对我国家庭和家庭教育的影响。

本章导读

社会的转型,使得我国学前儿童家庭教育面临着新的形式。本章阐述了社会转型带来的我国学前儿童家庭教育面临的新形式有家庭规模的缩小化、家庭结构的核心化、家庭类型的多元化、家庭关系趋向简单化、家庭关系的平等化等;其次从教育目的价值取向、家庭教育内容、家庭教育方法、儿童观、家庭教育形式等方面阐述了学前儿童家庭教育的变革;最后阐发了学前儿童家庭教育社会支持体系的概述、发展状况,并提出了构建的策略。

第一节 我国学前儿童家庭教育面临的新形势

案例导入 >>>

鹰爸虎妈狼爸 早教"动物凶猛"?①

去年"虎妈""狼爸"的中式"残酷"教育引发中西教育大碰撞,紧接着提倡快乐教育的

---

① 小薇. 鹰爸虎妈狼爸 早教"动物凶猛"? [EB/OL]. HTTP://www.wccdaily.com.cn/epaper/hxdsb/html/2012-02/28/content_424390.htm,2015-04-16

"猫爸"常智韬先生像猫一样，"踩着轻松的步子"就把女儿送进了哈佛。今年，"鹰爸"又横空出世，南京人何烈胜让自己4岁的儿子在美国纽约—13℃的暴雪中裸跑35分钟。看来2011家庭教育"动物凶猛"之热已经延续到了2012年。

背景补充：

虎妈简介①：美国耶鲁大学的华裔教授蔡美儿，出版了一本名叫《虎妈战歌》的书，此书在美国引起轰动。该书介绍了她如何以中国式教育方法管教两个女儿，她骂女儿垃圾，要求每科成绩拿A，不准看电视，琴练不好就不准吃饭等。

狼爸简介②："狼爸"式教育，"三天一顿打，孩子进北大"，靠着这十个字，继"虎妈"之后，"狼爸"又火了。用凶狠的动物来打比方，这是因为两人同样拥有一套强悍的教育方式。在作为爸爸的萧百佑的词典里，离不开"打"这个字，也被他评为家庭教育中最精彩的部分。"狼爸"式教育，让他成为很多教育者和家长的"眼中钉"，但还是这个词，让他凭借鸡毛掸子就将四个孩子里的三个都送进了北京大学。

鹰爸简介③：当幼鹰长到足够大的时候，老鹰会狠心把它赶下山崖。要说鹰式教育的极端，则体现在对"断崖"环境的塑造和选择，更体现在家长内心的忍耐和对孩子所谓痛苦的承受。鹰式教育包含了健商、智商、情商、财商、德商、逆商、胆商的"七商"训练，内容丰富。比如德商，又有孝顺、爱心、尊重、正直和宽容训练。更让自己年幼的儿子2012年大年初一在美国纽约雪地裸跑；同年7月金牛湖孤身"玩"帆船；8月，青岛入海参加国际OP级帆船赛；9月底，15个小时攀上日本富士山……如今，更是胆气冲天，创下吉尼斯最小飞行员纪录。

思考：1. 在近几年的家庭教育中，"虎妈""狼爸""鹰爸"等越来越多的"猛兽"家长，

---

① 重庆晚报(电子版).华裔虎妈登上《时代》封面教育之争变国家发展之争[EB/OL]. http://www.cqwb. com.cn/cqwb/html/2011-01/25/content_253291.htm,2015-04-16

② 大楚网."虎妈、狼爸、鹰爸"对比——探讨中国当代家庭教育[EB/OL]. http://hb.qq.com/a/20121115/ 001024.htm,2015-04-16

③ 司马童."鹰爸教育"更像"耀父炒作"[EB/OL]. http://pinglun.eastday.com/p/20130903/u1a7636479. html,2015-04-16

提炼出"严厉管教""棍棒体罚""极限训练"等教育理念。对于这些异化的教育方式,你是如何看待的?

2. 试分析以上教育误区背后的社会原因。

人是社会化的产物,人的成长离不开社会、家庭的人际生态影响。依据布朗芬布伦纳(Urie Bronfenbrenner)的生态系统理论(Ecological Systems Theory)①,人的成长除了受"微系统"(如家庭和学校)影响外,还受到中系统(各微系统之间的联系或相互关系)、外系统(如父母的工作场所)、宏系统(如社会文化背景)等影响。而当下,我国社会正处于"向新科技革命和市场经济过渡"的转型期,社会生态的变化必然引发家庭结构类型、经济状况、生活方式的变化;同时新科技革命倒逼了社会文化的革新,从而引发了家庭教养观念的革新,如年轻一代代表的"后喻文化"也会倒逼教养理念的革新。社会的转型,使得我国学前儿童家庭教育面临新的形式:家庭规模的缩小化、家庭结构的核心化、家庭类型的多元化、家庭关系趋向简单化、家庭关系的平等化等。②

一、家庭规模的缩小化

自我国实施计划生育政策以来,据国家统计局公布的《2005 年全国 1‰人口抽样调查主要数据公报》,平均每个家庭户的人口为 3.13 人,城镇平均每个家庭户的人口为 2.97人,农村为 3.27 人。与第五次全国人口普查相比,平均每个家庭户的人口减少了 0.31人③,我国的人口规模呈现了减少趋势,家庭规模呈现了缩小化、集约化倾向。

二、家庭结构的核心化

在工业化、城市化以及经济高速发展的冲击下,曾经延续了几千年的崇尚"世代群居"的直系家庭传统开始出现松动,尤其是家长负责制开始被削弱,主干家庭(三代同堂)也开始出现下降趋势。如"1990 年人口普查结果表明,全国城市家庭三代户占 15.4%,农村的比例相对要略高一些"④,而"核心家庭比重逐渐上升,占各类家庭总数的比重为 50%,1987 年上升至 71.3%,1990 年则达到 77.12%"⑤。由此,我国的家庭结构类型也日益从联合家庭、主干家庭趋向核心家庭。如今,在我国城市家庭普遍存在着人类历史上仅有的"421"结构,即四个老人(祖父母、外祖父母)加两个中年人(父母)和一个青年

① 维基百科. 生态系统理论[EB/OL]. http://zh. wikipedia. org/wiki/%E7%94%9F%E6%80%81%E7%B3%BB%E7%BB%9F%E7%90%86%E8%AE%BA,2015-04-16

② 邹强. 中国当代家庭教育变迁研究[D]. 武汉:华中师范大学,2008:57-65

③ 中华人民共和国政府网站. 2005 年全国 1‰人口抽样调查主要数据公报[EB/OL]. http://www.gov.cn/gzdt/2006-03/16/content_228740.htm,2015-04-16

④ 邓志伟,徐新. 当代中国家庭的变动轨迹[J]. 社会科学,2000(10)

⑤ 张张键,陈一药. 家庭与社会保障[M]. 北京:社会科学文献出版社. 2000:185

（独生子女）。①

三、家庭类型的多元化

伴随着社会转型带来的新旧文化的交流与碰撞，家庭的结构深受影响，呈现出家庭类型多元化的特征。

（一）单亲家庭不断增多

单亲家庭并不是新的家庭类型，但改革开放以来，受社会横向流动速度的加快、婚姻观念的变化、离婚率的增长，以及非婚生育现象等因素影响，各种各样的单身独居的家庭形式也随之增多。② 据民政部门的统计数据显示，1979 年离婚率（当年离婚总量与当年结婚总量之比）为 4‰，1999 年为 13.7‰，2003 年为 15‰以上。离婚率上升最快的是北京、上海、深圳、广州等大城市。从年龄结构看，22～35 岁人群是离婚主力军，这意味着有越来越多的年幼儿童将生活在单亲家庭，成为父母离异的最大受害者。父母的离异，首先使儿童的心灵受到伤害。③

（二）隔代家庭日渐增多

隔代家庭"是主干家庭的一种特殊形式，由祖父母或外祖父母中的一方与孙子女组成的家庭"④。隔代家庭在我国当前的家庭形式中呈日益增多的趋势，城市中由于父母工作繁忙，托幼或请保姆又有困难，便把孩子送到老人家中代为照管；在农村，随着民工潮，大量年轻父母外出务工，孩子留守，常由父母代管。隔代教养中，由于祖父母教育知识能力缺乏和监管不力，隔代教育呈现出教育缺失现象。"隔代家庭中，家庭结构简单，祖辈与孙辈代际特征的异质性较强，代际差异显著。如在社会认知、行为习惯、兴趣爱好等方面，祖辈与孙辈差异明显，往往相互难以沟通。此外，从总体情况来看，由于老人自身素质相对较低，在教育孩子时内容、方法陈旧，多沿袭自己当父母带孩子时的经验，因而也给家庭教育带来了障碍。"⑤

（三）空巢家庭不断增加

"随着我国的人口老龄化，独生子女增多，核心家庭增多，独居老人等老年空巢家庭不断增加。"⑥根据 1990 年人口普查的结果，65～69 岁组人口中，仅由夫妻组成的家庭户（忽略终生不育因素，可近似地看成"空巢"家庭）的比例最高，达到 20.36％；在 60～64 岁、55～59 岁、50～54 岁组人口中，该比例分别为 16.99％、11.31％及 6.26％，而当时

① 夏辛萍，许坤红.当代家庭结构的变迁——独生子女家庭教育形态缘起的社会学分析[J].法制与社会，2007（05）：690

② 邹强.中国当代家庭教育变迁研究[D].武汉：华中师范大学，2008，58

③ 周雪艳.学前儿童家庭与社区教育[M].上海：复旦大学出版社，2014（06）：110-111

④ 孙丽燕.20 世纪末中国家庭结构及其社会功能的变迁[J].西北人口，2004，05：13

⑤ 邹强.中国当代家庭教育变迁研究[D].武汉：华中师范大学，2008：64-65

⑥ 陈娄妍瀛.城市社区养老服务的社会化探索[D].上海：上海交通大学，2008：1

45～49 岁组仅由夫妻组成的家庭仅占 2.66%。① 随着我国老龄化的发展,空巢家庭的比例还有继续上升的趋势,特别是在城市中。此外,由于独生子女家庭大量产生,子女成年后就离开父母去求学或工作,许多家庭的父母在中年时已迎来"空巢"期。这种"空巢"期的提前,与更年期和中年危机等共同作用,对中年父母的影响不可忽视。② 在农村随着年轻劳动力的外出打工、居住方式的变化、老年人地位的下降,农村空巢家庭日益增多。随着农村老年人的生活需求、情感需求层次的不断提高,许多老年人陷入生活的孤独和精神的落寞中。

(四)丁克家庭有所上升

"丁克"(DINK)一词为英文(Double in come and no kids)的缩写,意即双收入,却不要子女的家庭结构,这里主要指夫妻有生育能力而不愿意生育的家庭。③ "在实行改革开放政策以后,随着人们生育观念的变化和各行各业就业竞争压力的增大,欧美国家的不育观念也迅速传入我国,丁克家庭开始在我国的一些大中城市出现,尤其是知识分子相对集中和处在改革开放前沿的城市更为明显"④,而且比例在逐年上升。根据零点调查公司 2002 年的调查数据,"目前我国的大中城市已出 60 万个丁克家庭"⑤。

(五)跨国婚姻的家庭增多

跨国婚姻可以说是改革开放的产物。如 1979 年涉外婚姻及我国内地与港澳台结婚数仅为 8 460 对,⑥但自 1980 年以来,跨国婚姻发展迅猛,2012 年已经达到 5.3 万对⑦。由于对外交流增多,人们的价值观念发生变化,所以对于跨国婚姻的出现人们也由最初的不理解到宽容和理解。⑧

此外,非婚生育家庭、独居家庭、再婚家庭等都有增多的趋势,我国家庭类型逐渐由核心化趋向多样化。

四、家庭关系的简单化

家庭规模与结构的变化将直接影响家庭中人际关系的变化。美国家庭问题专家沙波特指出,家庭中人际关系的复杂程度取决于家庭成员的数目,他引用"$(N_2 - N)/2$"的公式计算家庭关系的次数。家庭成员的相对减少,使家庭人际关系由复杂走向单纯,传统大家庭中那种复杂的人际关系(如连襟、妯娌)逐渐消失。独生子女家庭成员间人际关

---

① 谭琳.新"空巢"家庭——一个值得关注的社会人口现象[J].人口研究,2002,04:36

② 徐涛.2007 中国人口[M].北京:中国统计出版社,2008

③ 徐斌."丁克"家庭的社会学考察[J].广西社会科学,2005(01):160

④ 李爱芹.中国丁克家庭的社会学透视[J].西北人口,2006,06:6

⑤ 刘改凤.解析当今中国社会的"丁克"家庭[J].绥化师专学报,2004(2)

⑥ 邓志伟,徐新.当代中国家庭的变动轨迹[J].社会科学,2000(10)

⑦ 火狐中文网.BBC:中国跨国婚姻因爱而生 数量不断上[EB/OL].HTTP://firefox.huanqiu.com/oversea/political/2013-10/4488030.html,2015-04-20

⑧ 樊志辉,王秋.中国当代伦理变迁[M].北京:中国社会科学出版社,2012(03):206

系的简单化使家庭成员在家庭生活中领会不到联合家庭与主干家庭中复杂的网络化的人际关系,也就体验不到较为全面的家庭生活的社会经验。[1]

五、家庭关系的平等化[2]

家庭关系的变化首先表现为代际层面的亲子平等。社会变迁的加快,使大众传媒加速了家庭成员间的代际差异,导致文化的继承机制发生了相应的变化。"同喻文化"和"前喻文化"逐渐取代了"后喻式继承"[3],长者在财产和能力方面不再具有绝对优势,子女对父母的依赖性逐渐减弱,父母不再充当拥有绝对权威的角色。这主要表现为在婚姻决定权上,父母的影响力大为减弱,婚姻自主已深入人心;在对待孩子的教育上相对宽松,孩子的行动自由度加大;在对待长辈的态度上,一味迁就、顺从已成历史,亲子关系日趋平等,家庭气氛也趋于民主。其次表现为性别层面的夫妻平等。社会的构成、体制和文化观念的变化,导致了婚姻观念、婚姻状况的变化,改变了家庭内部的夫妻关系,家庭中的权力逐渐从男性集权向夫妻平权过渡,表现为家务分工的公平性、家庭决策的协商性、家庭经济的民主化、闲暇生活的独立性等方面。

六、家庭功能的社会化

家庭功能逐渐由家庭转嫁到社会,社会承载了家庭的部分功能,表现在"计划生育政策的实施,使得家庭生育功能逐步削弱;家庭的生产职能走向社会化;家庭消费功能由平均到多元:消费层次正由生存型向质量型转变,消费方式日益多元,除饮食、服饰等消费外,娱乐、文化教育消费逐渐成为家庭消费热点;家庭养老功能外化:出现了'同居养老'和'分居养老'并存的新格局,分居养老的比例将随之增加;家庭教育功能分化与强化:家庭规模小型化造成了家庭重心下移,子女教育问题日益成为现代家庭关注的焦点,'子女优先'和'子女偏重'的观念开始左右家庭关系。"[4]

七、家庭教育的误区化

随着我国社会转型和经济转轨的高速发展,家长的教育理念和手段并没有随之提升,我国家庭教育中存在着诸多的误区,已经影响了家庭教育的持续发展,具体表现在:重身轻心的抚养方式,使儿童自我中心化;重知轻德的教育方式,使家庭教育学校化;急

---

① 夏辛萍,许坤红.当代家庭结构的变迁——独生子女家庭教育形态缘起的社会学分析[J].法制与社会,2007(05):690
② 邹强.中国当代家庭教育变迁研究[D].武汉:华中师范大学,2008:58
③ 著名的"三喻文化"说是 20 世纪美国杰出人类学家玛格丽特·米德在《未来与文化》一书中提出的。所谓三喻文化,就是后喻文化、同喻文化、前喻文化的合称。通俗地说,后喻文化是年长者向年幼者传授文化;同喻文化是指同代人相互学习的文化;前喻文化是年幼者向年长者传授文化
④ 邹强.中国当代家庭教育变迁研究[D].武汉:华中师范大学,2008:59

功近利的价值观，使父母期望过高超载化；重他律轻自律的教养方式，使儿童言行背离化。

（一）重身轻心的抚养方式，使儿童自我中心化

在我国整个社会由温饱向小康过渡的阶段，曾经历过物质匮乏与饥饿的父母们格外关注孩子的身体发育和物质享受。许多父母补偿心理严重，总希望通过孩子将自己年少时没有享受到的东西补偿回来。因此，重视孩子的教育投资已成为一个普遍现象。有不少父母不惜自己节衣缩食，给孩子设计了"吃的讲营养、穿的讲漂亮、玩的讲高档、用的讲排场"的"理想生活方式"。由于家长过于溺爱孩子，不少孩子在吃饱穿暖、长高变胖的同时，养成了骄横任性、唯我独尊的不良习气。特别是"421"结构的家庭，"小皇帝"现象更加严重。[①] 学前教育应该是身心和谐全面发展的教育，儿童心理的畸形发展将会造成儿童发展的不对称性和不均衡性。

（二）重知轻德的教育方式，使家庭教育学校化

学校教育、社会教育和家庭教育各有职能，教会孩子做人是家庭教育的主要职能。但是，近年来家庭教育的职能发生了"异化"，其主要表现就是"家庭教育学校化"[②]。学校、社会急功近利，为了片面追求升学率，不断削弱家庭教育功能，并强化学校教育的"权威性"，同时鼓励重知轻德教育方式，从而将家庭纳入了学校升学的轨道。更有甚者，有些家长进一步"加码"，把课堂延伸到家庭，额外布置作业、聘请家庭教师、让孩子参加特长班和提高班等，使孩子坠入学海的"地狱"。[③] 厦门大学的一份调查报告表明，父母最关心的是孩子的学习成绩（独生子女家长做此项选择的为 36.74%，非独生子女家长为48.48%），其次才是身体健康和道德品行。[④]"家庭教育学校化"，反映的是当下学校教育与家庭教育功能"错位"的问题，从某种程度来说，家庭已经沦为学校教育的"附庸"。

（三）急功近利的价值观，使父母期望过高超载化

随着社会竞争压力增加，压力对象开始出现下移化，在"望子成龙""光宗耀祖"文化心理和"赢在起跑线"的竞争意识影响下，家长习惯于应用成人化方式教育儿童，设置超过儿童心理发展规律、儿童最近发展区的功利性目标，如跟风"超前教育""天才教育"等，从而促成了"幼儿园小学化"的乱象。究其根源，就是急功近利的价值观，使父母期望过高。例如在 2001 年中、日、韩三国联合进行的关于"家校合作与青少年发展"的问卷调查中，被调查的 580 名中国家长有 42.2%希望孩子读研究生，而日本和韩国仅有 1.6%和24.7%。[⑤] 这些典型的急功近利的做法，完全违背了儿童身心发展的规律，会给儿童在生理和心理上造成负担过重，甚至产生厌学的逆反心理。如果我们打乱了儿童心理发展的

---

①　张良才. 中国家庭教育的传统、现实与对策[J]. 中国教育学刊,2006(06):37-38
②　黄河清. 论家庭教育与学校教育的合作[J]. 教育评论,2001(4)
③　张良才. 中国家庭教育的传统、现实与对策[J]. 中国教育学刊, 2006(06):37-38
④　胡荣. 父母眼中的独生子女[J]. 当代青年研究,1996(4):20
⑤　张良才. 中国家庭教育的传统、现实与对策[J]. 中国教育学刊, 2006(06):37-38

自然秩序,就会结出一些"既不丰满也不甜美"的果实,我们将造就一批教育家卢梭所说的"年纪轻轻的博士和老态龙钟的儿童"。实践证明,"他我和自我"的期望值过高,容易使儿童产生挫折感,这对儿童的成长是极为不利的。

扩展阅读 >>>

新华网评:幼儿园"小学化",是谁逼着孩子们"抢跑"?①

四五岁的孩童,本应该在玩耍中学习知识,学会与其他孩子友好相处。然而,在我国的不少幼儿园里,孩子们已经开始学习本应该在小学阶段才会接受到的文化教育。"抢跑"让孩子们提前学会了加减乘除,却也让他们丢失了不少童年该有的快乐。

近日,北京严查幼儿园是否存在"小学化"倾向,看是否存在上英语、拼音课,教小朋友进行 20 以上的加减乘除运算等教授小学阶段知识的做法,存在问题的幼儿园将被降级。与此同时,江苏等地也要求幼儿园以游戏为主,南京市各区对公办幼儿园要求非常严格,不允许有"小学化"倾向。

其实,幼儿园"小学化"并不是近来才出现的现象。早在 2012 年,教育部就曾下发《关于规范幼儿园保育教育工作防止和纠正"小学化"现象的通知》,明确规定严禁幼儿园提前教授小学教育内容。

为何这一问题存在多年屡禁不止? 笔者认为,问题并不全在幼儿园身上。

首先,幼儿园"小学化"是应试教育下的"怪胎"。应试教育的特点就是考试(尤其是中高考)。考什么,学校就教什么;而不考的知识、技能,学校要么不好好教,要么压根不开设相关的课程。那几门重点课程的成绩是学生入学、升级考试的唯一指标,也成为从小学到高中,评价学生能力,甚至综合素质高低的唯一标准。

应试教育的功利色彩如今也蔓延到了幼儿园,与那些重点课程相关的基础知识格外受到重视。尤其当不少名牌小学入学也要面试、考查学生"能力"并"择优录取"的时候,幼儿园提前向孩子教授小学知识就成了顺理成章的事情。

其次,家长育儿理念存在偏差。表面上看,家长接受幼儿园"小学化"是迫不得已,是对应试教育的无奈妥协。但事实上是这样吗?

近来,不少年轻父母热衷于让自己的宝宝去上早教班。有的甚至把还不会说话,连集中注意力都很困难的婴儿带到早教班上。经常一节课下来,宝宝睡了 45 分钟,什么都没学到。即便如此,他们也宁可花高价去上这样的课程,为的就是让孩子"永远先人一步"。

如果说幼儿园"小学化"还可以从教育体制上找原因的话,那么早教班风靡、早教市场畸形发展的现实说明中国父母在育儿理念上存在重大误区。

其实,幼儿园"小学化",反映出的教育体制上的问题相对容易解决,目前推进的免试

---

① 唐华. 幼儿园"小学化",是谁逼着孩子们"抢跑"? [EB/OL]. http://news. xinhuanet. com/comments/2015-03/26/c_1114774819. htm,2015-04-20

就近入学举措就是一剂良药。但家长在孩子教育理念上的偏差却需要全社会的共同努力去纠正。

如果有一天,学龄前儿童的家长们都能自豪地说"我家孩子每天的任务就是玩儿",而不是相互攀比谁家的孩子今天又背会了几首唐诗、几个单词,学会了加减乘除法的时候,幼儿园"小学化"还会出现吗?

(四)重他律轻自律的教养方式,使儿童言行背离化

在家庭教育中,"身教重于言教"是一种较为重要的道德习得的方式。然而,现实情况与此大相径庭。1994年北京师范大学教育系在"希望工程——手拉手走向未来"的夏令营活动中,进行了一项少年儿童社会公德调查。结果表明:150名小营员填写问卷时的选择与日常行为之间存在许多不一致甚至自相矛盾之处。[1] 例如:他们几乎人人懂得爱护公物是社会公德的基本要求,但对倒在地上的椅子、营区内的长明灯、流水的龙头、无人房间转动的电风扇熟视无睹;他们不喜欢在休息时受到别人的打扰,也知道打扰别人是不礼貌的行为,但时常吵闹并打扰别人。

究其原因,该现象与重他律而轻自律的家庭行为养成模式有直接的关系。许多家长用来规范孩子行为的"杀手锏"就是喊"狼来了"。久而久之,孩子们形成了这样一种观念:社会行为规范是一种凌驾于人之上的异己力量。他们的道德行为不是出于自觉自愿,而是迫不得已。换言之,社会的道德规范并没有内化为个体自觉的行为准则。因此,儿童出现"言行背离"的行为体征,具体表现为"理论的巨人,行动的矮子"。

第二节　学前儿童家庭教育的变革

当代家庭教育经历了由"传统形态"向"现代形态"的变迁。在过去,家庭教育主要是一种自发的、随意性极强的个体行为。新中国成立以来特别是改革开放后,随着人们对家庭教育重要性认识的不断加深,家庭教育在大教育体系中的地位不断变化,特别是教育行政部门和相关社会团体已经或正在采取措施,加大了对家庭教育的管理力度。同时,随着家长学校的成立和学校对家庭教育指导职能的发挥,家庭教育越来越成为一种规范的、科学的组织行为。

学者李松涛把学前儿童家庭教育经历系列的变革总结为教育目的价值取向由群体本位向个体本位转向;家庭教育内容由重伦理型教育向知识型与能力型并重转向;家庭教育方法由经验型向科学化转向;儿童观由等级依附型向民主互动型转向;家庭教育形式由封闭型向开放型转向;家庭教育制度由私人性向制度化、法制化转向。[2]

---

①　魏曼华.少年儿童社会公德调查[J].青年研究,1995(2):6-12
②　邹强.中国当代家庭教育变迁研究[D].武汉:华中师范大学,2008:172-170

一、家庭教育目的价值取向：由群体本位向个体本位转向

在家庭教育目的上，与传统家庭教育的群体本位倾向相比，当代家庭教育在教育目的的价值取向上表现为个体本位的特征。在古代，由于我国家国同构的政治模式和封建宗法制度的存在，家庭教育在目的上具有明显的家族主义倾向，个人的存在与教育更多是从家庭、家族的利益出发，群体本位的特征明显。新中国成立后，尽管废除了封建宗法家庭制度，建立了社会主义的新家庭，出于集体利益和政治需要，家庭教育在目的上更多考虑的是国家的需要，改革开放前的这一段时期，家庭教育在目的上仍然具有明显的社会本位倾向。

改革开放后，社会转型对人的发展提出了新的要求，而市场经济体制的建立在价值观念上对个人利益与价值的尊重，使家庭教育在目的取向上，发生了较大的变化，既兼顾国家集体利益与需要，同时兼顾个人利益与发展需要，个体本位特征越来越突出。家庭教育在"为国教子"的前提下，日益注重子女的发展与幸福。在促进子女发展方面，日益注重"成人"与"成才"教育，致力于将子女培养成为一个具有健全人格的、具有独立个性的、有益于社会的合格公民。

当然家庭教育目的个人本位倾向的突出，并不意味着家庭教育不注重社会发展的需要。其实，个人发展与社会发展是密不可分的，两者互为因果，共存共荣。

二、家庭教育内容：由重伦理型教育向知识型与能力型并重转向

在家庭教育内容上，与传统家庭教育的伦理型特征相比，当代家庭教育表现出知识型与能力型并重的特征。在古代，受政治伦理化的影响，整个社会都披上血缘亲情的面纱。家庭作为古代社会的基本单位，其教育内容自然就是封建伦理道德规范，其培养目标是培养封建社会所需要的顺民。在古代，即便出现一些文化知识教育，也都是从属于伦理道德教育，服务于封建伦理秩序的需要，伦理道德教育是古代家庭教育的主要内容。新中国成立后到改革开放前的一段时间，出于为社会政治服务的目的，家庭教育在内容上具有明显的政治化倾向，劳动教育、集体主义教育和阶级教育等具有意识形态特征的教育成为家庭教育的主要内容。

改革开放后，随着中西文化交流的加强，西方的文化观念和科学精神逐渐浸润到中国，从而改变了国人对知识价值的认识，而"科学技术是第一生产力"的战略决策，使知识的价值日益凸现，所有这一切，突破了传统家庭教育的藩篱，使家庭教育的内容注入了知识的时代内涵，智育逐渐摆脱作为道德载体的功能并形成相对独立的形态，成为家长教育子女的重要内容。家长对智育的重视，使这一时期的家庭教育在内容上具有知识型倾向。但随着知识教育"工具性"特征的无限扩展，人的价值性出现缺失，人的片面发展越来越难以适应社会发展的需要。培养具有健全人格的、全面发展的人是时代发展的必然

趋势。当教育改革逐渐围绕这一目标展开时,家庭教育也及时进行调整,表现在家庭教育内容上的变化是,家庭教育内容日益丰富,除了加强孩子的德育、智育、体育等教育外,生存教育、挫折教育、金钱教育等具有时代特色的内容也成为家庭教育中的重要内容,从而使家庭教育表现出知识型与能力素质型并重的特征。

三、家庭教育方法:由经验型向科学化转向

在家庭教育原则方法上,当代家庭教育逐渐从"经验型"向"科学化"方向发展。综观我国古代家庭教育家训和家教故事,我们可以发现,家教的内容基本上是长辈们修身、学习、为政、处世、立志、理财等诸方面的个人经验总结。家庭教育注重的是长辈人生经验的传授与教诲。即便到改革开放前期,家庭教育中的经验主义色彩依然浓厚。

改革开放以来,随着西方教育理论(包括幼儿教育和家庭教育)的引进,有力地推动了我国家庭教育原则的科学化发展。如法国启蒙思想家卢梭提出了"家庭教育要适合儿童的年龄特征""家庭教育要适合儿童的个性特征""家庭教育要适合男女生的性别特征"等原则;苏联教育家马卡连科提出了"及早教育""利用家庭集体进行教育""掌握分寸和尺度""与社会生活相联系"等原则。这些建立在对儿童心理和儿童教育规律深刻把握基础上的家教原则,有力地推动了我国家庭教育原则由经验型向科学型的转变。

四、儿童观:由等级依附型向民主互动型转向

在儿童观上,当代家庭教育逐渐从传统"等级依附型"儿童观向"民主互动型"儿童观转变。在我国古代,由于"三纲五常"在社会道德价值体系和伦理秩序中的核心地位,"父为子纲"成为父母与子女关系的基本准则,亲子关系具有明显的等级性与依附性。

随着新中国的成立,传统的封建宗法制度和家长制土崩瓦解,亲子关系也发生了根本性的改变。一种符合时代精神的民主、平等的儿童观开始在家庭教育中占据主导地位。尊重儿童的独立性、自主性,建立一种民主、平等、互动的亲子关系已经成为改革开放以来亲子观、儿童观的基本价值取向。

五、家庭教育形式:由封闭型向开放型转向

在家庭教育形式上,当代家庭教育逐渐由封闭型向开放型转变。在古代社会,自给自足的自然经济占据统治地位,家自为政的现象十分突出。在家庭教育中,家长、族长主要通过家庭日常生活和行为习惯的培养来对幼辈进行教育,从而使传统家庭教育具有明显的封闭性。

新中国成立后,家庭教育在目标上尽管体现出社会取向,但培养子女依然是在家庭中进行。改革开放后,随着家庭教育目标、内容的变化,家庭教育形式也发生了重点变化,一些新的家庭教育形式相继出现,如大量家长学校的成立、家校合作的日益加强,形

成了家庭教育的广泛的社会支持系统;同时广大家长也主动探寻家庭教育的有效形式,如聘请家庭教师,送子女参加各种培训班,乃至出国交流等。多样化的家庭教育形式,充分体现出当代家庭教育的开放型特征。

六、家庭教育制度:由私人性向制度化、法制化转向

在家庭教育制度上,当代家庭教育逐渐表现出制度化与法制化的特征。在中国古代家庭教育主要是家庭教育内部的"私事",传统家庭教育不仅教育制度发育不完善,更缺乏使其法制化的深厚土壤和根基。

而新中国成立后,家庭教育逐渐纳入政府国家的事业之中,为了保证家庭教育职能的有效实现,国家和政府相继从婚姻家庭、儿童权益保护、教育等方面出台了一系列制度、政策和法规,有力地推动了家庭教育制度的建立与发展。如新《婚姻法》《义务教育法》《未成年人保护法》《九十年代中国儿童发展规划纲要》等法律法规,有效地保证了家庭教育的实施。

第三节 学前儿童家庭教育社会支持系统的构建

一、学前儿童家庭教育社会支持系统概述

所谓社会支持系统,是指社会对个体的社会行为方式表示肯定和支持,从而影响个体日后行为方式的动力系统。[①] 学前儿童家庭教育社会支持系统,指的是社会出于保护学前儿童、教育学前儿童,为学前儿童成长创造一种良好的家庭教育环境的目的,为家庭养育、教育子女的活动提供的服务和指导(包括对其教养行为的规范和监督控制)的系统。

需要特别强调的是,社会支持家庭教育的目的,不是要削弱父母对子女的养育权和教育权,也不是要抹杀家庭教育的个性和独特风格,而是要帮助家庭更好地履行自己的义务,以促进孩子更健康地发展。我国社会对学前儿童家庭教育进行支持,实质上是对学前儿童的受教育权和发展权的更深层的保护和支持。"一切为了孩子",是社会支持学前儿童家庭教育的出发点和归宿。[②]

在当前社会中,随着社会变迁对学前儿童家庭的影响,家庭教育的问题领域逐渐扩大,已经引起了社会的广泛关注。主要体现在:第一,学前儿童家庭教育社会支持的目的和意义更加明确并被社会所认同;第二,构建社会支持学前儿童家庭教育的途径和措施

---

① 姚金泽.大学生道德教育社会支持系统的理论初探[J].辽宁经济,2010(5)
② 冯晓霞.中国家庭教育的社会支持系统[J].学前教育研究,1997(3)

在进一步地完善,即政府与社会的支持在增加。同时,社会各界、幼儿园、大众传媒等团体机构也为学前儿童家庭教育提供了一定程度的指导与支持,构建学前儿童家庭教育社会支持系统逐渐明晰化。

二、学前儿童家庭教育社会支持的发展状况[①]

(一)家庭教育支持主体专业化程度低

1.政府所属的支持机构缺少内部整合

为家庭教育提供社会支持的政府部门主要有教育行政部门、妇联组织、关心下一代工作委员会,另外民政、计生、精神文明办、社区、图书馆等部门和组织团体也参与其中,它们在支持家庭教育方面参与程度不同、工作方式不同、侧重点不同。但是面对家长群体,这些静态分立的单位在动态的活动中难以有效协作,从整体上降低了家庭教育社会支持的工作效能。表现为各部门缺少信息整合,缺少信息共享;各部门缺少资源整合,目前没有在资源整合方面有所作为。

2.家长学校工作人员难以身兼两任

挂靠在学校的家长学校与中小学在主管部门、组织形式、经费来源上都是同构的,即同一机构在开展两类教育活动。中小学是否具备同时开设家长学校的能力与资质,就涉及学校机构能力的评估。从发达国家的经验看,中小学教师同时担任家庭教育辅导师的情况并不稀奇,但我国与发达国家相比,在教师的资质方面存在较大差异。

以美国为例,美国大多数州从 20 世纪 60 年代起就规定中小学教师必须受过 4 年以上的大学教育;80 年代以后,许多州更是要求中小学教师具备硕士以上的学历,同时还要求他们接受专门的教师培训和教学实践。而我国的《教师法》对教师学历要求比较低。虽然目前我国大多数中小学教师的学历都高于《教师法》所规定的学历标准,但与发达国家相比还是存在一定差距。同时,我国在教师职前培养阶段并未开设家庭教育类公共课程,这就导致中小学教师在进行家庭教育指导方面存在一定知识缺陷。

相关文件规定要对中小学教师进行家庭教育培训,但这种为期短暂的培训是否能使他们具备家庭教育指导能力存在很大的疑问。另外,我国中小学教师工作量较大,他们没有足够的精力来从事家长教育工作,即使承担了这项工作也很难保证工作质量。因此,以中小学教师兼任家长学校教师,虽然存在易于组织管理、节省人员、经费的优点,但在实际效能上达不到理想中的要求。

3.家庭教育讲师团成员良莠不齐

关工委、妇联、教育行政部门在开展家庭教育社会支持活动时常采用讲师团的方式,并且随着社会对学前儿童家庭教育的日益重视,讲师团的活动也逐渐增多。讲师团成员

---

① 李松涛.家庭教育的社会支持研究[D].大连:辽宁师范大学,2014:118-122

属于志愿者,其工作没有任何报酬,他们中很多是退休人员。讲师团专业知识、职业操守经不起检验,他们宣讲的背后往往隐藏着盈利动机。面对讲师团成员良莠不齐的情况,相关机构应对成员资质进行认定,以保证家庭教育社会支持健康发展。

4. 社会公益团体需要规范

以心理咨询师、热心家长和大学生为主体的家庭教育社会公益团体目前尚处于起步阶段,对公益事业的热爱是它们发展的动力。这些公益团体在一对一辅导、个性化支持方面具有独特的优势,帮助家长解决了很多子女教育问题,然而这种自发的公益团体存在着组织松散、活动随机、人员流动大的缺点,降低了家长对他们的信任度。目前,已经有一些机构开展家庭教育指导师培训工作,但这些培训往往是针对家长学校教师或其他从业人员,具有较强的逐利性。

如果政府能出台将家庭教育指导师培训与公益活动相结合的政策,既能对热爱公益事业的人员进行专业指导,又能开辟出一条补充公益事业人员的途径,将是利国利民的双赢举措。而有了政府部门的认证,家庭教育公益团体的活动将会被更多的家庭所接受,从事公益活动的人员也能得到专业能力提升,有利于促进家庭教育公益事业的发展与扩大。社会公益团体在支持家庭教育方面具有较大的发展空间,它使蕴藏于社会中的巨大能量得以释放,并推动家庭教育社会支持事业的发展。

(二) 家庭教育支持活动流于表面

应该说,目前各类组织机构开展的家庭教育社会支持活动取得了一定效果,但从提高社会支持质量角度看,还存在一些不足。

1. 重单向指导,轻双向互动

目前,在我国的家庭教育指导活动中,家长总是被组织的对象,而不是平等的活动伙伴;家长总是被指责的对象,而不是经验分享的互动伙伴。家庭教育支持往往停留在传统的指导层面,家长更多的是被动聆听,很少主动参与。这种重单向指导,轻双向互动的支持过程容易使家长丧失参与兴趣,如果组织者为应付检查硬性要求部分家长参与,还会诱发他们的反感和抵触情绪。家长也有自己的判断和计算,如果他们觉得指导活动流于形式或没有实际效果会主动退出。

家长普遍重视子女教育,希望子女在成长的道路上更加顺利,希望通过家庭教育帮助孩子拥有更好的未来,所以他们对家庭教育指导需求肯定是存在的,但枯燥而低效的指导形式往往令家长失望。作为成人,家长在寻求帮助时具有独立性、自主性,需要尊重和理解。因此,家庭教育指导与帮助应根据实际情况引入其他方式,比如研讨式、分享式、自助式学习等,使家长在与指导者和同伴互动过程中转变观念和改变行为。

2. 重知识传递,轻行为训练

在家庭教育领域,有影响力的专家学者大多以自己的家庭或者学校为依托,开展实践性的教育探索,在长期实践中总结和提升自己的教育经验,也从教育实践中探索教育创新的途径。家庭教育研究不能脱离实践,要分析家庭教育的现实表现,要分析家长的真实需要,更要找到改进家庭教育的有效办法。家长面对教子困惑当然需要相应的知识,但最重要的是家长行为的改变,如果没有行为改变,家庭教育就无法获得真正的质量提升。

在对家长的指导与培训中,社会支持过于重视理念和知识的呈现,而忽视家长的行为训练,比如怎样和孩子有效沟通,怎样读懂孩子的心思,怎样表达自己的感情,这些都需要行为训练才能真正掌握,靠讲座中的举例说明是远远不够的。这种重知识传递,轻行为训练的家庭教育支持过程容易造成家长观念与行为的脱节。家长渴望和孩子顺畅沟通,渴望表达自己的爱与关心,但在行动上却与孩子愈发隔膜与疏远,从而造成了孩子的冷漠与叛逆,这不是知识缺乏造成的,而是因为缺少行为训练。

3. 重典型宣传,轻过程支持

榜样是最好的老师,我国自古就有榜样教育的传统。抓典型是榜样教育的一种变式,也是政府部门常用的工作方法,可以起到以先进带后进、以点带面的功效。政府在支持家庭教育的活动中也愿意采用这种方式,比如在家长学校工作中表彰典型、评比模范。虽然起到了一定的宣传促进作用,但这种工作方法与80后父母们追求个性、自主自立的特点并不一致,取得的效果也不明显。家长需要的支持具有长期性、发展性特征,需要社会支持的主体根据家庭生活所处的不同阶段、家庭生活的不同样态给予有针对性的帮助,从而满足家长的个性化需求。而目前的社会支持往往是一次性的、一过性的,与家庭教育所具有的长期性、持续性特点不协调。尤其是家长学校年终检查式的评估方式,可以创造出典型经验、模范家庭,但忽略了对普通家庭的关注和对家庭教育的过程性指导,难以满足大多数家长的不同需求。因此,加强社会支持的针对性,注重支持过程是我国家庭教育社会支持改进的方向。

(三)家庭教育支持背后隐藏利益链条

支持家庭教育是一项对学校、家庭和社会都十分有益的活动,但是一些组织和个人却看重家庭教育领域的巨大利益,通过社会支持途径满足他们的盈利需求。

1. 免费提供背后的盈利动机

公益事业是伴随着工业社会发展起来的新型社会援助形式,它能弥补政府资源的不足,使个人积累的财富回流社会、造福百姓。中国自古就有家天下的社会格局,由此形成了公私界限模糊的生存状态。因此,真正的公益事业在中国的发展历史很短。近年来,随着我国工业化水平的快速提升,公益事业也随之蓬勃发展,在许多危急关头都有公益组织出现,成为社会文明发展的重要标志。其中,有一些组织关注教育和家庭的发展,他们的帮助让很多贫困家庭的孩子受益,使这些孩子顺利完成学业并获得更大的发展空间。但是与真正热心公益事业的人和组织的做法不同,有些组织和个人打着公益的幌子进行产品推销,他们有的凭借帮助贫困失学儿童的机会夸大产品功能、美化公司形象、推广企业产品,有的利用给家长做家庭教育讲座的机会,推销自己的学习用品或产品,这些产品包括学习方法教程、相关图书资料,以便实现其盈利动机。而实际上,这些产品对家庭教育不仅没有帮助,还具有负面影响。

这些组织和个人看中的是利益,他们利用公益活动的形式达到商业目的,而不是以公益的行为帮助家庭。真正的家庭教育支持不是利益交换和索取,而是用正确的观念引导家庭,用诚挚的爱心来温暖家庭,用专业的技能帮助家长。家庭教育水平也只有在平等、互助、友爱的支持中才能得到真正的提高。

2. 伪装公益造成的信任危机

信任危机是当代中国面临的重要社会问题。改革开放之前,信任问题并不是社会问题,个体也没有感受到信任危机。实际上,中国社会的信任危机是在社会结构和体制转变即社会转型过程中产生的,它随社会转型过程的发展阶段而有不同表现。从微观角度看,信任危机来源于欺骗行为,欺骗行为被多次观察和体验就可能使公众丧失对互动者的信任。

在家庭教育社会支持领域,一些伪装的公益给家庭教育社会支持带来了信任危机,许多家长拒绝接受公益团体的帮助,怀疑这些帮助的真实性和背后的企图。之所以有些组织与个人会从事虚假公益活动,很重要的原因是政府对公益行动缺乏监督。正常的公益活动要在组织策划、宣传实施、资金去向等方面公开透明,接受各界的广泛监督。但在实际实施中,我国的许多公益活动并没有做到公开透明,诸如助学义演款项不翼而飞、爱心捐助对象并不存在等现象,足以造成公众对公益事业的信任危机。因此,政府部门应建立有效的监管体系,对公益活动过程实施监督,让家庭教育社会支持落到实处,真正实现改善家庭教育并促进个体及家庭发展的目的。

三、构建学前儿童家庭教育社会支持系统的策略[①]

(一) 提高政府支持家庭教育的综合效益

1. 增加社会支持的资源供给

支持就是帮助,帮助需要资源,只有具备强大的资源后盾,才能实现支持的目的和效果。我国是以公用制为主体的社会主义国家,这样的国家性质为我国举行各项社会支持活动提供了有力的保证。取之于民,用之于民是我国税收政策的根本出发点,这就意味着,我国可以把国民收入更公平合理地用于民众的各项福利事业之中。但同时我们也应该看到,我国目前仍处于社会主义初级阶段,人口多、底子薄仍是我国的基本经济现状,虽然我国的国民生产总值已经跃居世界前列,但人均资源拥有量和人均国民生产总值仍然很低,这决定我们必须勤俭节约、开源节流,继续发扬艰苦朴素、勤俭持家的传统美德,

---

① 李松涛.家庭教育的社会支持研究[D].大连:辽宁师范大学,2014:125-131

在资源的使用上建立起更加有效的机制,提高有限资源的使用效益。

新中国成立之初,我国把主要财力用于发展基础产业,保证了人民的基本生活。经过七十多年的发展,我国已经解决了人民群众的温饱问题,开始全面建设小康社会,国家的财政投入要发生相应的调整,应将更多的资金和资源用于发展公共事业,让人民群众共享国家发展的成果,提高人民的幸福指数。人是社会发展的基础,也是社会发展的最终目的,家庭教育对个体成长与发展具有奠基作用,能够普遍提升民众的生活品质水平,对整体社会发展也有促进作用。因此,政府应调动相关资源,积极支持家庭教育,改善贫困家庭的教育环境,促进家长学校的良好运行,保证社区家庭教育计划的有效实施,为未成年人健康成长与社会发展提供支持。

2. 改进法律政策的支持效应

政策在我国的社会经济中发挥着重要作用,是调节社会发展的重要杠杆。一项好的政策具有深远的社会影响,不但造福于民,而且造福后代,如作为基本国策的改革开放就发挥了推动社会发展的巨大作用,直接惠及了中国的全体民众,给人民带来了切身的幸福。目前,我国在支持家庭教育方面的政策还不多,而且与快速发展的社会现实存在一定的差距,需要政府更多听取来自社会的呼声,制定出更多反映民声、代表民意的政策,让人民从中获益。

在家庭教育社会支持方面,首先应完善与家庭教育相关的法律制度,时机成熟时可以制定《家庭教育法》(我国台湾地区在 2003 年出台了相关法规)。《家庭教育法》的制定将进一步完善我国的教育法规体系,同时规范家庭教育行为,促进家庭教育的发展和完善。其次,健全家庭教育社会支持的政策体系。我国各地发展水平不平衡,这并非短期能够解决,政策的制定可以根据地区差异有针对性地支持家庭教育。

政府的资源毕竟有限,相关政策应积极鼓励社会组织、企事业单位以及个人参与家庭教育的社会支持活动。首先,在政策制定上给予社会组织更大的发展空间,引导它们介入家庭教育的社会支持工作。其次,家庭教育涉及千家万户,需要全体家长的参与,这就需要充分调动家长的积极性,发挥他们的组织能力和创造能力,充分发挥有专业技能的家长的力量,开展形式多样的家庭教育社会支持活动。再次,引导企业资助家庭教育社会支持项目,将企业的社会责任转化为推动家庭教育发展的力量和促进家庭幸福的支点。最后,制定有效的家庭教育社会支持监管政策,改变目前存在的实施部门同时也是监管部门的矛盾现象,使各部门权责明确、各司其职,杜绝为应付检查而搞形式主义,让有限的人力、物力得到充分的利用,使家庭真正从政府的社会支持中受益。

3. 完善社会支持的运行机制

机制是组织有效运行的保障,科学的机制能提高组织运行效率,强化组织活动效益。我国政府正在逐步向现代化迈进,但还存在着机构设置不合理、人员安排不科学、部门沟通不顺畅等需要加以改进的问题。党的十八大以后,以国务院为首的政府部门开始了新一轮的精简机构、提高效率的机构改革,目前正在向基层部门推进,受到了社会的普遍欢迎。不合理的机制伴随着低下的效率和复杂的人事关系,造成了资源的浪费和社会的不公,因此,建立起科学的运行机制是提高政府支持水平的首要问题。

从目前来看,作为政府支持主要形式的家长学校存在着主管部门过多、专业人员欠缺、监管效率低下的问题。首先,从主管部门来说,由妇联作为主管机构存在着功能上的错位,妇联的主要功能是维护妇女儿童权益,家庭教育则是经验性和专业性都很强的实践领域,在业务上显然与妇联关系较远,而与教育部门关系较近,所以,应该把家长学校的主管机构划归教育部门,同时要求妇联、关工委等机构进行协助和配合。其次,就专业人员来说,家庭教育是具有自身规律和特点的专业工作,需要从业人员接受专业训练。虽然目前国家已经开始对家庭教育指导师的培训,但这方面专业人才的数量和质量仍然存在提升空间,需要专业技术学会和政府部门共同努力,培养出更多的专业人才,使家庭教育指导走向专业化。最后,就监管问题来说,引进专业监管与家长监督是一条可行的途径。从专业监管角度看,家长学校的课程设置、教师资质、项目规划都要受到专业审核,使家长学校真正发挥家庭教育指导与服务的职能;从日常监督角度来讲,只有引进家长监督机制,才能使家长学校走上为家长服务、为家庭教育服务的轨道。

(二)完善学校支持的运作机制

1. 增加学校支持家庭教育的资源供给

教育关系国家的前途与命运,关系民族的发展与未来,而家庭教育是人才培养的起点与基础。提高家庭教育质量的根本在于提升家长教育素养,学校在这方面大有可为,关键在于学校应积极争取各种资源来保证家庭教育社会支持工作的顺利开展。

可以选择以下途径增加学校支持家庭教育的资源供给:一是增加政府投入,为学校支持家庭教育工作奠定经济基础。政府税收要取之于民,用之于民,家庭教育也是基本的民生问题,政府可以按照学校的学生数量给予学校配套的家庭教育支持资金,专款专用并加强审计,确保家庭教育支持资金有效、合理地使用,从而达到一所学校带动一批家长,一批家长培养一代人才的效果。二是学校要主动争取社会组织和企业的支持。有些社会组织拥有人才资源,有些社会组织尤其是慈善机构拥有较多的资金,它们都关注公益事业,而支持家庭教育的工作又具有公益性,所以,学校可以借助这些机构的力量。另外,一些效益较好的企业愿意为教育发展贡献力量,学校可以与它们建立某种联系,在遵守规则的前提下争取它们的资金投入,推动家庭教育相关活动的开展,发挥家庭本身的互助能力。家庭之间的生活水平存在着差异,学校可以开展家庭互助项目,让家庭之间在经济、知识、技能等多个方面互相取长补短,充分发挥热心家长的教育能量,从而弥补学校在家庭教育资金和师资等方面的不足,提高家庭教育支持的水平与能力。

2. 提高指导家庭教育的专业水平

学校对家庭教育的支持重心是家庭教育指导,指导的过程必须注重专业性,学校应从策划、组织、实施、评估等方面提高指导工作的质量。

首先,从策划与组织看,必须改变过去上行下达的行政工作模式,而代之以专业策划与组织模式。项目的论证、内容的策划、培训的组织都要由专业人员实施,学校既可以借鉴同类单位的成功经验,也可以外聘专家帮助组织,通过若干次的策划与组织积累经验,形成自己的工作模式。

其次,从实施层面看,必须改变过去以讲授为主的指导方式,而是采用国际上通用的研讨班模式,增加指导过程的互动与体验,增强家长的角色意识,促进家长的行为改变。

最后,从评估角度来说,有效的家庭教育指导必须经过客观的评估与衡量,要以家长在家庭教育指导活动前后的能力变化为衡量标准,并对家庭个案进行跟踪,了解家长教育行为改变的持久性,通过反馈不断完善家庭教育指导工作。

3. 完善家庭教育支持工作的评估体系

学校支持家庭教育的效果如何,应当以家长教育能力的提高情况和学生发展的改善情况作为衡量标准,但是,教育非一朝一夕的工程,其效果具有滞后性,所以在家庭教育支持效果的评价上要建立一套客观公正的体系,以利于学校积极性的发挥和家长能够从中持续受益。

从评价标准上来看,要改变过度量化的指标体系,而以质的评价方法代之,不仅要看数量,更要看质量,不仅要看表面,更要看实质。从评价方式上看,要改变过去结果式的评价方式,以过程式的评价方式代之。负责检查家长学校情况的工作人员要经常深入家庭教育支持的具体过程之中,以自己的所见、所闻、所感作为评价的重要参考,在过程参与中获得真实的评价信息,而不是只听取学校汇报。从评价的处理上看,要改变过去表彰奖励式的处理方式,以建议式的处理方式代之。

评价的目的不是为了给学校排序,而是为了给学校提供改进的建议,使学校的家庭教育支持工作不断进步。因此,评估的结果应当客观展示学校支持家庭教育情况的优缺点,并针对学校的问题提出切实的解决建议,还可以与学校的管理者进行面对面的沟通与交流,实现以评促改的目的。

(三)增强社会组织的支持能力

1. 理顺社会组织与政府的关系

我国的社会组织是在公有制的国家体制下发展起来的,具有与西方发达社会不同的特点,其中最重要的一个特征就是与政府的关系更密切,公共社会组织在社会组织群体中占主导地位,这是社会主义制度优越性在社会公益事业上的展现,也是我国社会组织获得快速发展的强大动力。但与此同时,社会组织与政府的密切联系也导致政府对社会组织的不当干预和社会组织对政府的过度依赖,从而造成社会组织与政府之间界限不清、权责不明、互相推诿,这就需要对社会组织和政府之间的关系进行梳理,使社会组织和政府各负其责、协调互补、共同发展。

首先,需要政府出台相关法律法规对社会组织的权利和义务予以明确的界定和承认。中国的社会组织管理需要进一步提高其科学性和国际化水平,逐步与国际惯例接轨,推动中国社会组织的不断发展。

其次,需要强化社会组织管理的过程性和动态性。目前,我国在社会组织管理中存在着重结果轻过程的问题,导致个别社会组织在运行中出现负面新闻,影响了民众对社会组织的信任度,因此,需要建立有效机制对社会组织进行过程监督和动态管理,尤其是对公共社会组织,要引进公众监督机制,让社会组织活动在阳光下运行和发展。

2. 增强社会组织与社会的互动

社会组织的产生来源于社会的需要,正是因为政府不能满足人民生活的全部需要,才有了社会组织生存和发展的空间,可以说,社会需要是社会组织生存的土壤和根基,只有适应社会发展和需要的社会组织才能不断获得成长的空间和动力。因此,社会组织必须要加强与社会的沟通和互动,在满足社会需要的同时从社会中汲取能量和动力。

首先,社会组织要关注民营企业的发展,在民营企业中培育热心教育的资源。许多民营企业主都关注民生、热心教育,但他们作为非专业人士,对教育的发展现状和趋势还缺乏了解,需要社会组织与其多进行沟通和交流,吸引其参与有关支持家庭教育的项目与活动,让他们看到社会的需要与活动的成果,提高他们对家庭教育公益事业的参与度。

其次,社会组织要加强与大众媒体的沟通与合作,让大众媒体成为宣传和展示家庭教育社会支持活动的有效平台。进入 21 世纪,媒体在公众生活中的作用日益重要,网络已经成为民众生活的第二空间,自媒体的崛起预示着新传播时代的到来,任何组织都不能忽略媒体的作用与价值。无论是作为传播家庭教育理念的途径还是作为参与家庭教育活动的形式,社会组织都不应该把自己置身于媒体之外。受中国传统价值观影响,很多公益团体的组织者都甘当无名英雄,不愿意在媒体上展示和宣传,担心自己组织的公益活动演变成一种炒作。但以中国目前的公益活动发展阶段而言,媒体宣传恰恰不是太多而是太少,宣传的广度和深度也远远不够,因此,需要有更多的公益人士提高与媒体沟通和合作的能力,在宣传公益理念、倡导公益行为方面成为民众的榜样和先导。

3. 创新社会组织支持的形式

虽然目前我国的社会组织发展不完善,力量还不够强大,但现有的社会组织可以利用自身的优势发挥更大的社会作用。目前在支持家庭教育方面,公共社会组织已经形成一定的规模与影响,可以在大型、高端、专业的活动中发挥能力、形成品牌。民间社会组织虽然比较松散,但也具有组织灵活机动、服务理念明确的优势,可以在个体、特殊、短期的活动中展现自身特色。从社会支持形式上说,公共社会组织适宜开展高端论坛、大型公益行动、区域公益项目,以专业团体为先导,以大型基金为依托,在家庭教育社会支持中发挥引领、服务、救助功能,在国家和区域层面实现公益服务与公益救助目的。

民间社会组织适合开展面对面家庭教育指导、特殊家庭教育救助、社区家庭教育服务,以家庭教育志愿者为主力,满足家庭教育社会支持的个体化和个性化需求。正是因为社会组织具有管理、人员和活动方面的灵活性与自主性,才能实现形式上的多样性与创新性,为家庭教育的社会支持活动搭建平台和提供资源。

(四) 构建立体的网络支持体系

随着信息时代的到来,媒体的类型日益增多,其介入家庭教育的广度和深度都获得前所未有的发展。组织与个人基于互联网的互动日益频繁,这一方面使家庭教育知识信息的传播速度加快,家长获取支持的路径更加便捷,另一方面使"人际互动"被"人机互动"所代替,真实场景与氛围被消解,家长获取的知识更加碎片化,支持效果的持久性减弱。互联网已经成为人们日常生活的组成部分,这是无法改变的事实,国家必须面对这种两难困境,认真分析互联网应用的优势和弊端,恰当地运用互联网,避免被网络奴役。

1. 提高网上家长学校的发展质量

作为家长学校在网络空间的扩展,目前各级别的网上家长学校大量涌现,成为家长学校的重要补充和完善,为广大家长提供了一条简便、迅速的寻求家庭教育帮助的途径。从目前的网上家长学校建设情况来看,各级别、各地区的网上家长学校存在一定差距。部分网上家长学校有专家在线讲座、家教信息发布、在线互动专区、特色活动展示,内容丰富多彩,信息全面及时。而有的网上家长学校的内容单调、更新很少,甚至页面打开困难,显示出网站管理落后、徒有表面形式的情况。从全国来看,发达地区好于欠发达地区,大城市好于小城市,显示出地区之间的发展不平衡状况。因此,管理部门应该利用网上家长学校这个平台缩小地区差异,丰富教育资源,使其成为家长寻求家庭教育支持的可靠渠道。

首先,要建立起网上家长学校之间的资源共享体系。作为幅员辽阔的大国,我国的各类资源都存在着地区分布差异,尤其是紧缺的家庭教育专业人员,主要集中于一些高校和研究机构,无法实现地区上的均衡分布,因此,需要发挥中国家庭教育学会和中国教育学会家庭教育专业委员会这样的专业学会的人才集中优势,充分利用他们所在网站的专业资源,同其他网上家长学校共享。这样既充分发挥了专业人员的资源优势,又避免了各网上家长学校争抢人才的弊端,实现了对人才资源的充分利用。

其次,要形成动态的网上家长学校评估机制。对网上家长学校的开办情况,不但网站的主管单位要发挥管理职责,也需要专业的组织对网上家长学校的建设情况进行评估,对网上家长学校的点击率、满意率进行定期公布,促进网上家长学校的发展,提升网上家长学校的层次。

2. 增强家庭教育网站的责任意识

除了以政府机构为依托的网上家长学校,目前,民办的家庭教育网站也日益增多,这些家庭教育网站兼具公益性与商业性,既有向公众提供免费家庭教育资讯和服务的一面,也有通过网站发布商业资讯、提高企业知名度和经济效益的一面。就目前这类家庭教育网站的建设情况来说,网站的优劣与企业的规模和宗旨密切相关。一些声誉好、实力雄厚的企业举办的家庭教育网站在信息的专业性、教育理念的先进性、举办活动的责任感等方面都达到了很高的层次,成为中国教育与国际接轨的先锋与典范。而一些比较小的教育培训机构兴办的家庭教育网站则存在一定程度的虚假宣传、夸大宣传、歪曲报道和过度商业化等弊端,容易误导家长教育观念和教育行为,这需要家长进行分辨与选择。

政府应加强监管,提高家长的识别能力,使民间家庭教育网站得到健康和有序发展。首先,政府要对家庭教育网站运行予以规范和监督。家庭教育服务行业不同于普通的服务行业,它自身具有专业性、公众性,需要有相关的准入和认证进行专业规范,保证它们所提供服务在质量上达到标准。因此,政府机构必须审核家庭教育网站举办者的专业能力与服务宗旨,保护家长的合法权益。其次,家长要提高自身的媒介素养,增强对教育信息优劣的分辨力。当前,家庭教育观念呈现多样化的局面,各种家庭教育思想纷至沓来,一些以速成、早教名义出台的家庭教育盈利课程应运而生,这些课程的影响与效果需要专业人士进行评估,同时科学研究机构应该基于公共利益引导家长树立正确的家庭教育观念,并通过多种途径服务家庭教育。

3. 提高自媒体使用者的自律能力

博客、微信、微博的迅速推广引发了一场新的媒体革命,自媒体作为个人传播信息的崭新渠道获得大众的迅速接受和认可。自媒体的优势在于打破了传统媒体对话语权的垄断,使每个人都在公共媒介上拥有了发言权,一夜成名不再是明星的专利,草根也可以成为人们关注的焦点。这种自媒体最重要的作用还是存在于圈子中间,即使一个不具备知名度的个体,他也同样有一个愿意听他说话的圈子,他的话可以得到圈子内成员的关注与认可,这不但可以使处于现代城市中的个体减少很多孤独感与寂寞感,而且使一些话题得到更广泛、更迅速的传播。但是,以个体形式传播的信息往往具有趣味性、玩笑性、随意性的特点,传播者往往对其真实性、科学性、有益性不加考虑,圈子中的人也往往不加计较,这就造成了自媒体传播信息的芜杂性,具有好坏参半的社会影响。

因此,自媒体使用者需要增强自律性,国家应对自媒体的使用进行法律规范,提高自媒体在信息传播和交流中的规范性和有益性。一方面,通过教育和宣传引导自媒体使用者提高审美标准、增强责任意识,使其自觉发送健康、文明、有益的信息,避免低俗趣味和道听途说;另一方面,要制定科学、严谨的法律规范,对自媒体的使用界限进行限制,避免自媒体的使用者传播有害信息,干扰他人生活。

[案例]　　　　　　　　　**童年睡着了**[①]

宋倩文

我不确定那是哪一个年份,是《低俗小说》的 1994 还是《玩具总动员》的 1995,当我捏

---

① 宋倩文. 童年睡着了[J]. 视野,2012(8):84-85

着童年的尾巴正准备跟它好好干上一大票的时候,就被父母连哄带骗地登上了一艘永远也不会靠岸的贼船。

贼船的踏板是他们当作生日礼物送给我的一架钢琴,它刚到我家的时候,我简直爱死了这个大怪物,它不会跟我叫板,还能吱吱呀呀地在我的指挥下唱一些乱七八糟的歌。没过多久,母亲牵着我去见老师,我的苦日子就正式开始了。别人从幼儿园回家以后,可以吃零食看动画片,而我却不得不坐在我心爱的大怪物面前,一个小时又一个小时地敲着几个没多大差别的音符。因此,我从不知道在我小时候流行过什么动画片,我的世界里只有枯燥无味的低音和弦音阶指法,诸如此类。

学琴不久,我很快就迎来了更多。母亲大手一挥,便把我推进了舞蹈班。那时我还是个不折不扣的胖子,站在那堆精瘦得像猴一样的女孩子中间,就像个可爱的笑话。为了成为她们,每周六、日早上八点的舞蹈课,让起床成了当时最折磨人的事情之一。后来,母亲又不知从哪里听闻了风声,送我到少年宫的合唱团受训。一下舞蹈课,我还来不及换掉练功服,就不得不草草套上一件外套,呼哧呼哧地赶到少年宫。这样的追赶从小就成为常态,让我逐渐忘记,真正的行走该是怎么一回事。

上小学以后,除了寒暑假,我没有一天可以赖在床上睡到中午。就算是寒暑假,也常常不得不早起练琴。两三个小时的时间里,时间过得异常缓慢,对着一首冗长的曲目弹着弹着就走了神,不停地练习同样的几个小节,反反复复,缺乏新意地就像我当时的生活一样。

在我居住的小区里,孩子们都过着正常而快乐的生活,而我总是走在母亲身边,在去上课或者上课回来的路上,偶尔经过他们会咧着嘴大笑。在我叮叮咚咚的琴声里,他们扔了几年沙包,玩了几百局捉迷藏,骑着崭新的自行车绕着楼下的小花园一圈一圈地飞驰,差不多抵得过赤道的长度。

周六周日都被课程填满的日子,一直延续到了初中毕业。这其中,无论我搬到哪一个城市,以为将会迎来怎样的新生活,最终都没能喘息太久。一眨眼,新的钢琴课、舞蹈班或者声乐课马上又能将我淹没。在这十几年的时间里,我一直像个永不停歇的齿轮,为了与成年人社会的节奏咬合,我不停地转动,以至于从未真正思考过快乐的定义。这本是童年就能靠实践参透的真理,我却到现在为止,都浑浑噩噩地搞不清楚。

当然,这一切也曾带给我别样的优越感。我可以在小朋友们羡慕的目光中穿着芭蕾鞋从他们中间走过,可以光明正大地不去上课,带着浓妆艳抹的舞台妆也不怕碰见老师或者同学。中学时代我曾担任学校合唱团的钢琴伴奏,从别人口中,我才知道学琴十年是多么珍贵的体验,无法重来却有满心热爱的人们,永远都会仰头看着这样的人。或许,我应该给予自己多一些体谅,但我深知,压在心头的优越感,它或许能让人美好地膨胀一瞬间,却无论如何都不可能替代快乐。童年的快乐,就像传说中的那件无价之宝,我却被迫过早地把它丢在了匆忙成长的道路上。

得益于我忙碌的童年,长大以后,我成了一个过分克制又了无生趣的人。那些你们在我身上所能看见的"有意思",都是抄袭和杜撰而来,就像我在小学作文里写过的童年趣事一样。我与生俱来的那部分趣味与甜蜜,早就丧失在了一首又一首的练习曲中。三年级的某一天,我突然跟母亲大闹,发誓绝对不会再练琴。母亲先是跟我讲道理,后来忍不住发了火,让我自己作选择。她告诉我,如果我真的决定不学了,那她第二天就把钢琴卖掉。这样的威胁让我没能权衡太多,擦掉眼泪还是选择爬上琴凳。很多年后,当我从考级的教室走出来,我知道从今以后再也不用挺直脊背早起练琴了,甚至再也不用为了背奏一首曲目彻夜头痛,我跟它的友谊,算是在那一刻彻底交代清楚了。但也是那一刻,我感觉不到丝毫的轻松,还不如从前上完一节钢琴课来得舒服。

现在,若是让我探究童年的真相,我能说的只有,原来最可怕的不是被大人的语言欺骗,而是他们的大手一推,从此你便进入了只有练习和不断进取的乏味人生。

思考:是哪些因素造成了"童年睡着了"现象,我们该如果避免该现象?试着阐述自己的观点。

【检测】

一、思考与练习题

1. 论述我国学前儿童家庭教育面临的新形势。

2. 论述我国学前儿童家庭教育经历的变革。

3. 简述学前儿童家庭教育社会支持的目的与意义。

4. 论述构建学前儿童家庭教育社会支持系统的策略。

5. 近年来,幼儿园频频曝光"虐童"事件,山西幼儿园老师因 5 岁幼儿无法回答十加一等于几,连扇幼儿 70 多个巴掌;浙江温岭幼儿园老师因为一位幼儿"调皮捣蛋","不够听话",就对其"揪耳朵""扔垃圾桶"……多张虐童照让人触目惊心,频繁上演的虐童事件让人义愤填膺,一时间幼儿园老师成了恐怖片中的恶魔,舆论纷纷谴责,叩问教师良知!

请分析异化的教育误区背后的社会原因,并阐述你对构建学前儿童家庭教育社会支持系统的个人观点。

二、实践分析题

1. 研究小组通过电影沙龙的形式研究家庭影视作品《虎妈猫爸》《小孩不笨》《地球上的星星》等,分析理解我国学前儿童家庭教育面临的新形势,并尝试分析其背后的社会原因。

2. 研究小组深入社区、幼儿园,通过问卷调查和访谈,了解当地学前儿童家庭教育社会支持的发展现状,经过文献分析和数据分析,提出构建学前儿童家庭教育社会支持系统的适宜性、地域性策略。

附　录

附录一:全国家庭教育指导大纲

为了深入贯彻落实《中共中央国务院关于进一步加强和改进未成年人思想道德建设的若干意见》,提高全国家庭教育总体水平,促进儿童全面健康发展,依据《中华人民共和国未成年人保护法》《中华人民共和国义务教育法》《中华人民共和国母婴保健法》《中华人民共和国预防未成年人犯罪法》等法律法规,特制定《全国家庭教育指导大纲》(简称《大纲》)。

一、适用范围

《大纲》适用于各级各类家庭教育指导机构和相关职能部门、社会团体、宣传媒体等组织对新婚夫妇、孕妇、18 岁以下儿童的家长或监护人开展的家庭教育指导行为。

二、指导原则

家庭教育指导应注重科学性、针对性和适用性。

一是坚持"儿童为本"原则。家庭教育指导应尊重儿童身心发展规律,尊重儿童合理需要与个性,创设适合儿童成长的必要条件和生活情景,保护儿童的合法权益,特别关注女孩的合法权益,促进儿童自然发展、全面发展、充分发展。

二是坚持"家长主体"原则。指导者应确立为家长服务的观念,了解不同类型家庭之家长需求,尊重家长愿望,调动家长参与的积极性,重视发挥父母双方在指导过程中的主体作用和影响,指导家长确立责任意识,不断学习、掌握有关家庭教育的知识,提高自身修养,为子女树立榜样,为其健康成长提供必要条件。

三是坚持"多向互动"原则。家庭教育指导应建立指导者与家长、儿童,家长与家长,家庭之间,家校之间的互动,努力形成相互学习、相互尊重、相互促进的环境与条件。

三、家庭教育指导内容及要求

(一)新婚期及孕期的家庭教育指导

1. 家庭教育指导重点

新婚期及孕期的家庭教育指导主要是引导夫妇共同做好优生优育优教的知识准备,

并为新生命的诞生做好心理准备和物质准备。

2. 家庭教育指导内容要点

(1) 重视婚检、孕前检查和优生指导,提高出生人口素质。鼓励新婚夫妇主动参与婚前医学健康检查,选择适宜的受孕年龄和季节,并注意形成良好的生活习惯,鼓励计划怀孕夫妇在怀孕前参加健康教育、健康检查、风险评估、咨询指导等专项服务。对于大龄孕妇、有致畸因素接触史的孕妇、怀孕后有疾病的孕妇以及具有其他不利优生因素的孕妇,督促其做好产前医学健康咨询及诊断。对于不孕不育者,引导其科学诊断、对症治疗,并给予心理辅导。

(2) 关注孕期保健,孕育健康胎儿。指导孕妇掌握优生优育知识,配合医院进行孕期筛查和产前诊断,做到早发现、早干预;避免烟酒、农药、化肥、辐射等化学物理致畸因素,预防病毒、寄生虫等致畸因素的影响;科学地增加营养、合理作息、适度运动,进行心理调适,促进胎儿健康发育。

(3) 做好相应准备,迎接新生命降临。指导准家长做好新生儿出生的相应准备,学习育儿的方法和技巧,购置儿童生活必备用品和保障母婴健康的基本卫生用品,营造安全温馨的家庭环境。

(4) 提倡自然分娩,保障母婴健康。加大宣传力度,指导孕妇认识自然分娩的益处,认真做好孕妇产前医学检查,并协助舒缓临盆孕妇的焦虑心理。

(二) 0～3 岁年龄段的家庭教育指导

1. 0～3 岁儿童的身心发展特点

婴幼儿期即从出生到大约 3 岁,是个体神经系统结构发展的重要时期,儿童身高和体重均有显著增长;遵循由头至脚、由中心至外围、由大动作至小动作的发展原则,逐渐掌握人类行为的基本动作;语言迅速发展;表现出一定的交往倾向,乐于探索周围世界;逐步建立亲子依恋关系。

2. 家庭教育指导内容要点

(1) 提倡母乳喂养,增强婴儿免疫力。指导乳母加强乳房保健,在产后尽早用正确的方法哺乳;在睡眠、情绪和健康等方面保持良好状态,科学饮食,增加营养;在母乳不充分的阶段采取科学的混合喂养方法,适时添加辅食。

(2) 鼓励主动学习,掌握儿童日常养育和照料的科学方法。指导家长按时为儿童预防接种,培养儿童健康的卫生习惯,注意科学的饮食调配;及早对孩子进行发展干预,让孩子多看、多听、多运动、多抚触,带领儿童开展适当的运动、游戏,增强儿童体质;了解儿童成长阶段的特点和表现,学会倾听、分辨儿童的"语言",安抚儿童的情绪;学会了解儿童的发病征兆及应对方法,掌握病后护理常识。

(3) 设定生活规则,养成儿童良好的生活行为习惯。指导家长了解婴幼儿成长的规律及特点,为儿童设定日常生活规则,并按照规则指导儿童的日常生活行为;重视发挥父亲的角色作用,利用生活场景进行随机教育;指导家长采用鼓励、表扬等正面强化教育措施,塑造儿童的健康生活方式。

（4）加强感知训练,提高儿童感官能力,预防儿童伤害。指导家长创设儿童自如爬行、充分活动的独立空间与条件,随时、充分地利用日常生活中的真实物品和现象,挖掘其内含的教育价值,让儿童在爬行、观察、听闻、触摸等训练过程中获得各种感官活动的经验,促进儿童的感官发展。同时要加强家庭保护,防止意外伤害发生。

（5）关注儿童需求,激发儿童想象力和好奇心。指导家长为儿童提供抓握、把玩、涂鸦、拆卸等活动的设施、工具和材料;用亲子游戏的形式发展儿童双手协调、手眼协调等精细动作;用心欣赏儿童的行为和作品并给予鼓励,分享儿童的快乐,促进儿童直觉动作思维发展,满足儿童好奇、好玩的认知需要。

（6）提供言语示范,促进儿童语言能力发展。指导家长为儿童创设宽松愉快的语言环境;提高自身口语素养,为儿童提供良好的言语示范;为儿童的语言学习和模仿提供丰富的物质材料,运用多种方法鼓励儿童多开口;积极回应儿童的言语需求,鼓励儿童之间的模仿和交流。

（7）加强亲子沟通,养成儿童良好情绪。指导家长关注、尊重、理解儿童的情绪,多给与儿童鼓励和支持;学习亲子沟通的技巧,以民主、平等、开放的姿态与儿童沟通;客观了解和合理对待儿童过度的情绪化行为,有针对性地实施适合儿童个性的教养策略。培养良好的亲子依恋关系。

（8）帮助儿童适应幼儿园生活。入园前,指导家长有意识地养成儿童自理能力、听从指令并遵循简单规则的能力等。入园后,指导家长积极了解儿童对幼儿园的适应情况,在儿童出现不良情绪时通过耐心沟通与疏导来稳定儿童的情绪,分析入园不适应的原因,正确面对分离焦虑。

（三）4～6岁年龄段的家庭教育指导

1. 4～6岁儿童的身心发展特点

4～6岁是儿童身心快速发展时期,具体表现在:儿童的身高、体重、大脑、神经、动作技能等方面获得长足的进步;大肌肉的发展已能保证儿童从事各种简单活动;儿童直觉行动思维相当熟练,并逐渐掌握具体形象思维;儿童词汇量迅速增长,基本掌握各种语法结构;儿童开始表现出一定兴趣、爱好、脾气等个性倾向以及与同伴一起玩耍的倾向。

2. 家庭教育指导内容要点

（1）加强儿童营养保健和体育锻炼。指导家长带领儿童积极开展体育锻炼;根据儿童的个人特点,寻找科学合理而又能为儿童接受的膳食方式;科学搭配儿童饮食,做到营养均衡、种类多样、比例适当、饮食定量、调配得当;不断学习关于儿童营养的新理念、新知识。

（2）培养儿童良好的生活和卫生习惯。指导家长与儿童一起制定儿童的家庭生活作息制度;积极运用奖励与忽视并行的方式纠正并消除儿童不良的行为方式与癖好;定期带领儿童进行健康检查。

(3) 抓好安全教育,减少儿童意外伤害。指导家长提高安全意识,尽可能消除居室和周边环境中的伤害性因素;以良好的榜样影响、教育、启迪儿童;结合儿童的生活和学习,在共同参与的过程中对儿童实施安全教育,提高儿童的生命意识;重视儿童的体能素质,通过活动提高其自我保护能力。

(4) 培养儿童良好的人际交往能力。指导家长关注儿童日常交往行为,对儿童的交往态度、行为和技巧及时提供帮助和辅导;注意培养儿童多方面的兴趣、爱好和特长,增强儿童交往的自信心;开展角色扮演游戏,帮助儿童在家中练习社交技巧,并积极为儿童创造与同伴交往的机会,培养儿童乐于与人交往的习惯和品质。

(5) 增强儿童社会适应性,培养儿童抗挫折能力。指导家长鼓励儿童以开放的心态充分展示自己,同时树立面对挫折的良好榜样;充分利用传播媒介,引导儿童学习面对挫折的方法;适时、适宜地在儿童成长过程中创设面对变化与应对挫折的生活情境与锻炼机会;在儿童遇到困难时以鼓励、疏导的方式给孩子以必要的帮助与支持。

(6) 丰富儿童感性知识,激发儿童早期智能。指导家长带领儿童关心周围事物及现象,多开展户外活动,以开阔儿童的眼界,丰富儿童的感性知识;灵活采用个别化教育手段,有针对性地鼓励儿童积极活动、主动参与、积累经验、发展潜能;改变传统的灌输、说教方式,以开放互动的方式让儿童在玩中学、在操作中探索、在游戏中成长。

(四) 7～12 岁年龄段的家庭教育指导

1. 7～12 岁儿童的身心发展特点

7～12 岁是整个儿童期十分重要的发展阶段。该阶段的儿童身心发展特点主要体现在:儿童身高和体重处于比较迅速的发展阶段;外部器官有了较快发展,但感知能力还不够完善;儿童处于从以具体的形象思维为主向抽象的逻辑思维过渡阶段;情绪情感方面表现得比较外显。

2. 家庭教育指导内容要点

(1) 做好儿童健康监测,预防常见疾病发生。指导家长科学安排儿童的饮食,引导儿童养成健康的饮食习惯;培养儿童良好的卫生习惯和作息习惯;为儿童提供良好的学习环境,注意用眼卫生并定期检查视力;督促儿童坚持开展体育锻炼,积极配合卫生部门定期做好儿童健康监测。

(2) 将生命教育纳入生活实践之中。指导家长带领儿童认识自然界的生命现象,帮助儿童建立热爱生命、珍惜生命、呵护生命的意识;抓住日常生活事件增长儿童居家出行的自我保护知识及基本的生命自救技能。

(3) 培养儿童基本生活自理能力。指导家长重视养成教育,防止因为溺爱造成孩子的依赖性,注重儿童生活自理意识的培养;创设家庭环境,坚持从细微处入手,以激励教育为主,提高儿童的生活自理能力,养成生活自理的习惯。

（4）培养儿童的劳动观念和适度花费习惯。指导家长教授儿童一定的劳动技巧,给儿童创造劳动的机会,培养儿童劳动的热情;鼓励儿童参与家庭财务预算,合理支配零用钱,防止欲望膨胀,形成量入为出的观念,培养儿童理财的意识。

（5）引导儿童学会感恩父母、诚实为人、诚信做事。指导家长为儿童树立积极的人格榜样,创造健康和谐的家庭环境;从大处着眼、从小事入手,及时抓住日常生活事件教育儿童尊敬老师、孝敬长辈,学会关心、感激和回报他人。

（6）帮助儿童养成良好的学习习惯和学习兴趣。指导家长以身作则、言传身教,创设安静的环境,引导儿童专心学习,养成良好的学习习惯;注意培养儿童的学习兴趣;正确对待儿童的学习成绩。

（五）13～15 岁年龄段的家庭教育指导

1. 13～15 岁儿童身心发展特点

13～15 岁的儿童正处于告别幼稚、走向成熟的过渡时期,即青春期。青春期的儿童面临着生理和心理上的"巨变":各项身体指标接近于成人;性激素分泌大大增加,引起了性的萌发与成熟;感知觉能力不断提高,能有意识地调节和控制自己的注意力;逐步采用有意记忆的方法,其抽象逻辑思维日益占据主要地位;自我控制能力有了明显的发展,情感不再完全外露,但情绪还不稳定、易冲动。

2. 家庭教育指导内容要点

（1）对儿童开展适时、适当、适度的性别教育。指导家长进行青春期生理卫生知识指导,帮助儿童认识并适应自己的生理变化;开展科学的性心理辅导,进行青春期异性交往的指导;加强对儿童的性道德观念教育,并注意控制家庭的不良性刺激;引导儿童以合理的方式宣泄情绪。

（2）利用日常生活细节,开展伦理道德教育。指导家长加强自身道德修养,发挥道德榜样作用;把"修德做人"放在首位,强化儿童的伦理道德意识;肯定儿童的自我价值意识,立足道德的积极面引导儿童;创设健康向上的家庭氛围;与学校、社会形成合力,净化家庭和社会文化环境。

（3）开展信息素养教育,引导儿童正确使用各种媒介。指导家长掌握必要的信息知识与技能;树立民主意识,做儿童的朋友,了解儿童使用各种媒介的情况;培养儿童对信息的是非辨别能力和信息加工能力;鼓励儿童在使用网络等媒介的过程中学会自我尊重、自我发展;多关心鼓励对网络等媒介使用上瘾的儿童,并根据实际情况适时寻求专业咨询和心理援助。

（4）重视儿童学习过程,促进儿童快乐学习。指导家长和儿童树立正确的学业态度和应试心理;重视儿童学习方法和学习习惯的养成;教育儿童克服考试焦虑的方法与技巧;与儿童共同制定学习目标,并对取得阶段性成绩的儿童予以及时鼓励;在儿童考试受挫时鼓励儿童。

(5) 尊重和信任儿童,促进良好的亲子沟通。指导家长摆正心态,以平等的姿态与儿童相处;学习与儿童沟通的技巧,学会运用委婉、民主、宽容的语言和态度对待儿童;学会倾听儿童的意见和感受,学会尊重、欣赏、认同和分享儿童的想法;学会采取正面方式激励儿童。

(6) 树立正确的学业观,尊重儿童的自主选择。指导家长帮助儿童树立信心,勇于面对现实;协助儿童综合分析学业水平、兴趣爱好、未来规划等,选择适合其发展的高中、职校或其他发展方式;宽容地对待儿童的自我选择。

(六) 16～18 岁年龄段的家庭教育指导

1. 16～18 岁儿童的身心发展特点

16～18 岁的儿童经过青春期的迅速发育后进入相对稳定时期。其身体生长主要表现在形态发育、体内器官的成熟与机能的发育、性生理成熟等方面;在认知方面,儿童认知结构的完整体系基本形成,抽象逻辑思维占据优势地位;观察力、联想能力等迅速发展;情绪情感方面以内隐、自制为主,自尊心与自卑感并存;性意识呈现身心发展不平衡的特点。

2. 家庭教育指导内容要点

(1) 引导儿童树立积极心态,尽快适应学校新生活。指导家长引导儿童树立健康的人生态度;经常与儿童沟通交流,掌握儿童的学习情况、思想动态;经常与学校联系,了解儿童可能遇到的适应问题并及时提供家庭支持。

(2) 引导儿童与异性正确交往。指导家长根据该年龄阶段儿童个性特点,引导儿童积极开展社交活动和正常的异性交往;利用日常生活的相关事件,适时适当适度开展性生理、性心理辅导;对有"早恋"行为的儿童,指导家长学会提供经验参考,帮助儿童提高应对问题的现实处理能力。

(3) 引导儿童"学会合作、学会分享"。指导家长通过召开家庭会议等形式,与儿童一起平等、开放地讨论家庭事务,并共同分担家庭事务;鼓励儿童在集体生活中锻炼自己,让儿童品尝与人合作的快乐;鼓励儿童积极参与社会实践活动,在活动中学会乐于与人相处、勇于承担责任。

(4) 培养儿童做一个知法、守法的好公民。指导家长加强法律知识学习,掌握家庭法制教育的内容和方法,努力提高自身法制意识;注意以身作则,自觉遵守法律,为儿童树立榜样;与儿童建立民主平等的关系,切实维护儿童权益。

(5) 指导儿童树立理想信念、合理规划未来。指导家长引导儿童从小树立社会责任感,树立国家意识;与儿童共同协商规划未来,并尊重和鼓励儿童进行自主选择;从儿童实际出发,不断调整自身期望;引导儿童学会将理想与现实的奋斗相结合。

(6) 引导儿童树立自信心,以平常心对待升学。指导家长在迎考期间保持正常、有序的家庭生活,科学、合理安排生活作息,保证儿童劳逸结合,身心愉快;保持适度期待,鼓励儿童树立自信心,以平常心面对考试;为儿童选择志愿提供参考意见,并尊重儿童对自身的未来规划与发展意愿。

(七) 其他如特殊儿童等的家庭教育指导

1. 特殊儿童的家庭教育指导

(1) 智力障碍儿童的家庭教育指导。指导家长树立"医教结合"的观念,引导儿童听从医生指导,拟定个别化医疗和教育训练计划;通过积极的早期干预措施改善障碍状况,并培养儿童社会适应的能力;引导家长坚定信心、以身作则,重视儿童的日常生活规范训练,并循序渐进、持之以恒。

(2) 听力障碍儿童的家庭教育指导。指导家长积极寻求早期干预,积极主动参与儿童语训,在专业人士协助下制定培养方案,充分利用游戏的价值,重视同伴交往的作用,发展儿童听力技能和语言交往技能,使其能进行一定的社会交往,逐步提高儿童的社会适应能力;加强对儿童的认知训练、理解力训练、运动训练和情绪训练。

(3) 视觉障碍儿童的家庭教育指导。指导家长及早干预,根据不同残障程度发展儿童的听觉和触觉,以耳代目、以手代目,提升缺陷补偿。对于低视力儿童,指导家长鼓励儿童运用余视力学习和活动,提高有效视觉功能。对于全盲儿童,指导家长训练其定向行走能力,增加与外界接触机会,增强其交往能力。

(4) 肢体残障儿童的家庭教育指导。指导家长早期积极借助医学技术加强干预和矫正,使其降低残障程度,提高活动机能;营造良好家庭氛围,用乐观向上的心态感染儿童;鼓励儿童正视现实、积极面对困难;教育儿童通过自己努力,积极寻求解决问题的方法,以获取信心。

(5) 情绪行为障碍儿童的家庭教育指导。引导家长营造良好家庭氛围,给予儿童足够的关爱;加强与儿童的沟通与交流,避免儿童遭受不良生活的刺激;多采取启发鼓励、说服教育的方式;支持、尊重和鼓励儿童,多向儿童表达积极情感;多给儿童创造与伙伴交往的机会,培养儿童集体意识,减少其心理不良因素。

(6) 智优儿童的家庭教育指导。引导家长深入地了解儿童的潜力与才能,正确全面地评估儿童;从儿童的性格、气质、兴趣和能力等实际出发,因材施教,循序渐进地开发儿童智力、发展儿童特长;坚持德智体全面发展,提高儿童的综合素质;保持头脑清醒,正确对待儿童的荣誉。

2. 特殊家庭的家庭教育指导

(1) 离异和重组家庭的家庭教育指导。指导家长学会调节和控制情绪,不要在儿童面前流露对离异配偶的不满,不能简单粗暴或者无原则地迁就、溺爱儿童;多与儿童交流沟通,给儿童当家作主的机会,鼓励儿童参与社会活动;定期让非监护方与儿童见面,不断强化儿童心目中父(母)亲的形象和情感;调动亲戚、朋友中的性别资源给儿童适当的影响,帮助其性别角色充分发展。指导重组家庭的夫妇多关心、帮助和亲近儿童,帮助减轻儿童的心理压力,帮助儿童正视现实;互敬、互爱、互信,为儿童树立积极的榜样;对双方子女一视同仁;加强家庭成员间的沟通,创设平和、融洽的家庭氛围。

(2)服刑人员家庭的家庭教育指导。指导监护人多关爱儿童;善于发现儿童的优点,用教育力量和爱心培养儿童的自尊心;信任儿童,并引导儿童克服自卑心理;定期带儿童探望父(母),满足儿童思念之情;与学校积极联系,共同为儿童成长创造好的环境。

(3)流动人口家庭的家庭教育指导。鼓励家长勇敢面对陌生环境和生活困难,为儿童创造良好的生活环境;处理好家庭成员之间的关系,为儿童创设宽松的心理环境;多与儿童交流,多了解儿童的思想动态;加强自身学习,树立全面发展的教育观念;与学校加强联系,共同为儿童创造良好的学习环境。

(4)农村留守儿童的家庭教育指导。指导留守儿童家长增强监护人责任意识,认真履行家长的义务,承担起对留守儿童监护的应尽责任;家长中尽量有一方在家照顾儿童,有条件的家长尤其是婴幼儿母亲要把儿童带在身边,尽可能保证婴幼儿早期身心呵护、母乳喂养的正常进行;指导农村留守儿童家长或被委托监护人重视儿童教育,多与儿童交流沟通,对儿童的道德发展和精神需求给予充分关注。

3. 灾害背景下的家庭教育指导

根据不同的需求,引导家长接受心理辅导,消化自己的情绪,以疏解其自身的灾难综合征;指导家长注意控制自己的情绪,鼓励儿童积极主动地获取、利用社会资源;引导儿童学会分享他人的建议和想法,不要轻易拒绝他人的帮助,同时也要尽量帮助他人;与外界加强合作,主动配合外界的心理援助等活动;对于孤儿,要充分挖掘社会资源,采用收养等多种方式,促进孤儿回归家庭,为儿童及其监护人家庭提供支持。

四、保障措施

(一)加强组织领导

各地相关部门要高度重视,加强对《大纲》贯彻落实工作的领导,制定切实可行的实施计划,加强实施管理,组织开展宣传、培训、督导、评估等工作,引导和帮助家庭教育指导机构和指导者根据《大纲》要求开展家庭教育指导。

(二)明确职责分工

各地相关部门要根据《大纲》要求,充分发挥职能优势,切实做好指导和推进家庭教育工作。各级妇联组织、教育行政部门牵头负责指导和推进家庭教育;文明办协调各部门力量共同构建学校、家庭、社会"三结合"教育网络;教育部门加强幼儿园、中小学校家长学校的指导与管理;卫生、人口计生部门大力发展新婚夫妇学校、孕妇学校、人口学校等公共服务阵地,对家长进行科学养育的指导和服务;人口计生部门负责0～3岁儿童早期发展的推进工作,逐步纳入公共服务范畴;妇联、民政、教育、人口计生、关工委等部门共同承担做好城乡社区家庭教育指导、服务与管理工作,推进家庭教育知识的宣传和普及,促进家庭教育事业全面发展。

(三) 注重资源整合

各地相关部门要加大家庭教育指导工作经费投入,纳入经费预算,确保落实到位。要统筹各方面的优势力量,完善共建机制,形成工作合力,推进家庭教育发展。要广泛动员社会力量,多渠道筹措经费,为家庭教育指导工作提供保障。

(四) 抓好队伍建设

各地相关部门要加强家庭教育指导工作者队伍的培育,重视对指导人员数量、质量和指导实效性的管理,从实际出发建设具有较强专业知识基础的专家队伍、讲师团队伍、社区志愿者队伍等,并大力发展专业社会工作者队伍,形成专兼结合、具备指导能力的家庭教育指导工作队伍。

(五) 扩大社会宣传

各地相关部门要以"做一个有道德的人"为主题,开展丰富多彩的实践活动,大力培育在家孝敬父母、在学校尊敬师长、在社会奉献爱心的良好道德风尚。加强家庭教育指导宣传阵地建设,注重与各媒体管理部门的联系和合作,深入、广泛、持久地宣传家庭教育的正确观念和科学方法。省区市级报纸、县级以上电台、电视台要开办与家庭教育相关的栏目,发展家庭教育网校咨询热线,不断提高家庭教育社会宣传的覆盖面和影响力。

附录二:北京市学前儿童家庭教育大纲(试行)(3 岁~6 岁)

家庭教育是国民教育的重要组成部分。家庭教育必须从学前儿童开始,为提高民族素质、培养 21 世纪社会主义建设者与接班人打下初步基础。

为了推动我市学前儿童家庭教育工作,提高家庭教育水平,促进家庭教育与托幼园所教育密切配合,特制定本大纲,作为家长教育学前子女的纲要,也作为教育部门、妇联和家庭教育研究会指导家庭教育的纲要。

一、总纲

(一) 婴幼儿时期是人一生发展的奠基期,是身体、智力迅速发展的时期,也是品德、性格开始形成的重要时期。家庭环境对学前儿童发展影响最大,家长是孩子最初的"教师",对孩子的成长起着特殊的、不可替代的作用。良好的家庭教育对提高民族素质,培养社会主义一代新人具有重要的意义。

(二) 学前儿童教育要实行保教结合的原则,进行体、智、德、美全面发展的教育,促进孩子身心和谐发展。学前儿童家庭教育要通过家庭生活和家长的言传身教,着重于良好品德和行为习惯的培养。

（三）学前儿童家庭教育要充分考虑孩子的年龄特点与发展规律,注重科学性,有效地促进孩子身心健康成长。

（四）家庭、托幼园所、社会共创良好的育儿环境,家庭教育必须与托幼园所教育密切配合,协调一致,充分发挥教育的整体效益。

二、基本内容

（一）健康教育

培养良好的生活习惯、卫生习惯和参加户外锻炼的兴趣,促进孩子身心健康。

1. 培养良好生活习惯,按时睡眠、按时起床、安静入睡、睡姿正确,饮食定时定量、细嚼慢咽,不挑食、不偏食、不吃零食。

2. 培养良好卫生习惯,饭前便后洗手,保持服装整洁和环境整洁,坐姿、站姿、行姿、阅读和画画姿势正确。

3. 启发孩子对体育活动的兴趣,引导孩子参加锻炼和户外活动,增强体质。

4. 创设和谐的家庭环境,使孩子情绪愉快,培养活泼开朗的性格。

5. 帮助孩子掌握生活中最基本的安全知识和技能,具有初步的自我保护能力。（如：认识一些常见的安全标志,知道如何自我保护,不动电源、电插座、不玩火,外出不随便离开成人,遇到紧急情况能想办法求助等。）

6. 教育孩子乐于接受体检与预防接种,鼓励孩子不怕打针吃药。

（二）品德行为教育与培养

培养孩子良好的品德、行为习惯,为培养"四有"新人打基础。

1. 教育孩子讲文明、懂礼貌、守纪律。培养孩子诚实、勇敢、勤俭等品德行为。

2. 教育孩子能与小伙伴友好相处、关心他人,爱父母、爱老师、尊敬老人。萌发爱家乡、爱祖国、爱集体、爱劳动的情感。

3. 启迪自主意识,培养初步的生活自理能力,自己能做的事情自己做,培养孩子与他人合作与交往的能力。

4. 培养孩子做事有责任心,能有始有终地做完一件事。

5. 教育孩子爱惜公物,遵守公共秩序,遵守交通规则。

6. 做错了事能承认并努力改正。

（三）智力培养

激发孩子学习兴趣,培养孩子动手动脑的习惯,促进幼儿智力与语言能力发展。

1. 培养孩子的求知欲与探究精神,鼓励他们好学、爱问的积极态度。

2. 引导孩子能专心听别人讲话、愿意讲述自己所想、所做、所见的事,理解日常生活用语、培养语言能力。

3. 引导孩子观察周围各种事物、现象及其发展变化,促进孩子认知能力的发展。

4. 经常给孩子讲故事,并引导和鼓励孩子参与讲述,指导幼儿独自翻阅画册、图书,培养良好学习习惯。

5. 向孩子提供适量的、与其发展相适应的玩具、材料开展游戏,并尽可能抽时间与孩子一起玩,寓教于嬉。

(四)审美教育

萌发孩子感受美和表现美的情趣和能力,塑孩造子美好的心灵。

1. 带孩子到大自然中去,引导幼儿感受大自然的美、陶冶情操。

2. 多带孩子参观各种类型的展览馆、博物馆、风景名胜等,开阔幼儿眼界,培养美好情感。

3. 引导孩子欣赏音乐、美术与可理解的文艺作品,培养初步的审美能力。

4. 鼓励孩子用唱歌、舞蹈、绘画、手工等各种形式表达自己的感受与情感,发展孩子的想象力、创造力。

三、基本要求

(一) 对家长的要求

1. 重视家庭教育,注重提高自身素质,处处以身作则为孩子做榜样,注意潜移默化的影响。

2. 学习科学育儿知识,掌握科学育儿方法,正面教育。让孩子多活动,在各种活动中获得发展,注重培养孩子的能力,凡是孩子力所能及的事,家长切勿包办代替。

3. 树立优良家风,建立民主、平等、相互尊重、和谐的家族关系。家庭成员对孩子的要求要坚持一贯性、一致性原则,对孩子既不要娇惯溺爱,也不要简单粗暴。

4. 要尊重孩子的人格,了解孩子的个性与兴趣,满足他们正当的需要,创设有利于孩子健康成长的物质环境和精神环境。

5. 加强与托幼园所的联系,相互配合教育孩子,做到家庭与教养机构教育一致。

(二) 对托幼园所的要求

1. 托幼园所必须重视家长工作,充分认识到,只有园所教育与家庭教育相配合才能做好保教工作,提高婴幼儿身心素质。园所要把做好家长工作,指导家庭教育作为园所工作的重要组成部分。

2. 园所通过办家教宣传栏、组织家教知识专题讲座或家长学校等多种方式,帮助家长认识早期家庭教育的重要性,树立正确的教育思想,掌握科学育儿知识,帮助创设良好的家庭教育环境。

3. 园所要通过个别交谈、家园联系册、家访、家长会、家长开放日及咨询活动等各种形式与家长保持密切联系,交流有关孩子发展的情况,从而实现家庭和园所同步,形成教育合力。

(三) 对有关方面的要求

1. 各级教育行政部门、妇联、工会、家教研究会等单位与组织都要关心、重视学前家庭教育工作,并予以指导,推动家庭教育知识的普及,总结家庭教育工作的经验,提高家庭教育工作水平,表彰家庭教育的先进个人或集体。

2. 妇联、家庭教育研究会等组织广泛组织学前儿童家教咨询、举办各种类型的家长学校,组织家庭教育经验交流,开展家庭教育理论研究。

3. 电视、广播、报刊、出版、文艺、宣传等单位努力为学前儿童提供生动、有趣、健康的精神产品。

4. 玩具研究设计制造单位要大力研制有利于学前儿童身心发展、价格适当的玩具。

北京市教育委员会

北京市妇女联合会

北京市家庭教育研究会

1996 年 6 月

参 考 文 献

著作类

[1] [美]丽莲·凯兹. 与幼儿教师对话——迈向专业成长之路[M]. 南京：南京师范大学出版社，2004

[2] [美]约翰·W·桑特洛克. 儿童发展[M]. 桑标，王荣，邓欣梅，等译. 上海：上海人民出版社，2009

[3] [英]约翰·洛克. 约翰洛克的家庭教育[M]. 海鸣，译. 福州：海峡文艺出版社，2005

[4] 菲利斯·M·科里克. 托幼机构管理(第六版)[M]. 北京：北京师范大学出版社，2007

[5] [德]小卡尔·维特. 卡尔威特的教育[M]. 北京：中国商业出版社，2005

[6] [日]松田道雄. 育儿百科[M]. 王少丽，主译. 北京：华夏出版社，2010

[7] 威廉·J·古德. 家庭[M]. 北京：社会科学文献出版社，1986

[8] 恩格斯. 家庭、私有制和国家的起源[M]. 北京：人民出版社，1972

[9] [日]中野佐三. 孩子和家庭成员的关系[M]. 愚心，译，张玺恩，校. 北京：人民教育出版社，1985

[10] [新西兰]戈登·德莱顿，[美]珍妮特·沃斯. 学习的革命——通向 21 世纪的个人护照[M]. 顾瑞荣，译. 北京：生活·读书·新知三联书店，1997

[11] [意]蒙台梭利. 蒙台梭利家庭教育全书[M]. 北京：中国商业出版社，2013

[12] 颜之推. 颜氏家训集解[M]. 上海：上海古籍出版社，1980

[13] 教育部教师工作司. 幼儿园教师专业标准解读[M]. 北京：北京师范大学出版社，2013

[14] 中华人民共和国教育部. 幼儿园教育指导纲要(试行)[M]. 北京：北京师范大学出版社，2001

[15] 中华人民共和国教育部. 3～6 岁儿童学习与发展指南[M]. 北京：首都师范大学出版社，2014

[16] 国家中长期教育改革和发展规划纲要(2010—2020 年)[M]. 北京：人民出版社，2010

[17] 墨子. 墨子·所染[M]. 北京：中华书局，2007

[18] 女子教育研究资料文献集[M]. 北京：社会科学出版，1992

[19] 祝士媛，唐淑主. 幼儿教育百科辞典[M]. 上海：上海教育出版社，1989

[20] 陈鹤琴. 家庭教育[M]. 武汉：长江文艺出版社，2013

[21] 虞永平，王春燕. 学前教育学[M]. 北京：高等教育出版社，2012

[22] 黄河清. 家庭教育学[M]. 上海：华东师范大学出版社，2014

[23] 李生兰. 幼儿园与家庭、社区合作共育的研究[M]. 上海：华东师范大学出版社，2013

[24] 丁连信主编. 学前儿童家庭教育(第二版)[M]. 北京：科学出版社，2013

[25] 丁海东. 儿童精神：一种人文的表达[M]. 北京：教育科学出版社，2009

[26] 李季湄主编. 幼儿教育学基础[M]. 北京：北京师范大学出版社，2012

[27] 刘晶波. 家庭、学校与社区——建立儿童教育的合作关系[M]. 南京：江苏教育出版社，2013

[28] 刘晓东. 儿童教育新论(2版)[M]. 南京：江苏教育出版社，2008

[29] 刘晓东. 儿童文化与儿童教育[M]. 北京：教育科学出版社，2006

[30] 刘秉权，赵光辉. 家庭教育指南[M]. 长春：吉林大学出版社，1992

[31] 刘湘云，陈荣华主编. 儿童保健学[M]. 南京：江苏科学技术出版社，2006

[32] 张键，陈一药. 家庭与社会保障[M]. 北京：社会科学文献出版社，2000

[33] 周雪艳. 学前儿童家庭与社区教育[M]. 上海：复旦大学出版社，2014

[34] 徐涛. 2007中国人口[M]. 北京：中国统计出版社，2008

[35] 樊志辉，王秋. 中国当代伦理变迁[M]. 北京：中国社会科学出版社，2012

[36] 时松. 幼儿园管理[M]. 长春：东北师范大学出版社，2014

[37] 屈玉霞. 幼儿园经营与管理[M]. 北京：科学出版社，2011

[38] 邢利娅. 幼儿园管理[M]. 北京：高等教育出版社，2010

[39] 简楚瑛. 幼儿教育与保育的行政与政策：欧美澳篇[M]. 上海：华东师范大学出版社，2005

[40] 王彬彬. 多元智能与多元智能学校[M]. 北京：学苑音像出版社，2004

[41] 蒋孔阳. 德国古典美学[M]. 北京：商务印书馆，1980

[42] 唐淑. 童心拓荒——现代儿童教育家陈鹤琴[M]. 南京：南京大学出版社，2001

[43] 闫旭蕾，杨萍. 家庭教育新论[M]. 北京：北京大学出版社，2012

[44] 武晓伟. 质性研究：实践与评论(第1卷)[M]. 重庆：重庆大学出版社，2013

[45] 张盛林. 把快乐还给孩子——解读斯宾塞快乐教子法[M]. 武汉：华中师范大学出版社，2011

[46] 郝银钟. 中国青少年法律与司法特别保护制度研究[M]. 北京：群众出版社，2005

[47] 薛涌. 参与孩子的成长——一个中国爸爸在美国的亲子教养笔记[M]. 杭州：浙江人民出版社，2013

[48] 陈太忠，夏如波主编. 学前儿童家庭教育[M]. 南京：南京大学出版社，2014

[49] 王乃兰，王冬兰，张小永. 学前儿童家庭教育[M]. 北京：北京师范大学出版社，2013

[50] 盖笑松，刘晓乐编. 培养受欢迎的孩子[M]. 长沙：湖南少年儿童出版社，2013

[51] 方俊明. 特殊教育学[M]. 北京：人民教育出版社，2005

[52] 杜燕红. 学前儿童心理健康教育[M]. 郑州：大象出版社，2009

[53] 刘全礼. 随班就读教育学：资源教师的理念与实践[M]. 天津：天津教育出版社，2007

[54] 刘全礼. 特殊儿童的家庭教育[M]. 天津：天津教育出版社，2007

[55] 蔡迎旗主编. 留守幼儿生存与发展问题研究[M]. 南京：江苏教育出版社，2009

[56] 蔡岳建主编. 家庭教育理论与实践[M]. 重庆：西南师范大学出版社，2013

[57] 蔡笑晚. 我的事业是父亲[M]. 南宁：接力出版社，2010

[58] 张巧明编著. 特殊儿童心理与教育[M]. 北京：北京大学出版社，2012

[59] 张福娟，杨福义编. 特殊儿童早期干预[M]. 上海：华东师范大学出版社，2011

[60] 年华. 星星点灯：一位自闭症孩子母亲的心灵独白[M]. 上海：上海锦绣文章出版社，2013

[61] 邹小兵主编. 与你同行自闭症儿童家长必读[M]. 北京：人民卫生出版社，2013

[62] 万莹编. 孩子13岁前，妈妈一定要懂的心理学[M]. 北京：中国华侨出版社，2013

[63] 黄迺毓. 家庭与社会教育[M]. 台北：台湾五南图书出版公司，1988

[64] 吴奇程,袁元.家庭教育学[M].广州:广东高等教育出版社,2002

[65] 陈太忠,夏如波.学前儿童家庭教育[M].南京:南京大学出版社,2014

[66] 成洁萍,张爱玲.学前儿童家庭教育[M].沈阳:辽宁大学出版社,2013

[67] 卢乐山,林崇德,王德胜.中国学前教育百科全书(教育理论卷)[M].沈阳:沈阳出版社,1995

[68] 施建农.发现天才儿童[M].北京:中国世界语出版社,1999

[69] 周艳霞.今天这样做幼儿园教师——如何做好家长工作[M].北京:北京少年儿童出版社,2013

[70] 孙晓云.有自由才有成长[M].北京:作家出版社,2012

[71] 张履祥.愿学记二[M]//杨园先生全集.苏州:江苏官书局刊本,同治十年:卷27

[72] 张履祥.训子语下[M]//杨园先生全集.苏州:江苏官书局刊本,同治十年:卷48

期刊类

[1] 李洪曾,郑毓智,程华山.幼儿园开展家庭教育指导的现状和前景[J].上海教育科研,1993(4)

[2] 李洪曾.近年我国学前家庭教育的指导与研究[J].学前教育研究,2004(6)

[3] 李洪曾.家庭教育指导的目的、任务、性质与渠道[J].山东教育(幼教刊),2004(2)

[4] 王春燕,邢少颖,刘红云.家庭与幼儿园教育一致性的调查研究[J].学前教育研究,1998(5)

[5] 关颖.家庭教育指导的倾向性问题和着力点[J].当代青年研究,2011(2)

[6] 一凡.创建学习型家庭是建立终身教育体系的需要——访上海教育科学研究院研究员、家庭指导中心副主任乐善耀[J].家教博览,2003(2)

[7] 吴素贞.家庭教育指导中存在的问题和建议[J].新农村,2012(3)

[8] 高蕊.家长参与幼儿园家长开放日活动的价值与现状研究[J].早期教育(教科研版),2013(11)

[9] 吴剑清.家长园地的布置[J].幼儿教育,2002(1)

[10] 李季湄.对"幼儿园教育指导纲要"中的几个基本观点的理解[J].学前教育研究,2001(6)

[11] 张莉.与家长沟通的技巧[J].新课程学习(下),2012(9)

[12] 朱美娟.构建家校间的教育合力[J].今日教育,2005(10)

[13] 王广洲.中国独生子女总量结构及未来发展趋势估计[J].人口研究,2009(1)

[14] 焦海平.基于《指南》的独生子女家庭教养实践问题的个案分析[J].山西教育(幼教),2014(4)

[15] 陶短房,青溪.生孩子也有门道 你不知道的北美多子女家庭[J].世界视野,2015(4)

[16] 王小玲,宋晓云,苏云.农村多子女家庭父母教养方式对子女性格形成的影响[J].江西教育学院学报(社会科学),2012(1)

[17] 高桂梅,傅淳.离异与非离异家庭幼儿气质特点的调查研究——以昆明市五华区幼儿园幼儿为例[J].当代学前教育,2012(3)

[18] 杨丽珠,董光恒.父亲缺失对儿童心理发展的影响[J].心理科学进展,2005(3)

[19] 盖笑松,赵晓杰,张向葵.父母离异对子心理发展的影响:计票式文献分析途径的研究[J].心理科学,2007(6)

[20] 杜才飞.单亲幼儿冷漠心理矫治案例研究[J].教书育人,2013(3)

[21] 翟双,杨莉萍.离婚叙事与家庭关系对离异家庭子女心理的影响[J].徐州师范大学学报(哲学社会科学版),2008(2)

[22] 高雪玉.重组家庭如何教育孩子[J].现代家教,2002(8)

[23] 李英霞.由《家有儿女》看重组家庭的子女教育[J].电影评介,2008(7)

[24] 一张.留守儿童[J].瞭望,1994(45)

[25] 全国妇联课题组.全国农村留守儿童城乡流动儿童状况研究报告[J].中国妇运,2013(6)

[26] 彭俭,石义杰,高长丰.学前留守儿童身体健康状况及干预策略——基于与非留守儿童的比较研究[J].教育评论,2014(10)

[27] 叶敬忠,王伊欢,张克云,等.父母外出务工对留守儿童情感生活的影响[J].农业经济问题,2006(4)

[28] 王军锋.浅谈亲子教育和隔代教育对幼儿个性心理发展的影响[J].陕西教育学院学报,2013(3)

[29] 朱永芳.小上帝饮食消费误区[J].中国保健营养,1994(5)

[30] 王玲凤.隔代教养幼儿的心理健康状况调查[J].儿童心理卫生,2007(10)

[31] 贾万刚,赵晓.隔代溺爱导致的幼儿偏异行为及其矫正[J].淄博师专学报,2010

[32] 李亚妮.国内外隔代抚养研究综述[J].华章,2012(26)

[33] 王军辉,李倩文.基于隔代教育的质化研究报告[J].早期教育,2014(1)

[34] 李百珍,关颖.家长教育观念研究[J].天津师大学报(社会科学版),1995(4)

[35] 刘雪琴.优生学及其伦理争议[J].济源职业技术学院学报,2005(2)

[36] 李伟艳.中国古代胎教经验及其现实意义[J].呼伦贝尔学院学报,2010(1)

[37] 李丽.家园合作案例分析[J].教育导刊(下半月),2012(11)

[38] 陶秋月,张志慧.浅谈如何进行家园合作[J].教师教育,2010(2)

[39] 李毅.全球幼儿教育大纲[J].幼儿教育,2001(4)

[40] 邓丽群.论和谐亲子互动关系的构建[J].四川理工学院学报(社会科学版),2008(5)

[41] 蔡东霞,韩妍容.幼儿园对社区教育资源的开发与利用[J].学前教育研究,2008(11)

[42] 魏新华,骆娟.主题活动中运用家长资源的尝试与反思[J].早期教育,2003(2)

[43] 李生兰.美国学前教育机构的家访工作及其启示[J].幼儿教育(教育科学),2009(4)

[44] 李生兰.家长开放日活动形式与内容的现状研究[J].幼儿教育,2007(10)

[45] 唐翠萍."孩子在家中的责任"专题家长工作坊[J].早期教育(教师版),2011(4)

[46] 陈丹.幼儿园家长委员会运作的现状与建议——以上海市为例[J].幼儿教育,2010(18)

[47] 谢文庆.我国学校家长委员会主体性的缺失与对策[J].中国教育学刊,2012(11)

[48] 厉以贤.终身学习视野中的社区教育[J].中国远程教育,2007(5)

[49] 厉以贤.社区教育的理念[J].教育研究,1999(3)

[50] 陈红梅.幼儿园与社区互动行为类型及其推进策略[J].学前教育研究,2013(5)

[51] 陈红梅,金锦秀.从局外走向局内——关于幼儿园成为社区0~3岁婴幼儿早期教育服务中心的思考[J].学前教育研究,2009(9)

[52] 郑庆文.瑞吉欧学前教育机构社区管理模式的特色及其启示[J].教育导刊,2012(6)

[53] 刘丽群,张文学.美国社区课程资源开发及其对我国教育的启示[J].学前教育研究,2007(5)

[54] 黄崴,王晓燕.学校与社区关系及其改善策略[J].教育科学,2006(5)

[55] 邓志伟,徐新.当代中国家庭的变动轨迹[J].社会科学,2000(10)

［56］夏辛萍,许坤红.当代家庭结构的变迁——独生子女家庭教育形态缘起的社会学分析［J］.法制与社会,2007(5)

［57］孙丽燕.20世纪末中国家庭结构及其社会功能的变迁［J］.西北人口,2004(5)

［58］谭琳.新"空巢"家庭——一个值得关注的社会人口现象［J］.人口研究,2002(4)

［59］徐斌."丁克"家庭的社会学考察［J］.广西社会科学,2005(1)

［60］李爱芹.中国丁克家庭的社会学透视［J］.西北人口,2006(6)

［61］刘改凤.解析当今中国社会的"丁克"家庭［J］.绥化师专学报,2004(2)

［62］邓志伟,徐新.当代中国家庭的变动轨迹［J］.社会科学,2000(10)

［63］夏辛萍,许坤红.当代家庭结构的变迁——独生子女家庭教育形态缘起的社会学分析［J］.法制与社会,2007(5)

［64］张良才.中国家庭教育的传统、现实与对策［J］.中国教育学刊,2006(6)

［65］魏曼华.少年儿童社会公德调查［J］.青年研究,1995(2)

［66］黄河清.论家庭教育与学校教育的合作［J］.教育评论,2001(4)

［67］张良才.中国家庭教育的传统、现实与对策［J］.中国教育学刊,2006(6)

［68］胡荣.父母眼中的独生子女［J］.当代青年研究,1996(4)

［69］蒋雅俊,刘晓东.儿童观简论［J］.学前教育研究,2014(11)

［70］姚金泽.大学生道德教育社会支持系统的理论初探［J］.辽宁经济,2010(5)

［71］冯晓霞.中国家庭教育的社会支持系统［J］.学前教育研究,1997(3)

［72］宋倩文.童年睡着了［J］.视野,2012(8)

［73］刘秀芳.中国古代家庭幼儿教育论略［J］.陕西煤炭管理干部学院学报,2008(4)

［74］雷成耀.试论颜之推的家庭幼儿教育思想［J］.中外教育家,2008(7)

［75］孙丽燕.世纪末中国家庭结构及其社会功能的变迁［J］.西北人口,2004(5)

［76］高清.改革开放以来我国家庭的变迁与发展［J］.攀登(双月刊),2005(6)

［77］谷忠玉.我国古代家庭教育思想论要［J］.辽宁师范大学学报,2001(9)

［78］余双好.我国古代家庭教育优良传统和方法探析——从家训看我国古代家庭教育传统和方法［J］.武汉大学学报(社会科学版),2001(1)

［79］周莹,牟映雪.中国古代家庭教育思想的发展及其影响［J］.时代教育(教育教学版),2010(2)

［80］郁琴芳,林存华.家庭教育研究近三十年的发展特点与趋势［J］.上海教育科研,2008(10)

学位论文类

［1］王岫.幼儿园"家长园地"的研究［D］:［硕士论文］.上海:华东师范大学,2007

［2］陈瑶.幼儿园家访的研究［D］:［硕士论文］.上海:华东师范大学,2008

［3］袁霞.家庭教育对未成年人价值观形成的影响［D］:［硕士论文］.长沙:湖南师范大学,2012

［4］焦晓玲.学前儿童父母教育素质现状研究［D］:［硕士论文］.大连:辽宁师范大学,2009

［5］赵霞.小学家长学校问题的成因及对策研究［D］:［硕士论文］.苏州:苏州大学,2009

［6］焦晓玲.学前儿童父母教育素质现状研究［D］:［硕士论文］.大连:辽宁师范大学,2009

［7］肖青梅.长沙市示范性幼儿园家长教育工作的现状研究［D］:［硕士论文］.长沙:湖南师范大

学,2013

[8] 陈雪."独二代"幼儿常见行为特点及教育对策研究[D]:[硕士论文].大连:辽宁师范大学,2013

[9] 刘春怡.现代化进程中的城市单亲家庭调适研究[D]:[硕士论文].长春:吉林农业大学,2006

[10] 李颖.农村"留守幼儿"社会性发展研究——以湖北省黄冈地区为例[D]:[硕士论文].武汉:华中师范大学,2009

[11] 宋睿.家、园、社区合作共育的实践研究[D]:[硕士论文].南京:南京师范大学,2008

[12] 孙璐.学校与社区合作伙伴关系的建构研究[D]:[硕士论文].福州:福建师范大学,2011

[13] 邹强.中国当代家庭教育变迁研究[D]:[博士论文].武汉:华中师范大学,2008

[14] 陈娄妍瀛.城市社区养老服务的社会化探索[D]:[硕士论文].上海:上海交通大学,2008

[15] 李松涛.家庭教育的社会支持研究[D]:[博士论文].大连:辽宁师范大学,2014

[16] 邹强.中国当代家庭教育变迁研究[D]:[博士论文].武汉:华中师范大学,2008

[17] 弓松涛.对中国传统家庭教育思想的思考[D]:[硕士论文].北京:中国石油大学,2007

[18] 傅琳.大陆家庭教育学之学科发展分析[D]:[硕士论文].上海:华东师范大学,2009

报纸类

[1] 焦新.教育部下发指导意见推进中小学幼儿园组建家长委员会[N].中国教育报,2012-03-13

[2] 张金凤.家庭教育该怎么做[N].人民日报海外版,2008-09-06

[3] 关颖.父母教育素质培育重在科学指导[N].中国妇女报,2013-01-23

[4] 杨维汉.我国抓紧培养家庭教育指导师[N].西部时报,2007-01-25

[5] 王聪聪.民调显示87.8%的人确认当下儿童隔代寄养现象普遍[N].中国青年报,2012-05-10

网络文献类

[1] 家庭教育指导师招生简章[EB/OL]. http://wenku.baidu.com/link? url=hbMNl6JPvoCoLqdz3PPmW3EhScYhscfM5jlhVwxTmKAyA0mBbYHQtgW19V3XE_BZA-ljOipQG-Npzd6aK6HRwGLRJLqORXkm2Ca4eK3X3vi. 2011-2-8

[2] 上海市0~18岁家庭教育指导内容大纲[EB/OL]. http://wenku.baidu.com/link? url=Mff3UznjDgwLb1mmEgyZGIikQ5WzMxZ5bUiTUknVf2elCvc2T7Yb2KuMshGTZ3IqEwks8EV_V9Iy91qGmfBF1guHivApbR9LtNMejXQqguC, 2012-04-18

[3] 国家中长期改革和发展规划纲要2010—2020[EB/OL]. http://www.gov.cn/jrzg/2010-07/29/content_1667143.htm,2010-07-29

[4] 全国家庭教育指导大纲[EB/OL]. http://wenku.baidu.com/link? url=R7kse0UopfJJXEDWRTJj83JI_9GVSjAWA8k8X6H9wcYU96gyq3bKvYSCqmshsPEUxZgMjDs54R2qsecT8k6Wwi0bEXC6IAPLrrApQqtXXyi. 2010-07-10

[5] 5月例行发布会材料一:中国家庭发展工作进展情况[EB/OL]. http://www.nhfpc.gov.cn/xcs/s3574/201505/2e35609de7194cbaabebce5c256c3e0e.shtml

[6] 民政部发布2013年社会服务发展统计公报[EB/OL]. http://www.mca.gov.cn/article/zwgk/mzyw/201406/20140600654488.shtml

［7］曹林.留守儿童不应成为被甩脱的一代［EB/OL］. http://mt.sohu.com/20150506/n412500543.shtml

［8］英国4岁女童智商高达159 接近爱因斯坦霍金［EB/OL］. http://tech.qq.com/a/20120415/000075.htm

［9］中国残疾人实用评定标准［EB/OL］. http://www.gov.cn/ztzl/gacjr/content_459939.htm

［10］第二次全国残疾人抽样调查主要数据公报［EB/OL］. http://www.stats.gov.cn/tjsj/ndsj/shehui/2006/html/fu3.htm

［11］乌林小学于杰的博客［EB/OL］. http://blog.sina.com.cn/yujie0007

［12］新浪网新浪育儿［EB/OL］. http://baby.sina.com.cn/kid/15/2904/2015-04-29/1116/1116295501.shtml

［13］印度14岁少年患早衰症拥110岁身体 父母系近亲结婚［EB/OL］. http://news.xinhuanet.com/2013-08/27/c_125251777.htm

［14］亲子手工制作过程大全［EB/OL］. http://www.bianzhile.com/p/15499

［15］若夷.家长参与幼儿园管理的启示［EB/OL］. http://info.zhuhai.gd.cn/News/20120207/6346420163996628179_1.aspx,2015-01-14

［16］中华人民共和国国家教育委员会.幼儿园工［EB/OL］. http://www.bjchy.gov.cn/affair/zfyj/law/15365.htm,2015-02-10

［17］徐丽娟.一张纸条的背后——浅析言语暗示在家园互动中的作用［EB/OL］. http://www.yejs.com.cn/jygy/article/id/30297.htm,2014-01-14

［18］中华人民共和国教育部.幼儿园工作规程（修订稿）［EB/OL］. http://www.gov.cn/gzdt/2013-03/22/content_2360021.htm,2015-01-02

［19］小薇.鹰爸虎妈狼爸 早教"动物凶猛"？［EB/OL］. http://www.wccdaily.com.cn/epaper/hxdsb/html/201202/28/content_424390.htm,2015-04-16

［20］华裔虎妈登上《时代》封面教育之争变国家发展之争［EB/OL］. http://www.cqwb.com.cn/cqwb/html/201101/25/content_253291.htm,2015-04-16

［21］三人行."虎妈、狼爸、鹰爸"对比——探讨中国当代家庭教育［EB/OL］. http://hb.qq.com/a/20121115/001024.htm,2015-04-16

［22］司马童."鹰爸教育"更像"耀父炒作"［EB/OL］. http://pinglun.eastday.com/p/20130903/u1a7636479.html,2015-04-16

［23］生态系列理论［EB/OL］. http://zh.wikipedia.org/wiki/％E7％94％9F％E6％80％81％E7％B3％BB％E7％BB％9F％E7％90％86％E8％AE％BA,2015-04-16

［24］中华人民共和国中央人民政府.2005年全国1％人口抽样调查主要数据公报［EB/OL］. http://www.gov.cn/gzdt/2006-03/16/content_228740.htm,2015-04-16

［25］BBC：中国跨国婚姻因爱而生,数量不断上升［EB/OL］. HTTP://firefox.huanqiu.com/oversea/political/201310/4488030.html,2015-04-20

［26］南方网.《虎妈猫爸》高压影响儿童心理 学虎学猫引激辩［EB/OL］. http://ent.southcn.com/8/201505/22/content_124773519.htm,2015-04-20

［27］唐华.幼儿园"小学化",是谁逼着孩子们"抢跑"？［EB/OL］. http://news.xinhuanet.com/

comments/201503/26/c_1114774819. htm,2015-04-20

［28］张晓晶. 幼儿园小学化吞噬孩子快乐［EB/OL］. http：//paper. jyb. cn/zgjyb/html/200907/22/ content_14860. htm,2015-04-20

［29］钱守旺. 给学生最美的童年［EB/OL］. http：//www. fyeedu. net/info/127093-1. htm,2015-04-27

［30］第二次全国残疾人抽样调查主要数据公报［EB/OL］. http：//www. gov. cn/jrzg/2007/-05/28/ content_628517. htm

［31］社会学概论 http://www. doc88. com/p-2347390318098. html

［32］家庭教育学 http：//wenku. baidu. com/view/76ec1e0b581b6bd97f19ea0c. html

［33］家庭教育学 http：//wenku. baidu. com/view/2445c918fad6195f312ba6bd. html

［34］家庭教育的重要性 http://www. xxjxsj. cn/article/6975. html

［35］培养教育孩子的方法 http://lejiaying54. blog. sohu. com/155922993. html

［36］家庭教育的现代内涵 http://www. doc88. com/p-6905531629065. html

［37］良好的品行从我做起 http://blog. sina. com. cn/s/blog_621411ea0100q9mw. html

［38］家长学校教案马霞 http：//www. docin. com/p-360989281. html

外文文献类

［1］Essa，Eva. Introduction to early childhood education［M］. New York：Delmar Publishers，1999

［2］Billman J，Sherman J. Observation and participation in early childhood settings：A practicum guide ［M］. Boston：Pearson Education，2003

［3］Gestwicki C. Home，school and community relations［M］. New York：Delmar Publishers，1992

［4］Turner P，Hamner T. Child development and early education：Infancy through preschool［M］. Boston：Allyn and Bacon，1994

［5］Puckett M，Black J. Authentic assessment of the young child：Celebrating development and learning［M］. Upper Saddle River：Prentice Hall，2000

［6］Ribble M. The rights of infants：early psychological needs and their satisfaction ［M］. New York： Columbia University Press，1965

［7］National Resource Center on Charter School Finance & Governance ［J/OL］. Australian Journal of Learning Difficulties，2001，6（1）：5-11. http：//www. charterresource. org/fedfundview. cfm? _id= 93&keyword=&agency=&eligible=&matchRec=99&level3=&level4=&type=2011-10-24